KB230847

▌디지털미디어 시대 테크놀로지, 문화, 산업 그리고 인간에 대한 종합해석 ▌

디지털미디어 길라잡이

한국학술정보㈜

▌디지털미디어 시대 테크놀로지, 문화, 산업 그리고 인간에 대한 종합해석 ▌

디지털미디어 길라잡이

송해룡 · 김원제

한국학술정보[주]

지난 20여 년 방송과 관련하여 이루어진 연구의 내용은 뉴미디어와 기능적인 미디어 정책에 관한 이론적인 유추적 접근이 대부분이었다. 어떻게 뉴미디어를 기존의 방송 시스템에 잘 접목시켜 공영성과 상업성을 동시에 보장하면서도 다양성을 아날로그 방송에서 구현할 수 있을까 하는 것에 초점을 두었다. 아날로그 기술이 주축이 된 미디어 세계에 대한 논의였다. 당연히 인터넷은 없었고 방통융합이라는 개념도 없었다. 2007년에 그동안 이루어진 미디어의 발전을 뒤돌아보니 엄청난 사회적인 변화가 미디어 기술과 함께 했음을 확인할 수 있다. 방송이 원래 기술의 보따리였지만 이제 방송은 기술 자체가 되었음을 실감한다. 디지털 테크놀로지의 발전과 융합 미디어의 도입은 미디어 간 결합이 아니라, 모든 사회 시스템과의 융합을 논하도록 하고 있다. 방송과 통신의 단순한 융합을 넘어 모든 시스템을 변화시키면서 '분자적 융합(molecular convergence)'을 끌어내고 있는 것이다.

일반적으로 미디어는 기술 자체의 의미보다 사회적인 의미가 높은 사회기술로서 사회적으로 활용목적이 결정되는 모습을 보여왔다. 그러나 디지털 기술은 스스로 사회적 의미를 변화시키면서 디지털미디어의 사회적 성격과 특성을 완전히 다른 차원에서 규정하고 있다. 무엇보다 인간의 삶을 영위하는 모든 방법과 구조를 바꾸고 있다. 커뮤니케이션 양식을 변화시키면서 사회 시스템의 새로운 구조화까지 이끌어 내고 있는 것이다. 독일의 사회학자 루만의 이론을 언급할 필요도 없이 우리는 일상생활에서 시스템과 커뮤니케이션이 네트워크화되는 복합사회로 빨려 들어가고 있다. 방통융합은 단순히 새로운 커뮤니케이션 서비스만 제공하는 수준을 넘어(예를 들어 다양한 콘텐츠를 생산시키면서) 모든 커뮤니케이션을 자본재화시키고 있다. 이에 20세기에 미디어가 인간 삶의 액세서리였다면, 이제는 삶의 동행자가 되고 있다는 주장이 설득력을 얻는다.

본서는 디지털미디어가 어떻게 진화하며, 사회와 인간에게 어떠한 영향을 미치고 있는지, 그 현 상황을 진단하고 설명하는 데 초점을 두었다. 컨버전스, 유비쿼터스 개념이 등장하면서 변화되는 미디어의 형태, 웹 2.0으로 대변되는 인터넷 공간의 진화, 콘텐츠 산업의 다양화에 따른 미디어 산업의 지형변화, 문화공간의 변화와 진화행태 등에 중점을 두고, 그것의 현재적 의미와 미래적인 변화의 관계를 압축적으로 제시하였다. 가장 두드러지고 이슈가 되는 주제를 전체적으로 나열한 후에, 이 가운데 21개를 선택하여 각 부문의 변화를 서술하였다. 디지털미디어가 동반하는 변화의 스펙트럼이 매우 복합적이어서, 상황진단 수준에 머무른 한계를 고백하지 않을 수 없다. 어느 부문에서는 단순화하기도 하고, 어떤 부문에서는 매우 전문화하기도 했다. 많은 부분에 대한 종합해석을 내리다 보니 균형이 무너진 것을 볼 수 있는데, 이것은 모두 필자들의 책임이다. 본서를 디지털미디어에 대한 입문서라는 틀 속에 의식적으로 집어넣고, 그 방향을 전개했기 때문이다. 부족한 부분이 많지만, 디지털미디어를 처음 접하는 독자에게 변화의 포괄적인 모습을 보여 주려 노력했다. 입문서로서 많은 허점이 발견되리라 예상되는바, 독자 여러분의 애정 어린 비판을 고대한다. 귀한 책을 낼 수 있도록 해 주신 한국학술정보(주)에 깊은 마음의 감사를 드린다.

2007년 3월 저자 일동

목 차

1. 테크놀로지 시대, 디지털 시대의 도래

1.1 테크놀로지에 대한 이해, 그리고 기술관

1) 테크놀로지의 개념, 과학과의 차이

21세기는 테크놀로지의 시대이다. 우리 사회와 테크놀로지가 매우 긴밀하게 연관되어 있다는 말이다. 인간의 삶은 테크놀로지 발달에 의해 거의 모든 부분에서 기계화·자동화가 이루어지고 있다. 테크놀로지와 과학과 관련된 지식도 하루가 다르게 변화·발전하고 있으며, 인간의 사고방식과 의식구조를 바탕으로 한 실제적인 삶의 형태까지 매우 다양한 방향으로 급격하게 변해 가고 있다.

얼마 전 무선통신회사의 광고 카피가 화제로 된 적이 있다. 광고는 "문자기능을 없애주세요. 사랑하는 사람들이 다시 긴 연애편지를 쓰도록…… 기술은 언제나 사람에게 지고 맙니다"라는 멘트를 통해 뭉클한 여운을 남겼다. 역설적이게도 통신 서비스로 이익을 남기는 회사가 스스로의 서비스를 구매하지 말라는 당부를 한 것이다. 그러나 결국 기술에 휴머니즘이라는 외피를 입혔을 뿐이지, 핸드폰을 통해 사람들의 관계를 바꾸려는 이 회사의 광고 자체도 넓은 의미의 기술이라고 볼 수 있다. 이는 하이데거가 주장한 '의지로서의 기술'이라는 개념으로 설명할 수 있다.

하이데거는 기술이 세상의 모든 존재들을 계산가능성, 유용성, 효율성의 잣대로 평가해서 결국은 인간에게 도움이 되는 자원으로 만드는 '의지'라고 간주한다. 쓰지 말아 달라고 부탁하는 휴대폰 서비스를 거부하지 못하게 만드는 광고 속 자신감도 바로 기술의 발현인 셈이다. 이렇게 현대사회에서 기술의 의미는 형체가 있는 대상뿐만 아니라 무형의 서비스나 우리가 사는 세상으로까지 그 의미가 확장되고 있다. 현대사회가 테크놀로지의 시대라는 것을 다시금 확인케 하는 부분이다.

흔히 과학을 지식의 생성이라고 한다면 테크놀로지는 지식의 사용이라고 할 수 있다. 이러한 과학·테크놀로지 혁명 시대는 지식의 혁명이 일어나는 시기라고 할 수 있으며, 이 지식 혁명의 시대에는 이른바 지식의 폭발이 일어나는 시대이기도 하다. 그러나 이러한 논의 외에도 기술과 과학에 대한 관계가 다양하게 정의되고 있다.

기술의 정의와 특성, 기술과 과학의 관계 그리고 차이에 대해서는 지금까지 수많은 논의들이 있어 왔다. 20세기 중반 이후 1970년대까지 상식적으로 받아들여졌던 생각은 기술이 바로 과학의 응용이라는 것이었다. 즉 과학이라는 지식이 인공물에 응용되면 기술을 낳는다는 것이다.[1]

1970년대 들어와 북미의 기술사회학자들과 기술철학자들은 '기술이 과학과 어떻게 다른가'라는 문제를 집중적으로 분석하면서 기술의 독특한 특성을 조망했다. 이 당시 미국의 저명한 기술사학자인 에드윈 레이턴(Edwin Layton)은 '기술이 응용과학이다'라는 명제를 비판했는데 그가 이를 비판하기 위해서 주장한 것은 '과학과 마찬가지로 기술의 핵심도 바로 지식(knowledge)'이라는 점이다. 즉, 과학과 기술의 상호작용은 지식이 사물에 응용된 것이 아니라, 지식과 지식 사이의

---

1) 과학문화재단에서는 현재 과학문화, 기술문화의 개념을 끌어들여 기술과 문화의 관계를 심층적으로 연구하고 있다. 과학사학회 홈페이지(www.khss.or.kr)에서도 이와 관련한 많은 문헌자료를 제공하고 있다.

상호 침투라는 것이 바로 레이턴의 생각이었다.

어느 주장이 맞는지를 객관적인 잣대로 평가하기는 어렵다. 과학과 기술의 상호작용은 과학이 먼저인가 아니면 기술이 먼저인가라는 단순한 질문으로 환원될 수 없을 정도로 복잡한 것이며, 역사적인 시기, 지역, 분야에 따라서 각기 다른 형태로 나타나는 양상을 보이기 때문이다(이장규·홍성욱, 2006).

20세기 후반에 접어들면서 인류는 엄청난 테크놀로지의 발전을 경험하였다. 가히 혁명적이라고 할 수 있는 이러한 기술 발전의 양상은 새로운 테크놀로지 환경을 창조했고, 이는 우리의 물질적 환경을 완전히 바꾸어 놓았다. 그리고 기존의 전통적인 가치체계를 뿌리부터 흔들어 놓아 우리들의 의식과 관념을 변화시켰다. 이제 과학과 테크놀로지는 정치와 경제 그리고 문화 등의 전반적인 사회를 지배하는 새로운 사회변화의 동력이 되었다고 할 수 있다(Green, Lelia., 2002, 김원제, 2006). 이러한 주장에 근거하여 테크놀로지는 다음과 같은 세 가지 차원에서 설명할 수 있다.

첫째, 테크놀로지는 물건이다(Technology is thing). 물건은 간단한 못이나 망치로부터 우주왕복선, 그리고 초고속정보통신망과 같은 거대하고 복잡한 네트워크 시스템에 이르기까지 다양하다. 'thing'이라는 용어와 'machine'이라는 부정확한 표현보다는 기술이 체화된 물건(물적 대상)으로서 'devices'라는 용어가 보다 타당하다.

둘째, 테크놀로지는 기술이다(Technology is technique). 음식 조리법, 사격 매뉴얼, PC작동법, 용광로제련방법 등도 기술이다. 이러한 의미에서 기술은 무엇인가를(간단한 요리로부터 교량건설, 컴퓨터설계에 이르기까지) 수행하는 데 필요한 실용적인 기예(practical skills)를 가리킨다. 이러한 지식에는 공식(formular)과 손재주 같은 것이 포함된다. 테크닉(technique)은 다양한 상황에 맞도록 이러한 방법을 변경시키거나 또는 기예(virtuosity)를 작업절차에 내재(embody, 체화)시킬 수 있다.

셋째, 테크놀로지는 추상적인 지식이다(Technology is abstract knowledge). 기술은 발명가와 과학자들이 새로운 것을 설계하고 개발하기 위해 사용하는 추상적인 개념들로 구성되어 있다. 정유공장을 설계하거나 우주선을 제작하는 데 필요한 고도의 분석능력을 포함한다. 여기서 기술은 과학과 밀접하게 관련돼 있다. 과학과 같이 기술은 새로운 지식과 이론에 의해 지속적으로 개선될 수 있는 지적 시스템인 것이다.

기술은 사회제도에 녹아들어 있으며 또한 사회제도가 기술 발전을 후원하고 있다. 그러나 기술은 사회 안에서 자유로운 존재가 아니다. 기술은 특정한 집단과 사회관계에 굳게 뿌리를 내리고 있기 때문이다. 기술과 제도는 서로 엉켜 있지만, 기술은 제도에 기반을 두면서 기술과 제도 양쪽에 심대한 영향을 미친다. 서로 바람직하지 않은 영향을 미칠 수 있기 때문에 기술과 제도의 급격한 변화가 억제될 수도 있다. 결국 기술은 사회를 구성하는 한 요소이다. 따라서 중요한 문제는 어떻게 기술이 사회변동을 일으키느냐가 아니라 기술과 사회가 서로를 형성하는 데 어떠한 역할을 하는가이다. 기술은 그저 발생하는 것이 아니다. 기술은 특정한 결과를 가져올 수 있도록 선택되고 설계된다. 따라서 한 사회와 그 사회의 기술을 분리할 수 없는 것이다.

2) 테크놀로지를 바라보는 세 가지 관점

그동안 인간과 기술의 관계는 주로 유토피아와 디스토피아의 이분법적인 관점에서 해석되어 왔다. 인간의 삶의 질을 개선할 유용성과 함께 궁극적으로 인간을 해방시킬 조건으로 기술을 보았던 유토피아적 입장이 한쪽 끝에 있었다면, 다른 쪽 끝에 환경 파괴적 속성과 인간의 존재방식을 지배하려는 억압성을 강조하는 디스토피아적인 입장이 존재하였다. 최근에는 이러한 이분법적 관점에 이데올로기적 견해가 추가되어 테크놀로지를 둘러싸고 세 가지 관점이 존재하고 있다.

테크놀로지와 관련하여 긍정적인 관점을 지니고 있는 학자들의 견해는 사회의 모든 또는 대부분의 진보는 기본적으로 테크놀로지의 성장에서 기인한다는 것이다. 이러한 관점을 지니고 있는 사람은 거의 모든 사회적 문제를 테크놀로지로 해결할 수 있다고 믿는다. 테크놀로지는 기아와 질병을 퇴치하고, 커뮤니케이션과 교육의 질을 개선하고, 인간을 억압하는 다양한 요소들과 환경들을 개선해 나갈 것이라고 믿는 것이다. 결국 이들은 중요한 문제는 정치 이데올로기가 아니라 테크놀로지라며, 이것의 시대적 의미에 관심을 집중하고 있다.

테크놀로지는 기존 제품의 생산과정을 혁신하면서 실제로 많은 종류의 새로운 제품을 출현시켰고, 동시에 농업·광업 등의 1차 산업에서 이룩한 여러 혁신들과 함께 인간이 이용하고 소비할 수 있는 자원과 물품의 범위를 크게 확장시켰다. 또한 의술의 발달을 낳아서 인간의 건강을 증진시키고 질병을 치료해 주었으며, 인간의 수명을 연장시켰다. 이것이 바로 테크놀로지가 갖는 긍정적인 모습의 한 단면이다.

이와 같은 긍정적인 관점의 기본적인 전제는 테크놀로지는 미국을 선두로 한 선진사회를 탈산업사회로 끌어냈으며, 이 테크놀로지는 인간의 삶을 지속적으로 성장시키는 사회구조 혁명을 일으키고 있다는 것이다. 바로 인류는 현재 주요한 테크놀로지 혁명을 경험하고 있으며, 경영인과 기술인들이 기업과 법인을 총괄하도록 하며, 과학적 지식이 인간 지식의 최고 형태가 되고 있다는 것이다. 경제적인 문제가 전략적으로 가장 중요한 사회문제가 되고 있으며, 인간은 자신의 사회적 문제를 해결할 수 있는 잠재력을 갖고 있고, 인간의 행위 역시 환경과 유전상의 조작을 이용해 극적으로 수정될 수 있다고 믿는다. 또한 테크놀로지는 중요한 사회변화의 근본적인 동인이 되고 있으며, 이러한 변화 속에서 발생하는 문제들을 해결할 수 있고, 인류 최대의 문제인 빈곤문제 역시 해결이 가능하다고 생각한다. 이를 위해서 사회는 테크놀로지의 원리와 영향을 이해하는 전문가들이 다스려야 한다는 것이 이러한 관점을 지지하는 사람들의 핵심적인 주장이다.

부정적인 관점을 지니고 있는 학자들은 테크놀로지의 발달이 여러 가지 문제들을 해결하기는커녕 오히려 더 큰 문제들을 발생시키고 있다고 주장한다. 그들에 의하면 테크놀로지가 한편으로는 자연을 지배할 수 있는 인간의 힘을 강화시키고 풍요를 창조하고 있는 것은 사실이라고 하더라도, 그것이 다른 한편으로는 관료주의의 발달과 대중조작을 통해 인간의 진정한 자유와 민주주의를 파괴하고 있다는 것이다. 테크놀로지는 인간을 자연과 다른 인간들로부터 단절시키며, 인간의 노동을 단조롭고 권태로우며 의미 없는 것으로 만들고 있다고 주장한다. 또한 테크놀로지의 발달이 만들어 내는 엄청난 양의 무기는 전쟁을 증가시키고, 공해는 자연환경을 재생 불가능의 상태로까지 만든다고 지적한다.

테크놀로지의 발전에 대해서 부정적인 견해를 가지고 있는 일군의 학자들의 주장을 정리하면 다음과 같다. 첫째, 그들은 특별한 테크놀로지가 문제해결과 관련한 선택에 있어 특정 수단을 강요하는 강제성을 갖는다는 점을 예고하고 있다. 예를 들어, 자동화 라인이 노동현장에 적용되면 인간은 기계의 부품으로 전락해 '노동 소외'의 문제를 야기할 가능성이 있다고 보는 것이다. 둘째, 그들은 우리 인간이 복잡한 사회문제를 이해하고 해결하는 데 계속적으로 실패해 왔다고 주장한다. 셋째, 경제성장의 역설적인 면을 절실하게 깨달을 필요가 있다고 주장한다. 예를 들어 경제가 성장하면 성장할수록 강제적인 소비주의나 인위적인 결핍의 증가로 인해 더욱더 성장을 요구하는 악순환이 지속된다는 것이다. 마지막으로 그들은 자연이 가지고 있는 한계를 한시라도 빨리 깨닫는 것이 필요하다고 주장한다. 인간이 자신이 원하는 것을 얻기 위한 활동에는 필연적으로 자연환경의 파괴가 수반되는데, 마치 인간은 자연을 무한한 것처럼 잘못 사용하고 있다는 것이다. 이와 같은 부정적인 견해는 오늘날 테크놀로지의 사용에서 나타나는 유해한 결과들을 잘 드러내고 있으며, 동시에 테크놀로지를 통한 문제해결이 가지고 있는 한계 역시 잘 드러내고 있다고 할 수 있다.

그러나 이러한 부정적인 견해는 테크놀로지가 부정적인 결과를 가져오고, 그 부정적인 결과에 책임이 있다는 주장을 뒷받침할 만한 명확한 근거를 제시하지 못하고 있다는 한계를 갖고 있다. 이것은 테크놀로지와 그것의 성장과 관련하여 이들이 범하고 있는 인식적인 오류에서 비롯된다. 또한 부정적인 견해를 가지고 있는 사람들은 동일한 목적을 달성하기 위한 대안적인 테크놀로지가 존재할 수 있다는 사실을 인정하지 않는다. 예를 들어, 여러 가지 선택이 가능한 테크놀로지 가운데 어느 하나가 선택되어 부정적인 결과를 가져온다면 그것이 테크놀로지에 의한 것인지 혹은 그 테크놀로지를 선택한 사람에 따른 것인지를 명확하게 밝히지 못한다. 그 다음 문제로 지적할 수 있는 것은 테크놀로지 성장의 조건들을 지나치게 과장하고 있다는 점이다. 그들은 테크놀로지의 성장은 항상 국민총생산의 성장을 요구한다고 생각하며, 이에 따라 테크놀로지의 성장이 공해와 자원의 고갈, 국방 예산의 팽창을 불가피하게 만든다고 생각하는 것이다.

<표 1> 기술에 대한 극단적인 비극적, 낙관적 견해

	보수적, 비관적 입장	급진적, 낙관적 입장
우주탐험	자원의 낭비	인류의 쾌거
야생동물 보호	가장 절박한 것	한계 내에서 하면 됨
자동차	위험하고 쓸모없는 것	사람의 가장 가까운 친구
정보 감시 도구	인간의 노예화	범죄 예방
생명공학	신의 영역을 침범하는 것	의학과 예술의 연장
핵발전소	당장 모두 폐기해야 함	택시보다 안전

자료: 이장규·홍성욱(2006).

이데올로기적 견해를 지지하는 사람들은 테크놀로지의 발달이 사회 진보에 필요한 조건이 된다는 의미에서는 테크놀로지에 대한 긍정적인 견해를 가진 사람들과 같은 맥락을 가지고 있다고 할 수 있다. 이들은 테크놀로지가 적절한 환경에서는 사회적인 문제나 재난을 해결하는 데 탁월한 능력을 가질 수도 있다는 점을 인정한다. 그러나 오로지 테크놀로지의 발전만이 전반적인 사회 발전의 충분조건이 된다는 견해에는 이의를 제기한다. 이런 의미에서는 테크놀로지에 대한 부정적 견해와 뜻을 같이하고 있다. 즉 이들은 현재의 자본주의체제 하에서 테크놀로지는 인간과 노동의 소외, 비인간화, 환경의 파괴를 낳는다는 점을 강조하고 있는 것이다.

따라서 이들은 테크놀로지의 발달을 사회적인 발달이나 저해라는 일방적인 관점에서 바라보는 것이 아니라, 사회적 상황 속에서 테크놀로지의 발달 성격은 오로지 테크놀로지의 발달이 일어나고 있는 경제체제와 그것의 사용을 관장하는 계급에 의존한다고 주장하는 것이다. 즉, 테크놀로지가 발전된 자본주의사회에서 자본가 계급에 의해서 관리된다면, 테크놀로지의 순기능은 저하되고 결국 테크놀로지는 사회를 파괴하는 형태를 지니게 된다는 것이다. 역으로 테크놀로지가 인간주의적인 사회에서 각성된 인간과 노동자에 의해서 관리된다면 테크놀로지는 사회를 발전시키는 측면으로 작용하게 된다는 것으로, 결국 테크놀로지가 사회발전에 이바지하기 위해서는 우선적으로 경제적·정치적 혁명이 수반되어야 하며, 이러한 혁명이 일어나지 않는다면 모든 과학과 테크놀로지는 어떠한 사회적 진보도 촉진시킬 수 없다는 것이 그들의 견해이다. 이러한 주장을 하고 있는 사람들은 주로 네오 마르크스주의 사상에 기반하고 있다.

이들의 생각이 가지고 있는 강점은 사회에서 일어나고 있는 많은 부분들이 경제구조에 의해서 결정된다고 보는 것이다. 특히 경제적 계급구조를 테크놀로지가 이용되는 방향을 결정하는 중요한 요소로 인식한다. 이는 긍정적인 견해와 부정적인 견해 모두가 놓치고 있는 부분으로, 이 때문에 이들의 견해는 비현실적이라는 비판을 받기도 한다.

이데올로기적 관점이 경제관계를 기초로 테크놀로지에 대한 판단을 내리고 있다는 점에서 매우 현실적이라는 강점을 가지고 있지만 몇 가지 근본적인 약점을 가지고 있는 것도 사실이다. 이들은 비판적인 관점에서 사회주의가 자본주의와는 달리 근본적으로 테크놀로지를 인간적이며 해방적인 방식으로 사용할 것이라고 주장한다. 그러나 경험적인 측면에서 우리는 구소련과 동독 같은 사회주의사회에서 테크놀로지의 사용이 어떤 방식으로 이루어졌던가를 알고 있다. 그들의 테크놀로지 사용이 자본주의사회의 테크놀로지 시용에 비해서 월등하게 인간 중심적이었다고 쉽게 장담할 수 없는 것이 사실이기 때문이다. 또한 이들은 자연의 한계에서 오는 문제점에 대해서 충분하게 대응하지 못했다. 자원의 고갈과 공해의 증가, 경제성장 둔화와 같은 문제에 대해서 적절한 대응을 하지 못하였다. 그들은 결핍에 대한 투쟁이 환경에 대한 파괴 없이 성공할 것이라는 가능성에 대해서 지나치게 낙관적인 입장을 취하는 것이 사실이다. 그들의 견해가 기본적으로 과학적이라고 하더라고 실제적인 대안의 일부는 과학적인 토대를 가지고 있지 못하다. 직관과 예측과 확신 그리고 희망에 기초하고 있었던 것이다.

테크놀로지가 현대사회에 미치는 영향은 그것이 긍정적인 것이든 부정적인 것이든 매우 크다는 것을 대부분의 학자들이 인정하고 있다. 이에 인간과 인간 간의 관계설정뿐만 아니라 인간과 테크놀로지 사이의 올바른 관계설정이 사회발전과 인간의 해방을 위해서 매우 중요한 문제로 등장하였다. 그리고 인간과 인간 간의 커뮤니케이션 거의 모두가 테크놀로지를 매개로 이루어지고 있다는 점에서 인간과 인간 사이의 올바른 관계설정을 위해서 테크놀로지에 대한 이해와 성격규명은 매우 시급한 문제라고 할 수 있다. 테크놀로지에 대한 부정적인 시각도, 긍정적인 시각도 테크놀로지에 대한 입장이 다를 뿐이지 더 나은 세상을 바라는 마음은 모두 같다.

테크놀로지와 인간 그리고 테크놀로지와 사회에 대한 관계에 대한 연구를 통해서 우리가 얻을 수 있는 중요한 것은 어떤 입장이 옳고 어떤 입장이 그른가라는 가치판단의 문제가 아니다. 이런 문제에 집중하게 되면 마치 닭이 먼저인가, 아니면 달걀이 먼저인가와 같은 소모적인 논쟁에 휘말릴 수밖에 없다. 이보다 더 중요한 것은 이와 같은 과정을 통한 테크놀로지에 대한 끊임없는 성찰일 것이다. 이러한 성찰만이 테크놀로지의 얼굴을 가진 인간이 아닌 인간의 얼굴을 가진 테크놀로지를 가능하게 할 것이다.

3) 인간과 테크놀로지의 공생

인류가 혁신적 변화를 가져오는 테크놀로지의 엄청난 힘에 휩쓸려

버릴 수도 있지만, 그 변화를 창의적으로 수용해 번영과 성숙의 계기로 삼을 수 있는 유적 존재임을 우리는 역사를 통해 보아 왔다. 테크놀로지를 활용하는 인류가 테크놀로지 자체를 어떠한 철학과 방향성을 가지고 활용하는가는 미래사회의 명암(明暗)을 결정하는 가장 중요한 요인이 될 것이 분명하다. 이러한 점에서 테크놀로지를 활용하는 데 확고한 인간 중심의 가치관과 윤리의식의 제고는 무엇보다도 중요한 미래사회의 가치라 할 수 있다.

커뮤니케이션 테크놀로지의 발달은 면대면 집단을 해체함으로써 개인화와 인간 소외를 야기한다는 일면의 지적이 있다. 하지만 사이버공간을 통해 또 다른 개인의 모임인 사이버 공동체를 만들어 내고 있음에 주목할 필요가 있다. 그래서 사회구성원 모두가 테크놀로지의 양면성에 대한 정확한 이해와 활용을 통해 소외를 극복하고 진정한 인간의 행복을 추구할 수 있도록 도구화하는 능력을 함양하며, 테크놀로지를 올바른 가치관과 윤리의식을 가지고 활용할 수 있도록 하는 능력의 함양은 중요하다.

현대사회에서 일반 대중은 자신의 생활의 모든 면에 큰 영향을 미치는 과학기술의 내용에는 물론 그것의 역할, 영향 등에 무지하거나 무관심한 채로 살 것이 아니라 그런 것들에 관심을 가져야 하며, 나아가서는 과학기술의 사용방향, 발전방향 등에 관한 선택과 결정에도 적극적으로 참여해야 한다는 주장은 매우 중요하다. 그리고 더 넓게는 과학기술 발전의 한계, 사회가 그것을 위해 지불해야 할 대가 등에 대해서도 관심을 가지고 그 선택과 결정에 개입해야 한다는 것이다.

이러한 새로운 요구는 근대적인 인간생활에 지극히 중요한 일들이며 현대사회의 어느 누구도 이 책임에서 앞으로 벗어날 수 없다. 더구나 그런 일들을 전적으로 과학기술자나 과학기술을 소유, 통제하는 계층에게만 맡긴 채로 살아 나간다는 것은 위험한 일이기도 하다. 과학기술자라고 해서 일반인에 비해 과학기술과 관련된 문제들에 더 나은 안목을 가지고 있는 것은 아니며, 과학기술을 소유, 통제하는 소수계층은 오히려 과학기술의 내용에는 일반인과 마찬가지로 무지하면서 전체보다는 자신의 편의와 이익을 위해 앞세우려 한다. 결국 싫든 좋든 간에 현대사회의 인간은 과학기술과 그것이 발생시키는 여러 문제들의 다양한 측면에 관심을 가지고 개입하지 않을 수 없는 것이다(송해룡 2001).

최근의 네트워킹 테크놀로지의 발전은 독자적인 삶의 태도보다는 공존의 노력에 대한 가치를 더욱 증대시키고 있다. 특히 21세기 지식기반 사회에서 디지털 테크놀로지가 단순히 정보통신 기술에 기반을 둔 물리적 도구가 아닌 '인간'의 가치를 실현하고 '인간성'을 중심으로 세울 수 있는 공존의 도구가 돼야 한다는 의견은 큰 공감대를 형성하고 있다.

관계를 맺으려는 '마음', 관계를 맺을 수 있게 하는 '기술', 관계자와의 유연한 대처를 가능하게 하는 '지식', 서로 소통하고 의지할 수 있는 '함께하는 자(동료)'가 존재할 때 테크놀로지는 인간의 가치를 더해 인간의 아름다움을 확산시킬 수 있는 이 시대의 진정한 문명의 이기(利器)가 될 수 있다.

1.2 디지털 패러다임론

1) 아날로그 vs. 디지털

자연 속에 존재하는 모든 신호는 아날로그 신호이다. 아날로그의 사전적인 의미는 '어떤 수치를 길이, 각도, 전류 등의 연속된 물리량으로 나타낸 것'이라고 정의되어 있다. 또한 아날로그(Analog)란 원래 '유사하다'란 의미의 '아날로거스(Analogous)'에서 기인한 것으로 어떤 연속적으로 변화하는 물리량을 실제의 양과 유사한 크기로 표현하는 것을 의미한다. 즉 자연의 모습과 유사하게 표현이 된다는 뜻으로 자연 속에 존재하는 온도나 기압, 밝기, 소리와 같이 연속적으로 변화하는 특성이 있다. 예컨대 사람의 얼굴을 묘사할 때 아날로그 방식은 카메라가 잡은 사람의 영상을 그대로 전파에 싣는다. 전축은 레코드판에 접촉한 바늘의 떨림을 파동으로 표현해 소리를 낸다. 인간의 눈에 보이는 풍경도 연속성이 있는 아날로그 영상이다.

디지털(digital)은 손가락으로 셈을 할 때 그 단위가 되는 손가락 하나하나를 의미하는 '디지트(digit)'로부터 나온 단어로 물리량을 수치로 표현함을 의미한다. 예컨대 우리 조상들이 사용하던 '자[尺]'는 아날로그 계산기라고 할 수 있고 주판은 역사적으로 가장 오래된 디지털 계산기라고 할 수 있다.

디지털 신호는 아날로그 신호를 '0', '1'로 표현한 형태이다. 즉, 방송·통신 등에서 디지털이라 함은 모든 물리량을 단지 '0'과 '1'의 연속적인 상태로 생성하고, 저장하고, 처리하는 걸 의미하는 것이다. 디지털 기술의 원리는 전압의 개폐기를 이용해서 끊고, 잇는(on/off) 이분법 방식을 연속시켜 신호를 전송시키는 것이다. 깃발 같은 신호에서 시작하여 오늘날에는 소리, 화상 및 기타 데이터 등 모든 전송물에 디지털 기술이 적용되고 있다. 디지털 방식은 어떤 정보의 형태라도 바이너리 코드(binary code)를 이용해 정보의 단위를 '1'과 '0'이라는 비트(bit)로 분화시켜 두 코드의 연속된 흐름을 전송시키는 방식이다(송해룡 2003).

디지털은 아날로그에 비해 빠른 계산속도 때문에 경계가 불분명한 아날로그 방식에 비해 효율적이고 에러 발생률도 낮다는 장점이 있다. 또한 데이터 전송 시에 간섭과 잡음이 덜하여 정보의 훼손이 적다. 실제로 디지털TV의 화질이 기존의 TV에 비해 깨끗하고 선명한 것이 바로 이 때문이다. 무엇보다도 대량생산이 가능하고 자동화에 탁월하다는 특성 때문에 디지털 방식은 오늘날 거의 모든 전자기기의 운용방식을 주도하는 틀이 되고 있다.

다음의 두 그림은 아날로그와 디지털 전송의 특징을 잘 보여 주고 있다.

〈그림 1〉 아날로그 전송

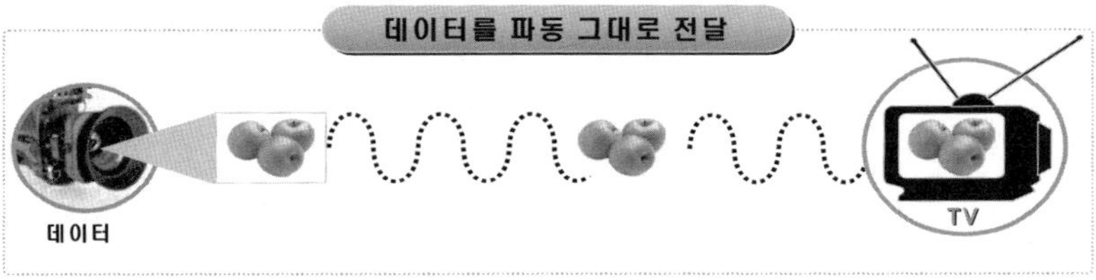

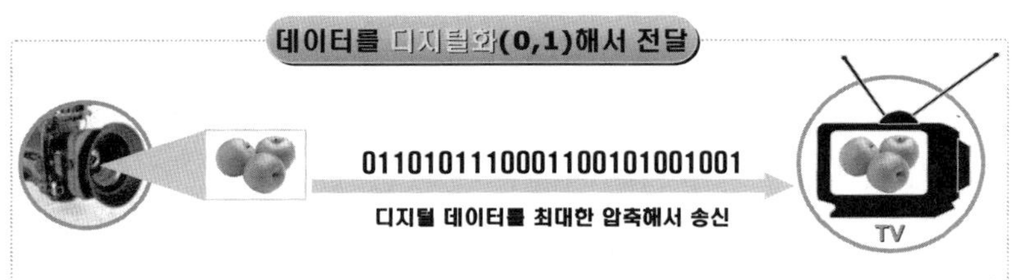

〈그림 2〉 디지털 전송

디지털 전송은 아날로그 신호를 특정 시점에서 샘플링하여 0과 1이라는 이진 신호로 변환한다. 아날로그와 디지털은 어떤 물리량에 대한 표현수단의 문제이지 그 물리량을 근본적으로 변화시키는 방법은 아니다. 쉽게 예를 들면 음악을 들을 때 사용하는 아날로그 카세트테이프는 소리를 전기신호의 연속적인 세기(강약)로 자성체인 테이프에 기록한다. 반면 디지털인 CD는 똑같은 소리를 양자화(소리신호를 수치로 계량화하는 방법)라는 기법을 통해 오로지 0과 1의 이진수로 기록하게 된다. 현대사회의 기술적 진보는 디지털의 장점을 최대한으로 이용하는 측면에서 이루어지고 있는 상황이다.

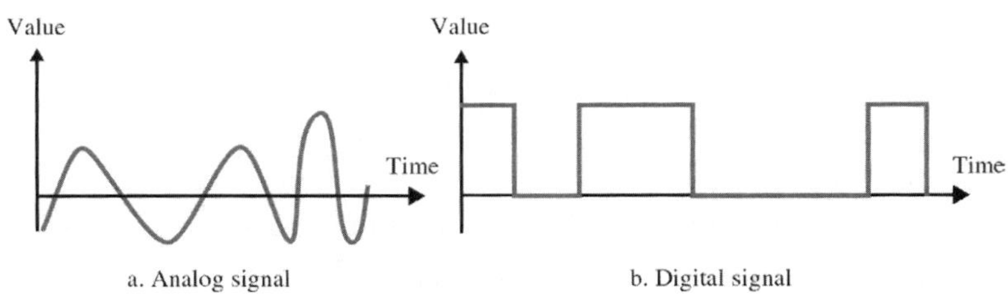

<그림 3> 아날로그와 디지털 신호의 파형

우리가 일상적으로 보고 들을 수 있는 신호는 모두 아날로그 신호이다. 반면 디지털 신호는 신호를 주고받을 때(통신할 때)나 신호를 인간이 원하고자 하는 방식으로 바꾸고 싶을 때 아날로그 신호에 비해 변형과 변용의 이점이 있기 때문에 신호 전송 및 처리에서 사용된다. 즉, 송신자가 음성, 영상 등의 정보가 담긴 아날로그 신호를 디지털 신호로 변환하고 이를 보내고, 수신자는 전달된 디지털 신호에서 아날로그 신호로 복원하여 송신자가 보낸 음성, 영상정보를 듣거나 보게 되는 것이다.

이러한 일련의 과정을 이해하기 위해서는 아날로그 신호의 디지털 변환과 이러한 디지털로 변환된 신호가 다시 우리가 볼 수 있는 아날로그 신호로 복원되는 과정을 알 필요가 있다. 우선, 아날로그-디지털 변환은 흔히 ADC(analog-to-digital conversion)라고 한다. 아날로그-디지털 변환은 계속해서 변화하는 신호(아날로그)가 그것의 본질적인 내용은 달라지지 않은 채, 여러 수준의 신호(디지털)로 바뀌는 전자적

처리과정이다. 아날로그 신호를 디지털 신호로 변환하기 위해서는 〈그림 4〉의 ②번 그림처럼 아날로그 신호를 일정 시간 구간에 따라 샘플링을 한다. 〈그림 4〉에서는 0.1초마다 샘플링(신호추출)을 하고 있다. 다시 말해서 0.1초마다 그때 당시의 아날로그 신호의 신호 크기를 알아내는 것이다. 이때 신호의 크기는 여전히 연속적으로 나열된 값들 중의 하나의 값이다. 샘플링을 한 뒤에 이렇게 샘플링된 값을 구간마다의 대푯값으로 양자화(量子化)하는 과정을 거친다. ③번 그림이다. 양자화를 쉽게 얘기하자면, 영어공인시험인 텝스 점수에 등급을 주는 것과 같다. 즉, 901점 이상은 1+등급을, 801~900점은 1등급을, 701~801점은 2등급을……, 이런 식으로 등급을 설정하고 이 등급 사이에서 발생하는 점수에 등급을 매기는 것을 양자화라고 하는 것이다.

〈그림 4〉 아날로그-디지털 변환과정: ADC(analog-to-digital conversion)

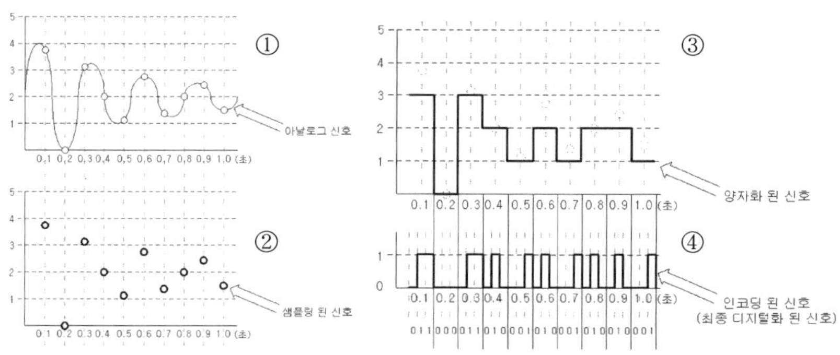

　　양자화의 과정을 거치면 아날로그 신호들은 이산적인 값들로 변환된다. 이제 마지막 단계로 0과 1의 값들(이진수)로 변환시키는 과정을 거치는데 이를 흔히 인코딩(encoding: 코드화, 암호화한다는 의미) 과정이라 한다. 인코딩을 거친 신호는 최종적인 디지털 신호가 된다.

반대로 디지털 신호를 아날로그 신호로 재변환하기 위해서는 디코딩(decoding: 역코드화, 역암호화)과 필터링을 통해 원래의 아날로그 신호에 근접한 아날로그 신호로 복원되는 것이다. 이를 DAC(Digital to Analog Conversion)이라고 한다.

양자화를 어떻게 하느냐, 인코딩을 어떻게 하느냐에 따라 디지털 변환방식도 여러 가지가 존재하게 된다.

정리하자면 디지털 신호는 자연계에 자연스럽게 존재하고 있는 무수한 아날로그 신호를 0과 1로 부호화 혹은 암호화한 신호로 신호 전송 및 처리 시에 아날로그 신호에 비해 강점을 갖기 때문에 통신 및 처리에서 이용되는 신호인 것이다. 이를 우리가 보거나 듣기 위해서는 디지털 신호를 또다시 아날로그 신호로 변환해야 한다. 따라서 우리가 흔히 디지털 세상에 살고 있다고 말하지만 이는 엄밀히 따져 보면 잘못된 표현이다. 보다 정확하게 말하자면 우리는 디지털의 강력한 도움을 받아 더욱 편리해진 아날로그 세상에 살고 있다는 것이 정확한 표현일 것이다.

<표 2> 디지털 기술과 아날로그 기술의 장단점

	디지털 기술	아날로그 기술
장 점	−정보 왜곡이 적음 −무한재생이 가능 −정보조작 및 변형이 유용	−기기의 단순화
단 점	−정보량이 비대 −기기의 복잡성	−정보왜곡성이 심함 −재생 시 정보질 저하 −단방향

2) 생활 속으로 들어온 디지털 제품들

디지털 카메라, 디지털 캠코더, 디지털TV 등 디지털과 관련한 복잡한 기술적 속성은 차치하더라도 '디지털' 하면 가장 먼저 떠오르는 것이 우리 생활과 밀접한 가전제품이다.

가장 우리 주변에서 쉽게 볼 수 있는 디지털 제품은 바로 TV이다. 디지털TV의 매력은 바로 실물을 그대로 보여 주는 듯한 선명한 화질과 음질이다. 아날로그TV의 경우, 전파는 전송과정에서 잡음이나 간섭으로 인해 정보가 훼손될 가능성이 높다. 따라서 본래의 촬영의도와는 달리 좋지 못한 영상을 제공할 수도 있다.

이에 비해서 디지털TV는 모든 신호를 0과 1이라는 숫자로 변환, 전송하기 때문에 방송국의 깨끗한 영상과 소리를 그대로 재생할 수 있다. 따라서 디지털TV에서는 효율적인 숫자 표현방식, 다량의 정보를 압축하기 위한 방법, 에러가 발생했을 경우의 수정방법 등이 중요한 부분이 된다.

디지털TV가 출현한 것은 1982년 독일의 인텔말사(社)가 아날로그 신호를 디지털 신호로 바꾸는 IC(직접회로: integrated circuit)를 개발하여 이를 세계에 공급하면서부터 시작되었는데, 한국에서는 인텔말사의 IC 샘플을 이용하여 디지털TV 생산에 성공하고 이를 1983년 9월에 열린 '한국전자쇼'에 출품하였다.

디지털과 아날로그를 비교할 때 가장 흔히 소개되는 비유는 낡은 턴테이블을 연상케 하는 LP와 CD다. LP는 미세한 바늘이 LP의 골을 따라 움직이며 발생시키는 소리를 증폭시킨다. 그러나 디지털 사운드 방식을 취하는 CD는 수억 개의 0과 1로 구성된 음성정보를 광입력 장치가 읽어 들이고 재생하는 방식을 취한다. 이러한 특성을 이용하여 수없이 재생을 반복하더라도 음질이 손상되지 않으며 LP에 비해 월등한 저장능력과 압축능력을 자랑한다. 반면에 LP는 골이 마모되면 될수록 음질이 손상된다는 단점이 있다.

VCR의 수요가 줄어들면서 최근 각광을 받고 있는 DVD는 디지털의 융합능력을 이용해 만든 새로운 기기로 영화와 음악뿐만 아니라 컴퓨터 자료에 이르기까지 다양한 콘텐츠를 포괄할 수 있는 새로운 디지털 매체로 부상하고 있다. 기존의 비디오용 CD가 일반 VCR 수준의 화질을 구현하고 영상을 74분 정도로 재생하는 것에 비해 DVD는 레이저디스크 수준의 러닝타임 133분 정도의 영화를 DVD 한 장에 담을 수 있다. 또한 DVD 한 장에 음악용 CD와 몇 개의 VCR 테이프에 수록된 데이터를 저장할 수 있을 정도로 그 저장공간이 확장되었다. 이전의 VCR에 비해 음질과 화질이 크게 개선된 것은 물론이다. 이제 CD와 VCR이 DVD에 자리를 내줄 운명에 처한 것이다.

최근 젊은 세대라면 하나씩은 가지고 있는 필수기기로 자리매김한 디지털 카메라도 필름 카메라를 대체할 새로운 디지털 기기로 부상하였다. 이전에 사용하던 필름 카메라는 피사체의 상(像)을 감광재료(롤필름)에 맺히게 한 후 인화과정을 거쳐서 사진을 얻는 방식을 취한다. 자연 그대로의 모습을 아날로그 량, 즉 연속적인 형태로 기록한다는 것이 특징이다. 반면에 디지털 카메라는 촬영된 영상을 컴퓨터 그래픽에서 화면상에 나타나는 영상 데이터를 저장하는 방식인 비트맵(bitmap)으로 분할하고, 각각의 상(像)의 광점(光點)의 밝기인 휘도를 디지털 량으로 기록한다. 디지털 카메라의 경우 컴퓨터의 화상 데이터와 호환성이 높아 편집 및 수정이 간편하다. 일반 카메라와 같은 구조로 되어 있으면서도 다양한 크기로 세분화되어 있어 사이즈에 따라 오히려 휴대하기 더욱 간편하다는 장점을 가지고 있다. 촬영한 영상을 내부기억장치(하드 디스크 또는 메모리 카드)로 저장할 수 있으며, 외부 컴퓨터와 연결하여 찍은 영상을 전송할 수도 있다. 무엇보다도 잘못 찍은 사진은 즉각 삭제가 가능하기 때문에 다양한 각도에서 촬영을 반복하더라도 부담이 적다.

3) 디지털 뉴 패러다임

우리는 속도가 지배하는 디지털 세상에 살고 있다. 미래학자 엘빈 토플러가 그의 저서 「제3의 물결」에서 정보통신의 혁명을 예언한 이후로 변화의 조류는 더욱 거세지고 있다. 어떤 격류에 휩쓸리듯 누구의 의지라고 할 것 없이 우리 사회 전체가 디지털 물결에 휩싸여 있는 것이다. 이미 디지털 기술은 부지불식간에 우리들 생활 곳곳에 깊이 스며들어 있다. 아침에 눈을 떠서 처음 찾는 알람시계에서부터, 버스나 지하철의 이용을 편리하게 해 주는 교통카드, 휴대전화, 컴퓨터, 인터넷, 메신저, 전자우편, 온라인 은행 업무 등 우리의 생활 자체가 거대한 디지털 혁명 속에서 이루어지고 있다고 해도 지나친 말이 아니다. 이제 우리는 디지털 기술 없이는 하루도 생활할 수 없는 상황에 이르고 있다.

디지털은 생산과 판매방식, 소비 패턴에 있어서도 혁신적인 변화를 일으키고 있다. 지금까지 기업들은 대량으로 제품을 만들었고 제품은 대리점과 시장을 통해 고객을 찾아갔다. 그러나 디지털 시대의 광속(光速)경제는 대리점을 필요로 하지 않는다. 고객은 원하는 것을 생산자에게 직접 주문하고, 생산자는 이를 곧바로 배달해 준다. 바야흐로 디지털 경제의 시대가 시작된 것이다. 디지털 기술은 1970년대까지 주로 컴퓨터의 연산기능에만 이용되었으나, 1980년대에 들어서면서 방송, 통신기술로 응용 분야가 확대되면서 이들 산업들에 있어 획기적인 생산성 향상은 물론 신산업을 출현시키는 계기가 되었다.

디지털 패러다임에서 가장 중요한 두 가지 개념은 '정보'와 '지식'이라는 개념이다. 인간생존의 환경 및 조건이 되는 것으로 새롭게 강조되고 있다. 정보와 지식을 전달하는 수단으로서 통신은 새로운 의미를 부여받고 있다. 그래서 인터넷은 지식 미디어가 되고, 제4세대 통신수단이 되고 있다.

현재 0과 1이라는 단순한 코드로 정보를 표현하는 디지털 기술은 세상을 빛의 속도로 변화시키고 있으며, 우리들의 생활권역은 인터넷이라는 가상의 네트워크로 급속히 옮겨 가고 있는 추세이다. 전 세계를 하나의 권역으로 묶는 월드와이드웹(www)이라는 가상공간 속에서 우리는 새로운 정보를 창출하고 교환하면서 새로운 가치를 끊임없이 창출하고 있다. 이러한 변화는 먹고, 자고, 일하고, 놀고, 움직이는 모든 인간생활에 직접적인 영향을 끼치고 있다. 이에 따라 부의 형태도, 미래도 달라지는 것이다(앨빈 토플러·하이디 토플러, 김종웅 역, 2006)

디지털 시대는 아날로그 시대와는 다른 사회구조, 행동 양식, 문화 기저의 성향을 발생시키고 있다. 디지털 시대는 네트워크 사회구조를 가지고 있으며, 사이버로 대변되는 행동 양식, 참여적인 문화(참여주의 문화)를 강조하고, 이것을 대변한다.

〈표 3〉 아날로그 사회와 디지털 사회

	아날로그 사회	디지털 사회
사회구조	-linework -아마추어의 독자적 생존 가능 -신뢰 또는 능력 요구	-network -프로를 중심으로 생존 -신뢰와 능력 동시에 요구
행동 양식	-물리적인 공간(physical) 접촉 -생산자 주도의 경제생활 -대의민주주의	-사이버 공간(cyber) 접촉 -소비자 주도의 경제생활 -전자·직접민주주의
문화기제	-이성적 사고 -엘리트 문화 -문화와 산업의 분리	-감성적 선택 -참여주의 문화 -문화 산업 중요

자료: 삼성경제연구소(2000. 4).

2. 디지털미디어 전경

2.1 미디어의 탄생 그리고 진화

1) 사회문화 발전과 미디어의 변화과정

인류 진화는 커뮤니케이션의 발전을 동반하였다. 점차 고도화된 커뮤니케이션 기술과 상징의 사용은 인류의 발전을 이루어 내는 동력이었다. 집단생활, 도구이용 등의 행위는 커뮤니케이션을 전제로 가능하였다. 커뮤니케이션은 미디어를 통해서 이루어진다. 사람과 사람 사이에 미디어가 존재함으로써 커뮤니케이션이 이루어진다. 사람과 사람 사이의 관계를 이어 주는 것이 커뮤니케이션이라면, 커뮤니케이션의 보조수단이 미디어인 것이다. 여기서 미디어는 '인간화(예, 이동전화)', '인간의 확장(예, 인터넷)'이라는 관점에서 모든 커뮤니케이션 수단을 포괄한다. 미디어 발전의 역사는 직접 커뮤니케이션(면대면 커뮤니케이션: face to face communication)이 갖는 시간적·공간적 제약을 극복하는 역사로 해석할 수 있다. 테크놀로지의 눈부신 발달은 다양한 형태로 응용이 되면서 커뮤니케이션 제약요인을 극복하고 있다. 디지털 기술의 다양한 변신은 이를 잘 보여 준다.

라디오, TV 등은 개발 후 10%의 보급이 이루어지기까지 25~30년이 소요된 반면, PC, 이동전화 등은 10년 만에 10%의 보급률을 보이면서 점차 그 속도를 빨리하고 있다.

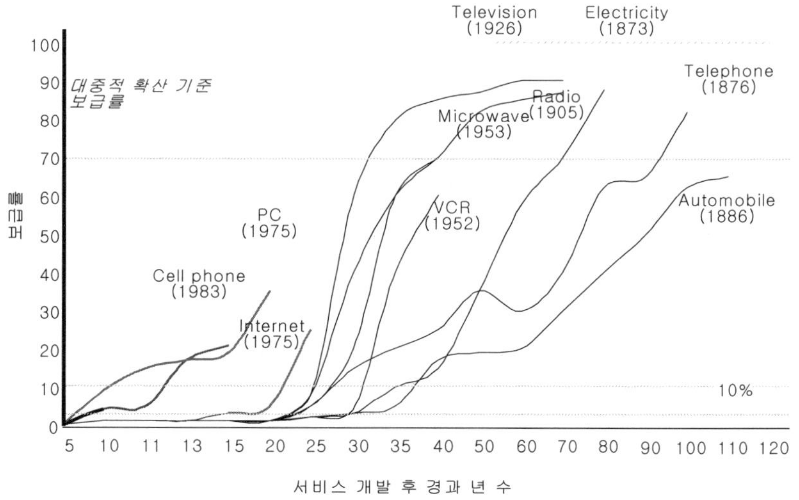

〈그림 5〉 미디어 개발 후 보급속도 추이

　　사회문화적인 변화와 미디어 발전은 밀접한 상호 관련성을 갖는다. 예컨대, 중세 후기와 르네상스 시대의 사회적인 변화가 인쇄술의 발명으로 확대되었고, 인쇄술의 발명은 다시 서구 합리주의의 확산과 발달을 뒷받침했다. 17세기 말에 신문과 잡지가 등장한 것은 당시 정치경제적인 변화, 상품 유통구조의 발전, 그리고 이와 관련한 정보 욕구와 밀접한 관련이 있다. 전신기의 발명과 최근의 인터넷이 증권거래소를 통한 경제교역을 가속화시키는 것은 미디어 발전이 경제적인 측면과 밀접한 관련이 있음을 보여 준다. 따라서 서구에서 산업과 시장의 발전이 이루어지고, 기계화가 일찍 시작된 것은 인쇄술의 발명이 동반한 사회적인 커뮤니케이션 변화과정의 결과라 할 수 있다.

　　모든 미디어는 필요성에 대한 하나의 반응이며, 동시에 또 다른 발전을 위한 자극이 되기도 한다. 필요성 그 자체는 정치, 경제, 또는 사회적인 분야를 구성하는 구체적인 사회 상황과의 반응에서 생겨났다. 따라서 기술의 혁신과 사회적 과정은 서로 고립된 무관한 관계로 볼 수 없다.

미디어의 변천(발전)은 일반적인 문화 욕구 변화를 담아내는 시스템의 일부로서 진행되어 왔다[2]. 역사적으로 미디어 변천에는 나름대로 규칙성이 있다. 새로운 미디어는 그 이전 미디어의 형식과 내용을 통합하는 형태로 발전한다. 즉 모든 미디어는 다른 미디어를 기반으로 하거나 그 내용을 필요로 한다. 미디어의 효용성은 바로 어떤 미디어의 '내용'을 다시 활용하고 있기 때문에 강력하고 효력이 있다. 영화의 내용은 소설, 연극 혹은 오페라인 것이다. 따라서 새로운 미디어가 도입될 때마다 미디어 문화에서는 기능의 재분배가 이루어진다.

미디어의 변천은 구어 커뮤니케이션에서 문자로 이행되고, 문자에서 인쇄 미디어, 인쇄 미디어로부터 라디오, 라디오에서 TV, TV에서 컴퓨터와 양방향 디지털미디어로 이행되어 왔음을 보여 준다. 물론 가장 최근의 뉴미디어가 폭넓은 커뮤니케이션 기능의 스펙트럼을 갖는다. 미디어는 정보기능뿐만 아니라, 고전과 신화의 기능도 갖는다. 예를 들어, 과거에는 멀리 떨어진 세계의 소식을 담시(譚詩) 형태의 문학이 담당했다면, 17세기부터는 신문이 그 기능을 대신하였다. 인쇄 미디어 이후의 매스 미디어는 과거 커뮤니케이션 체계가 갖고 있는 내용들을 통합하는 특징을 보여 주다가 디지털 시대와 함께 대중 커뮤니케이션을 여러 형태의 개별 커뮤니케이션으로 이행시키고 있다. TV 시대에는 시청자가 수동적인 정보 습득자였다면 디지털 시대에는 개인의 필요에 따라 여러 형태의 미디어를 능동적으로 사용할 수 있는 정보 소비자이며 생산자가 되도록 하고 있다.

커뮤니케이션 행위에서 시청각 문화가 우세한 위치를 점하도록 이

---

2) 이와 관련해서는 독일의 사회학자 루만의 시스템 이론을 참조하기 바람.

행을 촉진한 미디어가 영화이고, 그 시청각적 담론방식의 여러 전통을 TV가 통합하고 있다. 수백 년 동안 문자, 문학, 말(구어)에 기반을 두어 형성된 인쇄문화적인 형태가 지배적이었지만, TV의 등장이 이러한 것을 없애 버린 것이 아니라, 기본적으로 그 이전 시대의 틀을 영상 역사에 다시 접목시켰다.

오늘날 우리는 근본적인 패러다임의 변화를 경험하고 있다. 말하자면 문자로 각인된 커뮤니케이션 문화에서 시청각으로 각인된 커뮤니케이션 문화로 변화를 경험하고 있다. 언어는 현실을 개념, 상징, 기호로 전환하지만, TV에서는 개념과 기호(문자, 말, 문장)로 우회하지 않고 바로 직접적인 전달이 이루어진다. 논리적인 사고 즉, 특정 생각에서 다음 생각으로 논리적인 발전을 꾀하고, 전체 생각구조가 부분으로 구성되는 그런 사고는 직관으로 배열되는 개별 영상과 음성의 '퍼즐'로 대체된다.

영상 미디어로서 TV는 이전의 라디오와 영화처럼 이미 발전된 청각 미디어와 시각문화 전통을 받아들이고 변화시키며, 새로운 기술과 결합함으로써 자신의 독특한 커뮤니케이션 전통을 창조하고 있다. 따라서 모든 미디어는 그 이전 미디어를 대상으로 한다는 점에서 맥루한의 명제를 따르고 있는 셈이다.

TV는 영상언어라는 최고의 효과적인 언어를 구사한다. 세상에서 가장 위대한 영상 이야기꾼인 것이다. TV라는 미디어는 실상을 장면, 몸짓, 상징으로 풀어내고, 이들을 언어로 해석한다. 이것은 논증의 언어가 아니라, 시청자들에게 기억과 동일화를 불러일으키는 언어이다. 실상을 장면, 몸짓, 상징으로 풀어내는 것은 그 이전의 미디어인 영화와 연극에서 이미 그 기원을 갖고 있기 때문에 시청자는 이러한 커뮤니케이션 형식에 이미 익숙해져 있다. 따라서 시청자는 TV 담론을 수용하고 이해하는 데 전혀 어려움을 느끼지 않았기 때문에, 단기간에 빠른 확산과 이 미디어의 대중화를 가능하게 했던 것이다.

회화에서 시작하여 사진, 영화를 거쳐 TV로 영상 미디어가 변천하면서 미디어 간에 새로운 기능 분배가 이루어졌고, 그것은 우리의 인지구조와 지식구조에도 변화를 주었다. 기존의 미디어 형태를 옹호하는 사람은 이러한 기능의 분배를 두려워했으며, 새로운 미디어가 등장하여 야기하는 가치변화를 두려워하였다.

사진술이 발명되었을 때 사실주의 화가들과 특히 초상화 화가들은 자신들의 장르가 민속예술로 전락할까 봐 두려워했다. 영화는 연극을 몰아낼 정도로 위협적이었지만, 영화는 다시 TV의 희생물이 되었다. 그리고 만능 기계인 컴퓨터는 모든 것을 동시에 쓸어버리고 있다. 컴퓨터는 영상, 음성, 공간, 문자 등 모든 것을 만들어 낼 수 있기 때문이다.

이러한 이행단계에서 사회적, 문화적 영향이 반영되고 있음은 물론이다. 즉 대중문화의 수용과 대중문화의 오락기능이 점증하고, 사회에서 처리해야 할 정보의 양도 증가함에 따라 TV가 갖는 의미도 커졌다. TV는 기술의 발전과 정보내용을 특별히 구조화할 수 있는 장점 때문에 오락과 정보전달의 양과 속도에서 새로운 잠재성을 갖게 되었던 것이다.

결국 미디어 이용과 사회적 인식구조, 그리고 사회문화 간에는 밀접한 관련이 있음을 누구도 부정하기 어렵다. 미디어는 충분조건은 될 수 없지만, 특정 경우에서 필요조건임은 분명하고 일정한 발전을 촉진하는 것은 의심할 여지가 없다. 따라서 미디어 시스템은 사회적으로 구성된다는 주장은 더 큰 설득력을 얻는다.

미디어의 변화과정을 연구한 피들러(Fidler, 1999)는 새로운 미디어가 자생적이고, 자발적으로 생성되는 것은 아니라고 주장한다. 그는 새로운 미디어가 기존 미디어의 변형이라는 과정을 거쳐서 천천히 등장하며 새로운 미디어가 등장한다고 해서 기존의 미디어들이 사라지는 것은 아니고 계속해서 존재하며 새로운 환경에 적응해 나간다고 지적한다. 피들러는 FM과 TV의 등장을 예로 들면서 상대적으로 우수한 기술인 FM이 등장하였다고 해서 AM 라디오가 사라지지 않았으며, TV가 등장했다고 해서 라디오가 당시의 호들갑스러운 예측과는 달리 없어지지도 않았다고 말한다.

피들러에 의하면 TV의 재빠른 확산은 기존의 미디어인 신문과 잡지, 그리고 같은 영상 미디어인 영화에 중요한 변화를 야기했지만, 그것이 결코 기존 미디어의 소멸을 의미하는 것은 아니라는 것이다. 기존 미디어들은 새로운 환경에 잘 적응하였으며, 이러한 탄력적인 적응은 성급한 예측을 무력화시키기에 충분하였다.

피들러는 기존의 미디어가 발전해 온 과정에서 추론한 매체변화의 여섯 가지 원칙을 제시하고 있다. 그 첫째는 바로 공동 진화와 공존(co-evolution and coexistence)이다. 모든 커뮤니케이션 미디어들의 형태는 계속 확장되고 있으며 복잡한 시스템의 내부에서 서로 공존하고 공동 진화한다. 다시 말해서 새로운 커뮤니케이션 형태들이 계속 등장하면서 기존의 미디어들과 서로 영향을 미치며 함께 변화한다는 것이다. 둘째는 변형(meta morphosis)이다. 새로운 미디어는 독자적으로 발전하는 것이 아니며 비교적 오래된 미디어들이 점진적으로 변화하는 과정 속에서 생겨난다는 것이다. 셋째는 유전(propagation)이다. 새로운 커뮤니케이션 미디어 형태는 기존의 커뮤니케이션 미디어 형태에서 독특한 형태를 물려받는다. 이 고유한 특성들은 언어를 통해서 다음 세대에 전달되고 확산된다. 넷째는 생존이다. 모든 커뮤니케이션 미디어 형태는 변화하는 환경에 적응하도록 강제되며, 변화하지 못하는 미디어는 소멸하게 된다. 다섯째는 기회와 필요(opportunity and need)이다. 새로운 미디어는 기술적인 관점에서만 발전하고 확산하는 것이 아니며, 새로운 미디어가 확산하기 위해서는 이러한 발전을 가속화하는 사회적, 경제적, 정치적 동기가 있어야 한다. 또한 발전의 기회도 아울러 제공되어야 한다. 여섯째는 확산의 지연(delayed adoption)이다. 새로운 미디어가 완전하게 상업적으로 성공하기 위해서는 일반적인 예상보다 더 많은 시간이 필요하다. 적어도 20~30년의 시간이 필요하다고 한다.

이러한 미디어 변화의 원칙들은 미디어의 융합에 따른 새로운 미디어의 출현과 채택이 어떤 방식으로 이루어질 것인가를 알려 주는 단서를 제공하고 있다. 우선 새로운 미디어의 출현으로 기존의 미디어가 소멸하지는 않는다면 기존의 미디어가 지켜 가는 분야와 새로운 미디어가 우위를 점하는 부분을 구별해야 할 것이다. 유전의 원칙을 보면, 새로운 미디어 역시 기존의 미디어에서 크게 벗어나기는 어렵다는 점을 알 수 있다. 여기에서 새로운 미디어 특성의 독특함의 정도와 사회적 파급효과의 정도를 구분해야 한다. 새 미디어의 특성이 독특함이 많다고 해서 사회적 파급효과가 반드시 큰 것은 아니며 또 독특함이 적다고 해서 사회적 파급효과가 작은 것은 아니기 때문이다.

미디어의 융합에 따른 멀티미디어의 특성은 대부분 기존의 미디어에서 발견할 수 있는 것들이다. 영상은 TV 등의 방송과 영화에서, 전자게임은 게임기에서, 문자는 책과 신문 등의 인쇄 미디어에서, 소리는 음향기기에서 이미 사람들에게 익숙해져 있던 것이다. 그러나 이런 것들을 합한 종합적인 파급효과는 기존의 매체들을 뛰어넘는 혁명적인 것이 될 수도 있다.

2) 새롭게 펼쳐지는 미디어 혁명의 지형도

미디어의 변화를 넘어서 미디어 혁명이 진행 중이다. 디지털 지상파 방송, 디지털 위성방송, 디지털 케이블TV, 위성DMB, 지상파DMB, IPTV 등 이름만으로는 쉽게 구별하기 어려운 뉴미디어들이 이미 등장했거나, 등장을 준비하고 있다. 매년 전 세계에서 개발되는 기술의 80%가 미디어 관련 기술이라고 한다. 그만큼 미디어 혁명은 전 지구적인 이슈이자 추동력이다. 미디어 환경의 지각변동은 미디어 조직이나 생산과정, 미디어 생산자, 메시지, 수용자에 이르기까지 광범위한 변화를 동반한다. 매체 간 상호결합과 프로그램, 콘텐츠 융합이 촉진되면서 신문과 방송, 방송과 통신의 경계도 사라지고 있다. 하나의 콘텐츠가 다양한 창구의 채널을 통해 수용자에게 전달되는 '원소스 멀티유즈', 신문이 TV나 라디오 인터넷·휴대전화 등 다른 전자 미디어와 결합하는 '크로스 미디어(Cross Media)' 현상도 확대되고 있다(김원제, 2006).

현재 진행되고 있는 디지털 혁명에 의한 정보사회는 전산화를 거쳐 정보화로, 그리고 다시 지식화를 거쳐 유비쿼터스화로 고도로 빠르게 진행되며 새로운 디지털 문명을 생성하고 있다. 즉 컴퓨터, 방송, 통신, 가전영역 등 우리를 둘러싼 전반적인 미디어 환경이 인간 지향적이면서 이용자 심리적인 인터페이스로 발전하고 있으며, 유비쿼터스 환경에서 구현할 수 있는 문화적 보편성 및 편재성을 가능하게 하고 있다. 이러한 디지털 혁명은 사회 전반에 걸친 변화를 초래함과 동시에 각 사회를 구성하고 있는 요소들에까지 엄청난 파장의 영향력을 미치고 있는 상황이다(하원규 외, 2003).

최근의 융합 트렌드에 따른 미디어 지형도를 정리하면 DMB, IPTV

등의 등장에 따라 방송기기, 플랫폼, 솔루션 사업자의 시장이 확대될 것이며, 방송 콘텐츠 활용도 증가에 따라 방송시장규모도 확대될 것으로 기대된다.[3)]

　통신과 방송이 별개의 영역으로 구분되어 있던 기존의 체계에서 통신과 방송이 하나로 묶이는 융합매체가 등장함에 따라 새로운 통합영역이 창출되었다. 이와 같은 융합매체는 다음과 같은 형태로 나타나고 있다.

<그림 6> 융합매체 진화양상

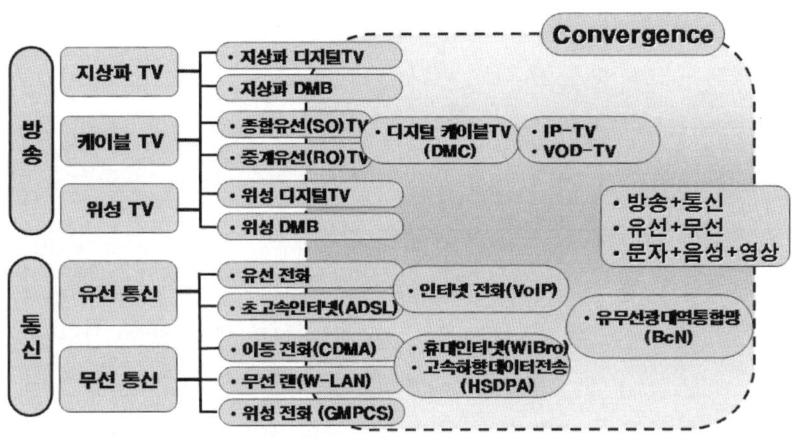

　융합매체를 통해 현시되는 미디어 콘텐츠는 영상, 교육, 음악, 게임, 교육 등을 중심으로 기존 장르 구분을 탈피하여 컨버전스화되고 있으

---

3) 빌 게이츠는 IPTV의 발전과 관련하여 2007년 스위스 다보스 포럼에서 "앞으로 5년 뒤에는 사람들이 우리가 현재 TV를 보는 방식에 대해 웃음을 금치 못할 것"이라는 말을 하였다. IPTV가 새로운 TV혁명을 가져온다는 말이다. 유선의 의미는 소위 노마드 시대에 더 중요해지고 있는 것이다.

며 '1인 미디어' 시대를 등장시키고 있다.

방송과 통신의 융합(DMB, IPTV), 유선과 무선의 융합(WiBro, HSDPA) 등 이종 산업 간 가치사슬의 해체와 통합을 통해 새로운 시장, 산업, 서비스 및 단말기가 출현하고 있다. 예전에 방송과 통신은 전혀 다른 역무범위에서 전혀 다른 가치사슬을 보유한 시장 참여자 간 이질적 시장이었으나 기술의 진전, 사업자의 신규시장에 대한 진출 열망, 소비자의 새로운 서비스에 대한 욕구증진 등으로 인해 동일한 가치사슬 영역과 그 범위를 점차 좁히고 있는 상황이다. 또한 휴대 단말기의 발달 등 시장 내 요소가 기존 방송 사업자는 통신시장으로, 통신 사업자는 방송시장으로 진출하여, 상호 경쟁할 수밖에 없는 융합경쟁 구조를 만들어 내고 있다.

방송통신의 융합시대가 등장하면서 다양한 융합형 서비스들이 출현하고 있다. 2006년 5월과 6월 연이어 HSDPA와 WiBro 서비스가 상용화되었고, 11월부터 IPTV가 시범 서비스를 실시하면서 본격적인 융합시대가 도래하였다. 이러한 방송통신 융합 서비스의 등장에는 높은 수준의 기술 인프라가 한몫을 하였다. 실제로 국내 통신 서비스는 현재 세계수준을 뛰어넘으면서, 글로벌 국제표준의 역할을 담당하고 있다. 실제 2006년 10월 국내 WiBro 기술이 유엔 산하 전파통신부문 국제표준화기구인 ITU-R에서 국제참조표준으로 승인되었다. 이처럼 국내 통신 서비스가 세계적인 수준으로 도약할 수 있었던 토대는 적극적인 투자와 기술개발이었다.

융합시대의 핵심은 다양한 융합매체에 얼마나 다양한 콘텐츠를 탑재할 수 있느냐가 관건이다. 통신과 방송 업체들의 콘텐츠 확보 경쟁역시 치열한 양상으로 대두될 것으로 전망된다. 또한 매체특성도 변화하고 있다. 기존의 모바일, 인터넷, TV, 카메라, 게임기 등으로 명확하게 분류되어 있던 방식에서 단말 하나에 다양한 기능이 포함되면서 개인형/일체형 매체로 진화되는 추세를 보이고 있다. 이와 같은 매체의 변화는 수동적인 소비자가 제작부터 판매까지 직접적으로 관여하고 능동적으로 움직이는 소비자로 변화시켰고, 역으로 매체를 변화시키는 수용자 욕구를 만들어 내었다. 방통융합에 따른 미디어 콘텐츠 시장 변화는 다음과 같이 정리된다.

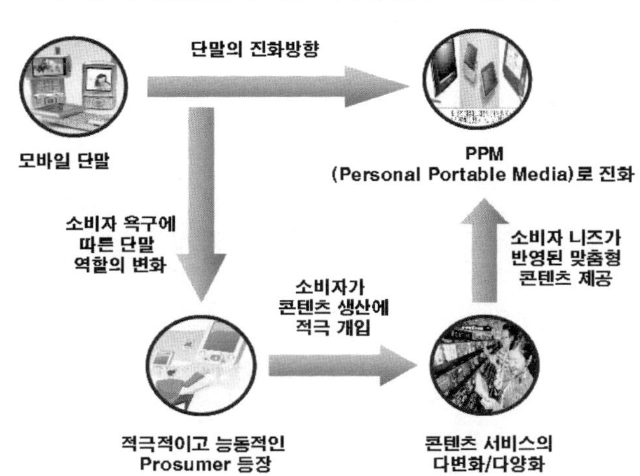

〈그림 7〉 방통융합에 따른 미디어 콘텐츠 시장 변화

2.2 기본적인 테크놀로지 개념들

1) 전파와 주파수의 개념

그동안 꾸준히 진보해 온 통신기술을 통해 우리는 언제 어디서나 원하는 상대방과 커뮤니케이션을 할 수 있다. 통신기술 및 통신사업

발전의 시발점은 바로 전파(electromagnetic wave, 전자기파)의 발견에서 기인한다. 과학수준이 발전하면서 인류는 예전에는 미처 몰랐던 전파를 발견, 이를 통신에 응용했고, 이후 통신 산업은 진일보한 발전을 할 수 있었다.

우선 그 핵심이 되는 전파에 대해 알아보자. 전파는 에너지를 공간상에서 전달하는 매질이다. 전파는 전기적 에너지를 공간상에서 전달하는 매개물로 파동형태로 진행된다. 전하(電荷)의 진동, 전류의 변화로 생기며, 그 통로에 해당되는 공간에 전기적 작용을 미치면서 빛의 속도로 진행된다.

<그림 8> 전파의 개념

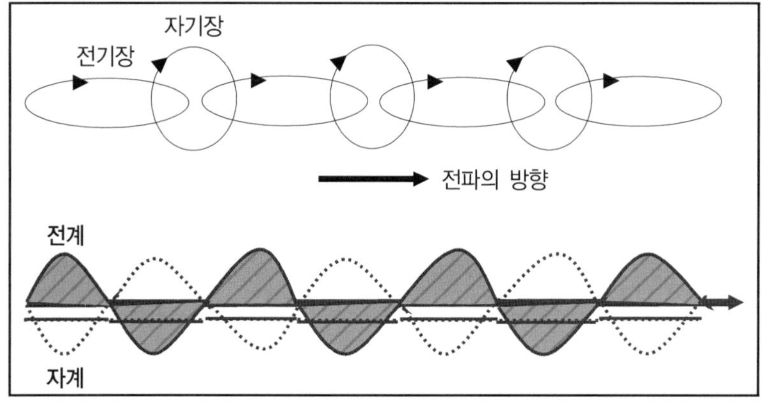

전파는 우주를 구성하는 본질로 우주 생성 시부터 존재하고 있었으나, 형태가 없었기 때문에 자연과학이 발전하지 않았던 시대에는 그 존재를 잘 알지 못하였다. 인간이 자연에서 불을 발견하여 새로운 문화를 창조하였듯이 인류는 19세기에 전파의 존재를 발견함으로써 통신이라는 새로운 문화를 개척하였고, 응용을 하여 산업화를 빠르게

하는 촉매재로 활용하였다. 산업사회의 하부구조가 된 것이다. 이러한 통신은 하부구조의 틀을 벗어나, 디지털 기술에 기초하여 이동통신, 휴대인터넷, 무선 랜 등 선 없는 환경을 구현하는 매개체로 유비쿼터스 사회를 이끄는 핵심 동인으로 성장하고 있다.

전파는 수학, 물리학 등 순수과학 및 기술진보의 결과로 발견되었고 그 응용은 진화 중에 있다. 인간은 오래전부터 디지털 방식의 기본원리를 이용해 왔는데, 모스 부호가 그 대표적인 보기다. 그러나 본격적인 디지털 통신원리의 이용은 1937년 리브스(A. H. Reeves)가 PCM(Pulse Code Modulation) 시스템을 발명하면서 시작되었다. PCM 방식은 신호를 입력할 때 펄스 유무의 조합을 이진수 부호 즉, 디지털로 변환시켜 전송하고 이를 수신할 때 그 부호 펄스를 식별해 원래의 신호로 재생하는 방식이다. 이후 트랜지스터의 발명과 반도체 및 디지털 회로기술의 발달에 힘입어 1950년대 말 디지털 기술을 적용시킨 음성PCM 방식이 처음 실현되었으며, 1962년에 이르러서는 세계 최초로 미국에서 디지털 전송방식이 실용화되었다(전석호, 1997).

전파의 발전 역사를 요약하면 다음과 같다.

- 1864: 맥스웰(Maxwell)은 '맥스웰방정식'을 통해 전파의 존재를 수학적으로 예언
- 1874: 헤르츠(Hertz)는 전파의 존재를 실험으로 증명
- 1901: 마르코니(Marconi)는 1896년 무선전신 실험에 성공하였으며, 무선전신을 이용한 대서양(영국←→캐나다) 횡단 무선통신에 성공
- 1916: 미국 버지니아 주와 대서양 간에 최초로 음성의 송수신 성공

그렇다면 전파는 어떻게 표현되는가. 일반적으로 전파(파동)는 신호의 크기(진폭), 위상, 주파수·파장으로 표시된다. 전파의 속도는 빛의 속도인 초당 30만km와 같으며, 주파수와 파장은 반비례한다. 여

기서 주파수란 공간을 진행할 때 생기는 파동이 1초 동안 진동하는 횟수를 말한다. 단위는 헤르츠(Hz)이며, 1초에 1회 진동하면 1Hz, 1초에 10회 진동하면 10Hz가 되는 셈이다.

$$전파의\ 속도: v(빛의\ 속도) = f \times \lambda \ (f: 주파수,\ \lambda : 파장)$$

전파는 주파수가 낮으면 멀리 진행하고, 주파수가 높으면 곧게 진행하는 특성을 갖고 있다. 주파수가 높을수록 직진성이 강하고, 감쇠(減衰, 파동이나 입자가 물질을 통과하는 사이에 흡수나 산란이 일어나 에너지나 입자의 수가 줄어드는 현상)가 심하나 대량의 정보 전송이 가능해 고정통신이나 초고속통신 등에 적합하다.

주파수가 낮을수록 회절성(전파가 어떤 장애물의 끝을 통과할 때 그 후방에서까지 도달하는 성질로 건물 등의 후방에 존재하는 음영지역을 제거할 수 있게 해 준다)이 강하고 감쇠는 적으나 전송 가능한 정보량은 적어 해상·항공통신 등 장거리통신에 적합하다는 특성을 가지고 있다.

<그림 9> 전파의 특성

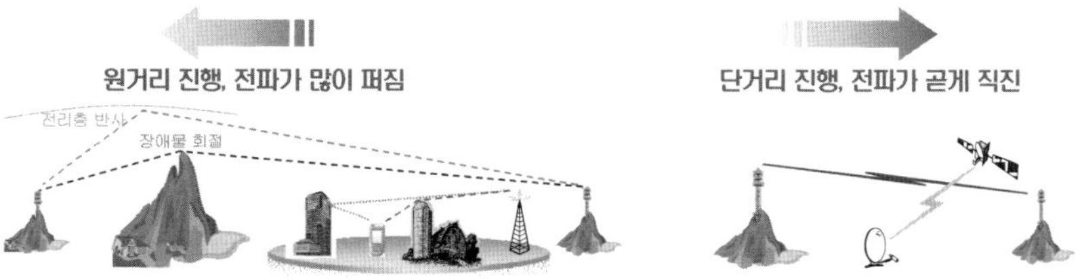

전자기파는 전파, 적외선, 가시광선, 자외선 등을 포괄하는 개념이지만, 일반적으로는 전파와 동일한 개념으로 인식되고 있다. 국제전기

통신연합은 인공적인 유도 없이 공간을 전파하는 3000㎓ 이하 주파수의 전자파를 전파라 정의하고 있다.

주파수의 대역별 용도는 다음과 같다. 단파(HF, 3~30㎒)는 선박·항공기통신, 국제단파방송 등에 사용되며, 초단파(VHF, 30~300㎒)는 무선호출, 항공관제통신, 비상재해통신, FM방송, TV 방송 등의 용도로 쓰이고 있다. 이동전화(셀룰러)·PCS·IMT-2000 등 주요 이동통신 서비스를 비롯해 무선 LAN, 경찰무선, 이동위성통신 등은 극초단파(UHF, 300㎒~3㎓)를 사용한다.

<그림 10> 주파수 대역별 주요용도

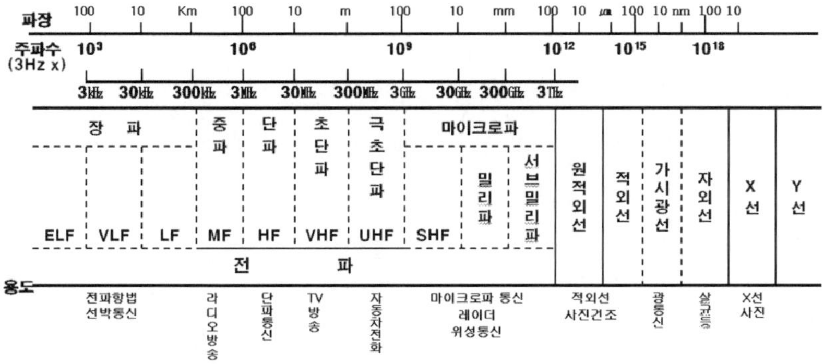

자료: 전파방송기획단(2006).

한편, 음성, 영상, 데이터와 같은 정보들은 주파수가 낮은 저주파수로 구성되어 먼 거리로 보낼 수 있는 고주파수(전파)에 실어 전송한다.

2) 압축기술의 진화 그리고 MPEG의 등장

멀티미디어의 실현에 가장 큰 장애물은 영상과 음향 등의 대량의 데이터를 어떻게 효과적으로 압축하느냐 하는 것이다. 그동안 엄청난 크기의 영상이나 음향 데이터를 압축함으로써 전송을 용이하게 하는 압축기술은 디지털 신호 처리기술(DSP) 분야의 과학자와 기술자들이 끊임없이 고민해 온 과제였다. 1990년대 디지털 신호 처리기술의 발달은 압축기술의 급속한 발전으로 이어졌다. 이렇게 해서 등장한 것이 우리가 흔히 알고 있는 MPEG[4] (Moving Picture Experts Group) 시리즈이다. 여러 가지 압축기술이 있지만 MPEG의 등장은 디지털 신호를 저장하고 전송하는 데 많은 난점들을 해결해 주었다. 오늘날 좁은 주파수 대역으로도 고화질과 다채널 방송이 가능해진 것은 모두 이 MPEG기술에 바탕하고 있다고 해도 과언이 아니다.

---

[4] 정식 명칭은 동화상전문가그룹이다. 1988년 설립되었다. 정지된 화상을 압축하는 방법을 고안한 JPEG(제이펙)과는 달리, 시간에 따라 연속적으로 변화하는 동영상 압축과 코드 표현을 통해 정보의 전송이 이루어질 수 있는 방법을 연구하고 있다. 미국의 AT&T, 영국의 BT, 일본의 NTT 등의 통신 업체 및 후지쓰, 미쓰비시, 픽처텔, 비디오텔리컴 등 화상회의 장비 업체들이 소속되어 있다.

<표 4> 압축의 종류

구 분	전송속도	특 징
Vocoder (Voice Coder)	4~16kbps	음성신호에 내재된 특성을 이용, 모델화 및 압축하여 디지털화시킴(예, CELP, EVRC)
AVI	·	마이크로소프트社에서 개발한 것으로 윈도우 운영체제에서 디지털 동영상을 재생하기 위한 파일형식
ASF	·	마이크로소프트社에서 제정한 스트리밍 미디어 형식
MPEG-1	1.5Mbps	CD-ROM 등의 저장매체를 대상으로 한 규격
MPEG-2	4~100Mbps	TV 방송(DVB, HDTV), 통신, 오디오/비디오 기기 등 광범위한 적용 분야를 대상으로 하는 고품질의 규격
MPEG-4	5kbps~4Mbps	초저속, 고압축률의 오디오/비디오의 압축/부호화의 규격(주로 이동통신에 적용됨)
H.264	1Mbps 이하	기존의 MPEG-4 ASP보다 두 배 정도 더 많은 압축률과 DVD 수준의 고품질 비디오를 제공

MPEG-1은 현재까지 가장 널리 보급되어 사용되는 포맷으로 1991년 ISO-11172로 규격화된 영상 압축기술이다. CD-ROM에 비디오를 저장하는 것을 목적으로 개발되었으며, VHS 수준의 동영상과 음향을 1.5Mbps로 저장하여 오디오 CD와 비슷한 시간의 동영상을 저장하는 규격이다. 압축률은 저장 시 임의로 지정할 수 있고, 비디오 CD는 비디오가 1,150kbps로 저장된다.

MPEG-2는 1994년 ISO-13818로 규격화된 영상 압축기술로 디지털 TV, 대화형TV, DVD 등 고화질/고음질 환경에서 사용할 수 있도록 MPEG-1의 약점들을 개선한 방식이다.

현재 DVD, 위성방송, HDTV 등에서 널리 이용되고 있다. CD-ROM의 제한된 용량이나 네트워크 전송 등의 제한된 대역폭을 전혀 고려하지 않아 용량이 크지만, 화질이 뛰어나다.

MPEG-4는 낮은 전송률로 동영상을 전송하려고 1998년에 개발된 표준이다. 대역폭이 작은 통신매체에서도 전송이 가능하고 양방향 멀티미디어를 구현할 수 있는 A/V(Audio/Video) 표준 부호화 방식이다. 기존의 MPEG-1, MPEG-2에서 쓰던 블록 단위의 변환 부호화 방법을 탈피하고 영상내용에 근거하여 영상신호를 부호화하는 새로운 방법을 추구하고 있으며, MPEG-1, MPEG-2가 압축률을 높여 빠른 전송을 하는 데 중점을 둔 반면 64kbps급의 초저속 고압축률 실현을 목적으로 하고 있다.

MPEG-7은 콘텐츠 검색을 위하여 내용기반 검색에 필요한 요소기술들을 제공하는 것을 목적으로 개발되고 있는 표준이다. 기존의 멀티미디어 데이터를 검색하려면 단순한 검색어 이외에는 방법이 없다는 한계를 극복하기 위해서 내용기반 검색이라는 새로운 방법을 연구하고 있는 방식이다.

MPEG-21 국제표준은 기존에 독립적으로 개발되어 온 여러 요소기술들을 종합적으로 고려하여 멀티미디어 콘텐츠의 전자상거래를 위한 인프라 구축 시 이들 요소기술들을 효과적으로 통합하여 멀티미디어 콘텐츠의 창조로부터 제작 및 유통의 전 과정에 효과적으로 이용될 수 있도록 일관된 국제표준을 정하는 데 그 목적이 있다. MPEG-21은 디지털 멀티미디어의 콘텐츠를 만들고 검색 교환할 수 있어 그동안 출시되었던 MPEG-1, 2, 4, 7을 모두 포괄한다. 개인휴대용 단말기(PDA), 웹TV 등 모든 유·무선 네트워크 제품과 멀티미디어 콘텐츠에 적용이 가능하다.

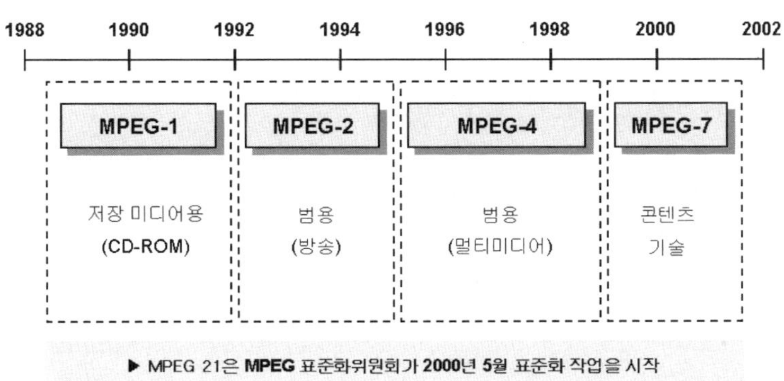

〈그림 12〉 MPEG 표준화의 흐름

3) 이동통신의 진화, 1세대(1G)에서 4세대(4G)로

3세대(G)니 4세대니 하는 차세대 이동통신에 대한 이야기가 많이 회자되고 있다. 세계 이동통신 서비스는 1세대를 거쳐 지금 3세대를 맞고 있다. 머지않은 미래인 2011년경에는 '꿈의 이동통신'으로 불리는 4세대로의 진화를 앞두고 있다.

이런 세대구분은 어떤 기준에 따라 나누어지는지, 또한 세대가 진화할수록 소비자들이 이용할 수 있는 서비스는 어떻게 달라지는지에 대한 기본적인 개념에 대해 알아볼 필요가 있다.

간단하게 각 세대별 특징을 정리하면 '1G=음성', '2G=음성과 문자', '3G=음성·문자·영상', '4G=모든 것(everything)'으로 간단하게 요약해 볼 수 있다.

<그림 13> 이동통신 시스템의 진화

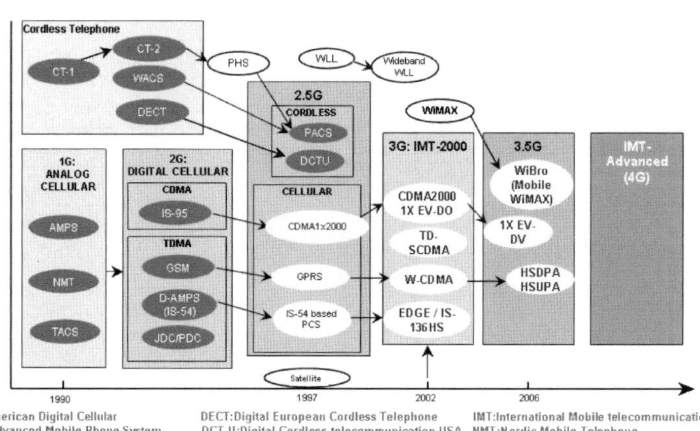

자료: 정보통신부(2006).

이런 세대구분은 세계 전기·전자 분야의 국제기구인 국제전기통신 연합(ITU)이 주관하고 있으며, 전송속도가 얼마나 향상됐느냐에 따라 구분된다. 각 세대별 특징을 정리하면 다음과 같다.

1세대 이동통신은 흔히 아날로그 이동통신이라고 불리며, 음성통화만 가능했다. 우리나라는 지난 1984년경 SK텔레콤의 전신인 한국이동통신이 처음으로 아날로그 이동통신 서비스를 상용화했다. 속도는 10kbps로 데이터 전송은 불가능했다. 또한 사용하는 주파수는 200∼900MHz 대역이었다. 이렇게 1세대에 아날로그란 말을 붙이게 된 것은 음성을 전송하기 위해 사용하는 주파수 변조(FM) 방식이 아날로그였기 때문이다. 또한 아날로그 방식은 통화에 혼선이 생기고 주파수도 효율적으로 관리하지 못한다는 단점이 있었다.

이러한 문제점으로 인해 2세대 이동통신이 등장하였다. 여기서부터 유럽식 GSM(범유럽이동통신)과 북미식 CDMA(부호분할다중접속) 등으로 기술방식이 다양화된다. 국내에서는 1996년에 CDMA 방식의 2세대 이동통신 시대가 처음 열렸다. 한편 1996년 당시 작은 벤처기업이었던 퀄컴의 CDMA 기술을 한국이 최초로 상용화하면서, CDMA가 GSM과 쌍벽을 이루는 이동통신 기술로 발전하는 전기를 마련하였다. 여기서 CDMA는 한 주파수를 여러 사람이 나눠 사용하는 것으로, 당시 기술의 주류였던 유럽의 GSM 방식과는 다른 길을 제시하였다. CDMA는 통화품질이 아날로그보다 우수하고 보안성을 높인 것이 큰 특징이었다. 또 속도가 빠르지는 않지만 문자 메시지나 벨소리 다운로드 같은 저속의 데이터 서비스를 가능하게 하였다. 2세대는 음성통화 외에 문자 메시지, e-메일 등의 데이터 전송을 가능하게 했다는 것이 가장 큰 특징이다. 데이터 전송속도는 9.6~64Kbps 정도로 지금과 비교하면 상당히 느리지만, CDMA는 선명한 정지화상 전송을 가능하게 하였다. 특히 2세대를 계기로 국내 이동전화 시장은 비약적인 성장을 하고 휴대폰 산업도 글로벌 경쟁력을 추동하는 계기를 마련하였다.

이어 2001년에는 IMT-2000이란 3세대 이동통신 시대를 맞이하였다. IMT-2000 서비스는 휴대폰을 통해 음성, 문자는 물론이고 무선 인터넷을 통해 주문형 비디오, 양방향 통신, MP3 등을 다운로드받아 보는 시대를 열었다. 이로써 범세계 이동통신시장이 열린다.

<표 5> 3세대 주요 서비스 특성

	W-CDMA	CDMA2000(1x/EV-DO)
주요 서비스 제공 국가	Europe	USA
다중접속기술	비동기식 CDMA	동기식 CDMA
서비스 개시 시기	2005	2004
대역폭(MHz)	5	1.25
전송속도(kbps)	2,000	1x: 384, EV-DO: 2,000
제공 서비스	음성통화, 컬러 Text, 멀티미디어 이미지, 40Poly 벨소리, VoD	
기반기술	GSM	IS-95
관련 국제표준 기구	3GPP	3GPP2
주요 제조업체	Nokia, Ericsson, Alcatel, Lucent, Siemens	Qualcomm, Motorola, Lucent, Nortel, Samsung, LG

2003년 처음 국내에 선보인 WCDMA 서비스가 3G 이동통신이라면 HSDPA는 이보다 더 진화했다는 의미에서 3.5G로 일컬어진다. 얼굴을 보며 통화가 가능한 HSDPA는 이론적으로 최대 14.4Mbps 전송속도를 낼 수 있어 WCDMA보다 한 단계 진화했기에 3.5세대로 불리는 것이다. SK텔레콤의 '3G플러스'나 KTF의 '월드폰뷰'가 그것이다.

3.5세대 이동통신의 등장은 기존 3세대 이동통신에 대비, 7배 이상의 전송속도로 고용량 데이터 통신을 가능토록 하였다. 휴대 단말기에서도 단순한 데이터 통신이 아닌 유선 초고속 인터넷과 유사한 수준의 다양한 멀티미디어 서비스를 제공한다. 이로써 이동통신은 '듣는 시대'에서 '보는 시대'로 전환하게 된다.

<표 6> 3.5세대 주요 서비스 특징

Attribute		Mobile WiMAX	HSDPA/HSUPA	1xEV-DO Rev A
주요 서비스 제공 국가		한국, 미국, 이탈리아	유럽	미국
다중접속 방식	하향	OFDM	CDM-TDM	TDM
	상향	OFDMA	CDMA	CDMA
서비스 개시 시기		2006. 6	2006. 5	2006 예정
대역폭		Scalable: 4.375, 5, 8.75, 10MHz	5.0MHz	1.25MHz
전송속도	하향	54Mbps	14Mbps	Rev A: 3.1Mbps Rev B: 4.9Mbps
제공 서비스		모바일 TPS	고품질 VoD, 영상통화	
Base Standard		IEEE 802.16e	W-CDMA	CDMA2000/IS-95

　4세대는 IMT-Advanced(4G)라고 정의할 수 있다. 4G는 정의상으로 정지 중에 1Gbps, 이동 중 100Mbps의 속도를 내는 이동통신 서비스를 말한다. 이론적으로 1.4GB(기가바이트) 분량의 영화 한 편을 휴대폰으로 11초 정도에 내려 받을 수 있는 속도이다. 4G는 아직 사용할 주파수가 결정되지 않았고, 표준화도 더 진행되어야 하며 향후 2011년 이후에나 상용화될 것으로 예상된다.

　한편 최근 많은 관심을 받고 있는 WiBro는 바로 3세대와 4세대를 잇는 징검다리 기술로 불리고 있다. 따라서 와이브로도 3.5세대 범주 안에 포함시키고 있다. 특징은 60~100Km 고속으로 이동하면서도 무선으로 인터넷을 이용할 수 있고, 전송속도도 HSDPA보다 빠른 최대 20Mbps이다. 와이브로는 현재 와이브로 페이스 II(Wibro Phase II)로의 진화를 서두르고 있으며, 2007~2008년경에는 전송속도가 30~50Mbps로 향상될 전망이다(디지털 타임스, 2006. 9. 30.).

<〈그림 14〉 와이브로의 망 구성도

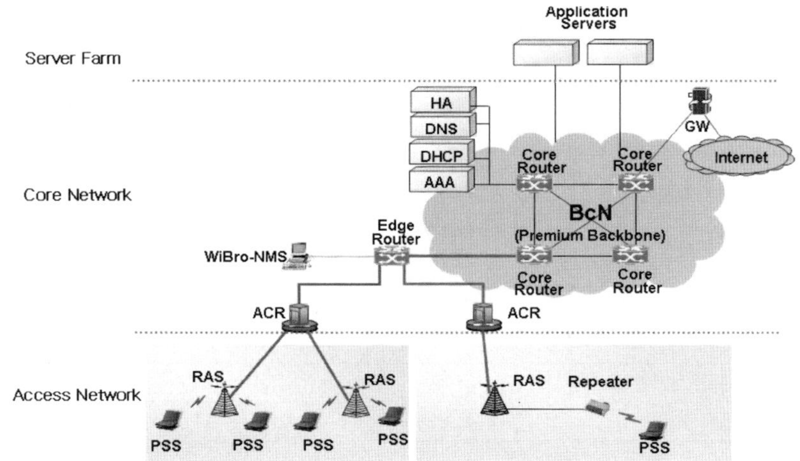

자료: 정보통신부(2006).

3. 컨버전스와 유비쿼터스

3.1 디지털 컨버전스와 미디어의 변화 양상

1) 디지털 컨버전스의 개념과 미래 전망

과거에는 음악을 듣거나 비디오를 보거나 사진을 찍기 위해 서로 다른 기기를 사용해야 했다. 그러나 지금은 휴대폰 하나로 전화통화는 물론 위의 모든 것을 할 수 있다. 또한 텔레매틱스(telematics) 기술을 통해 달리는 자동차에서 영화감상은 물론 다양한 디지털 데이터를 처리하고 무선 서비스까지 받을 수 있다.

이렇게 다양한 기능들이 하나의 디바이스로 융합되거나 다양한 산업영역으로 구분돼 서비스되던 것이 영역의 구분 없이 서비스되는 현상이 컨버전스(Convergence)다. 즉, 컨버전스는 기술과 경영환경이 변화하면서 융합화와 복합화를 통해 유비쿼터스 환경으로 통합돼 새로운 산업, 시장, 서비스가 창출되는 현상이라 정의할 수 있다.

디지털 컨버전스(Digital Convergence)란 하나의 기기로 모든 서비스가 가능하도록 정보통신 기술을 접목하여 단말기나 네트워크의 제약 없이 새로운 서비스를 제공하는 것을 말한다. 말 그대로 디지털 컨버전스는 IT의 발전에 기반을 두며, 디지털 기기(정보, 가전기기)의 수명을 짧게 하면서 시장을 형성하고 있다. 즉, 가정의 모든 가전기기가 디지털화되어 유·무선 네트워크와 연결되고, 이에 따라 발생하는 새로운 형태의 소비자 욕구를 충족시킬 수 있는 기기 간의 결합이 상품화되는 것을 말한다. 이 개념은 니콜라스 네그로폰테가 "디지털 기술과 컴퓨터 산업의 발달을 위하여 커뮤니케이션 산업이 일정 수준까지 함께 접근하여야 한다"고 주장하면서 1970년대 후반부터 주목받기 시작하였다. 초기의 컨버전스는 음성과 데이터 수준에서 이루어졌으나, 디지털 혁신이 가속화되면서 이제는 다양한 산업 분야로 그 영역이 확대되고 있다.

〈그림 15〉 컨버전스의 가속화

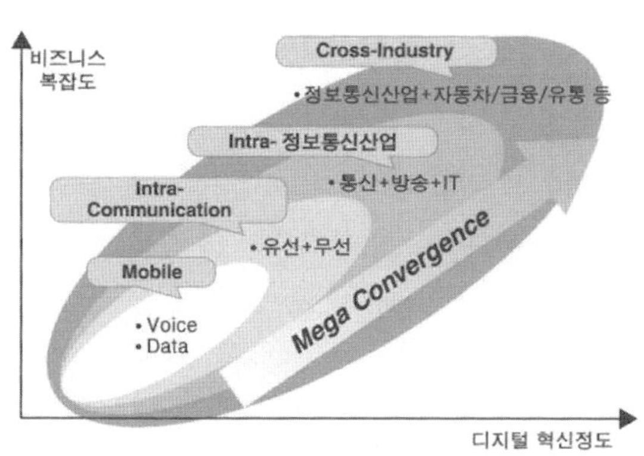

새롭게 등장한 컨버전스 시대에는 기술적인 측면에서뿐만 아니라 아날로그 시대에서는 가능하지 않았던 서비스 간의 융합이 이루어지게 된다. 즉, 디지털 기술을 배경으로 이전에는 가능하지 않았던 정보통신 산업 내의 서비스 간 융합뿐만 아니라 네트워크의 융합, 사업자의 융합을 의미한다.

정보통신 산업을 중심으로 한 여타 산업과의 다양한 형태의 융합이 디지털 기술을 기반으로 이루어진다. 컨버전스 현상의 출현은 신규 서비스나 새로운 비즈니스 가능성의 출현을 의미한다. 예컨대 통신과 금융계의 인터넷의 이동통신 매개체를 이용한 통합 마케팅 및 새로운 상품의 등장을 의미한다.

이러한 디지털 컨버전스 시대의 도래에는 기술, 고객, 정책, 기업의 4가지 동인이 상호 작용한다.

<그림 16> 디지털 컨버전스의 동인

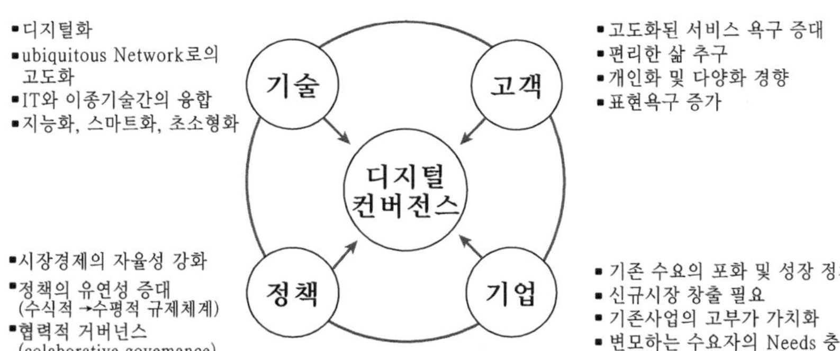

디지털 컨버전스 환경의 등장과 함께 우리가 경험할 수 있는 서비스의 가능성은 무궁무진해지고 있다. 특히 IT를 중심으로 새로운 컨버전스 서비스들이 창출되는 대표적인 것으로 통신과 방송 IPTV, DMB, VOD 서비스, 통신과 건설 및 가전의 디지털 홈, 원격 가전제어, 통신과 금융의 인터넷 뱅킹, 교통카드, M-commerce, 통신과 교통의 텔레매틱스, 지능형 교통 시스템(ITS), 통신과 교육의 u-러닝 서비스, 통신과 의료의 u-Health 서비스들이 준비되고 있다. 방송통신 컨버전스 서비스의 대표적인 IPTV는 단방향성의 TV 기능에서 벗어나 양방향 인터넷 데이터 서비스를 안방과 거실에서 자유롭게 즐길 수 있으며, 정보를 필요로 할 때 언제든지 가져올 수 있다. 또한 고화질의 영상은 물론, 게임, 오락, 메신저, T-Commerce 등 PC 기반에서

서비스되던 것들을 TV를 통해 개인화된 서비스로 제공된다.

컨버전스 환경이 구체적으로 일어나는 현상을 현시점에서 가장 잘 보여 주는 디지털 기기는 바로 휴대폰이라고 할 수 있다. 디지털 카메라의 기능이 휴대폰 속으로 들어오면서 컨버전스는 여기에 게임, 디지털 카메라, MP3 플레이어, TV 시청(DMB), 무선 인터넷의 기능까지 포함되는 것을 의미하게 되었다.

앞으로 다가올 미래사회에서는 컨버전스가 사회의 중요한 성장 동인으로 작용할 것이다. 미래사회는 노년층의 확대 및 세분화, 싱글족, 무자녀(No-Kids)족, 독거노인 등의 증가에 따른 핵가족의 재분열, 개인주의 및 개성중시 경향 만연, 글로벌 차원으로의 사고 및 활동공간 확대, 온라인 등 제품/서비스 유통 채널의 확대 등으로 수용자의 니즈가 더욱 다양화/고도화되는 방향으로 진전될 것으로 전망된다.

이렇게 수용자의 니즈와 더불어 또한 통신망의 광대역화, 초소형화 및 미세화 기술의 진화, 인공지능 기술 발전, 소자 및 재료 혁명 등 컨버전스를 촉진시킬 수 있는 기술 발전이 맞물리면서 다양한 형태의 컨버전스가 등장하고 확대되고 있다. 앞으로는 이러한 수용자의 니즈와 기술 발전의 두 축을 중심으로 미래 패러다임으로서 컨버전스가 더욱 심화될 것이다.

<그림 17> 미래 컨버전스의 확대 및 심화

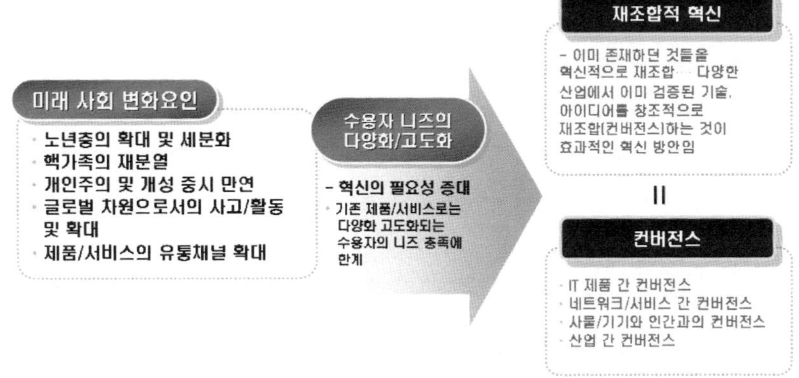

자료: LG경제연구원(2006).

2) 미디어의 진화 및 융합 현상

미디어 패러다임의 변화는 새로운 시대의 화두이다. 그 기반에는 '디지털 컨버전스'가 놓여 있다. 과거 따로따로 구분 지어졌던 지상파·케이블TV, 신문, 인터넷, 스크린, 통신 등 매체가 융합하고 있다. 그중 특히 방송·통신 융합은 디지털 컨버전스의 핵심으로 꼽힌다.

최근 미디어는 초고속 광대역화, 컨버전스화, 유비쿼터스화 등 전반적인 변화를 겪고 있다. 초고속 광대역화는 100Mbps급의 광섬유 케이블을 사용하는 광랜과 광대역통합망(BcN)[5]의 등장, 그리고 전화＋인터넷＋케이블 방송이 어우러진 TPS, IPTV 등에 의한 것으로 인터넷 통신의 발전으로 빠른 속도에서 대역폭 확장으로 인해 가정의 미디어화를 선도하고 있으며, PMP, PDA, PSP, MP3P, 휴대폰, 디카,

---

5) 음성·데이터, 유·무선 등 통신·방송·인터넷이 융합된 품질 보장형 광대역 멀티미디어 서비스를 언제 어디서나 끊김 없이 안전하게 이용할 수 있는 차세대 통합 네트워크

캠카 등 모바일 기기의 확산과 네트워크 및 컴퓨팅 기술의 진화로 언제 어디서나 접속이 가능하도록 만들어 주는 유비쿼터스 환경으로 다가서고 있다.

이러한 모든 변화는 컨버전스 즉, 융합으로 수렴한다. 기존 매체의 좋은 기능만을 흡수한 신매체의 등장, 편리성과 다양성의 증가, 새로운 수익 모델의 창출과 시장 파이의 급속한 성장 등이 미디어의 융합으로 발생한 현상들이다.

<그림 18> 미디어 패러다임의 변화

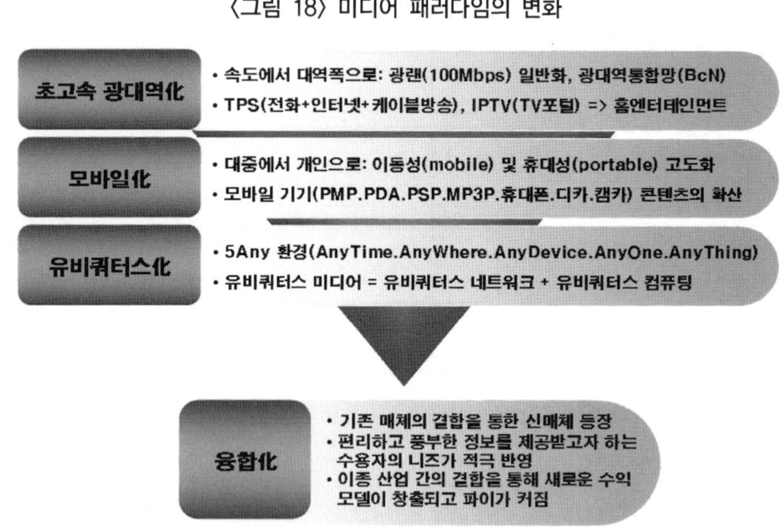

사전적 의미의 융합이라는 용어는 서로 다른 방향으로부터 같은 지점으로 접근하거나 서로 교차하는 것을 의미하고, 융합화란 연합 및 공통적 결론을 향한 움직임을 의미한다. 그리고 이 용어가 커뮤니케이션 분야에 적용될 때의 의미는 서로 다른 미디어 시스템이나 조직이 서로 결합하고 교차하는 것이다(Dennis, E. E. and Pavlik, J. V., 1993). 즉,

융합화란 다른 종류의 네트워크 플랫폼으로 기본적으로 같은 종류의 서비스를 전송할 수 있는 가능성 혹은, 전화기, TV, PC 등의 소비형 기기의 통합화를 말하는 것이다. 융합화의 의미는 종래 정보통신 산업 분야 간의 분리가 기술 발전으로 인해 서비스 영역 그리고 이에 대한 제도적 적용의 경계가 불분명해지면서 제기된 용어였다. 그래서 융합화에 관한 논의는 총체적으로 통신과 방송, 그리고 컴퓨터를 포함하는 커뮤니케이션 기술의 확장이라는 역사과정에서 이해할 수 있다.

전통적으로 커뮤니케이션 매체는 그 기능에 따라 서로 분리되어서 서로 다른 네트워크 및 서로 다른 플랫폼을 사용해 왔다. 즉, 방송은 TV 수상기, 음성전화는 전화기, 컴퓨터 서비스는 컴퓨터를 고유의 플랫폼으로 하여 그 서비스를 제공하여 온 것이다. 그러나 최근에는 디지털, 네트워크, 인터넷으로 대표되는 커뮤니케이션 테크놀로지의 혁신으로 모든 서비스를 같은 네트워크로 통합된 기기를 사용해 전달할 수 있게 되었다. 이제 방송 산업, 인터넷으로 대표되는 컴퓨터 산업, 전화로 표현되는 통신 산업은 상호 융합을 통해 고유의 영역을 넘어서고 있으며, 최근에는 특히 인터넷을 중심으로 각 산업부문이 융합하는 자기 통합과 자가 증식의 현상을 보이고 있다.

<그림 19> 융합의 전개

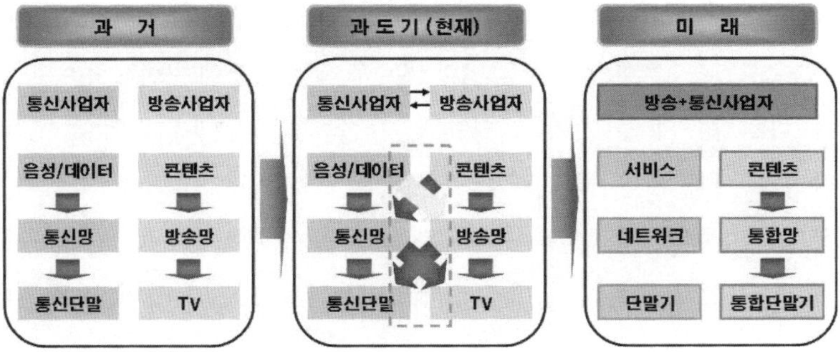

과 거
과 도 기 (현재)
미 래
통신사업자
방송사업자
통신사업자
방송사업자
방송+통신사업자
음성/데이터
콘텐츠
음성/데이터
콘텐츠
서비스
콘텐츠
통신망
방송망
통신망
방송망
네트워크
통합망
통신단말
TV
통신단말
TV
단말기
통합단말기

흔히 융합화는 기술적 차원뿐만 아니라 정치적, 사회적, 경제적, 문화적 차원에서 구조적 융합관계를 내재하는데, 단계별로 '기술의 융합(technology convergence)'에서 '콘텐츠 또는 서비스의 융합(contents or service convergence)'으로, 그 결과 '산업의 융합(industry convergence)'뿐만 아니라 더 나아가서 '사회의 융합(society convergence)'으로까지 가치의 융합구조를 이루고 있는 것이다. 즉, 기술과 사회구조는 서로 독립된 것이기보다는 서로 상호 작용하며 발전하는 것이다.

디지털 기술은 미디어의 물리적 속성을 변화시킬 뿐만 아니라 정보 양식을 전자적 비트(bit)로 통합시킴으로써 기술혁신을 통한 디지털 콘텐츠의 생성을 가능케 하여 인간 삶의 양식을 특징짓는 사회문화적인 현상으로서 가치를 지니게 되었다. 이제 디지털 기술은 끊임없는 기술혁신의 진화과정을 통해 시장과 소비자를 하나로 연결하는 사회적 연결망(social network)으로서 선도자 역할을 하고 있는 것이다(송해룡, 2003).

디지털 컨버전스는 디지털 기술을 매개로 컴퓨터, 가전, 통신, 멀티미디어 등 여러 디지털 기기와 기반기술, 그리고 콘텐츠가 서로 유기적으로 융합되는 현상이다. 신호와 주파수 대역폭에 있어서 디지털화는 사운드, 이미지, 문자, 그래픽, 영상 등을 비트(bits)라는 최소의 디지털 형태로 변환하여 동일한 네트워크와 단말기를 통해 결합하고, 저장하며, 가공하여 빠르고 효과적으로 전송할 수 있음에 따라 융합을 발생시키는 핵심 추동요인이라 할 수 있다. 이에 따라 디지털 융합은 디지털 기술을 매개로 컴퓨터, 가전, 통신, 멀티미디어 등 여러 디지털 기기와 기반기술, 그리고 콘텐츠가 서로 유기적으로 융합되는 현상을 의미한다. 방송망과 통신망이 하나로 합쳐지는 '네트워크 융합'과 방송 사업자가 통신 서비스를 제공하는 '서비스 및 사업자 융합'은 통신과 방송의 융합 환경을 보여 주는 대표적인 사례이며, 이는 각 사업 분야의 입장에서는 새로운 도전이자 기회로 작용하고 있다.

콘텐츠의 디지털화로 인해 콘텐츠의 가공, 저장, 전달이 수평적으로 전달될 수 있게 됨에 따라 정보의 형태에 따라 개별 미디어에 종속되었던 콘텐츠가 다양한 미디어로 확산되고 있다. 이런 콘텐츠의 자유로운 이동으로 인해 인터넷이 미디어로서 한몫을 담당하는 모습을 보인다.

서비스 간의 통합이나 신규 서비스의 등장은 서비스 간 경쟁을 심화시키며, 새로운 경쟁자의 등장으로 기존의 시장 자체의 경쟁도 증가시키게 될 것이다. 이에 융합 서비스는 통신과 방송의 장점을 최대한 살리면서 고객의 서비스 이용행태를 반영하고, 고객 욕구를 충족할 수 있는 서비스로 발전될 것으로 보인다.

미디어 차원에서 융합의 개념을 정리하면 〈그림 20〉과 같다.

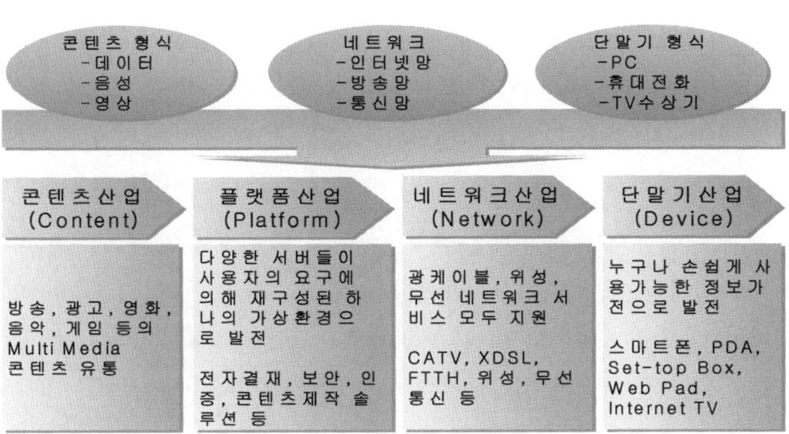

〈그림 20〉 미디어 관점의 융합

한편 미디어의 융합이 성공적이게 되는 기준에 대해 피들러(Fidler, 1999)는 여섯 가지 기술혁신의 속성을 제시하였다. 이것은 미디어의 혁신이 사회적으로 확산되고 수용되는 과정을 체계적인 이론으로 정립한 '로저스의 확산 이론'의 다섯 가지 혁신(Rogers, 1986)에 친밀성(Familiarity)을 추가한 것이다. 로저스가 제시한 다섯 가지 특성은 ① 상대적 강점(relative advantage), ② 호환성(compatibility), ③ 복잡성(complexity), ④ 신뢰성(reliability), ⑤ 관찰가능성(observability) 등이다. 미디어 융합이 성공할 수 있는 기준들을 분석해 보면 다음과 같다(유재천 외, 2004).

첫째, 상대적 강점이다. 미디어의 융합이 가지는 장점은 여러 가지다. 그중에서도 대표적인 것은 다양한 형태의 정보가 통합된 한 가지 방식으로 저장되고 처리되고 유통될 수 있다는 점이다. 기존 미디어는 방송은 방송대로, 통신은 통신대로, 컴퓨터는 컴퓨터대로 각각 고유한 방식으로 처리되고 저장되고 유통되었다. 그러나 미디어가 융합됨에 따라 모든 매체는 점차 하나의 방식으로 처리되고 재생되고 유통할 수 있게 되었다. 방송이나 통신이나 컴퓨터나 모두 하나의 방식으로 처리될 수 있는 것이다. 통신의 예를 들면, 융합기기의 총아로 떠오른 휴대폰을 예로 들 수 있다. MP3 플레이어로 듣던 초고음질의 음악, 노트북 컴퓨터로 하던 인터넷 여행뿐만 아니라 게임이나 고화질 사진과 동영상 촬영도 휴대폰이 해 내고 있다. 이미 DMB 수신기능을 탑재해 위성·지상파를 통해 실시간으로 TV프로그램을 시청하는 것이 일상화되고 있는 추세이다. 이렇게 미디어 융합의 상대적인 강점은 하나의 단말기로 여러 형태의 콘텐츠를 사용할 수 있고 한 미디어를 여러 단말기에 접속하여 사용할 수 있는 것이다.

둘째, 호환성이다. 융합 미디어 기기들은 기존의 미디어 기기들과 뛰어난 호환성을 가지고 있다. 예컨대 위성방송에서 디지털 방식으로 전송되는 방송신호는 수신 세대의 셋톱박스를 통해 기존의 아날로그 수상기에서도 문제없이 시청할 수 있다. 인터넷을 통한 영상 서비스의 제공도 이제는 광대역 통신망의 발달로 빠른 속도의 정보 전송을 할 수 있는 컴퓨터 단말기를 통해 별다른 무리 없이 시청할 수 있게 되었다. 이뿐만 아니라 WiBro나 HSDPA 등 무선기술의 발달로 휴대폰이나 휴대용 단말기에서도 고품질의 영상 콘텐츠를 시청할 수 있다. 이외에도 음향기기, 카메라, 가전기기까지 디지털 방식으로 전환됨에 따라 미디어의 호환성은 계속해서 증가하고 있는 추세이다.

셋째, 복잡성이다. 미디어 융합기술은 사용자의 입장에서 보면 기존의 미디어를 이용하는 것과 유사하다. 영상기기나 음향기기, 컴퓨터나 전화기 등은 기존의 단말기와 사용의 편리성과 부분의 용도가 비슷하다. 융합기술에 의한 기기들을 작동하는 데 어려움을 겪는다면 기존의 미디어에 익숙하지 않은 것이다. 다시 말하면 미디어 융합기기들은 상대적으로 기존 미디어 기기의 복잡성을 넘지 않는다는 것이다. 왜냐하면 각각의 기본적인 특성들이 융합기기에 녹아 있기 때문이다.

넷째, 신뢰성이다. 미디어의 융합은 기존의 미디어들이 점진적으로 수렴하여, 발전하는 것이므로 신뢰성에 별다른 문제점을 발생시키지 않는다. 물론 현재 상태로는 미디어 콘텐츠 중에서 가장 큰 수요를 갖고 있는 방송 콘텐츠가 통신망을 통해 원활하게 전송될 수 없는 약점을 다소 가지고 있지만, 아직까지 이용자가 적기 때문에 신뢰성의 문제를 크게 야기하고 있지는 않다. 오히려 영상 분야에서 기존 기술로서는 상당히 복잡한 문제점을 가지고 있던 PPV(Pay Per View)페이 방식의 서비스가 융합기술로 인해 신뢰성 있는 서비스로 부상하고 있다.

다섯째, 관찰가능성이다. 정보화 사회의 성숙과 경제영역에서 발생하고 있는 IT 산업에 대한 높은 의존도는 언론이 미디어 융합의 기술이나 서비스에 대한 보도를 빈번하게 하도록 유도한다. 새로운 디지털 기기에 대한 호기심과 새로운 서비스의 이용에 대한 경험담은 언론이 단골로 다루는 기사가 되고 있다. 최근에는 웹 2.0 시대의 도래와 블로그나 미니홈피의 활용이 더욱 보편화되면서 새로운 디지털 융합기기에 대한 이용경험과 정보를 쉽게 접할 수 있게 되었다. 제품을 사용한 후 이 정보를 공유하고 전파함으로써 막강한 영향력을 행사하고 있는 조기수용자(early adoptor)들이 중요한 디지털 기기의 첨병으로서 등장하고 있다.

여섯째, 친밀성이다. 피들러(1999)가 제시한 친밀성은 새로운 커뮤니케이션 기술이 과거의 유사한 기술과 비슷한 형태를 갖는 것을 말한다. 예컨대 인쇄술이 처음 등장했을 때는 손으로 쓰는 필사본을 대체할 기술로서 소개되었으며 활자도 기존의 필사본과 비슷한 형태의 것을 사용하였다. 즉, 사람들이 인쇄본을 통해 전통적으로 보아 왔던 필사본의 화자를 보게 됨으로써 친숙함을 느끼도록 했다는 것이다. 기본적으로 볼 때 미디어의 융합이라는 것은 기존의 미디어를 결합하는 것이다. 따라서 새로운 서비스나 기기가 등장하지만 이것은 기존에 쉽게 사용하고 있던 미디어 서비스를 다른 미디어를 통해 제공하는 것이 대부분이다. 이미 사용자는 이러한 미디어 서비스들을 사용한 경험을 가지고 있는 것이다. 오히려 인터페이스 기술의 발달로 인해 이전의 기기나 서비스들보다 더욱 친밀하게 융합기기나 서비스를 이용할 수도 있다.

3.2 유비쿼터스, 유비미디어(Ubi-Media) 시대의 등장

1) 공간혁명과 유비쿼터스 시대의 도래

1960년대의 대형 컴퓨터 시대, 1980년대 중반 이후 PC 중심의 컴퓨터 네트워크 시대, 그리고 1990년대 중반 이후 인터넷 활용 시대를 거쳐, IT 네트워크가 일상화되는 유비쿼터스(ubiquitous) 시대로 접어들고 있다.

유비쿼터스(Ubiquitous)는 라틴어에서 기원한 단어로 '어디에나 있다, 임재(臨齋)하다'라는 의미다. 제록스 PARC의 CTO(최고기술책임자)였던 마크 와이저(Mark Weiser)가 '유비쿼터스 컴퓨팅'이라는 개념을 제창한 것은 1988년이었다. 컴퓨터 사용자가 일보다도 컴퓨터 조작에 더 몰두해야 하는 성가심을 비판하며 인간 중심의 컴퓨팅 기술로서 유비쿼터스 컴퓨팅 비전을 제창한 것이다(Weiser, Gold, and Brown, 1999). 이후 1999년부터 일본의 노무라 종합연구소가 이 용어를 도입하여 향후 일본의 IT 패러다임으로 개발하고 있으며, 우리나라도 한국전자통신연구원(ETRI)을 중심으로 u-네트워크를 21세기형 신IT 패러다임으로 연구하고 있는 상황이다.

유비쿼터스는 유비쿼터스 컴퓨팅과 유비쿼터스 네트워크를 기반으로 물리공간을 지능화함과 동시에, 물리공간에 펼쳐져 있는 각종 사물들을 네트워크로 연결시키려는 노력이다. 인터넷이 책상에 홀로 떨어져 있던 컴퓨터를 연결시켰다면, 유비쿼터스화는 환경 속에 떨어져서 존재하는 물리적인 사물들을 연결하는 것이다(전석호·김원제, 2005).

이러한 유비쿼터스의 개념을 확장해 보면 유비쿼터스 컴퓨팅(Ubiquitous

computing)과 유비쿼터스 네트워크(Ubiquitous network)의 결합 그리고 NT, BT와의 거대 융합에 의한 차세대 IT혁명으로서의 사회적 변혁의 총체이자 국가경영전략으로 수렴하게 된다.

<그림 21> 컴퓨터의 진화와 유비쿼터스 사회의 도래

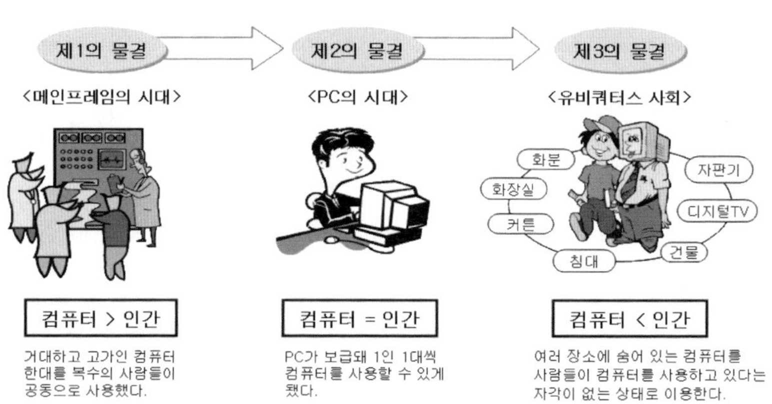

그동안 인간의 역사는 공간이동의 연속적인 과정의 역사라고 할 수 있다. 인류역사와 공간혁명은 1차 공간혁명(도시혁명)→2차 공간혁명(산업혁명)→3차 공간혁명(정보혁명)→4차 공간혁명(유비쿼터스 혁명)을 통해 진화해 오고 있다.

기존의 농업혁명이나 산업혁명이 인류문명의 기반인 물리공간(physical space)의 혁명이었다면, 정보혁명은 전자공간(cyber)의 혁명이다. 그러나 유비쿼터스 혁명은 물리공간과 전자공간의 지능적 결합을 통한 통합된 공간에서 일어나는 혁명으로서 결국 현실공간과 가상공간의 경계가 더 이상 무의미해지는 것을 의미한다. 바로 가상의 공간이 네트워크를 통해 자연스럽게 생활공간으로 편입되는 것이다.

4차 공간혁명인 유비쿼터스 혁명은 죽은 물리적 도시를 부활시키기 위한 공간혁명이라고 할 수 있다. 정보혁명은 전자공간을 창조하고 거기에 전자도서관과 쇼핑몰을 집어넣으면서 어느 정도 시공을 초월할 수 있었다. 그러나 우리가 살아가는 주변에는 여전히 물리공간 속에 남아 컴퓨터 속으로 들어올 수 없는 대상(물리적 환경과 사물)들이 더 많이 존재하고 있으며, 인간이 그러한 대상 속으로 들어가기 전에는 그것들 안에서 어떤 변화가 일어나고 있는지, 무엇이 잘못되고 있으며 어떠한 조치가 필요한지 알 수 없었다.

유비쿼터스 혁명은 전자공간과 물리공간을 통합하면서 언제 어디서나 제한 없는 접속을 가능하게 하고 있다. 도로, 다리, 터널, 빌딩, 건물 벽과 천장, 화분, 냉장고, 컵, 구두, 종이 등 도시공간을 구성하는 수많은 환경과 대상물에 보이지 않는 컴퓨터를 심어서 지능화시키고, 전자공간에 연결시켜 서로 정보를 주고받는 유비쿼터스 공간은 물리공간과 전자공간 간 단절과 시간 지체를 없애고 서로 공진화하여 우리가 살고 있는 공간의 합리성과 생산성을 그 어느 때보다 고도화시킬 것으로 기대된다(하원규 외, 2003).

유비쿼터스 공간이 고도화되는 과정에서 다양한 기술의 결합은 필연적이며, 이를 바탕으로 한 경제구조 및 비즈니스 방식도 새롭게 재창조된다. 또한 생활공간을 구성하는 수많은 환경과 사물에 보이지 않는 컴퓨터를 심고 이들을 상호 연결하는 유비쿼터스 공간은 물류, 의류, 가전, 통신 등 전 산업에 걸쳐 다양하고 광범위한 영향을 주어 사회 전반의 본질적인 변화와 인간의 삶에 기본적인 변화를 초래할 것으로 전망된다.

〈그림 22〉 제4차 공간혁명으로서 유비쿼터스 혁명

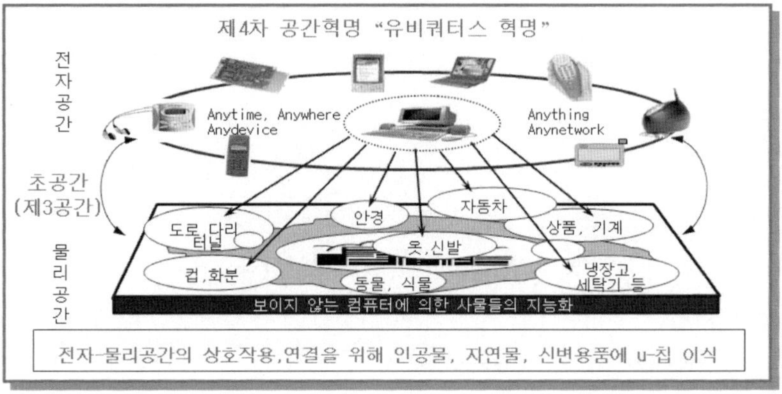

자료: 하원규(2003).

유비쿼터스 테크놀로지 기술이 확장하는 유비쿼터스 환경은 통신 산업 환경의 확장이며, 사물이 네트워크에 연결된 지능 환경의 창조를 의미한다. 기존 환경과 비교해 유비쿼터스 환경은 네트워크 중심인 통신 산업 환경에서 벗어나, 고객 니즈에 맞는 서비스를 중심으로 하는 지능 환경(지능시스템)을 지향하는 것이다.

유비쿼터스 환경과 서비스 속성은 '5 Any'와 '3 Always'로 요약된다. 5 Any란, 언제나(anytime), 어디서나(anywhere), 누구나(anyone), 기기제약 없이(any device), 다양한 서비스(any service)를 이용하는 환경을 의미한다. 3 Always란, 언제나 접속하여(always-on), 상황을 인식하고(always-aware), 능동적인(always-proactive) 서비스를 제공하는 것을 의미한다.

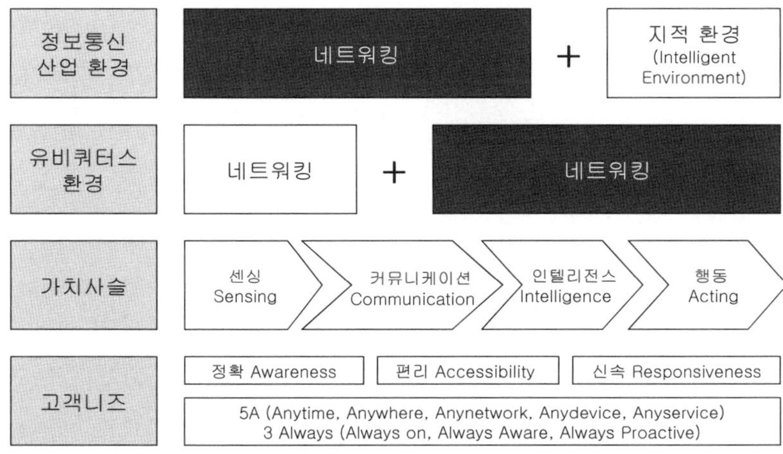

센서와 칩 등으로 이루어진 극소의 컴퓨터가 인간은 물론 주변 환경과 사물 등에 내재되는 동시에 네트워크를 통해 유기적으로 연결됨으로써 사용자들은 언제 어디서나 원하는 정보와 서비스를 실시간으로 주고받을 수 있게 된다. 따라서 유비쿼터스 사회는 어떠한 단말기로도 그 즉시 연결 가능한 이른바 '총체적 액세스 환경'을 창출한다.

유비쿼터스 미디어 환경의 등장은 가정에서 다양한 미디어의 액세스를 보다 효과적으로 제시함으로써 편리하고 안락한 미디어 이용의 장점을 확대하고 있다. 모든 가전제품에 콘텐츠를 전달 또는 저장할 수 있는 지능형 미디어 기능을 탑재함으로써, 홈 네트워크 컴퓨팅은 미디어를 통합하여 언제 어디서나 접근이 가능한 유비쿼터스 미디어의 하부구조가 된다. 생활환경에 따라 다양한 콘텐츠 액세스가 가능해지기 때문에, 상황 인식에 의해 콘텐츠의 제공과 소비가 결정되는 새로운 비즈니스 플로가 형성된다. 무엇보다 가정, 작업장, 차량, 이동 공간 등 다양한 공간 간 연계를 자유롭게 해 준다는 점에서 새로운 공간이동성을 창출해 내고 있다.

유비쿼터스 서비스 환경에서는 기본적으로 사용자가 원하는 정보를 검색하여 제공하는 포털 서비스가 주류를 이루며, 전통적인 정보통신 서비스의 범주를 벗어나 필요한 행위까지도 사물이나 컴퓨터가 지속적으로 수행하는 등 개인의 다양한 욕구수준에 가장 최적화된 신선한 정보(fresh contents)의 획득과 능동성에 초점을 두는 서비스(concierge)[6] 형태로 변화한다.

앞으로 유비쿼터스 기능을 탑재한 사물은 스스로 컴퓨터에 접근해(TCI: Thing Computer Interface) 필요한 정보를 직접 요청하고 교환할 것이다. 스마트 전자레인지는 인터넷에 연결된 컴퓨터로 조리법을 물어보고 스마트 냉장고는 보관되어야 할 채소류의 적정 온도가 얼마인지를 인터넷으로 문의한다. 냉장고와 전자레인지도 서로 정보를 주고받는다. 이탈리아식 피자를 조리하는 스마트 전자레인지는 냉장고에 요리 재료가 충분한지를 물어본 후 냉동된 요리 재료를 녹여줄 것을 요청할 수 있다. 쇠고기에 컴퓨터 칩을 심고 이 칩이 스스로 전자레인지의 온도와 시간을 조절해 최적의 상태로 요리를 한다. 사물 스스로가 생각하고 직접 행동하는 것이다. 이것이 바로 유비쿼터스 기술이 가져올 생활혁명의 단면들이다.

아침에 일어나 화장실 문을 여는 순간 손잡이에 장착된 센서는 혈

---

6) 유비쿼터스 서비스는 정보 그 자체만의 서비스가 아니라 전통적인 정보통신 서비스의 범주를 뛰어넘어 필요한 행위까지도 사물이나 컴퓨터가 지능적으로 수행하며, 사용자의 개인적 욕구에 가장 근접한 신선한 정보의 획득과 능동적인 제공에 초점을 두는 컨시어지(concierge)형 서비스가 주류를 이루게 될 것이다. 컨시어지형은 개인이 살기 좋은 최적의 상태를 유지하기 위해 주위에 산재한 위험요소를 제거하는 모델이다. 위험요소가 있는지 환경을 모니터하고, 위험요소가 발생할 경우 이를 통보하며 필요한 지원활동을 제공하는 것이다.

압과 체온 상태를 체크한다. 변기를 통해서는 당뇨 등이 점검된다. 체크 결과는 곧바로 주치의의 단말기에 전달되고 주치의는 원격검진을 받아 볼 것을 제안한다. 스마트 센서가 달린 알약은 우리 몸속의 지정된 위치까지 정확하게 약을 운반해 줄 것이다.

유비쿼터스의 미래는 쾌적하고, 즐겁고, 편리하고, 안정적이고, 효율적이고, 건강한 생활을 영위하는 방향으로 진화될 것이며, 일반인들이 감지하지 못하는 사이에 생활 속으로 파고들 것이다.

2) 유비쿼터스 미디어 환경과 방송의 미래

유비쿼터스 환경은 3C(Communication, Computing, Context Aware)의 통합을 지향한다. 커뮤니케이션과 컴퓨팅, 인식 간 통합을 통해 콘텐츠를 인식하는 토털 커뮤니케이션을 구현하게 되는 것이다. 유비쿼터스 환경에서의 커뮤니케이션은 '사람 대 사람(Pto P)'의 커뮤니케이션에서 '사람과 기계(P to M)', '기계 대 기계(M to M)', 그리고 '사물과 사물(T to T)'의 커뮤니케이션으로 패러다임이 전환한다(전석호 · 김원제, 2005).

예컨대, P2M은 휴대폰과 자판기, M2M은 홈 네트워킹, T2T는 전자 태그 간 통신의 모습으로 실체화된다. 각종 센서 및 기존의 상품 바코드를 대신하는 스마트 태그(RFID: Radio Frequency Identification) 등이 제조물, 의자, 교량 등 모든 일상사물과 도시공간에 스며듦으로써 사물의 지능화(things that think), 공간 지능화(smart space)가 진전되는 것이다. 이는 철저하게 이용자, 즉 인간 중심의 커뮤니케이션을 실현하는 것이라고 하겠다.

1980, 1990년대를 거쳐 IT 테크놀로지는 커뮤니케이션의 전자화를

달성했다. 이 기간에 커뮤니케이션 도구인 전화, 휴대폰, PC, 인터넷 등의 보급이 확산되었다. 기기 간 연계성이 낮고 네트워크나 서비스의 통합도가 낮지만 정보를 전자적으로 처리하고 유통시킨다는 점에서 혁명적이었다. 현재는 커뮤니케이션의 질 향상이 화두이다. 소비자들은 단순히 커뮤니케이션을 하는 것에 만족하지 않고 빠르고 신뢰성이 높으며 다양한 기능들이 통합된 서비스를 요구한다. 이로써 IT 분야의 생활화 단계가 도래하는바, 이는 IT 기기나 사물에 내재되어 사용자들이 IT의 존재를 의식하지 않는 상태에서 IT를 경험하게 되는 상황을 의미한다. 이러한 상황에서 IT는 '언제 어디서나, 어떤 기기로나, 미디어에 구애받지 않고, 경제적이며 편리한 커뮤니케이션'을 수행할 수 있게 하는 기본 환경을 만들어 낸다(김재윤, 2002).

오늘날의 사회는 미디어 사회로 일컬어지고 있다. 이는 정보기술을 내장하고 있는 미디어가 우리의 일상생활에 스며들어 있는 상황을 설명한다. 미디어는 우리 일상생활의 일상적인 시공간이 되었다. 생활의 모든 영역이 미디어 기기로 구성된다는 것은 단순히 양적인 문제가 아니라 모든 영역에서 미디어 기기가 환경 자체가 되고 그것들의 상호작용 속에서 살아가면서 질적인 문제를 제기하는 것이다. 특히 1990년대 이후 한국사회의 특징적인 현상은 정보 미디어가 급속도로 확산되면서 새로운 사회관계와 행위방식을 출현시켰다는 것이다. 인터넷이나 모바일 커뮤니케이션의 확산은 개인의 행동과 사회관계를 전혀 다른 새로운 차원으로 전환시키고 있다. 정보사회에서 디지털미디어의 문화적 파급력은 상상을 초월할 정도로 커서 개인은 미디어에 의존하지 않고는 생활할 수 없을 정도이다(송해룡·김원제, 2003). 이른바 u-미디어 환경의 조성인 것이다.

<그림 24> u-미디어 환경

u-미디어 환경의 성장은 미디어와 사람들 간의 상관성의 정도를 높여 가고 있다. 미디어 환경이 새롭게 제공하는 상호작용성의 증대, 자신의 기호·욕구·취향에 맞는 정보를 선택할 수 있는 선택성의 정도, 시공간적 제약에서 벗어나 편리한 시간에 정보를 이용할 수 있는 시간조절의 증대, 영상화된 정보전달 형태를 통한 소구력의 증대, 정보처리에서의 생산성과 효율성의 증대라는 기술적 특성이 새로운 미디어 환경으로 사람들을 끌어들이는 매우 강렬한 매력으로 작용할 것이다. 이렇게 정보 미디어적 요소가 추가됨으로써 더욱 어필하는 미디어 환경의 특성은 일상생활에서 사람들의 미디어 활용시간이 차지하는 비중을 높이고 있다(송해룡·김원제, 2003).

방송과 통신, 그리고 인터넷 영역이 거의 모든 분야에 걸쳐 융합되고 있음에 따라 유비쿼터스 방송은 이미 시작되었다고 볼 수 있다.

이러한 유비쿼터스 방송, 즉 u- 방송은 유비쿼터스 서비스가 방송을 통해 구현되는 것을 의미한다. 즉, 언제 어디서나 누구든지 어떠한 단말을 통해서든 원하는 정보(콘텐츠) 및 서비스에 접근, 이용할 수 있는 상태인 것이다. 방송 서비스 및 산업차원에서 보면, u- 방송은 방송과 통신, 그리고 컴퓨터의 융합에 의해 발전하는 개념으로 그 중심에는 디지털 방송이 자리하게 된다.

1990년대부터 2000년대로 이어지는 시기의 방송 기술 및 서비스에서 획기적인 변화를 의미하는 방송의 디지털화는 그야말로 방송 패러다임의 전환을 야기하고 있다. 디지털 방송은 종래의 아날로그 방송을 디지털화시킴으로써 고선명·고음질을 실현하고, 다양한 부가기능을 제공하여 시청자에게 선택의 자유를 확대하도록 하는 방송 서비스의 고품질화, 고기능화 구현을 의미한다. 디지털 방송 기술은 영상, 음성, 음향, 문자, 그래픽 등의 다양한 정보형태와 TV 수상기, 컴퓨터 모니터 등의 다양한 구현매체를 통합한 멀티미디어 방송이 가능하고, 광대역으로 시청자의 참여가 보장되는 양방향 서비스를 가능하게 한다.

기존의 아날로그 방송이 '방송(broadcasting)'이라는 개념하에서 일방향의 비교적 제한된 서비스를 제공했다면, 디지털 방송은 디지털 기술이 지닌 일반적인 특징 - 고화질, 고음질 서비스 제공, 대용량 저장 및 전송, 다채널화와 양방향 서비스 등 -을 방송에서도 구현할 수 있게 함으로써 방송과 통신기능(인터넷 포함)의 융합과 함께 방송을 통한 멀티미디어 서비스를 구현할 수 있는 길을 터 준 것이다(전석호·김원제, 2003).

<〈그림 25〉 u-미디어 환경에서의 방송개념의 진화

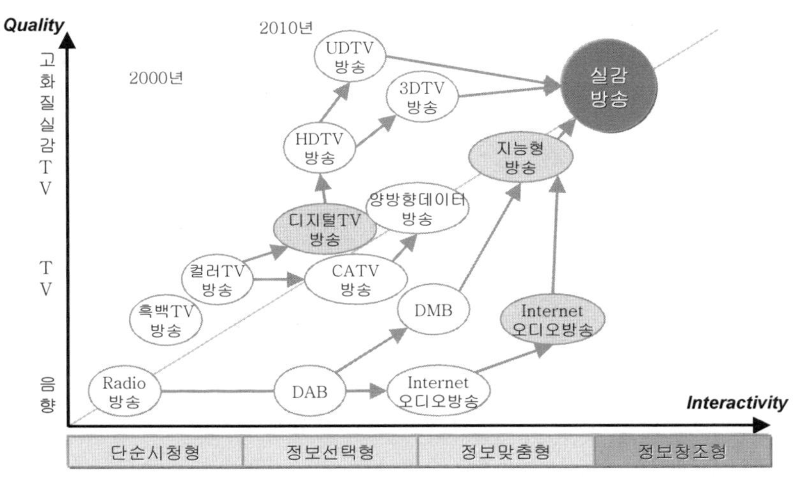

디지털 전환에 따라 방송 환경은 개념, 매체, 서비스, 사업자, 산업, 정책 등 전 분야에 걸쳐 커다란 변화를 맞고 있다. 여기에 유비쿼터스화가 더해져 현재의 방송 환경은 더욱 역동적으로 변모해 가고 있다.

이에 방송개념은 매스 미디어와 개인 미디어를 모두 포함하는 것으로 규정할 수 있고, 보다 확대된 개념으로 발전하고 있다. 이 확대된 방송개념은 정보통신기기와 시공간 편향성을 갖는 디지털 이동 멀티미디어, 양방향 디지털 텔레비전에서 구현된다. 또한 미디어와의 관계 형태는 텔레비전-수용자-사물들(things) 간에 소통과 공유가 자유롭게 이루어지는 다방향성을 바탕으로 할 것이며, 수용자는 고도화된 상호작용성을 기반으로 체험·소비하고, 가공·창조하는 프로슈머로 확대될 것으로 전망된다.

반면에 송신자는 단순하게 방송 프로그램을 제공하는 배급자(distributor)에서 정보 콘텐츠뿐만 아니라 지능형 서비스까지 지원하는 서비스 제공자로 전환될 것이며, 서비스 판매는 혼성(간접 및 직접) 판매를 바탕으로 수용자가 사용한 만큼 비용을 지불하되 수용자의 세심한 특성까지도 고려한 지불 시스템(pay per use system)을 도입케 할 것이다. 편성형태는 종합편성과 전문편성을 동시에 제공할 수 있도록 통합적으로 편성되고 수용자가 원하는 대로 재구성할 수 있도록 맞춤편성이 가능할 것으로 예상된다(노준석, 2004).

한편 u-미디어 사회로의 전환을 위한 핵심이며 첫걸음은 일차적으로 TV의 디지털화에 있다. 디지털TV 시장은 미디어 시장 중 큰 대중시장으로 유비쿼터스 시대를 실현시키기 위한 핵심적 전략시장이 되고 있다. 유비쿼터스 사회로의 구체적인 발전은 디지털 멀티미디어 시장이 대중화되어 그 혁신이 광범위하고 신속하게 보급될 때에야 비로소 가능해질 것이다.

4. 웹 2.0과 UCC

4.1 인터넷 공간의 새로운 화두, 웹 2.0

1) 인터넷 혁명의 역사

오늘날의 인터넷은 독특한 융합적인 미디어로 존재한다. 인터넷은 기존의 신문, 방송, 라디오, 영화 등 각각 개별로 분산되어 있던 여러 미디어들이 통합된 성격을 갖는다. 기존 미디어 간에 적용되었던 기술적, 기능적 분류와 경계선이 더욱 모호해지고 각 미디어의 고유한 정보처리 기능은 이제 인터넷에서 통합되고 있다. 인터넷으로 단일화되는 것이다.

인터넷은 대인 커뮤니케이션적인 측면과 매스커뮤니케이션적인 측면 모두를 가진다. 이메일처럼 전통적인 커뮤니케이션 모델인 송신자-매체-수용자의 일방적 과정도 수행하지만, 웹이라는 기술적 특성은 이 과정을 탄력적이고 집단적인 특성을 보여 주는 매스미디어의 모습을 하기도 한다.

무엇보다 인터넷은 하이퍼미디어적 특성을 갖는다. 하이퍼미디어(hyper-media)라 함은 하이퍼텍스트를 근간으로 운용되는 시스템을 이른다. 웹 시스템의 실현자 테드 넬슨(Ted Nelson)이 1960년대 후반에 처음 사용한 개념으로 한 주제어를 다른 문서에 연결한다는 개념이다. 하이퍼미디어는 그래픽 이용자 인터페이스를 가지고 이용자로 하여금 다량의 정보를 하이퍼링크를 통해 접근하게 해 준다. 다양한 미디어 형식의 연결이 가능하다. 키워드 검색이나 저자검색, 내용검색이 가능하다. 다양한 정보에 대응하기 위한 적합한 저장 시스템을 보유하고 있다.

인터넷은 1969년 미 국방부의 프로젝트로 출발하였지만 당시에는 대중적인 네트워크라고 보기에는 무리가 있었다. 1989년 스위스의 입자물리학연구소의 팀 버너스 리가 엄청난 양의 자료를 효율적으로 공유하기 위한 새로운 정보전달 방법으로 하이퍼텍스트 프로젝트를 시작하였고, 이것이 오늘날 우리가 '웹'이라 부르는 인터넷 서비스의 시초였다.

진정한 의미에서 오늘날과 같은 월드와이드웹 서비스는 대중이 이 서비스에 접근할 수 있는 사용 프로그램, 즉 웹브라우저의 개발이 있었기에 가능했다. 1992년 11월 미국 슈퍼컴퓨팅센터에서 웹을 쉽게 이용할 수 있는 소프트웨어로 '모자익'이라는 웹브라우저를 개발하여 무료로 배포하기 시작했다. 모자익은 그래픽 사용 환경을 구현했다는 점에서 기존의 인터넷 사용 프로그램과 획기적으로 달랐다. 편리한 사용법으로 초보자도 쉽게 인터넷을 이용할 수 있게 된 것이다.

1994년 세계 최초의 상용 웹브라우저인 '넷스케이프'가 발표될 당시 웹 사용자 수는 200만 명에 불과했으나, 곧 폭발적으로 증가하여 95년 여름에는 이미 천만 명을 돌파하였다. 향후 파일전송(FTP), 텔넷, 뉴스그룹, 고퍼 등과 같은 기존의 인터넷 서비스들도 점차 웹브라우저로 사용할 수 있게 되면서, 웹브라우저가 인터넷 사용 프로그램의 명실상부한 대표로 자리매김된다.

웹 서비스와 웹브라우저의 등장으로 인터넷에서 피동적인 위치였던 일반 사용자들이 능동적인 정보제공자로 인터넷을 사용하게 되었다.

그 이전의 인터넷은 데이터 창고로서 연구소, 학교, 기업 등 정보제공자와 일반 사용자가 분리되어 있는 편이었다면 홈페이지를 통하여 인터넷상에서 가상공동체를 꾸리거나 정보를 서로 공유하게 되면서 이용자가 적극적으로 인터넷에 참여할 수 있게 되었다.

세계에서 가장 적극적인 인터넷 사용 집단에 속하는 한국 네티즌들이 대중적으로 인터넷을 쓰기 시작한 것도 웹브라우저의 보급이 이루어진 1994년부터이다. 이와 동시에 1994년부터 인터넷이 상용화되어 한국 통신의 코넷, 데이콤의 보라넷이 서비스를 시작하였다. 그 이전까지 한국의 인터넷은 대학 등 학계나 연구기관에서만 사용하는 수준이었다.

웹브라우저의 등장으로 우리 생활은 많은 변화를 경험하고 있다. 정보가 일반 대중의 자유로운 조작 대상이 되었다. 과거 어느 시대를 막론하고 모든 사람에게 정보를 생산할 실질적 권리가 주어진 적은 없었다. 정보를 유통할 수 있는 경로가 거대 언론사 등에 의해 독점되었기 때문이다. 그런 의미에서 지금 정보가 우리에게 가지고 있는 가치는 미래학자들이 주목했던 상품으로서의 정보 그 이상이다. 하지만 '정보생산과 유통의 자유'만큼 '정보접근의 평등'에는 아직 충분한 관심을 기울이지 못하고 있다. 웹브라우저의 독점과 장애인 친화적인 홈페이지 설계에서 이러한 문제점을 볼 수 있다.

현재 인터넷 브라우저의 대부분은 마이크로소프트사의 인터넷 익스플로러가 차지하고 있다. 인터넷 익스플로러가 96%라는 놀라운 점유율을 발휘하게 된 것은 윈도라는 독점적 운영체제를 보급하고 있는 마이크로소프트가 여기에 자사의 웹브라우저이자 윈도에 최적화된 인터넷 익스플로러를 무료로 함께 보급하였기 때문이다. 속칭 '(운영체제에) 끼워 팔기'라 불리는 마이크로소프트의 응용 프로그램 독점은 웹브라우저에만 그치는 것은 아니다. 미디어 플레이어, 이메일 프로그램, 메신저의 독점 논란도 계속 확대되고 있다. 마이크로소프트는 특히 최근 들어 인터넷 익스플로러에서만 볼 수 있는 화려한 동적 효과를 무기로 인터넷 브라우저 시장의 배타적 독점을 확대하고 있다. 웹브라우저 독점은 다시금 검색 서비스의 독점, 인증서의 독점 등 마이크로소프트의 무한한 독점을 불러오고 있다.

많은 사람들의 헌신적인 노력과 참여로 이루어져 온 인터넷의 발달이 웹브라우저의 편향으로 인하여 일부 사양의 컴퓨터, 일부 계층만 접근할 수 있는 네트워크가 된다면 불행한 일이다. 사회적 불평등에서 비롯된 '정보격차'는 곧 정보의 불평등을 만들고 이는 다시 사회 불평등의 확대로 악순환되기 때문이다.

인터넷은 웹브라우저의 역사와 더불어 '개인의 선의가 모여 만들어진' 것이다. 그래서 인터넷을 사유화하려는 어떤 시도에도 굴복해서는 안 되고, 인간의 '자유공간'이라는 비판의식을 가져야 할 것이다.

2) 웹의 과거, 현재 그리고 미래

우리가 인터넷을 사용할 때 가장 큰 비중을 차지하는 것은 웹이다. 웹을 통해 정보를 얻고 물건을 주문하거나 대화를 하는 등 다양한 형태로 이용하여 왔다. 최근의 웹을 둘러싼 환경은 점점 변화해 가고 있다. 변화의 선두에 '웹 2.0'이라는 용어가 사용되면서 그 정의가 점점 명확해지고 있다. 과거의 웹(웹 1.0)이 일방적인 정보제공의 형태였다면 웹 2.0은 사용자들의 '참여'와 '개방성'을 통해 사용자들이 일방적으로 정보를 제공받지 않고 블로그, 검색 등을 활용해 스스로 정보 및 네트워크를 '창조'하고 '공유'하는 것이다. 국내의 예를 보면 싸이월드와 같은 서비스, 1인 매체의 특성을 지닌 블로그의 증대, 댓글 등이 웹 2.0으로 가는 하나의 문화로 볼 수 있다.

과거 웹 1.0 시대에 웹 사이트는 그저 정보를 모아서 보여 주기만 하면 됐다. 사람들은 그것만으로도 충분히 열광했다. 그런데 언젠가부터 사람들은 심드렁한 반응을 보이기 시작했다. 공짜 정보는 어디에나 널려 있는데 정작 꼭 필요한 정보는 찾을 수 없기 때문이다. 웹은 조금씩 사람들의 기대를 저버렸다. 그리고 웹은 쓰레기 더미로 넘쳐난다는 비판을 받기 시작했다. 쓸데없는 정보가 너무 많다는 것이다. 이제 중요한 것은 바로 정보의 양이 아니라 질이다.

2004년 10월 웹 2.0이라는 개념을 처음 창안한 팀 오라일리는 2000년의 닷컴 거품 붕괴 이후 지금까지 살아남은 기업들의 특징에 주목했다. '웹 2.0'이란 용어는 오라일리 미디어의 데일 도허티가 미디어 라이브의 크랙 클라인과 컨퍼런스를 위한 아이디어를 위해 논의하던 중에 제안되었다. 도허티는 웹이 규칙을 바꾸고, 사업모델을 개척하면서 르네상스에 와 있다고 주장했다. 도허티는 용어를 정의 내리기보다는 "더블클릭(DoubleClick)이 웹 1.0이었다면, 구글의 애드센스는 웹 2.0이다. 오포토(Ofoto)가 웹 1.0이었다면 플리커(Flickr)는 웹 2.0이다"는 식으로 예를 들어 설명했고, 사업적 관점의 균형을 위해 존 바텔을 영입했다. 이후 오라일리 미디어, 바텔, 미디어 라이브가 함께 2004년 10월에 최초의 웹 2.0 컨퍼런스를 열었다. 초기 브레인스토밍에서 오라일리 등은 다음의 예제를 사용해서 웹 2.0의 개념을 설명했다.

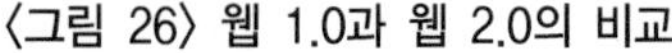

〈그림 26〉 웹 1.0과 웹 2.0의 비교

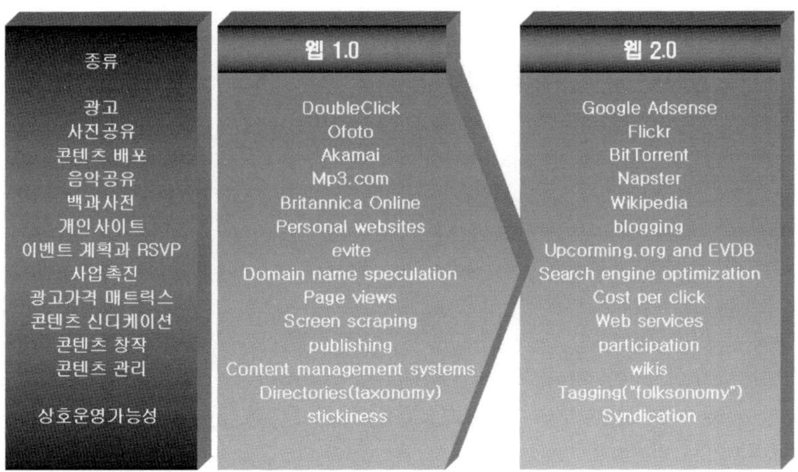

오라일리는 웹 2.0의 첫 번째 원칙을 '플랫폼으로서의 웹'이라고 규정한다.

'플랫폼으로서의 웹'은 마이크로소프트와의 치열한 경쟁 끝에 불꽃같이 산화한 웹 1.0 시대의 넷스케이프가 외치던 구호이기도 했다. 넷스케이프는 웹브라우저라는 응용 프로그램을 플랫폼으로 만들려고 했다. 그러나 웹브라우저는 마이크로소프트의 윈도우즈라는 플랫폼에서 돌아가는 서비스 가운데 하나로 전락해 버렸고, 넷스케이프는 설 자리를 잃어버렸다. 거꾸로 구글은 일찌감치 데이터베이스 관리에 역량을 집중했다. 구글은 넷스케이프처럼 어떤 종류의 응용 프로그램을 팔려고 하지도 않았고 대량의 서버를 갖추고 있으면서도 그 서버로 돈을 벌어들이려고 하지도 않았다. 인터넷 서점 아마존이나 경매 사이트 이베이 역시 플랫폼을 가진 기업이 성공한 경우다. 이들의 경쟁력은 응용 프로그램이 아니라 정보의 전달 프로세스, 즉 플랫폼에 있다. 웹 1.0 시대에는 플랫폼을 가진 기업이 응용 프로그램을 가진 기업을 밀어내고 살아남았다. 그러나 웹 2.0 시대에는 플랫폼을 가진 기업들끼리의 싸움이 시작된다. 이것이 바로 핵심이다. 이제는 플랫폼의 경쟁력을 고민해야 할 때다.

웹 2.0의 두 번째 원칙은 사용자들의 자발적인 참여와 그들의 집단지성이다. 불특정 다수의 참여로 콘텐츠를 만들어 가는 위키피디아가 그 대표적인 사례다. 웹 2.0 시대의 경쟁력은 콘텐츠가 아니라 콘텐츠를 만들어 내는 플랫폼에 있다. 네이버 지식검색의 경쟁력은 사용자들이 무단으로 옮겨 실어 올려놓은 답변들의 데이터베이스밖에 없다. 네이버는 이 데이터베이스에서 새로운 가치를 만들어 내는 어려움을 겪고 있다. 반면 구글은 페이지 랭크라는 방식으로 페이지의 우선순위를 매긴다. 간단히 설명하면 이 페이지를 가리키는 링크가 얼마나 많은지 계산해 보고 링크가 많을수록 더 유용하다고 보는 것이다. 네이버는 사용자들의 참여를 끌어들여 방대한 데이터베이스를 구축하는 데까지는 성공했지만 사용자들이 새로운 콘텐츠를 만들고 스스로 가치를 높이는 단계까지 이르지는 못한 것이다. 이런 상황은 국내 대형 포털 사이트 모두 마찬가지다. 아무리 웹을 검색해도 딱히 유용한 정보들이 나오지 않고 지식검색 등 자체적으로 데이터베이스를 구축하더라도 그 데이터베이스가 대부분 '퍼온' 글로 채워지고 있는 것이다. 싸이월드도 마찬가지다. 열성적인 참여를 끌어내고 수익 모델도 확보했지만 그 플랫폼이 지속 가능한 것인가는 아직 확신하기 어렵다.

한편, 최근 많은 주목을 받고 있는 두 회사인 델리셔스(del.icio.us)와 플리커(Flickr.com) 같은 사이트들은 일부 사람들이 폭소노미(Folksonomy)[7]라 부르는 개념을 개척하고 있다. 이들 회사는 사용자

---

7) Folksonomy는 블로그의 정보를 관련 주제나 키워드를 통해 Tag 방식에 의해 분류하는 것으로 기존 Agent나 데이터베이스 알고리즘에 의한 분류가 아닌 사람들이 직접 생성한 분류체계를 말한다. Folksonomy는 folk(people)

가 마음대로 선택한 키워드를 사용해서 사이트를 집단 카테고리화하는 스타일을 제공하며, 이를 종종 태그(tags)라 부른다. 태깅을 사용하면 경직된 카테고리와 달리 태그를 사용하는 두뇌들의 연관관계들이 중첩되는 것을 허용한다. 이런 예로 강아지(puppy)에 대한 플리커 사진은 'puppy'나 'cute' 둘 다 태그로 지정할 수 있다. 이는 사용자 행위가 생성한 자연적인 정보에 따른 검색을 가능하게 하고 있다.

우리는 이미 웹 2.0의 시대에 들어섰다. 변화는 현재 진행형이다. 오라일리가 제안하고 두 차례의 컨퍼런스를 거쳐 세계적으로 널리 통용되는 웹 2.0의 특징은 다음과 같이 요약된다(이코노미 21, 2006. 7. 24.).

첫 번째는 사용자 기반의 태그다. 사용자들이 자료마다 직접 꼬리표를 붙인다는 이야기다. 자료의 분류를 컴퓨터가 하는 것도 아니고 포털 사이트의 아르바이트생이 하는 것도 아니다. 사용자들이 기꺼이 동참해 직접 태그를 입력하고 전송한다. 이런 수고를 감수하는 건 개인적으로 자료를 정리하는 데도 편리하고 무엇보다도 재미있기 때문이다.

두 번째는 풍부한 유저 인터페이스다. 이제 사용자들은 더 편리하고 더 직관적인 서비스를 필요로 한다. 최근 AJAX[8]로 만든 사이트가 늘어나는 것도 웹 2.0의 변화라고 볼 수 있다. AJAX는 '비동기식 자바 스크립트와 XML[9]'의 약자로 에이젝스라고 읽는다. 사용자에게 불편을 끼치지 않으면서 최대한의 편의를 제공하는 것, 이것이 바로

+order+nomos(law)의 합성어로 한글로 풀어쓴다면 '사람들에 의한 분류법' 정도로 해석할 수 있다.

[8] 에이젝스란 인터랙티브한 브라우저 기반의 애플리케이션을 만드는 것이다. 즉 브라우저 안에 애플리케이션을 모두 담아 사용자가 마치 브라우저를 쓰듯 별도 소프트웨어를 불러오지 않고 쓸 수 있게 하는 방법이다.

[9] XML(eXtensible Markup Language)은 웹 또는 인트라넷 환경에서 데이터 자체와 데이터의 포맷 형태를 동시에 공유할 수 있도록 해 주는 차세대 정보 포맷 표준을 말한다.

웹 2.0의 인터페이스가 지향하는 것이다. 새롭거나 특별히 어려운 기술은 아니지만 중요한 것은 아이디어다.

가장 쉽게 생각할 수 있는 사례로는 검색창의 추천 검색어가 있다. 최근 네이버 등에 추가된 기능인데 한 글자만 집어넣어도 그 글자로 시작되는 추천 검색어가 밑에 줄줄이 따라붙는다. 사용자가 굳이 전송키를 누르지 않아도 알아서 첫 글자를 서버에 전송하고 관련된 단어를 받아서 띄워 준다. 몇 차례 데이터를 주고받았는데도 사용자는 아무것도 눈치 채지 못한다. 이런 작은 서비스가 사용자들에게 기쁨을 준다.

세 번째는 사용자가 직접 가치를 부여한다는 것이다. 가장 대표적인 사례가 구글의 페이지 랭크다. 구글의 검색 로봇이 수많은 웹 페이지를 돌아다니면서 링크를 읽어 들이고 이를 바탕으로 정보의 우선순위를 계산한다. 계산은 컴퓨터가 하지만 그 근거가 되는 링크는 곳곳에 흩어져 있는 수많은 사용자들이 만든다. 수많은 사용자들의 의도를 반영한다는 점에서 페이지 랭크는 웹 2.0의 정신을 가장 잘 반영한 서비스라고 할 수 있다. 이 밖에도 아마존의 도서 리뷰 시스템이나 이베이의 평판 시스템도 사용자가 가치를 부여해 순위를 높인다는 점에서 페이지 랭크와 일맥상통하는 부분이 있다.

네 번째는 직접 참여하는 미디어다. 가장 대표적인 것이 블로그와 트랙백, RSS(Really Simple Syndication)라고 할 수 있다. 블로그는 일기형태의 기록이라는 점에서 과거의 개인 홈페이지와는 다르다. 홈페이지처럼 멈춰 있는 게 아니라 날마다 새로운 기록이 업데이트 된다. 정보의 생산이 이뤄진다는 점에서 정보의 유통에 그쳤던 네이버 지식검색과도 다르다. 블로그의 더 큰 차이는 늘 살아 움직이면서 끊임없이 소통한다는 것이다. 트랙백은 다른 블로그에 내가 그 웹 페이지의 내용과 관련된 글을 썼다는 사실을 알리는 역할을 한다. 우리말로는 흔히 '엮인 글', '관련 글'이라고 표현하기도 한다. 트랙백이라는 기능이 있기 전에는 의견(답글)에 그 정보를 직접 기록하거나 링크를 남기는 방식을 따라야 했다. 하지만 이 방식은 자신이 기록한 글을 직접 관리할 수 없고, 링크를 직접 남겨야 하는 불편함이 있었다. 하지만 트랙백을 이용하면 이런 불편함을 모두 해결할 수 있다. 즉, 의견을 보내고 싶은 글(A)의 트랙백 주소를 복사해서 내 블로그에 글(B)을 쓰면서 해당 트랙백 주소를 넣으면 내가 쓴 글(B)의 링크가 A라는 글 하단에 보이게 된다. 따라서 A를 읽은 사람이나 글쓴이는 트랙백을 통해 B를 볼 수 있게 되는 것이다. 트랙백을 보내면 두 개의 블로그를 서로 연결하는 링크가 생기게 된다. 트랙백은 지금까지와는 전혀 다른 새로운 형태의 소통방식이라고 할 수 있다. 한편 RSS는 그야말로 웹 2.0의 꽃이라고 할 수 있다. RSS는 '정말 간단한 발행(Really Simple Syndication, Rich Site Summary)'의 약자다. 뉴스나 블로그와 같이 콘텐츠 업데이트가 자주 일어나는 웹 사이트에서, 업데이트된 정보를 쉽게 사용자들에게 제공하기 위해 XML을 기초로 만들어진 데이터 형식을 의미하는데, 쉽게 설명하면 블로그의 최신 글 목록을 RSS 파일로 '발행'하고, 그 블로그를 '구독'하는 사람들은 그 파일을 받아다가 하루에 한 번씩 열어 보는 것만으로도 최신 업데이트 상황을 확인하고 새로 올라온 글을 불러들일 수 있다.

다섯 번째는 극단적인 신뢰, 여섯 번째는 극단적인 분산이다. 누군가 들어와서 모든 자료를 지워 버릴 수도 있지만 그럴 가능성까지도 모두 열어 둔다. 의도적으로 자료를 엉터리로 수정하거나 악용하는 경우도 있지만 수많은 자원 봉사자가 이를 바로잡는다. 사용자가 많을수록 가치가 높아진다.

일곱 번째는 '롱 테일' 비즈니스다. '롱 테일'은 긴 꼬리라는 의미다. 흔히 상위 20%가 80%의 매출을 올려 준다고 하지만 하위 80%를 무시할 수는 없다. 오히려 웹 2.0의 세계에서는 하위 80%가 더 많은 수익을 올려 준다. 이런 가정을 증명하는 사례는 숱하게 많다. 아마존은 20%의 베스트셀러보다는 잘 안 팔려서 구하기 어려운 나머지 80%의 책에 더 경쟁력이 있다. 왜냐하면 아마존에서만 살 수 있는 책이기 때문이다. 애플의 음악 다운로드 사이트, 아이튠스 역시 80%의 비인기 앨범이나 희귀 앨범에서 더 많은 수익이 발생한다.

이렇게 웹 2.0 시대의 도래에 있어서 필요한 조건들과 웹 2.0 시대의 구현을 위해서 꼭 필요한 기술들을 정리하면 다음과 같다.

■ **웹 2.0에 필요한 조건**

1) 인간 중심의 테크니컬 패러다임의 변화
2) 인간 중심의 철학(인간이 최우선이고 그 다음이 서비스, 수익)
3) 열린 문화('내 지식을 꺼내 놓으면 그 이상의 지식을 얻는다.')

■ **웹 2.0에 필요한 10가지 기술**

1) 웹 표준: XHTML(Extensible Hypertext Markup Language)/CSS(Cascading Style Sheets)
   확장성 하이퍼텍스트 생성언어/웹 문서의 전반적인 스타일을 미리 저장해 둔 스타일시트.
2) 브라우저 지원: Firefox/Safari
   모질라 프로젝트에 공개되어 있는 넷스케이프 커뮤니케이터 소스를 네티즌과 함께 향상시켜 나가는 프로젝트/애플社의 웹브라우저.
3) 유니코드: UTF-8
   전 세계 문자를 동시에 표현할 수 있도록 한 일종의 규약.
4) 논리주소체계: Logical URL
   더 많은 주소공간을 확보하고 체계적으로 주소를 제공하기 위한 시스템.

> 5) 콘텐츠 신디케이션: RSS(Rich Site Summary)/Atom, RDF
>   콘텐츠 배급 시스템.
> 6) 오픈 API(Application Program Interface): REST, SOAP, Web service
>   소프트웨어 개발에 필요한 함수들의 집합. 공개할 경우 다른 프로그램에서도
>   사용 가능.
> 7) 집단지성: Folksonomy, Tag
>   사용자가 자유롭게 선택한 키워드(tag)를 통해 여러 사람의 정보를 체계화하는
>   분류방식.
> 8) 가벼운 서비스 프레임 워크: Python, Ruby on Rails
>   프로그래밍 언어. '스크립트' 언어의 일종.
> 9) 풍부한 사용자 경험: Ajax(asynchronous javascript and xml), Flex
>   별도의 프로그램을 설치하지 않고 이용자가 원하는 서비스를 제공하는 시스템/
>   자바 스크립트 언어와 기타 웹 표준을 사용하는 기술.
> 10) 확장기능: Firefox Extentions, Widget
>   윈도우나 텍스트 파일처럼 이용자가 응용 프로그램 및 운영체계 등과 상호작
>   용하도록 돕는 그래픽 인터페이스의 한 요소.

자료: 윤석찬(2006). '웹 2.0 컨퍼런스'. 한국정보처리학회 참조 재구성.

최근 각광을 받고 있는 웹 2.0의 대표적인 키워드 중에 하나가 바로 UCC(User Created Contents)라 불리는 사용자 참여형 서비스다. 인기 동영상 커뮤니티 '유튜브(You Tube)'의 'Broadcast Yourself'란 슬로건은 웹 2.0의 특성을 그대로 보여 준다. 이렇게 웹은 신속하게 사용자를 중심으로 한 진화구조를 보여 주고 있다. 따라서 미래에는 서비스 제공자가 아주 강력한 서비스를 만들어 냄으로써 사용자와 서비스 제공자의 경계가 사실상 무너지는 시대가 올 것으로 전망된다. 또 다른 패러다임이 웹을 지배하는 시대가 올 것이다. 웹 3.0이라는 개념이 낯설지 않은 것도 이와 같은 현상들이 가속화되고 있기 때문이다.

4.2 웹 2.0 시대의 새로운 수용자 콘텐츠, UCC

1) UCC의 개념과 형태

UCC는 User Created Contents의 약자이다. 단어 그대로 해석하면 이용자가(User) 창작해 낸(Created) 콘텐츠(Contents)이다. UCC의 보다 세부적인 이해를 위해 세 가지 요소-이용자, 창작, 콘텐츠-를 분리해 설명할 필요가 있다.

첫째, 이용자(User)는 누구인가. 이용자는 '온라인을 사용하는 주체'로 규정할 수 있다. 주의할 점은 여기서의 이용자란 '상업적 의도가 없는 일반 개인'에 초점이 맞춰져 있다는 것이다. 온라인에 접속한 이용자는 접속목적에 따라서 때로는 여가시간을 즐겁게 보내기 위한 일반 개인일 수도 있고, 또 때로는 자신이 속한 기업이나 단체의 목적을 달성하기 위해 이용자 후기 등을 모니터링하고 고객 문의사항에 응답하는 직원의 입장일 수도 있다. UCC의 이용자는 전자의 경우이고, 마케터의 입장에서 UCC의 이용자는 제품이나 서비스의 소비자라고 볼 수 있다. 이 때문에 UCC 중 특히 소비자의 영화평, 제품사용후기 등은 Consumer Created Contents라고 지칭하기도 한다. UCC의 이용자는 '콘텐츠의 생산자'이다. 그러나 동시에 이들은 콘텐츠-자신과 같은 UCC 또는 영화, 드라마, 광고 등 상업적 콘텐츠-의 소비자이기도 하다. 이러한 점이 영화제작/배급사나 방송국, 일반 기업과 같은 공식적이고 상업적인 콘텐츠의 생산자와 구별되는 두 번째 특징이다. 요컨대 UCC의 이용자는 '비상업적인 의도를 가진 단일한 개인 이용자'라고 할 수 있다.

둘째, 무엇을 창작하는가. 엄밀한 의미에서 창작은 '전에 없던 독특한 사물이나 개념을 새롭게 만들어 내는 것'을 의미한다. 그러나 UCC의 창작은 전통적인 의미의 창작활동을 좀 더 확대해서 해석해야 할 필요성이 있다. UCC의 생산자는 생산자임과 동시에 콘텐츠의 소비자이기도 하기 때문이다. UCC의 생산자들은 종종 기존 콘텐츠의 소비활동에서 창작의 영감을 얻는데, 이 때문에 UCC의 창작활동은 기존의 콘텐츠를 변형하거나(parody), 부분 인용하거나(clipping), 서로 다른 두 콘텐츠를 뒤섞는(remixing) 활동을 포함하게 된다. 사실 우리가 온라인에서 접하게 되는 UCC의 상당 비율이 이러한 파생적인 창작활동에 의한 콘텐츠들이다. 이러한 현상은 두 가지 측면에서 설명할 수 있는데, 첫째는 신규창작에 비해 파생창작이 더 손쉬운 면이 있기 때문이고 둘째는 파생활동은 단선적이거나 일회적인 것이 아니기 때문이다. 다시 말해 파생적인 창작활동은 모체가 되는 콘텐츠를 접하는 다수의 잠재적인 UCC 생산자들에 의해 발생할 수 있으며, 여기서 파생된 UCC는 또 다른 모체로서 파생효과를 낼 수 있기 때문에 우리는 전혀 볼 수 없었던 UCC보다는 기존의 콘텐츠에서 파생된 UCC를 더 많이 접하게 되는 것이다. 파생적인 창작활동을 통해 UCC의 생산자는 특정 콘텐츠의 열광자에서 전도자로 탈바꿈하게 된다.

셋째, 어떤 콘텐츠인가. 콘텐츠라는 단어는 본래 '내용, 목차, 항목'이라는 뜻이지만 영어의 'content'는 '만족시키다'라는 뜻의 동사로 쓰이기도 한다. 여기서 우리는 콘텐츠가 가지는 중요한 특성, 즉 '만족'으로 표현되는 생산자와 소비자의 관계성을 엿볼 수 있다. 다시 말해 콘텐츠는 만족시켜야 할 누군가를 염두에 두고 생산된다는 것이다. 콘텐츠는 우리가 온라인상에서 보고, 듣고, 느끼며, 즐길 거리로서 소비자의 만족감을 토대로 그 질(quality)을 가늠하게 된다. 온라인상에서 콘텐츠가 생명력을 가지고 소비되고 옮겨 다니거나, 나아가서 앞서 언급한 파생창작활동을 통해 변모하기 위해서는 우선적으로 소비자의 만족감을 이끌어 내야 한다.

결국 UCC는 개인 온라인 이용자가 비상업적인 의도로 창작해 낸 콘텐츠로서, 종종 기존 콘텐츠에 대한 반응에 의해 생산되며, 파생과 공유활동을 통해 생명력을 유지한다. 그리고 이 생명력은 콘텐츠 소비자의 만족감에 좌우된다고 하겠다.

세계적으로 매일 17만 5천 개의 새 블로그가 탄생하고, 160만 개의 게시물이 매일(초당 18.6개) 등록된다.[10] 1,200만에 이르는 인터넷 블로거의 절반 이상이 30대 이하이다.[11] 국내 대학생의 약 80%가 개인 영상을 인터넷에 올리거나 올리고 싶어 한다(파워잡과 씽굿의 설문조사, 2006년). 흔히 이들을 일컬어 자신의 사생활 공개를 꺼리지 않는 퍼블리즌(Publizen＝public＋citizen)이라고 한다.[12]

이 같은 트렌드를 반영이라도 하듯 넷심(net 心)을 간파한 동영상 UCC 전문 포털 기업들이 급성장하고 있다. 곰TV, 판도라TV, 엠군닷컴, 다모임, 온게임넷, 마이포토TV, 노리터 등이 대표적인 사례이다. '판도라TV'의 경우 2005년 7월 기준 방문자 수 3만 명 정도에 그쳤으나 2006년 11월 일평균 방문자 수가 40만 명, 분야 내 점유율 40.5%를 보이며 10배가 넘는 성장률을 나타냈다. 특히 2006년 12월 30일을 기준으로 개인방송국인 '보라돌이의 자유주의 세상'은 인터넷 개인방송으로는 최초로 시청자 천만 명을 돌파해 개인 미디어의 무한한 가능성을 증명했다. 이 밖에도 '곰TV'의 그래텍의 경우 이미 2006년 초

---

10) 블로그 검색엔진 Technorati 참조.

11) Pew Internet & American Life Project 참조.

12) 모두가 유명하고 공인이 되고 싶어 하며, 모든 생활이 공개되고 있다(See Me, Click Me, 워싱턴포스트, 2006. 7. 23.).

부터 CJ미디어, YTN, MBC 게임 등의 50여 개 방송사, 언론사와 제휴를 통해 다양한 콘텐츠를 유·무료로 제공하면서 거대 인터넷 미디어 기업으로 부상(浮上) 중이다. 동영상 UCC는 최근 모바일, 케이블 TV 영역까지 확대됨은 물론 선거 등 정치분야에까지 침투함으로써 도든 영역에서 사회적 의미를 결과하고 있다.

현재 UCC는 포맷, 목적, 형태에 따라 다양하게 제작, 유통되고 있다. UCC는 콘텐츠의 매체에 따라 텍스트, 이미지, 오디오, 비디오, 복합 미디어로 구성된 UPC(User Packaged Contents)를 포함하여 총 다섯 가지로 분류된다. 목적에 따라서는 정보제공을 위한 UCC(Information-UCC), 엔터테인먼트를 위한 UCC(Entertainment-UCC), 수익창출을 위한 UCC(Business-UCC) 등으로도 분류할 수 있다. 그 밖에도 관여 정도에 따라서는 이용자 창작 콘텐츠(User Generated Contents), 이용자 가공 콘텐츠(User Modified Contents), 이용자 재창조 콘텐츠(User Recreated Contents) 등으로 분류된다.

〈표 7〉 UCC의 분류 및 예

분류	세분화	약어	사례	
포맷	텍스트	Text UCC	지식iN, 오마이뉴스, 프레시안, 웃긴 대학,	
	오디오	Audio UCC	이용자 제작 컬러링, 개인음악방송(포드캐스팅)	
	이미지	Image UCC	디시인사이드, 포토 전문 사이트 '뉴스업' 조삼모사, 솔로부대, 개죽이, 개똥녀	
	비디오	Viedo UCC	네이버 붐, 다음 TV팟, 꼭지점댄스, 마빡이, 기타연주,	
	복합 콘텐츠	UPC	비디오＋텍스트 메타데이터＋이미지 데이터 등의 복합 콘텐츠(ex 유온커뮤케이션의 휴대복합단말기 콘텐츠)	
목적 (내용)	Information	I-UCC	댓글, 이용후가, 이용자 노하우, 1인 교육방송	만점토익강사의 무료강의 머리 예쁘게 묶는 방법 특이한 요리 집에서 해먹는 방법
	Entertainment	E-UCC	이용자 제작 컬러링 패러디 1인 방송 오락	밀림닷컴 조삼모사, 굴욕시리즈 아마추어 월드컵 중계 꼭지점댄스, 고3발악, 세 자매
	Business	B-UCC	1인 홈쇼핑 1인 교육방송	주인장닷컴 수능강사의 과외 강의
관여 정도	Generated	UGC	A	고유한 창작에 의한 콘텐츠 A
	Modified	UMC	$A+\alpha =A'$	소스콘텐츠 A에 이용자의 아이디어 α 를 덧붙인 A'(제작의도 동일)
	Recreated	URC	$A+B=C$	서로 다른 콘텐츠를 조합해 새로운 콘텐츠 C 생성(제작의도 다른 고유한 아이디어 첨가)

자료: 김문형 외(2006) 참조 재구성.

　　기존의 방송 콘텐츠를 업로드하거나 패러디, 혹은 간단한 자막을 입히는 수준을 넘어 창작 UCC가 증가하는 추세이다. 강의, 정보, 웰빙, 퍼블리즌 등 장르도 다양하다. UCC가 차세대 미디어로 발전하고 있는 것이다. 단순하게 보고 즐기는 시간 때우기 콘텐츠에 머무르지 않고 즐거움과 공감대를 형성하는 미디어적 요소가 강조되고 있는 것이 그 증거이다.

<그림 27> UCC 성장 로드맵

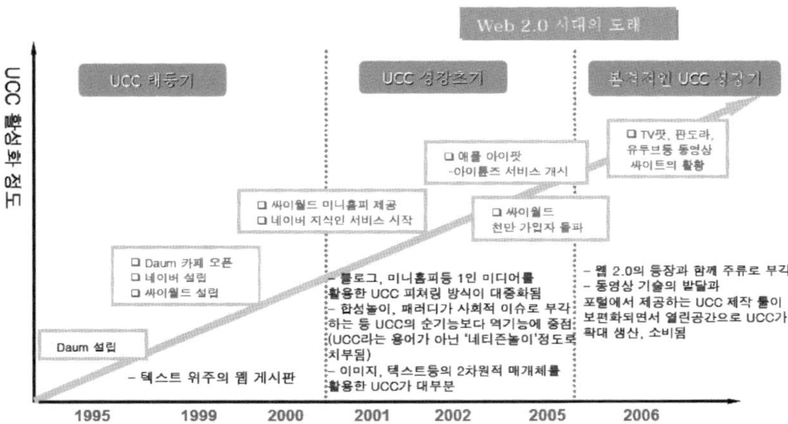

자료: KNP(Korean Netizen Profile) 세미나 발표자료

2) 웹 2.0 시대 UCC의 의미

UCC가 우리 시대 주류문화로 성장하는 이유는 무엇인가. 무엇보다 웹 2.0으로 대변되는 인터넷의 진화는 UCC 생산과 유통을 촉진하는 배경이다. 웹 2.0은 문화적으로는 대중문화 및 참여문화의 성장을 그 배경으로 하며, 경험적으로는 그동안의 전산역사를 통한 경험, 시행착오를 바탕으로 한다. 기술적으로는 향상된 인프라(네트워크, 하드웨어, 관련 기술 즉, 디지털 기기의 일반적 보급, 소프트웨어의 발전)가 배경이 된다.

보다 구체적으로 UCC가 우리 사회의 메가트렌드로서 성장할 수 있는 생산 및 유통 차원에서의 요인들을 살펴보면 다음과 같다.

첫째, 사회문화적 요인이 있다. 1993년 문민정부 출범 이후 정부에 의한 사회문화적 통제완화와 더불어 영화, 게임 등 문화 산업 육성정책이 시행되면서 민간 차원의 콘텐츠 생산활동에 긍정적인 영향을 가져왔다. 이른바 '엽기' 코드가 우리에게 익숙해지는 시점이 이때부터인데, 누구나 광범위한 소재를 스스럼없이 다룰 수 있는 사회적인 분위기는 창작활동을 위해 상당히 중요한 필요조건이다. 이와 같은 사회적 분위기 전환은 평범한 개인의 창조활동을 보편화된 문화로 자리잡을 수 있도록 해 주었고, 그 결과 미니홈피나 블로그 등을 통해 자신이 직접 콘텐츠를 만들어 유포하는 1인 미디어 시대의 도래에 밑거름이 되었다. 또한 이로 인해 1인 미디어 시대를 대표하는 UCC라는 것 자체가 아주 익숙한 문화가 되었다.

둘째, 기술적 요인이다. 동영상을 쉽게 찍고 편집하고, 유포할 수 있는 환경들도 일조했다. 핸드폰에서도 동영상을 찍을 수 있는데다가, 동영상 편집도 쉬워지고, 포털 사이트를 비롯한 대형 인터넷 사이트에서 동영상 서비스를 제공하기에 누구나 자신의 동영상을 올려놓을 수 있게 된 것이다. 즉, 네티즌들은 동영상으로 콘텐츠를 직접 제작하고 유포하고픈 욕구를 보다 쉽게 발산할 수 있는 환경이 마련되었고, 인터넷 기업에서는 동영상 콘텐츠가 비즈니스 기반에서 중요한 도구가 되는 환경이 되었기 때문이다. 기술의 발전에 따른 편의성의 증대가 창작활동을 가속화시키는 셈이다.

셋째, 온라인 서비스적 요인이 있다. 이제는 고전이 되다시피 한 '개죽이', '떨녀', '싱하형' 등 초기형태의 UCC를 하나의 트렌드로 자리매김하게 하는 데 큰 공헌을 한 디시인사이드를 비롯하여 수많은 유행어를 양산한 웃긴 대학 등의 UCC 전문 웹 사이트, 그리고 최근의 판도라TV, 디오데오, 엠군닷컴과 같은 동영상 UCC 전문 웹 사이트 등은 온라인 이용자들이 생산해 낸 콘텐츠들이 모여서 파생될 수 있는 여건을 마련하는 기반이 되었다. 최근 포털 업계에서도 네이버 2,

싸이월드 2, 블로그 2.0 등의 진화된 형태의 UCC 공유의 장을 제공하고 있으며, 최근에는 네이버 붐, 다음 TV팟 등과 같은 동영상 전문 UCC 서비스를 제공하고 있다.

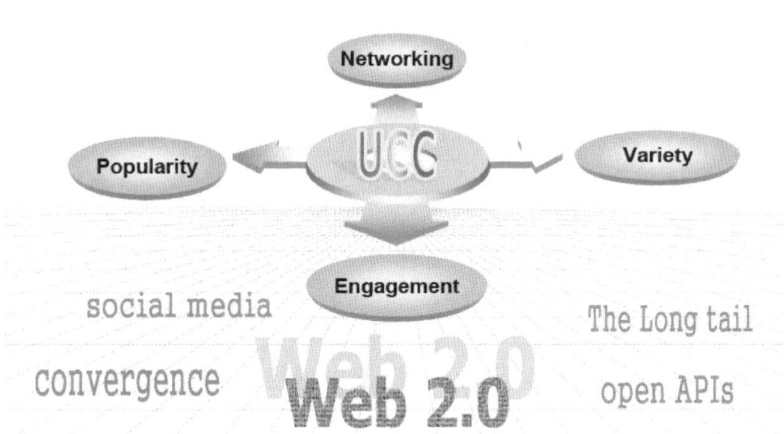

〈그림 28〉 UCC의 성장배경 및 특성

3) UCC 제작·유통의 문제점 및 과제

현재 UCC가 당면해 있는 문제점 및 과제는 무엇보다 UCC 대부분이 저작권 미해결 콘텐츠로 명예훼손, 저작권 등의 법률적 시비의 온상이 될 가능성이 높다는 것이다.

현재 대부분의 UCC는 저작권 문제가 해결되지 않은 방송, 광고 등의 복제물이다. 또한 개인에 의해 제작된 UCC의 저작권을 인정해 스크랩하여 배포하는 것을 방지하는 체계를 마련하는 것은 현실적으로 쉽지 않다. 특히, 상업적인 의도로 만들어진 콘텐츠에 대해서는 저작권 문제가 심각한 상황이다.

2006년 11월 저작권보호센터의 조사결과, 동영상 콘텐츠의 83.5%가 기존의 방송 프로그램이나 애니메이션 등을 그대로 올리거나 편집한 것으로 나타났다. 실제로 지상파 방송사에서 유료로 제공되는 VOD는 인터넷 포털 검색에서 검색만 하면 무료로 얼마든지 볼 수 있다.

UCC에 대한 무분별한 '퍼 담기'는 저작권 침해 문제를 드러내고 있다. 현재 인터넷에서 호응을 얻고 있는 UCC 동영상 대부분은 국내외 버라이어티 오락 프로그램, 광고, 드라마, 애니메이션 등 TV, 영화의 주요 장면이나 스포츠 경기의 하이라이트, 해외 화제 영상 등을 재편집 내지 합성한 콘텐츠들이기 때문이다. 즉, 기존 콘텐츠의 편집물이 UCC의 대부분을 차지하고 있는 셈이다. 이에 대해, 아직까지 국내외 방송사들이나 광고제작사들은 UCC 저작권에 대해 본격적으로 문제제기를 하고 있지 않다. 하지만 UCC가 활성화되면 될수록 저작권을 둘러싼 사업자 간 이해관계는 첨예해질 전망이다. 여기에 각종 음란물이나 유해 동영상의 무분별한 노출까지 더해지고 있다.

참여를 통한 정보의 공유에서 시작된 UCC 문화가 저작권 침해 등 법률적 시비를 지양하고 바람직하게 정착하기 위해서는 네티즌들의 자정의지는 물론, UCC의 상업적 잠재 가치에 따른 미디어와 기업 차원의 새로운 문화의식 고양이 필요한 때이다.

이는 간단히 말하자면 '돈' 즉, 금전적인 부분과 '윤리'에 관한 문제로 정리해 볼 수 있다. 우선 '돈'에 대해서는 UCC에 대한 저작권 문제와 여기서 파생되는 콘텐츠 생산자에 대한 보상방법을 명확하게 할 필요가 있다. 미래 콘텐츠 산업을 끌어내는 메가트렌드가 될 UCC를 십분 활용하기 위해서는 양질의 UCC를 생산해 낼 수 있도록 포털이나 기업에서 창작자들에게 금전적 보상을 통한 동기부여를 해 줄 필요가 있다. 쉽게 말해 사업자는 가치 있는 UCC에 대해서는 저작권을 인정해 일정 부분의 수익을 제공해 줄 수 있는 방법을 만들어 내야 한다. 해외에서 애플, 소니, GM 등의 기업이 우승 상금을 걸고 소비자가 만드는 광고와 같은 UCC 프로모션을 진행하는 것은 좋은 본보기라 할 수 있다.

두 번째는 '윤리' 부분이다. 개인이 작성한 글에 대한 저작권을 인정해 이를 스크랩해서 배포하는 것을 막는 것은 현실적으로 불가능하다. 그렇지만 상업적 의도로 만들어진 콘텐츠에 대해서는 저작권 문제가 심각한 상태다. 이용자들이 비상업적 목적으로 올린 콘텐츠라고는 하지만 결국 포털이나 동영상 전문 사이트에서 게재가 된다는 것은 상업적 활용이라고 할 수밖에 없다. 아직 이에 대한 법안이나 판례가 나오지는 않았지만, 머지않아 UCC 시장이 커지고 사업적 평가를 할 때면 복잡한 법적 문제에 부딪힐 것으로 우려된다. 특히 미디어와 저널리즘과 관계해서는 '개똥녀 사건', '임시직 여교사 성폭행' 등의 마녀 사냥식 여론몰이와 파파라치와 같은 형태의 UCC로 인해 저널리즘의 윤리적 타락 등의 부작용이 이미 나타나고 있다.

동영상 UCC의 확산은 지적재산권 분쟁의 제2라운드를 예고한다. 제1라운드가 MP3로 대표되는 음반 등의 오디오 저작권이었다면, 이제 영화와 TV 등의 비디오 저작권 분쟁이 새로운 논쟁거리로 등장할 것이다.

UCC는 음악·이미지·동영상 등 타인의 저작물을 많이 이용하는데, 이러한 저작물 이용은 저작재산권 제한의 경우를 제외하고는 권리자 허락이 필요하다. 한편 저작권 문제 외에 초상권 문제도 있을 수 있다. 연예인 등의 초상이 합의 없이 영리적으로 이용되면 이른바 퍼블리시티 침해가 될 수 있고, 연예인이 아니더라도 일반 개인의 초상을 허락 없이 촬영하거나 공개해도 프라이버시 침해 문제가 발생할 수 있는 것이다. UCC 이용·유통과 관련해서도 저작권 문제가 발생한다. 동영상 UCC는 대부분 저작권법상의 영상저작물로 그 권리는 영상저작물 제작 전체를 기획한 책임자인 영상제작자가 가지는데 UCC 제작자가 이에 해당한다. 따라서 UCC 제작자의 허락 없이 이를 인터넷에 올리거나 퍼 나르는 행위는 복제권·전송권 침해 문제를 야기한다. 또 포털 사이트 등 UCC 게시·유통의 장을 마련해 그 이용을 매개하는 온라인 서비스 제공자(OSP)도 저작권법에서 정한 경우를 제외하고 책임 당사자가 될 수 있다(전자신문, 2006. 12. 1). UCC 열풍은 저작자 저변확대라는 매우 긍정적인 사회현상을 탄생시켰지만 긍정적인 문화로 정착하는 데 있어서 관건은 저작권과의 조화다. 무엇보다도 UCC의 저작권 문제를 해결하는 데는 타인의 저작권을 침해하지 않으려는 UCC 제작자의 정보와 의식이 중요하다. 건전한 UCC 제작과 유통에 대한 정보제공·교육·홍보에 힘쓰고 가이드라인을 도출하기 위해 정부 등과 적극적으로 협력해야 한다. 이용자와 업체의 입장과 의견이 반영되지 않은 가이드라인은 규제를 위한 규제로서 큰 의미가 없게 될 수도 있다. 저작권 분쟁 해결이나 투명한 UCC의 유통체계 확립을 위해 탄력적이고 신속한 가이드라인 제정은 꼭 필요하다. 하지만 무엇보다 간과해서는 안 될 것은 가이드라인 제정에 있어서 사업자들의 목소리도 충분히 담아내야 하며, UCC의 핵심 컨셉인 자유와 개방을 훼손하지 않는 범위 내에서 가이드라인이 제정되어야 한다는 점이다.

UCC의 또 다른 문제점 및 과제는 이슈화시키기 위해서 선정적이며 자극적인 콘텐츠를 제작하여 유통시킬 가능성이 높다는 점이다.

웰빙 등 실용적이며 유익한 테마 UCC 등도 근래에 인기가 있으나 일정 정도의 선정성을 지닌 콘텐츠가 보다 이슈화가 용이하기 때문에 센세이션과 이슈를 만들어 내기 위한 무분별한 UCC 양산이 진행될 가능성이 있다. 또한 실제로 UCC란 이름으로 음란물이 유통되고 있는 경우도 많이 발생하고 있다.

2006년 초, 세상을 훈훈하게 한 지하철 결혼식 동영상 유포사태는 동영상의 파급력에 대해 많은 논의를 끌어냈다. 한 시민이 핸드폰 카메라로 찍은 이 동영상에는 "나는 고아이며, 형편이 어려워 처음 만난 5호선에서 결혼식을 하기로 했다"는 내용이 들어 있다. '눈물의 지하철 결혼식'이 보도되자 지하철 5호선의 역사에는 이 신혼부부를 찾는 안내문을 붙이고 언론은 각종 기사와 칼럼을 통해 이 커플의 사연에 대한 보도를 쏟아 냈다. 일부 시민들은 이 동영상과 기사를 보고 "돈을 모아 신혼여행을 보내주자", "무료로 결혼식을 치르도록 돕겠다"는 등 반응을 보이기도 했다.

그러나 얼마 후 화제를 부른 '눈물의 지하철 결혼식'이 호서대학교 연극영화과 '연극사랑' 동아리 학생 7명이 만든 '결혼식'이란 상황극이었음이 밝혀졌다. 이 동아리는 2개월간의 연습을 한 뒤 지하철을 공연장소로 정하고, 세 차례 상황극을 공연했다. 세간에 파장을 부른 연극은 2006년 2월 10일 서울 지하철 5호선 우장산역을 지나는 전동차 안에서 펼친 공연이었다. 연극이라는 사실을 모르고 우연히 공연장면을 보게 된 한 시민이 카메라 폰으로 결혼식 장면을 찍어 밸런타인데이인 2006년 2월 14일 영상을 인터넷에 올렸고, 이를 본 네티즌의 감동이 확산되면서 순식간에 장안의 화제가 됐다.

이 상황극은 그 대학생들이 현장에서 찍은 카메라 촬영과 별도의 휴대폰 디지털 카메라에 찍히고 다시 인터넷 동영상으로 퍼다 옮겨지면서 대량복제가 이뤄졌다. 또 TV뉴스로 신문보도가 이뤄지는 과정에서 아무런 확인절차 없이 감동어린 진실로 둔갑하는 변형이 가해졌다.

이 상황극이 만들어진 과정이 문제가 아니라 그것이 복사되고 변형되는 과정이 문제였던 것이다. 그것은 '조작된 현실'이 아니라 '바로 지금 여기의 현실'이다. 가상현실과 현실의 경계가 모호해지는 것이야말로 우리 시대의 진짜 리얼리즘이다. 진정한 리얼리스트라면 가상현실의 가치를 운운하기 전에 먼저 이를 주목했어야 했다. 그러나 많은 이들은 '리얼리즘'이라는 이데올로기에 취해서 가상현실이 곧 현실의 등가물로 변화하는 우리 시대 현실의 이면에 놓여 있는 실재를 간과했다. '지하철 결혼식'의 진정한 뉴스가치는 다른 데 있다. 진실성 여부가 문제가 아니라 가상현실이 곧 현실과 동등한 가치에 육박하는 위력을 갖게 된 우리 시대의 현실을 적나라하게 보여줬기 때문에 뉴스가 되는 것이다. 이처럼 공식적인 미디어 채널을 통해 통제되어 온 사회적 이슈 및 여론 형성이 선정적인 UCC에 의해 조작될 가능성이 없지 않은 것이다.

긍정적 측면이 부정적으로 왜곡되면 생산이 아닌 복제된 UCC(Users Copied Contents)가 되어 생산이 아닌 기존의 생산물에 대한 편집이나 재가공, 펌질에 의한 유포에만 관심 가지는 것으로 변질될 수 있다.

분명 UCC는 기회인 동시에 위기이기도 하다. 누군가의 기회가 진정한 기회가 되려면, 누군가의 위기를 극복해 낼 대안도 마련해야 하고, UCC(Users Created Contents)가 UCC(Users Copied Contents)가 되지 않도록 네티즌의 콘텐츠 생산 문화도 바뀌어야 할 것이다. 지식 정보 산업과 콘텐츠 산업은 지적재산권 보호의 기반 위에서 안정적으로 성장할 수 있다는 사실을 결코 간과해선 안 된다.

공간이 제공된다고 UCC 콘텐츠가 만들어지고, 그 콘텐츠가 상업적 가치를 가지면서 원활한 유통이 될 것인가. 급속도로 진화하는 기술 환경은 새로운 장밋빛 희망을 만들어 내곤 한다. 자칫 장밋빛만 보다가 그 속에 숨겨진 가시 같은 딜레마를 간과하는 수가 생긴다. 해결과제가 곧 위기이자 새로운 기회가 될 것이다.

UCC는 인터넷을 매개로 한 사회적 공표(公表)행위이다. 인간의 자기표현 욕구로 나타난 개인적 창작물이지만 인터넷이란 사회적 공간에서 일어나는 공표행위인 것이다. 따라서 UCC는 사적인 내용을 담고 있다고 하더라도 불특정 다수에게 검색되고 복사 및 전송될 수 있는 미디어로서 개인적 담화와는 다른 공적 책임이 부여된다(황용석·주용완, 2006).

UCC 영역은 개인적 표현영역과 사회적 공표행위가 결합된 융합적 공간이며 개방성과 네트워크성의 특징이 있으므로, 국가주도의 강압적 규제가 이루어질 경우 인터넷 이용자의 표현행위와 참여행위에 심각한 부작용을 부를 수 있고 사생활 권익의 침해나 헌법상 보호되는 법익과 상충할 가능성이 있다. 반면 UCC 생산자에 대해 자율적이고 도덕적인 의무만을 기대할 수 없기에 사회적 차원의 정책행위를 필요로 한다.

이에 UCC와 관련된 행위의 주체이자 이해 당사자로 볼 수 있는 국가, 사업자, 이용자의 역할이 동시에 고려되고 구성원의 참여를 기반으로 한 정책모델의 필요성이 제기된다.

5. 방송의 진화, 디지털 방송

5.1 방송 미디어의 출현과 디지털 방송 시대의 개막

1) 방송 시대의 서막, 라디오와 TV의 출현

새로운 테크놀로지가 상업화되기 위해선 누군가 기기를 개발하고 상업적인 서비스를 제공해야만 한다. 사실 새로운 미디어 테크놀로지가 개발되었다 해도 수용자에겐 그다지 새로운 것이 아니다. 왜냐하면 초기에는 이전 미디어의 내용을 그대로 수용할 수밖에 없기 때문이다. 예를 들어, 라디오가 개발되었을 때 초기엔 독서를 큰 소리로 하는 것과 같은 것이었으며, TV가 최초로 제공한 내용의 대부분은 영화였다. 인터넷 역시 초기엔 이메일로 평이한 텍스트를 전달하는 우편도구에 지나지 않았다.

이렇듯 테크놀로지 발달은 상업적 고려가 있기 전까지는 단지 하나의 실험에 불과하다. 여기에 상업적 모델이 도입되고 능력 있는 사업가가 참여함으로써 비로소 새로운 테크놀로지의 혜택이 모두에게 부여되는 것이다. 바로 이런 상황에서만 새로운 미디어가 출현하는 것이다.

수용자 집단을 형성하게 된 최초의 전자 미디어는 라디오 매체이다. 1899년 마르코니가 영국에서 프랑스로 최초의 라디오 신호를 전달한 후, 1920년대에 이르러 영국정부는 6천여 명의 전문가들에게 라디오 실험 라이선스를 부여해 주었다. 이들 초기 채택자들은 사용할 수 있는 프로그램이 있어서 새로운 장비를 사용한 것이 아니라, 새로운 테크놀로지에 매혹되었기 때문이다. 1922년 몇몇 라디오 수신기 제조업자들이 영국정부의 제안에 따라 방송사를 설립하기 시작하였다. 이로써 라디오 테크놀로지가 시험된 것이다. 그리고 성공했으며 일반 대중이 서비스를 제공받을 수 있게 되어 마침내 1922년 여섯 사업자가 모여 BBC를 설립하고 정규적으로 프로그램을 송신할 수 있게 되었다. 이후 상업적 성과가 가시화되자 영국정부는 BBC를 독자적으로 운영하기 시작했다.

미국의 경우 1930년대 라디오가 방송이라는 새로운 개념으로 정착하게 된 배경은 다음과 같은 세 가지 차원에서 정리할 수 있다(Joseph, R. Dominick, Barry L. Sherman & Fritz Messere, 2000).

첫째, 전쟁기간 라디오 커뮤니케이션에 관해 교육받은 수용자 집단, 이들의 열정적 취미는 보다 수려해진 라디오 수상기를 적극 활용하기 시작했다. 둘째, 전쟁기간의 기술 발전은 라디오 송수신을 보다 혁신시키고 커버리지 역시 확대시켰다. 셋째, 사업가들이 돈이 된다는 사실을 인식하고 이 분야에 진출하기 시작했다.

미국에선 영국과 다른 상업적 환경이 조성되어 라디오 방송국이 급격하게 늘어났다. 최소한의 규제 속에서 미국 라디오 방송사들은 연예오락을 비롯한 각종 프로그램들을 생산해 내기 시작했다.

TV는 1922년 스코틀랜드의 존 로지 배어드(John Logie Baird)가 세계 최초로 'televisor'를 소개했는데, 영국이 역시 최초로 실험했다. 1929년 BBC가 최초의 실험 신호를 송출했고, 1936년 세계 최초의 서비스를 개시했다. 이후 세계 각국이 뒤따랐다. 그러나 TV 수상기의 판매는 2차 대전 이후에야 활성화되었다. 1946년부터 텔레비전 수상기는 대량생산 체제에 들어가 백화점의 주용 상품으로 등장하기 시작하였다. 1950년대 TV가 라디오의 위상을 앞서기 시작해, 1970년 TV 수상기는 약 3억 대에 이르렀으며, 1980년대 급격한 증가세를 기록했다. 이러한 TV의 부상에 대응해 라디오는 지역매체로 전환하면서 청취자를 유인할 수 있는 새로운 포맷 개발에 집중했다.

케이블 방송은 1940년대 말에서 1950년대 초에 시작되었는데, 산간이나 도서지역 시청자들을 위한 서비스로 출발했다. 1970년대 급격한 성장을 했는데, 그 이유는 페이TV(Home Box Office가 주도)와 슈퍼스테이션(테드터너가 개발)이라는 콘셉트가 도입되었기 때문이다. 1980년대 CNN, MTV 등의 새로운 프로그램 포맷이 등장하면서 케이블은 급격한 성장을 하게 되었고, 1990년대에 들어서는 미국 가정의 60%를 상회하였다. 이로써 VCR, DBS와 경쟁하게 된다.

위성을 통한 TV 방송은 이전 역사와 달리 기술적 실행 전에 논의가 시작되었다. 1940년대에 이미 아더 클락(Arthur Clarke 등)의 공상과학소설에 등장했다. 이러한 공상이 현실화되기 시작한 것은 1957년 전 세계를 깜짝 놀라게 한 소련의 스푸트닉 로켓발사 사건이다. 이로써 미국과 소련 간 위성경쟁이 시작되었는데, 군사적 경쟁과 맞물려 많은 투자와 연구가 위성에 집중되었다.

1962년 NASA는 세계 최초로 통신위성을 궤도에 쏘아 올렸다. 이후 1964년 인텔셋(Intelsat) 컨소시엄이 역동적인 시장을 형성하기 시작했는데, 인텔셋은 전화신호부터 데이터 송신까지 다양한 위성 서비스를 제공했다. 1970년 100여 개국 이상이 여기에 참여했고, 전 세계 텔레컴의 70% 정도가 이 네트워크를 거쳤다. 여기에 또 다른 컨소시엄 유텔셋(Eutelsat)이 가세했다. 이 두 컨소시엄이 전 세계 위성시장을 지배한다고 해도 과언이 아니다. 위성이 제공하는 대표적인 상업적 서비스로는 데이터/비디오 방송, 데이터시스템, VSAT(Very Small Aperture

Terminal) 등이다.

위성시장의 발달의 부작용으로 나타난 게 바로 케이블 방송이다. 미국에서 위성시장의 팽창에 따른 대안을 모색하는 가운데 케이블이 선택된 것이다. 1948년 미국 당국은 더 이상 여유 공간이 없다는 이유로 위성을 사용하는 TV 라이선스 허가를 중단했다. 이로써 업자들은 새로운 탈출구를 찾고 정부 또한 대안을 제시해야 했는데, 서로 간의 이해 합일점이 바로 케이블이었던 것이다. 공중에서의 전파 간섭 없이 주파수 문제를 해결할 수 있다는 장점을 제공했던 것이다. 최초의 목적은 난시청지역 해소에 있었다. 정부의 소극적 기대와는 달리 케이블은 급격한 성장을 거두었고, 1960년대 케이블 방송은 농촌뿐만 아니라 도시지역에도 정착하기 시작했다. 이에 따라 업자들이 몰려들고 멀티플 네트워크를 형성하기 시작했다.

케이블이 교외지역에까지 제공됨으로써 수용자 측면에서 중요한 변화가 일기 시작했는데, 수용자가 서비스 이용자이기에 파워를 가지게 되었고 종종 의견 형성자가 되기도 하였다. 갑자기 수용자들에게 30개나 되는 채널에 접근할 수 있는 기회를 제공하게 된 것이다. 이로써 수용자의 채널 전환행위가 최초로 보고되었다.

케이블이 위성의 대안으로 출발했음에도 불구하고, 두 가지 테크놀로지는 서로 융합되는 양상을 보이고 있다. 그 결과 다음과 같은 양상을 유인하고 있다.

- 위성이 케이블 네트워크에 채널을 공급함으로써 많은 케이블 네트워크들이 국경과 상관없이 똑같은 채널에 접근할 수 있도록 해 준다.
- 케이블 방송의 증가는 미디어 기업들에게 새로운 채널 창출을 가능하게 해 준다.
- 새로운 채널은 보다 많은 TV셋을 구입하도록 사람들을 자극한다.
- 새로운 TV셋은 위성, 케이블 그리고 채널들에 대한 요구를 증가시킨다.

1900년대 살았던 누구도 2000년대 TV와 라디오의 놀라운 혜택을 상상할 수 없었다. 우리 역시 100년 후 미디어가 어떻게 진화할 것인지 예견하기 어렵다. 미디어는 계속 진화 중이기 때문이다.

2) 디지털 기술의 발전과 디지털 방송 시대의 개막

1990년대에서 2000년대로 이어지는 방송기술 및 서비스와 관련하여 획기적인 변화를 의미하는 방송의 디지털화는 그야말로 방송 패러다임의 전환을 야기하고 있다. 디지털 방송은 종래의 아날로그 방송을 디지털화시켜서 고선명·고음질을 실현하고 다양한 부가기능을 제공함으로써 시청자에게 선택의 자유를 확대하도록 하는 방송 서비스의 고품질화, 고기능화 구현을 의미한다. 디지털 방송기술은 영상, 음성, 음향, 문자, 그래픽 등의 다양한 정보형태와 TV 수상기, 컴퓨터 모니터 등의 다양한 구현매체를 통합한 멀티미디어 방송이 가능하고, 광대역으로 시청자의 참여가 보장되는 양방향의 서비스를 가능하게 한다. 기존의 아날로그 방송이 '방송(放送 broadcasting)'이라는 개념하에서 일 방향의 비교적 제한된 서비스를 제공했다면, 디지털 방송은 디지털 기술이 지닌 일반적인 특징 −고화질, 고음질 서비스 제공, 대용량 저장 및 전송, 다채널화와 양방향 서비스 등−을 방송에서도 구현할 수 있게 함으로써 방송과 통신기능(인터넷 포함)의 융합과 함께 방송을 통한 멀티미디어 서비스를 구현할 수 있는 길을 터 준 것이다 (송해룡, 2003).

<표 8> 아날로그TV와 디지털TV 비교

구 분	아날로그TV	디지털TV	
		SDTV	HDTV
화질(주사선)	525개	480×704	1080×1920
해상도	330선	700선 이상	
음 질	2채널	5.1채널	
화면비(가로×세로)	4 : 3	16 : 9 또는 4 : 3	16 : 9
부가기능	·일방적 서비스 ·문자 다중방송	·양방향 정보 서비스 ·홈쇼핑, 홈뱅킹, 인터넷 검색, 전자투표 등 양방향 방송 가능	

아날로그TV와 디지털TV는 여러 부분에서 다르지만 그 전에 미디어가 그랬듯이 먼저 있던 기술력에 새로운 기술이 더해져 진화하는 형태이다. 덧붙여 보다 나은 품질, 서비스를 원하는 수용자의 니즈는 시간이 흐르면서 더욱 적극적이며 능동적으로 변하고 있다. 즉, 기술의 진화와 수용자의 진화는 그 맥을 같이하고 있으며 상호 영향을 주고받는 관계다.

〈표 9〉 TV미디어의 역사적 변이과정

구 분	제1기	제2기	제3기
방송주체	선택된 소수	선택된 소수 지역/채널의 독점적 운영권자	일정 규율 속 정보의 자유시장
전송수단	유한희소 지상파	위성개방/유선한정 지상파＋DBS 지상파＋케이블TV 인터넷, 압축전송	무선선택/유선무제한 지상파＋ISDB＋DBS 케이블TV/B–ISDN 인터넷, 완전 디지털화
표시수단	NTSC/PAL SECAM	HDTV화 멀티화면, 다중화	HDTV화 멀티화면, 다중화/이동체화
재원	세금/수신료/광고	광고＋유료/수신료	유료/수신료＋광고
요금	무료/월간 베이직	월간 베이직(＋추가유료)	월간 베이직＋추가유료 ＋PPV/패키지＋주문요금
시청자	불특정 다수	불특정 다수 특정 대중	불특정 다수 특정 대상/개인
서비스 형태	일방적, 획일적	일방적, 획일적 특정화, 개별화	일방적, 획일적 특정화, 개별화
편성	종합편성(수직편성)	종합편성(수직편성) 차별화	종합편성(수직편성) 특화, 전문화, 개성화(수평편성)
제작형태	대량생산/대량공급	대량생산/대량공급 차별화	대량생산/대량공급 소량다품종/발주형

자료: 한국방송공사(1997).

이처럼 TV는 '제1세대(흑백TV) → 제2세대(컬러TV) → 제3세대(디지털TV)'를 걸쳐 진화화고 있으며 머지않아 제4세대(상호작용 TV)가 본격적으로 도입될 전망이다. 상호작용 TV는 다시 1단계(enhanced TV) → 2단계(walled garden) → 3단계(portal TV) → 4단계(high bandwidth interactive TV)로 고도화되고 있다. E-P-S(Elite-Popular-Specialized)의 3단계 세분화 모델에 따라 TV의 진화과정을 설명하면 다음과 같다.

〈그림 29〉 E-P-S의 3단계 세분화 모델에 따른 TV의 진화과정

디지털 방송은 다양한 부가기능을 제공하여 시청자에게 선택의 자유를 확대하고, 방송 서비스를 고품질화, 고기능화하는 방향으로 발전하고 있음을 확인할 수 있다. 디지털 방송기술은 영상, 음성, 음향, 문자, 그래픽 등의 다양한 정보형태를 통합하면서 다양한 서비스를 위한 시장을 만들어 내고 있다.

〈그림 30〉 디지털 시대 방송 서비스의 진화

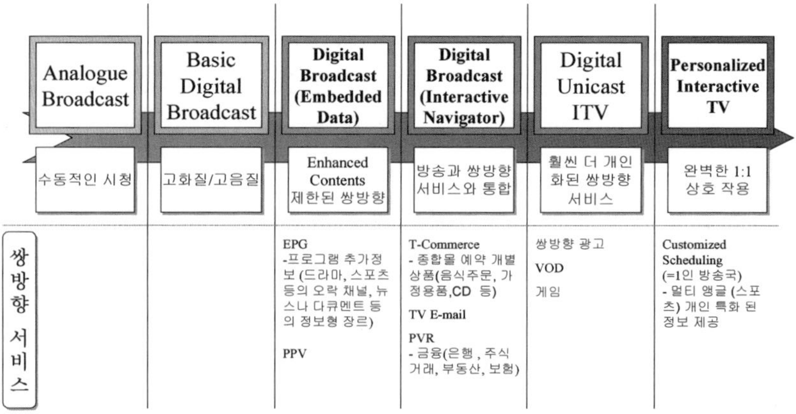

1994년 미국에서 최초의 디지털 위성방송이 도입된 이후, 1996년부터 전 세계적으로 디지털 위성방송의 도입이 추진되었다. 1998년 9월 영

국, 1998년 11월에 미국을 시작으로 디지털 방송이 도입되었다. 이러한 추세는 스웨덴, 스페인, 호주, 핀란드, 싱가포르 등지로 확산되고 있다.

영국은 1995년 8월 '디지털 지상파 방송에 관한 정부제안서'에서 밝힌 대로, 첫째 고품위의 영상과 음향 서비스 제공을 통해 시청자에 대한 서비스를 향상시킨다는 점과, 둘째 방송사업자와 산업계의 사업 기회를 확대하고 고용을 창출한다는 두 가지 목표를 토대로 지상파 방송의 디지털화를 조기에 추진한 바 있다.

미국은 1998년 11월부터 디지털 지상파 방송을 시작했다. 미국의 디지털 방송 정책은 크게 두 가지 전제하에서 이루어진다. 첫째는 아날로그와 디지털을 포함하여 한정된 주파수를 효율적이고 효과적으로 활용해야 한다는 것이고, 둘째는 디지털 방송의 도입이 공익에 부합해야 한다는 것이다.

한편 일본은 1993년 아날로그와 디지털 혼용방식인 MUSE시스템에서 완전 디지털 시스템으로 개발계획을 수정하였다. 그 후 '멀티미디어 시대의 방송의 위상에 관한 간담회'의 최종 보고서에서 방송위성(BS)의 디지털화와 관련한 구체적인 안을 제시하였고 매체별로 디지털화 시기를 구체화시켰다. 통신(CS)과 케이블TV는 1996년부터, 지상파 방송은 2000년 이후 5년 이내에 디지털 방식을 도입하도록 하였다(김영석, 2002). 그러나 현재 이 계획은 지연되고 있다.

우리나라에서는 지상파 디지털TV가 1999년 실험방송, 2000년 시험방송, 2001년 본방송의 일정을 거쳐 2005년 방송권역이 전국으로 확대되었다. 4년간에 걸친 전송방식 논란을 거쳐 기존의 ATSC 전송방식을 유지하고 이동수신의 문제를 보완하기 위하여 지상파DMB를 도입키로 한 2004년 7월 소위 4자 합의 이후 국내 디지털 방송 전환은 외견상 큰 문제가 없는 듯하다. 그러나 4자 합의문에 언급된 "서비스 제공 확대와 난시청을 해소하기 위한 수신환경 개선"은 기대에 못 미치고, 디지털TV 보급은 지지부진하다. 정부는 2010년을 잠정적으로 디지털 전환 완료기로 희망하고 있으나 이에 대해서도 속단을 하기 어려운 실정이다.

전 세계 디지털TV와 디지털 셋톱박스 보급량의 상당 부분을 우리나라 기업들이 수출하고 있는 유리한 환경에서 국내 디지털 전환이 뒤처지는 원인은 다양한 각도에서 분석이 가능하다. 크게 디지털 전환정책 부재, 디지털TV 서비스 시청자 흡입요인 부족, 고가의 DTV 구입비용, 정부 관련 부처의 신규 미디어 편향정책으로 인한 후속조치 미흡, 콘텐츠 부족 등을 문제점으로 지적할 수 있다. 무엇보다 HDTV 방송을 실시하지 않고 있는 국가들의 디지털 전환 속도, 상대적으로 저렴한 디지털TV의 국내 가격 등을 감안하면, 디지털 전환정책 부재와 HDTV에 편중된 디지털 방송 서비스로 인한 시청자 흡인요인 부족, 수신환경 개선 노력 부족을 주요 원인으로 볼 수 있다.

고화질, 고음질, 수신환경 개선, 다양한 부가 서비스 제공으로 방송 서비스의 일대 혁신을 가져오고 디지털 전환을 조기에 완료하여 방송 서비스 선진화를 이룩한다는 방송정책의 전면수정이 불가피한 상황이다. 이제는 가전 산업 중심의 정부부처 주도형 방송정책을 탈피하여 소비자이면서 서비스 주권자인 국민들과 서비스 주체인 지상파 방송사의 입장에서 디지털 전환정책을 원점에서 재논의해야 할 시점이다. 전환을 위한 전환정책을 벗어나서 디지털 전환으로 시청자들에게 제공할 수 있는 방송 서비스에 초점을 두고 전환정책을 마련한다면 자발적인 디지털TV 구입을 유도할 수 있을 것이다.

다양한 뉴미디어 서비스의 도입으로 인한 다매체 다채널 환경에서도 지상파 방송의 보편성과 다양성은 여전히 유효하다. 지상파 방송

은 디지털 방송을 통해 소수계층, 소외계층은 물론이고 다양한 욕구
를 가진 시청자의 니즈에 부합하는 콘텐츠를 제작하고 유통할 수 있
어야 한다. 단순히 아날로그와 동일한 콘텐츠를 동 시간에 제공해서
는 차별화할 수 없다.

디지털은 디지털이다. 아날로그 사고를 뛰어넘어야 새로운 발상이
나오고 새로운 서비스가 가능하다.

<그림 31> 미래 디지털 방송시장 전망

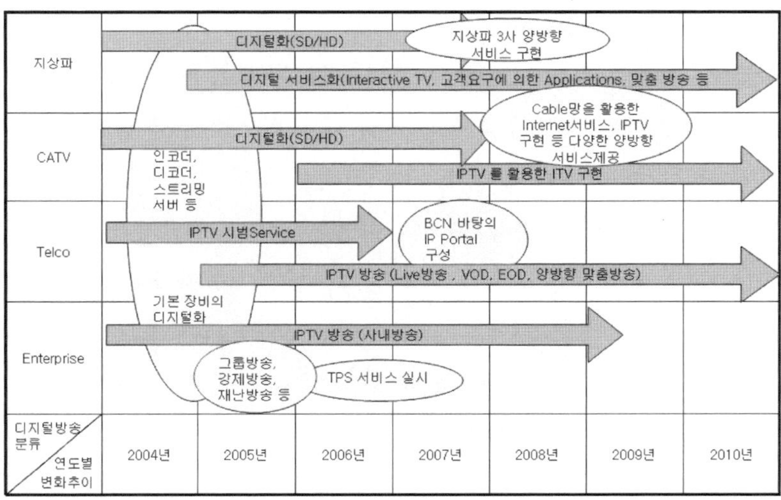

5.2 디지털 방송 산업과 콘텐츠 진화방향

1) 방송영상 시장의 현실

국내 방송영상 시장의 산업구조상 특성은 지상파 방송3사의 콘텐츠

시장 지배력이 절대적이라는 점이다. 방송영상 콘텐츠 산업의 시장구조는 지상파 방송3사에 의한 독과점 구조를 이루고 있다. 진입장벽이라는 점에서도 기존 방송3사는 네트워크를 구축하면서 '규모의 경제'라는 자본효율성을 내세우고, 기존의 노하우와 인력확보, 이미지 구축 등을 이용한 제품차별화라는 제작효율성도 갖추고 있다. 생산비 측면에서 생산요소 시장을 장악하여 진입장벽을 높이며 '방송의 공공성'을 이념적 배경으로 한 진입규제를 만들어 내는 정책적인 장벽을 유지하고 있다.

이에 따라 정부에서는 외주제작 의무편성정책을 실시하였으며, 지속적으로 방송3사의 집중도를 낮추고 있다. 현재 이러한 정책을 통해 독립제작사는 양적 성장을 이룩하였지만, 여전히 지상파 방송3사의 집중도가 높아 독과점 구조를 이루고 있다. 외형적으로 수직 통합 상태를 부분적으로 분리한 지상파 방송3사의 자회사 체제는 지속적인 수직 통합 상태를 유지하고 나아가 수직적, 수평적, 다각화와 복합적 다각화로 이어져 방송영상 콘텐츠 시장 전반의 독점성을 가중시키고 있다.

그럼에도 불구하고, 다채널화와 개방화 그리고 방송시장의 경제화는 기존의 방송사가 독점하던 방송 산업을 팽창시키는 결과를 초래하였다. 정부의 정책적인 노력으로 케이블TV와 위성TV, IPTV, WiBro, DMB 등의 새로운 진입자를 낳게 되어 기존에 방송사가 누리던 독과점적 상태의 시장력 행사를 어렵게 하였다. 이에 대응하여 지상파 방송3사는 시장의 지위를 유지하기 위하여 사업의 다각화를 추진하였고 또한 유통부문의 자회사 설립으로 시장구조를 변화시켜 지배력을 강화하는 전략을 추진하고 있다. 기존 방송사의 시장 확보를 위한 다양한 전략과 신규 방송시장 진입자의 치열한 경쟁은 융합시대를 맞아 더욱 심화되고 있으며, 수용자의 욕구를 적극 반영하고 있는 신규 사업자의 프로그램 전략은 큰 호응을 받고 있다. 최근 이 추세는 더 강화되고 있다.

　방송영상 콘텐츠의 가치사슬은 영상 콘텐츠의 기획제작, 콘텐츠들을 모아 한 채널로 묶는 작업, 또한 그러한 채널을 묶는 작업(번들링 작업), 배급작업이 이뤄진 뒤 소비자와 접속하여 수신을 통해 과금하는 연속적인 과정으로 이루어진다.

〈그림 32〉 방송영상 산업의 유통구조

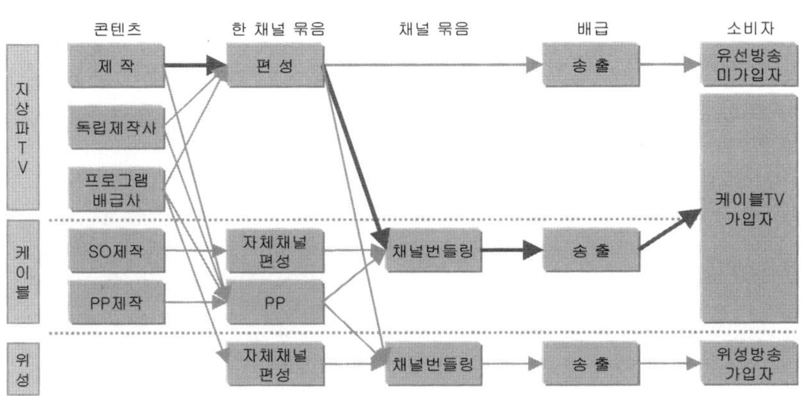

　방송과 통신, 이 두 미디어 시장은 융합이라는 큰 흐름에 의해 시장의 새로운 가치사슬을 형성하고 있다. 여기에서는 송신자인 사업자, 수용자인 소비자의 변화뿐만 아니라 정보내용물의 특성, 그리고 서비스 이용 효과까지 기존의 형태와는 다르게 나타난다. 방송사업자와 통신 사업자는 거대한 미디어 기업으로 변모하고 있는데 이는 방송 서비스와 통신 서비스 영역이 융합되고 각자의 시장이 미디어 시장으로 새롭게 통합되고 있기 때문이다. 그 과정에서 방송 시청자와 통신 소비자는 서비스를 이용하는 적극적인 모습으로 성장하게 된다. 때문에 서비스 내용물은 이용자 중심의 인터페이스를 강화하고 개인 커뮤니케이션과 엔터테인먼트 기능 역시 강조할 것이다.

방송의 디지털화와 그 결과로서 디지털 방송은 정보 커뮤니케이션 기술의 발달에 기초를 둔 방송과 통신의 융합을 가속화시키고 있다. 기술적으로 양방향성이 가능해지면서 방통융합은 수용자들의 피드백을 높이고, 양방향 멀티미디어 서비스 발달을 촉진시키는 방향을 강화시키고 있다.

디지털TV 환경하에 양방향 멀티미디어 서비스의 발전에 중요한 역할을 하는 전통적인 분야는 오락, 정보, 통신, 거래의 4개 분야이다. 오락 분야는 TV, 유료TV, 전자게임 등이 해당되고, 정보 분야는 온라인, 오프라인 서비스, 데이터베이스 검색 등이 해당된다. 그리고 통신 분야는 대인 간 또는 사람과 시스템 간의 커뮤니케이션 서비스를 제공하는 것이고, 거래 분야는 개별 참여자의 지시에 따라 정보를 전송하는 것으로, 예를 들어 PPV서비스에 영화를 선택하면 자동적으로 요금이 지불되는 과금 서비스 및 거래 서비스가 다른 서비스를 지원하는 경우(텔레쇼핑, 전자은행, 전자영화 예매) 등이다. 그래서 디지털 시대의 방송 산업은 기존의 전통적인 분야 각각을 서로 융합시키는 방향으로 발전하고 있다(김국진, 2002).

2) 디지털 방송 서비스와 콘텐츠 변화

현재 디지털TV는 '보는 TV'를 위한 콘텐츠 제공에서 '이용하는 TV'를 위한 지능형 서비스(intelligence service)로 고도화하고 있다. 즉, iTV, smartTV로 진화하고 있는 것이다. 사람이 TV 앞에 앉을 때 각 개인이 미리 선택한 프로그램이 방영되고 일어설 때 중단된다. 중간에 프로그램 전환도 음성으로 인식된다. 가정 내 모든 기기가 하나의 네트워크로 연결되어 기기에 관계없이 서비스가 가능하게 된다. 가정 내의 기기들이 지능화되고 음성인식기능 등이 부가되어 노약자, 장애인 등도 편리하게 조작을 할 수 있다.

　iTV는 TV를 통한 양방향 엔터테인먼트 커뮤니케이션 미디어 서비스라고 할 수 있다. 텔레비전 수상기에 컴퓨터 기능을 적용하고, 방송국으로 되돌아 올 수 있는 커뮤니케이션 통로를 제공함으로써 이용자들은 프로그램과 상호 작용할 수 있으며, 실시간의 피드백을 통해서 일정한 통제를 발휘할 수 있다. 결국 TV콘텐츠 개발자, TV콘텐츠 배급자, 광고주, 기업 및 이용자 간의 순환관계를 가깝게 한다. 즉, iTV는 이용자들에게 콘텐츠나 서비스와의 상호작용을 할 수 있도록 하는 기회를 제공한다는 의미다. iTV는 셋톱박스를 이용하여, 혹은 스마트카드에 내장된 개인정보를 활용하여 애플리케이션과의 상호작용을 통해서 이용자들은 전송된 다양한 데이터로부터 원하는 콘텐츠를 선택할 수 있으며, 정보 서비스에서 증권정보, Enhanced TV, 양방향 게임, T-커머스로 대표되는 홈쇼핑, 홈뱅킹 등의 다양한 서비스까지 제공받을 수 있다(김원제, 2006).

　기존 아날로그 방송에서 수용자는 방송사에서 전송하는 프로그램을 일방적으로 수신할 수밖에 없었으며, 방송 사업자 또한 단순히 프로그램 전송 서비스를 제공하는 존재였다. 그러나 디지털TV가 도입되면서 인터랙티브TV와 같은 대화형, 양방향 방송 서비스가 가능하게 되었다. 이러한 양방향 서비스들은 텔레비전 시청양식을 변화시키며 대화형 양방향 서비스가 아니면 방송의 생명력과 경쟁력을 뒤떨어지게 할 것으로 예상토록 한다. 텔레비전의 디지털화는 또한 양방향 기능을 강화하는데 이러한 예가 IPTV로 TV와 PC의 기능이 결합된 복합형 프로그램 서비스이다. 현 단계에서의 디지털 전환이 일차적으로 화질과 음향의 개선을 특징으로 하지만 앞으로 다양한 디지털 콘텐츠와 부가 서비스 개발이 완료되면 전혀 새로운 개념의 TV 시청이 가능하게 될 것이다. 인터넷 기능이 TV 화면에 구현됨은 물론이고 인터넷 검색은 물론 인터넷 홈쇼핑과 뱅킹 등을 TV프로그램을 시청함과 동시에 할 수 있는 것이다.

또한 방송의 고기능화로 다중방송, 데이터 서비스, 예컨대 독립형 서비스, 연동형 서비스, T-Commerce 등이 가능해지고, 양방향 서비스와 VOD 등 대화형 서비스가 가능해진다. 즉, 양방향 데이터 방송을 통해 기존의 아날로그 방송에서는 불가능했던 TV를 이용한 상품구매에서 금융거래, 지능형 교육, 정보검색과 국민투표, 대정부 민원상담에 이르기까지 실로 다양한 서비스가 가능하게 될 것이다. 디지털 방송신호를 이용한 지상파DMB와 위성DMB 등 이동수신 방송은 이러한 변화의 모습을 잘 보여 주고 있다(소프트웨어진흥원, 2006).

<그림 33> 미래 영상콘텐츠와 서비스의 변화

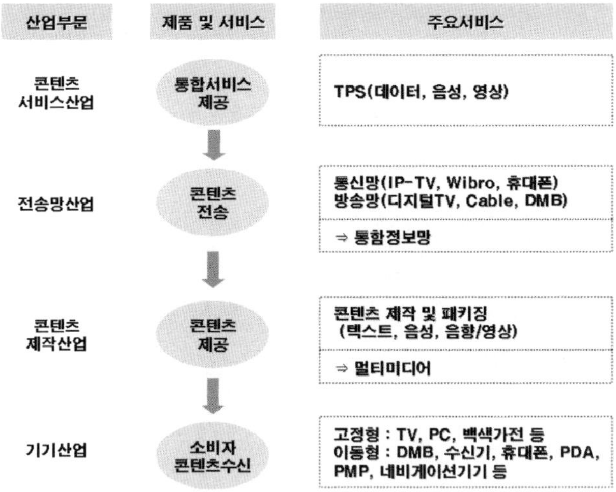

자료: 소프트웨어진흥원(2006).

디지털 방송 시대 영상 콘텐츠와 서비스는 소비영역과 소비를 하는 이용자 중심으로 변화한다. 즉, 기존의 일 방향 시스템에서 양방향 시스템으로 변화하면서 이용자들은 자신의 의견과 생각을 펼칠 수 있게 되고, 이는 이용자의 감성적인 측면을 더욱 강조하는 효과를 낳을 것이라는 예상을 하게 한다.

6. 신문의 진화, 디지털 저널리즘

6.1 디지털미디어의 등장과 저널리즘 환경 변화

1) 새로운 저널리즘의 출현

다양한 기능을 하는 디지털미디어는 저널리스트의 업무를 변화시켰다. 뉴스의 수집과 편집, 전송 저장에 이용되는 디지털미디어는 이동성을 더욱 높이고 기존 미디어에 비해 상대적으로 저렴해졌으며, 그 기능 또한 예전과 비교할 수 없을 정도로 다양해졌다. 예를 들어, 취재현장에 있는 기자와 PD는 디지털 캠코더 하나로 각종 설비 및 편의시설이 가득 찬 뉴스 제작실에서 근무하는 것만큼의 능력을 발휘할 수 있게 되었다. 저널리스트는 취재 시 시간 및 비용문제 때문에 이전에는 쉽게 도달할 수 없었던 다양한 뉴스원에 접근할 수 있게 되었고, 사건의 진위 여부를 확인하기 위한 보다 신뢰성 있는 자료를 수집할 수 있게 되었다. 그뿐만 아니라 보도의 정확성과 효율성을 제한하던 마감시간이라는 장벽을 뛰어넘어 보다 심도 있고 정확한 취재활동을 할 수 있게 되었다(김영석, 2002).

이렇게 디지털미디어 환경이 만들어지면서, 저널리즘도 새로운 개념으로 진화하고 있는데, '디지털 저널리즘'은 이러한 변화를 설명하는 개념어가 되고 있다. 디지털 저널리즘은 쉽게 말해 '디지털 환경하에서 이뤄지는 저널리즘 활동'이라고 할 수 있다. 물론 '온라인 저널리즘'과 '사이버 저널리즘'과도 개념적 맥은 같이하고 있다. 하지만 온라인, 사이버 저널리즘은 인터넷에 한정되어 있는 반면, 디지털 저널리즘은 인터넷을 기반으로 함은 물론 그 밖에 기타 디지털 매체를 활용한 저널리즘 활동을 모두 포괄한다.

디지털 시대가 성숙되면서 기존 종이 신문에 위협을 가하는 사회 · 경제적 변화가 눈에 띄게 나타났고, 이것은 수용자들의 욕구와 라이프스타일의 빠른 변화와 맥을 같이하고 있다. 실제로 종이 신문이 일정한 크기의 독자를 확보하는 데 걸린 기간과 인터넷이 같은 수의 사용자를 확보하는 데 걸린 시간은 20배 이상 차이가 났다. 미국의 AT&T 연구소가 발표한 자료에 의하면 종이 신문이 천만 명의 독자를 확보하는 데 걸린 기간은 41년이었고, 인터넷은 2년도 채 안 되는 시간에 같은 수의 사용자를 확보하였다. 그만큼 빠른 속도로 저널리즘의 행태가 변하고 있으며, 수용자의 특성도 달라져 가고 있음을 알 수 있다. 과거 생산자 위주의 전통적 저널리즘은 수용자 중심의 디지털 저널리즘으로 그 중심을 넘겨주고 있다. 디지털 환경에서 수용자는 편집권 행사, 댓글을 이용한 2차 뉴스 생산, 맞춤형 뉴스 생성 및 제공 등의 능동적인 권한을 행사한다. 융합시대를 맞아 이와 같은 수용자의 적극적인 참여는 다양한 형태로 더욱 가속화되고 있다. UCC는 가장 좋은 보기이다.

디지털 환경에서는 내가 필요한 뉴스만, 내가 전하고 싶은 뉴스만 선별해서 취사선택할 수 있다. 또한 동시에 몇 명이든 상관없이 전달할 수 있으며, 국경과 시간을 초월하여 주고받을 수 있다. 이처럼 보다 자유롭고 편리하게 뉴스를 제공하고 받을 수 있는 환경이 디지털 저널리즘 시대의 특성이며 큰 장점이다. 즉, 누구나 쉽게 기사를 수집하고 제공하며, 필요에 따라서는 기사를 작성할 수도 있다는 것이다.

이는 다시 말해 기사를 생산하는 생산자와 소비하는 소비자가 동일하며 동등한 관계를 유지한다는 의미이다.

디지털 시대의 뉴스가 가지는 강력한 매력 중 하나는 단순히 누군가의 이야기를 독자들에게 전달하는 것이 아니라 당사자로부터 직접 이야기를 들을 수 있다는 것이다. 이미지, 사운드, 텍스트가 통합된 멀티미디어의 힘은 미래 온라인 뉴스의 큰 도약이라고 할 수 있다. 어떤 지역 또는 장르 중심으로 여러 부문을 구성하는 특집 기사는 그 경험을 하지 않은 독자들이 보다 완전한 이해를 할 수 있도록 돕는 기재가 되며, 이렇듯 다른 사람들의 경험 '맛보기'를 통해 공동의 이해 및 공감대를 형성한다.

일반적으로 신문기사는 시장에서 판매되는 사과와는 다른 측면이 있다. 세상에 존재하는 전체 사과 중 내가 1개를 소비하면 그 만큼 다른 사람들의 잠재소비가 줄어든다. 따라서 나는 그 소비에 대한 대가를 지불해야 한다. 이런 유형의 재화를 '사적 재화(private goods)'라고 한다.

이와는 달리 나의 소비가 남들의 소비에 영향을 미치지 않는 경우가 있다. 매일 마시는 공기가 대표적이다. 이는 '공공재(public goods)'라고 하며, 대가를 직접 지불하지 않는다. 전통적인 시각에서는 정보나 뉴스를 이러한 유형으로 분류한다. 그런데 만일 어떤 재화에 대한 내 소비행위가 다른 사람의 잠재적 소비를 늘리는 데 기여한다면 그것은 어떤 재화일까? 공공재도 사적 재화도 아닌 제3의 재화라고 할 수 있는데, 디지털 환경에서의 정보와 뉴스가 이런 특성을 갖고 있다. 예컨대 내가 기사를 읽고 내용과 의견을 인터넷에 게시하면 그 기사에 대한 시장 전체의 잠재소비가 늘어날 수 있다. 이용하면 할수록 공유하면 할수록 일종의 협력효과가 발생해 소비가 증대되는 이와 같은 유형을 '협업재화(collaborative goods)'라고 한다. 이는 기존의 전통적 저널리즘 환경에서는 적용되지 않는 재화양식이며, 디지털 저널리즘을 확산시키는 요인이기도 하다. 하지만 저작권이나 불법복제 그리고 유통과 같은 법적인 부분이 조속히 해결되지 않는다면 폐단만 늘어나고 결국 저널리즘의 퇴보만 야기할 수 있다.

2) 디지털 저널리즘의 태동과 발전

세계 최초의 인터넷 신문을 등장시킨 신문은 1992년 '시카고 트리뷴(Chicago Tribune)'지였다. 이후 1992년 말까지 약 150개의 신문이 인터넷을 통해 기사를 제공했으며, 1994년 유럽의 메이저 신문인 '데일리 텔레그래프(Daily Telegraph)', '파이낸셜 타임즈(Financial Times)', '아이리쉬 타임즈(Irish Times)' 등이 온라인 뉴스를 제공하면서 전 세계적으로 확산되기 시작했다. 우리나라에서도 1995년 3월 '중앙일보'가 인터넷을 통해 기사를 제공하면서 디지털 저널리즘이 태동되었다. 이후 조선일보, 동아일보, 한국일보 등의 신문사가 인터넷 사이트를 구축하기 시작했다. 이들 언론사 기반의 온라인 신문은 다음과 같은 3단계 발전과정을 통해 진화하였다.

〈그림 34〉 언론사 기반의 온라인 신문 진화과정

온라인을 중심으로 한 디지털 저널리즘은 단계를 거치며 단순한 정보제공을 넘어 여론을 전파할 목적으로 텍스트, 동영상, 관련 사이트 링크 등의 다양한 형식을 취하며 진화했다. 이처럼 디지털 저널리즘이 전통적 저널리즘을 넘어 새로운 패러다임으로 정착하는 데에는 인터넷 신문의 역할이 컸다. 본격적인 인터넷 신문은 2000년에 와서 등장한다. 금융 전문 온라인 신문 '머니투데이'를 시작으로 '오마이뉴스', '아이뉴스24', '이데일리' 등의 온라인 신문이 시장에 진입했다. 비슷한 시기에 미국에서 상업적 성공을 거둔 'CNET', 'ZDNet' 등과 같은 대형 정보제공 사이트가 직접 진출하거나 국내 자본과 제휴하는 등 뉴스 서비스의 춘추전국시대가 열렸다. 그 밖에도 수많은 인터넷 신문이 창간하고 시장에 진입하려 노력하였으나 초창기 인터넷 신문 외에는 크게 성장한 예는 찾아보기 힘들었다. 특히 이들 오마이뉴스, 머니투데이, 아이뉴스24, 이데일리, 프레시안 등의 인터넷 신문은 종이 신문은 물론 다른 오프라인 매체와도 견줄 수 있을 정도로 크게 성장하며 일정한 영향력을 확보했다. 2004년 12월 여론조사 전문기관인 리서치앤리서치(R&R)에서 전국의 만 20세 이상의 성인남녀 8백 명을 대상으로 실시한 '신뢰하는 언론매체'에 대한 조사결과, 오마이뉴스와 프레시안이 각각 7위와 10위로 여러 오프라인 매체를 제치고 엄연한 언론매체로 자리매김했다. 이 조사에 앞서 2004년 10월 「시사저널」에서 전문가 1천 40명을 대상으로 실시한 언론매체 신뢰도 조사결과, 오마이뉴스가 17.9%, 미디어다음이 4.2%, 프레시안이 2.7%로 10위 안에 들었다. 이들의 조사는 방송과 종이 신문, 인터넷 신문 모두를 대상으로 했다는 점에서 시사하는 바가 크다. 종이 신문은 모든 연령대에서 방송에 밀렸으며, 조선/동아/중앙/한겨레를 제외한 다른 신문들은 인터넷 신문에도 자리를 내주었다. 이처럼 인터넷 신문은 2000년에 등장한 이래 놀라운 속도로 성장하고 있으며, 대안매체로서의 가능성을 보여 주고 있다.

이렇게 디지털 변혁을 대변하는 인터넷 신문이 이처럼 새로운 패러다임으로 자리 잡고 하나의 언론매체로 인식되기까지 우리의 미디어 이용행태 변화와 사회 트렌드의 변화가 크게 작용하였다. 인터넷이 보급된 지 약 10년이 지난 지금 우리의 미디어 소비생활과 패턴은 매우 많이 달라져 있다. 특히 미디어를 이용하는 행태의 큰 변화는 급격한 사회적 변화를 수반하였다. 2006년 8월 정보통신부와 한국인터넷진흥원이 전국의 7천 10개 가구를 대상으로 조사한 '2006년도 상반기 정보화실태조사'에 따르면 과거 10년 동안 인터넷이 가장 큰 영향을 준 분야는 뉴스 등 미디어라고 응답했다. 특히 직장인의 경우 정보습득을 위해 인터넷 신문을 활용하는 비중이 15.7%로 종이 신문의 활용비중 3.8%를 4배 이상 웃도는 것으로 밝혀졌다. 이처럼 인터넷을 활용한 뉴스 서비스는 국내 언론지형을 바꿔 놓았고, 디지털 저널리즘에 대한 사회적 관심을 높였다. 앞으로 디지털 저널리즘은 빠른 진화를 거듭할 것으로 예상되며, 조사결과에서도 향후 10년간 인터넷이 가장 크게 영향을 미칠 분야 역시 뉴스 등 미디어로 나타났다. 융합과 유비쿼터스로 대변되는 가까운 미래사회에서 디지털 저널리즘을 수용하는 계층의 확대와 진화는 더욱 활발해질 것이다.

3) 인터넷 신문의 미디어적 특성과 저널리즘적 특성

디지털 기술이 가지고 있는 정보전달성, 검색성, 혼합성, 정보의 저장과 압축, 통합성 등으로 인해 인터넷 신문은 고능력 다기능의 융합매체라는 특성을 갖는다. 정보전달체로서 인터넷 신문은 즉시성, 멀티페이징, 멀티미디어적 구현, 유연한 플랫폼의 특성을 포함하고, 아카이브, 독자와의 상호작용, 링크 등의 특성을 포함한다.

인터넷 신문은 뉴스를 생산, 공급하는 것과 관련해서 새로운 방법을 개척하였다. 온라인 신문은 인터넷이 갖는 브라우징(Browsing), 메일링(Mailing), 하이퍼링크(Hyper Link), 양방향 커뮤니케이션 등 기술적 장점들을 기반으로 취재와 편집, 정보유통(배달) 등 신문 시스템 전반에 걸쳐 혁신적인 변화를 몰고 왔다.

<그림 35> 인터넷 신문의 유통

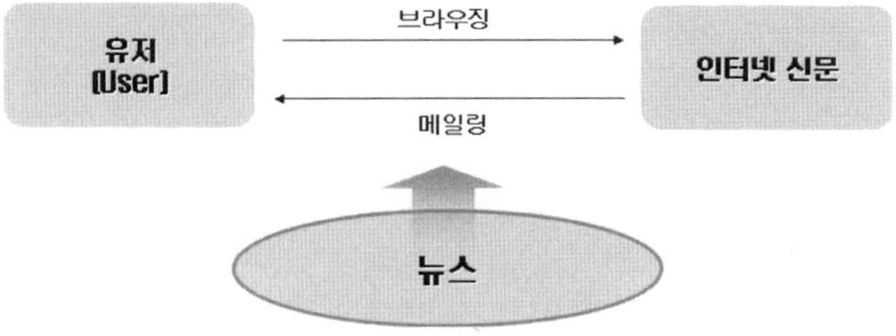

인터넷 신문은 우선 기존 인쇄매체들과는 기사 제공방식 면에서 차별화된다. 형식과 질 양면에서 모두 그러하다. 인터넷 신문 스스로도 오프라인 신문과 차별화의 길을 모색하고 있다. 텍스트 간 링크를 극대화한다거나 양적 제한이 없는 편집은 인터넷이라는 미디어가 가져다준 큰 장점들이다. 인터넷 신문 독자들 역시 이 같은 장점을 통해 새 매체의 가능성을 체험하고 확장된 정보 욕구를 풀어 나간다. 인터넷 신문의 가장 큰 특징은 독자가 직접 참여하는 양방향 미디어의 실현이 가능하다는 점이다. 기사에 대한 의견 달기, 게시판, 취재기사와의 e메일, 토론방, 채팅방, 인스턴트 메신저 등 다양한 채널을 통해 독자들은 미디어에 대한 무한한 참여의 자유를 누릴 수 있다.

<표 10> 인터넷 신문의 기술적 장·단점과 상대적 혜택

구 분	특 성
기술적 장점	· 이용 시 비용부담 없음 · 신속한 보도제공 · 기사검색 가능 · 기사복사 가능 · 외국신문에 접근 편리 · 데이터 아카이브 활용 · 의견교류 및 접촉 편이 · 기사 외 다양한 서비스 제공
기술적 단점	· 인터넷 접속 비용부담 · 신문을 읽는다는 느낌 부재 · 심층보도 미약 · 오프라인 신문의 모든 이슈 포함 여부 불확실 · 내용접근에 시간 소요 · 화면을 통한 독이성의 문제 · 여행 시 이용제한 · 신문을 읽는 데 기본적인 기술과 도구 필요
상대적 혜택	· 멀티미디어화된 콘텐츠 제공 · 쌍방향 교류 가능 · 신속성과 실시간 뉴스 제공 · 여론 형성에 신축적 · 정확성 보완(마감시간 혁파) · 다양한 기사 제공(범위 무한대) · 전문화된 내용 제공 · 친밀매체로 전환 가능

인터넷 신문은 종이 신문과는 다른 특성을 갖는다. 이는 일 방향으로 제공받는 수동적인 수용자에서 양방향으로 주고받는 능동적인 수용자로 진화함에 따른 결과이다. 한편, 인터넷 신문의 저널리즘적인 특성은 4가지 측면에서 변화를 겪고 있다(김원제, 2006).

첫째, 프로슈머(Prosumer)로서의 수용자의 변화 양상이다. 디지털 시대의 수용자는 일반적인 의미에서의 대중(mass)개념을 거부하며, 소비뿐만 아니라 생산을 아우르는 '프로슈머'로 존재한다. 온라인상에서 콘텐츠 생산 및 유통은 전문가들만의 전유물이 아니다. 소비자는 단지 주는 것만을 즐기는 것이 아니다. 디지털 문명 속에서 쌍방향 매체가 발달하고, 값싸고 다루기 쉬운 기자재를 이용한 일반인의 문화참여 기회가 확대됨에 따라 이제 콘텐츠는 누구나 만들고 유통시킬 수 있는 것이 되었다. 콘텐츠 창작자와 콘텐츠 소비자 간의 경계가 소멸되고 있는 것이다.

인터넷 신문은 개방형 신문이다. 인터넷 신문은 새로운 주체, 일명 '시민기자'의 출현을 수반했다. 뉴스 소비자에만 머물렀던 대다수의 시민들을 뉴스 공급자로 끌어올린 것이다. 이는 매스 미디어의 수동적인 '알 권리' 차원을 넘어, 시민들 스스로가 인터넷을 통해 적극적으로 '말할 권리'를 행사하는 새로운 사회적 의사소통 구조의 도래를 의미한다.

둘째, 게이트키핑(Gatekeeping) 주체의 변화이다. 매스 미디어 시대에 게이트키핑은 저널리즘 활동에 핵심적인 과정 중 하나였다. 그러나 온라인 저널리즘 시대, 많은 포털 사이트는 검색엔진이라는 뉴스 선별도구를 제공하고 있다. 뉴스는 단지 데이터베이스에 존재하고 그것을 선택하고 읽는 것은 온라인 공간 속의 이용자이다. 이 경우 언론인의 역할은 기사 작성자로 전락한다. 뉴스매체가 점점 개인의 수요에 맞춘 주문형 매체로 바뀌면서 인터넷 검색장치가 언론인의 역할을 대신하게 되는 것이다.

전통적 언론매체에서는 시공간적으로 폐쇄된 지면이나 방송시간에 의제 공간의 일정비율을 차지하지만, 인터넷 공간에서는 뉴스 이용의 시공간적 확대로 인해 단일 뉴스는 하나의 아이템으로 남게 된다. 정치기사 등 큰 뉴스들만이 뉴스이고, 작은 생활이야기는 뉴스가 아니라는 뉴스밸류의 기준이 바뀌고 있다. 지면의 한계를 제약받지 않는 인터넷 신문은 시민기자들이 자신들의 화법으로 글을 써, '작은 이야기'를 기사화한다.

결국 전통적인 편집개념은 사라지고 뉴스를 제공하는 뉴스에이전트로 남을 것이라는 전망도 나오고 있다. 조직 내부의 치밀한 게이트키핑 과정이 존재하지 않기 때문에 권력이나 자본에 의한 언론사 조직 외적 통제가 뉴스 제작과정에 영향을 미칠 수 있다는 점은 인터넷 신문의 중요한 의의 중 하나이다. 사이버 공간에서 수용자들의 참여가 활발해지고, 이들의 영향력도 커지고 있다. 수용자들은 온라인 기사에 관해 의견을 보낼 수도 있고, 다른 정보원을 검색·비교해 기사의 정확도를 확인하고 오류를 찾아내 피드백(feedback)한다. 결국 인터넷 신문에서는 정보의 무한한 저장성 때문에 뉴스가치를 판단하고 기사의 중요성에 순위를 매겨야 하는 게이트키퍼의 중요성이 줄어들고 이용자가 필요로 하는 정보를 찾아 주는 길잡이(pathfinder)가 될 가능성이 높다.

셋째, 의제설정(agenda-setting)의 다변화이다. 인터넷의 등장은 공공의제 공간을 다양하게 만들어 나가고 있다. 정보공간으로서의 인터넷은 정보의 디지털화로 인해 자료의 수정과 저장, 복제가 용이하며, 네트워크를 통한 정보확산, 검색기술을 이용한 관심주제에 접근하기 쉬운 기술제공, 웹과 같은 하이퍼미디어의 데이터베이스 기능 등을 제공함으로써 매우 역동적인 의제 공간을 형성하고 있다. 급기야 기존 미디어의 의제설정 기능을 위협하기에 이른다. 인터넷이 갖는 상호작용적인 특성에 기반을 두어 역동적인 의제가 설정되고, 또한 동시다발적인 빠른 속도로 이용자들에게 전파되고, 이러한 사안에 대한 논의 및 쟁점화를 용이하게 점화하고 있는 것이다.

인터넷 신문은 의제설정에서부터 성숙, 해결의 전 과정을 망라하여 보도할 수 있는 이점이 있다. 특정 사건에 대해 사건의 발생부터 관련 집단의 시각, 그리고 사건의 종결과 그 이후 당사자들의 심경에 이르기까지 전 과정을 통시적으로 보도할 수 있는 것이다. 이러한 과정은 제2, 제3의 파생 이슈를 유도할 수도 있다. 이로써 기존의 고정된 뉴스 틀이 붕괴하고, 모든 시민이 자기 뉴스의 주인공으로 등장한다.

개인의 경험이나 이웃의 이야기를 기사화하는 것은 밑으로부터의 이슈제기 가능성을 시사한다. 인터넷 신문은 기존 인쇄 신문이 비중 있게 다루지 않는 주제를 다룬다. 기존 인쇄 신문은 정치와 경제관련 기사를 비중 있게 다루고 있어 저명성과 영향성을 뉴스가치로 설정하는 데 반해, 인터넷 신문은 사회문화 관련 기사를 더 많이 보도함으로써 인간적 흥미성과 근접성 등을 뉴스가치로 내세운다. 따라서 인터넷 신문은 정치나 경제 중심의 언론보도 관행을 바꾸고 있으며, 기존 언론에서 소홀히 하거나 배제된 이슈들을 공론화하는 계기를 제공해 주고 있는 것이다.

넷째, 정보원(source)의 변화이다. 현대의 언론모델에서 취재관행의 핵심적 특징 중 하나는 제도화된 공식기관을 뉴스원으로 삼아 뉴스원 조직과 언론조직의 이해가 상호 교환되고 있다는 점이다. 취재망은 국가기구나 정당 등 제도화된 권력기관이나 기업 등을 핵심으로 한다. 우리의 경우 출입처의 기자실은 기자단의 인가를 받은 언론사 기자들만 이용하도록 관행화되어 왔다.

특히 인쇄 신문의 시공간적 제약은 정보원과의 관계를 규정한다. 기자들은 주요 뉴스의 개념을 주요 기관에서 발생한 사안으로 암묵적으로 합의하고, 취재는 주로 그 뉴스들이 나오는 출입기자실에 모여서 한다. 이 과정에서 뉴스의 소재, 형식, 메시지는 일정형식을 따르게 된다.

실제로 오마이뉴스는 기자실의 폐해를 공론화해 출입처 제도를 근본적으로 개혁하는 언론운동으로까지 발전시키는 데 기여했다. 뉴스원으로서의 권력기관과 언론조직 간의 폐쇄적인 관계가 인터넷 시민미디어의 확산에 따라 그 문제점이 이슈화되면서 붕괴되고, 보다 개방적인 관계로 발전할 수 있는 개방적인 제도화로 전환을 하였다. 인터넷 신문의 시민기자는 보도 자료에 의존하는 폐쇄적인 관계를 뛰어넘어 직접 기사를 발굴해 보도하는 개방체제를 정착시켰다.

나아가 인터넷 신문의 출입처는 특정 장소에 국한하지 않고 모든 지역을 대상으로 한다. 모든 곳을 출입처로 삼은 셈이다. 다수의 시민들이 참여하는 인터넷 신문은 취재과정에서 공식적 뉴스원에 대한 의존을 줄이고, 취재망을 사회 전체로 확장할 수 있다는 점에서 공론장의 역할을 새롭게 하였다고 볼 수 있다. 다른 한편으로 인터넷 신문은 기존 언론에 비해 정보원(특히 정부부처 등)에 접근하기 어렵기 때문에 고급 정치정보의 경우 직접 취재보다 기존 언론에서 나오는 보도내용을 기사소스로 활용할 수밖에 없는 한계를 가진다.

온라인 취재에서 기자와 정보원 사이의 공간적 관계는 크게 변화하고 있다. 온라인 취재에서는 출입처의 지리적 분포에 관계없이 주제별로 취재영역을 재편성할 수 있어 심층적이고 입체적인 취재가 가능하다. 또한 지금까지는 중요한 정보원으로 인정받지 못한 다양한 정보원들도 발굴해서 인용할 수 있다.

인터넷 신문에는 마감시간이 없다. 그 사건이 발생한 즉시, 또는 그 사건이 가장 무르익었을 때, 또는 한 사안이 가장 의미 있을 때, 언제든지 즉각 전 세계의 독자들에게 전할 수 있다. 인터넷 신문의 마감시간은 그 사안을 다루는 기자의 기사작성이 완료되는 바로 그 시점인 것이다.

6.2 디지털 저널리즘의 미래

1) 웹 2.0·미디어 2.0 시대 신문의 진화

그동안 온라인 신문들은 뉴스를 읽는 독자들이 직접 찾아오도록 하는 데 많은 노력을 기울여 왔다. 이전의 종이 신문의 가판과 비슷한 모델이었다. 독자들이 사이트를 방문해 뉴스를 읽은 뒤 기사에 붙어 있는 광고를 클릭하여 수익을 올리는 것이 온라인 신문의 기본적 사업모델이자 형태였다.

그러나 이제 수동적인 온라인 신문으로는 한계를 가지지 않을 수 없다. 방문자를 자기 사이트 내에 가둬 두어야 하기 때문에 외부 사이트와의 소통이나 상호 링크 같은 것을 신경 쓰지 않았던 온라인 신문들이 고전을 면치 못하고 있는 것이다. 최근에는 링크가 인터넷의 기본정신으로 더욱 강조되고 있기 때문이다. 예컨대 뉴욕타임즈에서는 각 기사에 대한 퍼마링크(permalink)[13]는 물론이고 오히려 테크놀로지 뉴스 커뮤니티인 'digg', 뉴스 포털 사이트인 'newsvine' 등으로 기사를 보내 공유할 수 있는 시스템을 만들어 뉴욕타임즈의 독자들이 자발적으로 기사를 digg 등으로 보내게 하고 digg 등의 더 많은 독자들이 다시 뉴욕타임즈의 해당기사(딥 링크)로 방문하게 하는 적극적인 방식을 도입했다. 또한 뉴욕타임즈는 2006년부터 '편집국과 대화하기'라는 채널을 운영하며 독자들이 진정으로 궁금해하는 것을 뉴

---

13) 퍼마링크(permalink)는 permanent link의 합성어로 블로그의 기록 안의 특정한 글에 대한 링크이다. 블로그의 첫 페이지에서 글이 넘어갔더라도 퍼마링크는 변하지 않고 고유하게 남아 있기 때문에 링크가 쉽게 죽지 않는다. 그래서 이것은 특정한 블로깅 된 글로 바로 접근할 수 있게 해 준다.

욕타임즈 저널리스트들이 응답함으로써 신문과 독자 간의 거리를 줄이고 있다. 한편 워싱턴포스트의 기사를 보면 더 다양한 접점을 제공하고 있다. Digg, Facebook, Reddit, del.icio.us, Yahoo, Google 등으로 기사를 보내도록 하고 있다.

<그림 36> 뉴욕타임즈의 홈페이지와 뉴욕타임즈 기사에 달린 digg버튼

　　이른바 개방과 공유, 참여와 소통이라는 새로운 미디어 시대를 의미하는 웹 2.0, 미디어 2.0은 신문기업의 재설계를 요구하고 있다. 이 재설계는 조직의 변화뿐만이 아니라 고유하게 쌓아 온 인식과 전통의 해체를 의미한다. 이에 따라 뉴스조직 내에는 독자들과 소통하는 전담 부서도 필요하고, 인터넷과 같은 양방향 미디어에 순발력 있게 대응하는 전문적인 저널리스트의 육성이 시급하게 된다.

　　그런데 현재 대부분의 종이 신문은 웹 2.0의 환경과는 정반대의 시스템을 갖고 있다. 종이는 양방향 소통에 한계가 있으며 콘텐츠를 재창조할 수도 없는 외길의 매체다. 이 매체에 전체 종사자들의 대부분이 전력투구를 하는 한 신문기업의 미래는 있을 수 없다. 따라서 신문과 인터넷 미디어의 경계는 가급적이면 빠른 시간 안에 허무는 것이 중요하다. 이제 브랜드는 종이에 절대로 한정돼 있지 않기 때문이다. 미디어를 주로 소비하는 이용자들은 이미 탈신문화했는데도 신문기자는 여전히 신문을 고집하는 조직 안에 존재한다.

신문은 신문의 특성에 맞는 콘텐츠를 생산할 수 있도록 해야 하고, 신문의 브랜드를 잇는 인터넷 등 양방향 미디어에서는 보다 신속하고 역동적인 콘텐츠를 생산, 소통할 수 있도록 해야 한다(기자협회보, 2007. 1. 3).

한편 최근에는 UCC가 신문, 방송 등 올드미디어의 뜨거운 감자로 떠오르면서 UCC 견인을 위한 신문들의 다양한 시도가 이루어지고 있다. UCC는 콘텐츠를 단순히 소비하던 신문소비층들이 생산하는 주역으로 전환된 디지털미디어 환경에서 나온 용어이다. 이에 따라서 신문사들의 UCC 콘텐츠는 결과물에 주목할 것이 아니라 이용자들의 참여를 유도하는 내부 시스템 확보가 관건이라는 지적이 나오고 있다. UCC는 새로운 콘텐츠가 나오는 서비스라기보다는 이용자와 매체 간의 관계를 증진시키는 과정이기 때문이다. 즉 신문사와 UCC는 이용자 콘텐츠라기보다는 다양한 소통과정을 통해 미디어와 독자와의 관계를 복원시키는 파트너십의 영역으로 볼 수 있다.

과거의 뉴스 룸은 이용자들과 가까운 관계모델을 갖지 않아도 될 만큼 독점적인 권위를 형성하고 있었다. 그러나 현대의 뉴스 룸은 지식대중으로 성장한 이용자들의 1인 미디어와 다양한 플랫폼의 출현으로 고전하고 있다. 이용자와 신뢰성을 기반으로 한 밀접한 관계를 갖지 못한다면 시장에서 도태되는 상황에 이를 수도 있다.

<〈그림 37〉 이용자 중심의 소비 환경에서 뉴스 룸의 변화 양상>

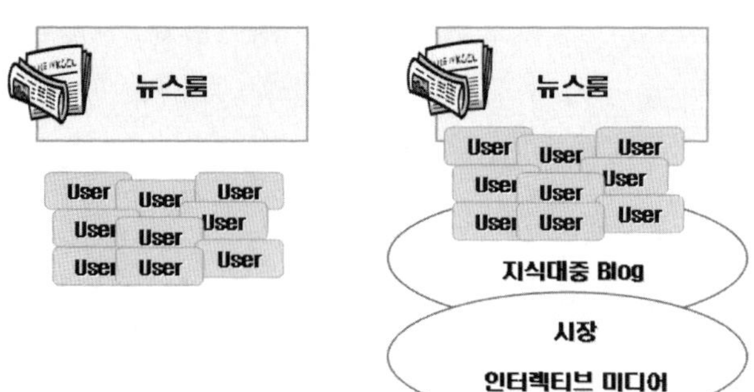

자료: 기자협회보(2007년 1월 24일).

이미 웹 2.0의 미디어 주도권은 수많은 지식대중에 의해 형성된 신질서와 이를 제대로 수렴한 일부 웹 사이트로 넘어간 상황이다. 그런데도 종이 신문만 고집하는 조직과 기자들을 가지고 새로운 혁신을 이야기하는 것은 '혁신 없는 희생, 희생 없는 혁신'을 부르짖는 것처럼 허황된 일이다. 신문만의 고유한 UCC 전략 그리고 멀티미디어 시스템을 갖추는 일이 필요하다. 그것은 개별 신문이 해 낼 수 있는 것을 객관적으로 찾아내는 일부터 시작돼야 한다. 남들이 한다고 UCC를 하고, 경쟁매체가 도입한다고 동영상 취재를 시키는 것은 또 다른 조악함에 지나지 않는다.

2) 미래 디지털 저널리즘의 과제

디지털 저널리즘은 20~30대의 젊은 층을 대상으로 확산되어 왔다. 현재는 바야흐로 기기 간의 컨버전스가 활발히 이루어지는 융합시대이다. 초고속 인터넷과 휴대폰이 결합하고, 인터넷과 TV가 결합하고 수많은 단말기가 합쳐지며 새로운 미디어가 탄생하고 있다. 이와 같은 멀티미디어 서비스는 점차 상용화되고 있으며, 젊은 층은 물론 나아가 전 연령층을 대상으로 서비스를 제공하게 될 것으로 전망한다.

세계 굴지의 신문사들도 이 같은 트렌드를 간파하고 다양한 방법으로 진화를 꾀하고 있다. 실제로 '뉴욕타임즈'의 경우 인터넷으로 TV와 비디오 콘텐츠를 제공하는 것을 새로운 수입원으로 삼고 있으며, 노르웨이의 신문사에서는 세계 최초로 휴대용 플레이스테이션 게임기에 기사를 제공하는 서비스를 실시하였다.

멀티미디어 시대에는 누가 기사를 만들든, 어느 매체에 싣든 신문이 다양한 정치, 사회, 문화적 기호에 맞게 기사를 지속적으로 보여줄 수 있느냐 하는 것이 관건이다. 휴대폰과 다양한 융합형 매체를 통해 홍수처럼 쏟아지는 정보를 제공받을 때, 신문은 정확한 사실과 풍부한 해석을 전해 주는 역할을 담당해야 한다. 즉, 디지털 저널리즘이 아무리 진화한다고 해도 전통적 저널리즘의 근본이 변화되어서는 안 된다. 신문은 미디어 환경이 변하고 트렌드가 바뀌어도 그 영향력은 여전히 지속할 것으로 예상한다. 다만 기존의 방식으로 제작하는 것이 아니라 새롭게 변화된 환경에 맞추어 제작해야 할 것이다. 무료 콘텐츠 문화에 익숙한 젊은 세대들에게 차별화되지 못한 뉴스는 상품의 가치를 인정받지 못할뿐더러 디지털 저널리즘의 퇴보를 야기할 수 있다. 따라서 저널리스트들은 단순한 뉴스 생산자의 역할을 벗어나 뉴스 통합자로 진화해야 한다는 주장은 설득력을 갖는다.

7. 라디오의 진화, 디지털 라디오와 DMB

7.1 차세대 라디오 방송, 디지털 라디오

1) 개념 및 특성

디지털 라디오 DAB는 디지털 오디오 방송(Digital Audio Broadcasting)의 약자로 기존의 AM방송이나 FM방송과 같은 단순한 오디오 서비스를 뛰어넘어 CD 수준의 고품질 음성은 물론, 문자·그래픽·동화상까지 전송이 가능한 오디오 방송을 말한다. 일반적으로는 지역적으로 무료 방송을 실시하는 지상파 방송을 가리키지만, 넓게는 위성과 지상망을 동시에 활용해 멀티미디어 유료 방송을 실시하는 위성 DAB도 포함된다.

현재 사용 중인 라디오 방송은 원래 고정 수신용으로 개발되었으므로 보행 중 또는 차량 운행 중에 수신할 경우에는 음질이 상당히 저하되고 높은 출력과 넓은 주파수 대역을 요구한다. 이에 비해, 차세대 방송용으로 개발된 디지털 오디오 방송(DAB)은 도심지의 전파 환경과 잡음에 강하여 소출력으로 전송하여도 고속으로 주행하는 차량에서 CD 수준의 음질을 수신할 수 있다. 또한, 기존의 '듣는 방송'의 개념을 '보고 듣는 방송'으로 라디오 방송의 개념을 확장시켰으며, 음악 방송 외에도 뉴스, 교통정보, 기상정보, 지리위치정보, 동영상정보 등 다양한 멀티미디어 정보를 문자와 그래픽으로 전송할 수 있다.

DAB는 '유레카(Eureka) 147 DAB'로 명명된 개발 프로젝트에서 탄생하였다. 이 프로젝트는 1986년 스톡홀름 각료회의에서 결성되어 1998년부터 실질적인 활동을 시작하였다. DAB 표준화(ETS)는 EBU와 유럽통신표준국(ETSI)이 협력하여 조직한 기술분과위원회 주관으로 1991년까지 1단계로 기본적인 시스템을 개발하고 1992년에서 1994년까지 2단계로 작업이 추진되어 1994년 1월 초안 ETS 300 401을 만들었으며 1997년 2월 최종안 ETS 300 401이 만들어져 최종 DAB 표준안이 완성되었다.

DAB 시스템은 AM 또는 FM방송과는 전혀 다른 기술들, 즉 디지털 신호 압축 및 채널코딩, 디지털 변조기술들을 이용하여 고품질의 음질을 제공할 수 있으며, 이동체에서의 수신능력을 향상시키고 단순한 음악방송 서비스뿐만 아니라 다양한 데이터 서비스를 제공한다. 기존 아날로그 방송에서는 오디오 서비스와 문자정보를 주로 제공하는 것에 비해, DAB는 향후 영상전송, GPS, 데이터 서비스, 교통정소, 광역호출 등과 같은 고부가가치 서비스를 포함하는 멀티미디어형 제3세대 라디오이다. 따라서 DAB는 기존의 FM 라디오 방송에 디지털 전송방식을 채택하여 CD 수준의 고음질을 청취자에게 제공하고, 잡음과 다중경로 간섭을 완전히 극복할 수 있는 새로운 대안으로 제시된다(송해룡, 2003).

DAB의 전송방식은 디지털TV와 같이 크게 유럽식과 미국식으로 나뉜다. 국내에서 디지털TV가 실시되기 전 수년간의 논쟁 끝에 미국식으로 결정됐듯이 DAB도 마찬가지로 전송방식을 두고 의견이 분분한 실정이다. FM의 경우 크게 미국식인 'IBOC(In-Band On-Channel)'와 유럽식인 'DAB(Eureka-147)'를 놓고 의견이 갈리고 있다. 한편 IBOC은 기존 아날로그 오디오 방송이 사용하는 주파수 대역을 공유하는

In-Band 방식을 사용하고 있으며, Eureka-147 프로젝트는 광대역 전송과 새로운 주파수 대역을 이용하는 특징을 가진 Out-Band 방식을 사용하고 있다.

IBOC는 미국, 캐나다가 디지털FM에 채택한 방식인데, 기존 주파수 대역을 활용해 신속하고 경제적인 디지털 전환을 가능케 하는 특징이 있다. 또한 아날로그와 디지털의 동시 방송이 가능하다. 이 경우 IBOC 방식의 디지털 라디오 수신기가 별도로 필요한데, 신규 단말기 개발에 비용이 들어 수신기 가격이 높게 책정될 가능성이 있다. 반면 국내 지상파DMB의 기술방식과 맥을 같이하는 DAB 방식을 채택할 경우 지상파DMB 단말기를 라디오 수신기로 사용할 수 있게 된다. 또한 IBOC에 비해 문자, 이미지 등 멀티미디어 부가 서비스 구동 환경이 좋은 편이다. 하지만 신규 주파수 대역이 필요하고, 전환비용이 높게 드는 것이 단점으로 작용한다. AM의 경우 미국식인 'IBOC'와 미국·유럽 기업의 연합 컨소시엄이 개발한 'DRM(Digital Radio Mondiale)'을 놓고 고심 중이다.

〈표 11〉 디지털 라디오의 유럽과 미국방식 비교표

	유럽방식	미국방식
프로젝트	Eureka-147 DAB	IBOC, IBAC
주파수 대역	Out-of-Band(New Band) 30Hz~3GHz	IBOC: 기존 AM/FM채널 IBAC: 기존 FM 인접 채널
분배형태	지상계, 위성계	지상계
문제점	새로운 주파수 대역 필요	기존 방송과 상호 간섭
이동체 수신품질	CD 수준으로 우수	음질 좋지 않음

우리나라에서는 2006년 7월 정보통신부가 사업자들의 선호도를 조사한 결과 FM의 경우 IBOC와 DAB에 대해 동일한 지지율을 보였고,

AM의 경우 DRM 지지율이 다소 높게 나타났다. 해외의 경우 유럽과 북미권 나라에서는 이미 디지털 라디오를 서비스하고 있으며, 가까운 일본과 중국도 2007년 완벽한 상용화를 목표로 준비 중이다. 영국은 DRM(AM)과 유레카-147(FM) 방식을 채택했으며, 그 결과 2005년 4분기 청취자 대상 설문결과 디지털 라디오 방송 때문에 라디오 청취 채널 목록이 늘었으며, 이전보다 라디오를 더 오래 듣는다는 응답률이 높게 나타났다. 일본은 자국표준인 ISDB 방식을 중국은 DRM(AM)과 유레카-147(FM) 방식으로 AM은 2007년 상용 서비스를 목표로, FM은 일부 지역에서 DMB를 통해 서비스하고 있다.

<그림 38> 디지털 라디오 세계표준 현황(지상파 및 위성방송 표준)

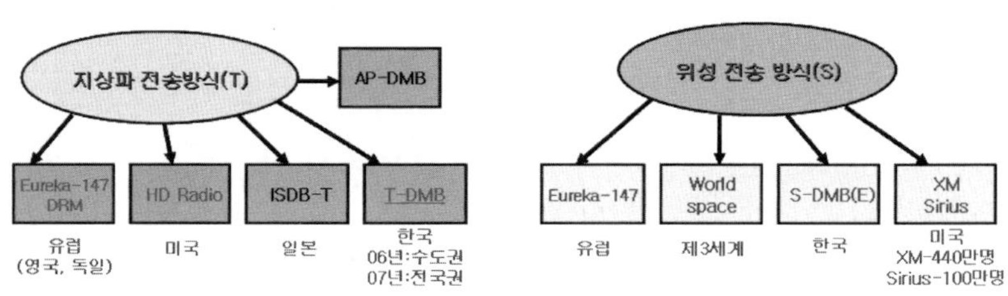

자료: http://www.tbk.co.kr/

이와 같은 세계적인 추세로 볼 때 아직 전송방식조차 논의가 되지 않은 우리나라는 그 논의가 다소 늦은 편이라고 할 수 있다. 하지만 2006년 12월 26일 정보통신부는 아날로그 라디오 방송의 디지털 전환 방안 마련을 위해 '디지털 라디오 추진준비 위원회'를 구성하고 디지털 라디오 방송실시를 위해 보다 적극적으로 나서고 있다. 추진준비 위원회는 산/학/연 전문가 총 18명으로 구성되며, 기술표준분과, 법제도개선분과, 산업 활성화분과 등 3개 분과로 나누어 운영된다. 이 같은 위원회 구성에 따라 기술방식 채택, 단말기 보급, 방송권역, 법제도 개선방안 마련, 전환 일정 등의 구체적인 사안이 빠르게 전개될 것으로 전망된다. 현재 국내의 아날로그FM 라디오 방송은 기존 주파수의 사용이 포화상태에 이르러 신규 사업자 수용이 쉽지 않아 더욱 쇠퇴하는 계기가 되고 있다. 하지만 디지털 라디오 추진으로 인해 신규 사업자 수용이 원활해지고 채널이 확대돼 청취자의 정보 욕구가 다양하게 반영된다면 멀티미디어 시대에 새로운 대안으로 부상할 것이다.

2) 디지털 라디오 비즈니스 유형 및 각국 현황

DAB는 아날로그 방송 시스템과 유사하게 수신료와 광고 수익에 의해서 방송을 운용한다. 맞춤형 서비스를 활용하여 강력한 광고 효과를 발생시킴으로써 광고 수익 증대를 가져온다. 또한 이용자들의 개인적인 필요에 의한 콘텐츠 이용 시 이용료 부과가 가능하다. 유·무선 플랫폼을 경유한 유료 콘텐츠 이용 시 이에 대해 이용료를 부과하는 것이다. PPV서비스나 팩스서비스, 증권정보 서비스 등에 대한 건당 수수료를 부과하는 방식이다. 사업구조는 세 가지 유형을 취한다(DAB 정책연구반 보고서, 2002).

첫째, 기존 주요 방송사와의 협력모델이다. 기존의 주요 방송 사업자를 콘텐츠 제공업자 또는 프로그램 공급 업체로 이용하여 기존의 방송을 휴대용 및 이동형 단말에 재전송하는 모델이다. 둘째, 자체편성 서비스 모델이다. 콘텐츠 제공업자 및 기존 방송 사업자와 프로그램 공급에 관해서 협력관계를 맺고 대체적으로 자체편성을 통해 콘텐츠를 편성하는 모델이다. 대표적인 사업자인 Sirius 60개 음악, 40개 뉴스 및 토크쇼 채널로 편성되어 있다. 셋째, 방송 사업자가 프로그램의 편성 및 마케팅을 독자적으로 운용하는 모델이다. Worldspace가 대표적인 사업자인데, 신규 방송 채널을 독자적으로 편성하여 서비스를 제공하는 국제 상업방송이다. 지역별로 별도의 신규 방송 사업자가 프로그램의 편성 및 마케팅을 비롯한 운영 전반을 담당한다(송해룡, 2003).

유럽과 북미권 나라들에서는 이미 디지털 라디오를 서비스하고 있다. 2005년 조사된 유럽의 DAB망 보급률은 덴마크가 99%로 가장 높고, 이어 벨기에(98%), 영국(85%), 독일(78%) 등의 순이다. 영국은 DRM(AM)과 Eureka-147(FM) 방식을 채택했는데, 2005년 4분기 청취자 대상 설문결과 디지털 라디오 방송 때문에 라디오 청취 채널 목록이 늘었고, 이전보다 라디오를 더 오래 듣는다는 응답이 높게 나온 바 있다. 일본은 자국표준인 ISDB 방식을, 중국은 DRM(AM)과 Eureka-147(FM) 방식으로 AM은 2007년 상용 서비스를 목표로, FM은 일부 지역에서 DMB를 통해 서비스 중이다(디지털타임즈, 2006. 12. 27). 한편 미국에서는 2001년부터 미국 전역을 대상으로 하는 2개의 위성DMB 방송 서비스가 실시되고 있다. XM 라디오는 2001년 5월과 6월에 위성을 발사한 후 2001년 11월부터 오디오 및 문자 서비스를 제공하고 있으며 시리우스(Sirius)는 3개의 위성을 통하여 2001년 말부터 사업을 개시했다.

3) 디지털 라디오의 미래 진화방향

우리나라의 디지털 라디오는 다른 여러 나라들보다 뒤처져 있는 것이 사실이다. 또한 기본적인 기술방식이나 사업자와 정부 간의 의견 조율이 원활히 이루어지고 있지 않은 상황이어서 그 미래는 불투명하기만 하다. 덧붙여 라디오가 제공해야 할 서비스를 인터넷이나 휴대폰 등에서 이미 성공적으로 제공하고 있어 그 경쟁력까지도 위태롭다.

이처럼 포털 사업자나 통신 사업자가 성공할 수 있었던 요인은 디지털 시대에 맞게 수용자의 니즈를 반영하여 서비스를 제공했기 때문이다. 그에 반해 라디오 사업자들은 아직까지도 오디오 아카이브조차 제대로 구축하지 못하고 있고 설사 구축했다고 해도 메타데이터 구축이나 음원 확보가 열악한 실정이다. 더욱이 저작권은 개별 방송사가 직접 해결할 수 있는 문제가 아니다. 우리나라에서는 저작권협회와의 협의를 통해서 해결되는 것이 아니라 개별 음반사와 별도 협의가 필요하고 경우에 따라서는 연주자와 직접 협의를 해야 하는 경우도 있기 때문이다. 영국의 경우에는 'OFCOM'[14]이 나서서 해결했으며, BBC와 같은 대형 방송사와 협력도 병행했다. 우리나라도 늦은 감이 있지만 디지털 라디오 추진위원회가 구성되었으니 기술방식 결정, 주파수 배정, 저작권 문제 해결 등의 난제를 함께 풀어 나가야 하겠다.

미래의 DAB의 진화방향은 불투명지만 그래도 꼭 추진되어야 하는 이유가 있다. 그것은 모든 국민이 무료로 사용할 수 있는 보편적 라디오 서비스가 필요하기 때문이다. 이미 인터넷과 휴대폰으로 디지털 라디오가 할 수 있는 서비스를 성공적으로 해 내고 있음에도 태생 자체가 상업적이라는 이유 때문에 라디오만큼 보편적 서비스를 충실히 이행할 수 없다는 것이 중론이다. 산업적인 측면만 놓고 고려해 볼 때 지금의 라디오는 국가경제와 음악 산업에 기여하는 바가 예전만 못한 것이 확실하지만 단순히 산업논리로만 볼 수 없는 이유이다. 따라서 DAB는 정부의 적극적인 지원과 동참이 이루어질 때 현실로 다가올 수 있으며, 국민 모두가 즐길 수 있는 보편적 멀티 서비스로의 재도약을 이루어 낼 수 있을 것이다.

---

14) 2003년 12월 29일 정식 출범한 영국의 통합 규제기구(Office of Communications).

7.2 디지털 컨버전스의 첨병, DMB

1) DMB의 개념과 콘텐츠 서비스

디지털 멀티미디어 방송(Digital Multimedia Broadcasting)은 음성·영상 등 다양한 멀티미디어 신호를 디지털 방식으로 변조, 고정 또는 휴대용·차량용 수신기에 제공하는 방송 서비스로, '손 안의 TV'라고도 불린다.[15] 즉, 이동통신과 방송이 융합되어 새로운 방식의 방송 서비스가 제공되는 것이다. 휴대폰은 물론 PDA, 내비게이션, 노트북, DMB 전용 단말까지 그 활용도는 점차 확대되고 있는 상황이며, 가입자도 큰 폭으로 성장할 것으로 보인다.

DMB 시스템은 현재의 AM 또는 FM방송과는 전혀 다른 기술들, 즉 디지털 신호 압축 및 채널코딩, 디지털 변조기술들을 이용하여 고품질의 음질을 제공하고 있다. 이동체 공간에서의 수신능력을 향상시키고 TV프로그램뿐만 아니라, 다양한 데이터 서비스를 제공한다. 기존 아날로그 방송에서 오디오 서비스와 문자정보를 주로 제공하는 것에 비해, DMB는 향후 영상전송, GPS, 데이터 서비스, 교통정보, 광역호출 등과 같은 고부가가치 서비스를 포함하는 멀티미디어 서비스가 가능한 융합 라디오이다. 따라서 DMB는 기존의 라디오 방송보다는 TV프로그램을 전송하는 제3의 매체로 떠오르고 있다.

DMB는 단순히 기존 라디오 방송신호의 디지털 변환이라는 측면을 넘어서, 주파수 활용 효율성과 시대적 서비스 욕구, 기술발달의 방향

---

15) 이 DMB 컨셉은 독일의 자동차 부품 업체인 보쉬사가 처음으로 개발하였다. 그러나 영문 명칭은 Digital Multi Broadcasting이었다.

성을 감안하고 최종 수혜자로서 수용자의 편익증진을 감안한 탄력적 인 개념으로 간주되고 있다(고정, 휴대 및 이동수신이 자유로운 보편적인 멀티미디어 서비스).

<그림 39> 미디어 서비스의 진화, DMB

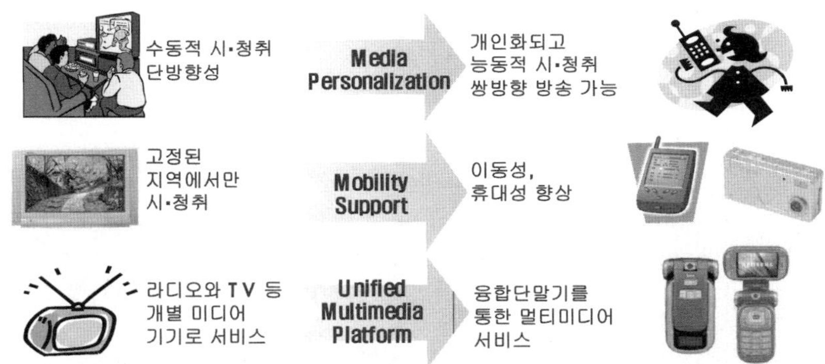

DMB는 방식과 네트워크 구성에 따라 지상파DMB와 위성DMB 두 종류로 나눌 수 있다.

첫째, 위성DMB는 위성DMB용 방송센터에서 프로그램을 위성으로 송출하면 위성은 이를 전파를 통해 전국의 DMB 단말기에 뿌려 주는 형식이다. 지상의 방송센터에서 각종 멀티미디어 콘텐츠를 위성 주파수(Ku band, 12~13GHz)를 통해서 위성으로 쏘아 올리면 위성은 이를 DMB용으로 할당된 S밴드(2.630~2.655GHz)를 통해 지상의 휴대전화 또는 PDA 형태의 단말기에 뿌려 주게 된다. 지하철이나 고층건물 사이처럼 위성으로 방송신호를 직접 받기 힘든 지역, 즉 음영지역에서는 별도의 중계기를 설치해야 하는데 이를 갭필러(Gap Filler)라고 한다. 위성 신호를 직접 받기가 어려울 경우 갭필러까지 Ku밴드의 하향 주파수를 통해 신호가 보내진 뒤 갭필러에서 사용자의 단말기까지 S밴드를 통해 서비스가 제공된다. 현재 위성DMB의 국가표준 규격은 정통부에서 2003년 12월 15일 기술기준으로 고시된 일본방식의 System-E 방식이다. System-E 방식은 우리나라가 세계 최초로 상용화한 CDMA 기술과 비슷한 코드분할다중화(CDM) 방식을 사용한다.

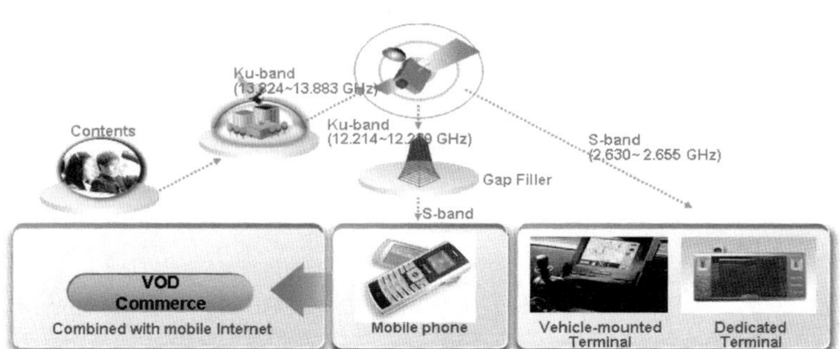

<그림 40> 위성DMB 서비스 모식도

둘째, 지상파DMB는 지상에서 주파수를 이용하여 프로그램을 전송한다. 기존의 방송국을 포함한 서비스 사업자가 관악산 송신소를 통해서 전파를 발산한다. 지상파DMB 또한 음영지역에는 별도의 중계기를 설치해야 한다. DAB 표준인 유레카-147을 기본 규격으로 사용하며 1개의 채널을 나누어서 3개의 블록을 할당하고 블록당 여러 개의 비디오 및 오디오 채널이 생긴다. 주파수는 200MHz 대역을 사용하며 전파는 장거리에 알맞도록 회절[16]특성을 가지고 있다. 현재 지상파 DMB에 할당된 주파수는 VHF12번과 군사용인 VHF8번 채널이다.

VHF 7~11번 채널과 13번 채널은 지상파TV의 디지털 전환에 따라 아날로그TV 방송의 송출이 중단되는 2013년에 비워질 예정이다. 따라

---

16) 파동이 장애물을 돌아서 그 뒤쪽까지 전파되는 현상

서 지상파DMB로 활용할 수 있는 주파수 대역은 늘어나게 된다. 정부
는 수도권 지역부터 지상파DMB 서비스를 추진하고 지방은 기본 사용
주파수를 재조정한 뒤 서비스를 제공할 계획이다. 즉, 지상파DMB의
경우 주파수 여건상 전국 단일 주파수망(SFN: Single Frequence
Network)에 의한 전국방송이 불가능하며, 지역별 특성을 살리는 권역
별방송(MFN: Multi Frequence Network)만이 가능하다. 따라서 당초
의 계획인 2006년 하반기에서 다소 늦춰진 2007년 상반기에서야 전국
에서 지상파DMB 서비스를 제공받을 수 있을 것으로 보인다.

<그림 41> 지상파DMB의 전송 개요도

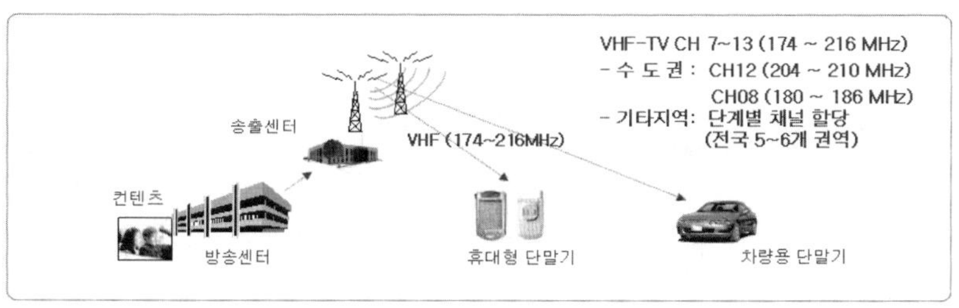

이와 같이 위성DMB와 지상파DMB는 전송방식에 따라 구분할 수 있
다. 지상파DMB가 수도권 지역을 우선하여 관악산 송신소에서 전파를
발사하는 것이라면, 위성DMB는 대기권 밖의 동경 144도에 위치한 '아
래아한별, MBSAT' 위성에서 우리나라로 전파를 발사하는 것이라 할
수 있다. 그 밖에 위성DMB와 지상파DMB의 차이점은 다음과 같다.

〈표 12〉 위성DMB와 지상파DMB의 차이점

구 분	위성DMB	지상파DMB
도입 시기	2005. 03 시험방송, 05 본방송	2005.01 시험방송, 12 본방송
방송권역	전국 동시 방송	수도권(지방은 2007년 상반)
단말기	전용, 차량, 휴대전화	전용, 차량, 휴대전화
사업자	TU미디어	KBS, MBC, SBS, YTN, U1, KDMB
채널 수	TV 11개, Radio 26개	TV 7개, Radio 13개, Data 8개
기술 규격	System-E(CDMA 방식)	Eureka-147(유럽DAB 표준)
네트워크 형태	위성망＋보조지상망(갭필러)	지상망＋보조지상망(갭필러)
주파수	상향: 13.824～13.883GHz(Ku밴드) 하향: 2,630～2,655(25MHz) 12.2 1～12.23GHz(Ku밴드)	174～216MHz(42MHz, TV채널 7～13) 중 수도권 가용 주파수 TV채널 8,12(12MHz)
제공가능 채널 수	오디오 24, 영상 14(총38개)	VHF 2개(12MHz)에 6개의 블록 할당이 가능하고, 블록당 비디오 2채널, 오디오 3채널, 비디오 1채널, 데이터 1채널 수용 가능
이동수신	가능(무지향성 안테나 사용)	가능(무지향성 안테나 사용)
지상파TV 재전송	불가능	가능

한편, DMB에서 방송을 하고 있거나, 방송을 계획하고 있는 콘텐츠 유형은 첫째, 기존 방송용 콘텐츠를 그대로 전송하는 유형(음악, 음성, 동영상, e-book, 게임 등), 둘째, 기존 콘텐츠를 모바일 매체의 속성에 맞게 재가공하는 유형, 셋째, 모바일 매체를 대상으로 새롭게 콘텐츠를 창작·제작하는 유형으로 구분할 수 있으며, 방송 콘텐츠와 데이터 방송(방송연동형, 독립형)으로 구분된 DMB 콘텐츠의 세부적 특성들을 정리해 보면 다음과 같다.

〈표 13〉 DMB 콘텐츠의 특성

구 분		기존 방송	DMB	비 고
방송 콘텐츠		·1시간 이상 분량의 콘텐츠 주류 ·뉴스, 스포츠, 드라마, 쇼, 영화 등 다양한 성격의 콘텐츠 ·화면 대형화, 고화질화에 맞는 고품질 콘텐츠	·10~20분 단위 짧은 방송 콘텐츠 인기 예상 ·이동 환경이 고려된 정보, 엔터테인먼트 콘텐츠 필요 ·소화면(2~7인치), 저화질을 고려한 콘텐츠	방송 콘텐츠의 패러다임 변화
데이터 서비스	방송 연동형	·지상파TV 시험 서비스 ·지상파/케이블의 호환성 부족 등 활성화 장애요인	·휴대 시청 특성 고려한 다양한 서비스 가능 ·일방적TV, 라디오 시청 중 추가정보의 일 방향 제공 ·미들웨어 도입, 활용 시 서비스 다양화 전망	방송과 통신의 융합 본격화
	독립형	·스카이라이프의 독립형 서비스가 있지만 활성화 미흡 (응답속도 등 문제) ·최근 일부 케이블TV 서비스 개시 ·인터넷 결합방식의 다양한 유료 서비스 등장 전망	·세미 인터랙티브 서비스 ·뉴스, 날씨 등 공익적 정보제공 용이 ·리턴채널 확보로 일부 무선 데이터 서비스 대체 가능 ·LBS기반 교통정보 등 고부가 서비스 개발 시 유료화 가능 전망	다양한 수익 모델 제시 가능

2) DMB 서비스 현황과 미래 전망

DMB는 비디오, 오디오, 데이터를 통합하는 멀티미디어 서비스로서 국내에서 세계 최초 개발, 도입되었고 약 1년여 만에 가입자 300만을 넘기며 시장 가능성을 보이고 있다. 특히, 지상파DMB는 국내 서비스가 유일하며, 해외에서는 유럽과 동남아시아를 중심으로 디지털 라디오 서비스 개념의 DAB(Digital Audio Broadcasting)를 도입하여 상용화 중에 있다. 우리나라는 2005년 5월 위성DMB와 12월 지상파DMB가 상용 서비스되면서 2006년 10월 기준으로 이용자가 300만을 넘어

선 것으로 집계되었다.[17] 이는 본방송을 시작한 지 위성DMB의 경우 1년 6개월, 지상파DMB의 경우 11개월 만의 성적으로서 그간 수익 모델 부재와 성장침체를 해결할 수 있는 실마리가 될 것으로 보인다.

지상파DMB의 발전 가능성 요인은 다음과 같다. 첫째, 2007년 상반기부터 지역 지상파DMB 시청이 가능하게 되었다. 그간 계속 미루어져 왔던 지역 지상파DMB 서비스는 사업자 선정방식 및 세부 기준이 정해지고, 각 지역의 혼선을 없애기 위한 채널 변경공사가 마무리되어 제한적이지만 대부분의 지역에서 지상파DMB를 시청할 수 있게 되었다. 둘째, 단말기 보급대수가 200만 대를 넘어서면서 주 수익원인 광고 할인율의 변동 혜택을 받을 수 있게 되었다.[18] 셋째, 2006년 12월부터 시작되는 부가 서비스 양방향 데이터 방송을 위한 가입자 기반도 더불어 확보하게 되었다. 이 같은 양방향 서비스 중 포털 서비스는 방송 시청 중에 방송과 관련된 부가정보와 콘텐츠를 유·무선을 통해 쉽게 이용할 수 있는 통합 시스템으로 이용자의 편리를 한층 높여줄 것으로 전망된다.[19]

위성DMB는 지상파DMB보다 약 6개월 정도 먼저 서비스가 되었음에도 불구하고 가입자나 수익 모델에서 모두 추월당한 상황이다. 이

---

17) 2006년 11월 14일 정보통신부와 한국전파진흥협회가 공동 조사한 자료에 따르면 2006년 10월 말 기준 지상파DMB 단말기 221만 2000대(보급대수 기준), 위성DMB 84만 3000명(유료 가입자 기준) 등 DMB 전체 이용자는 305만 5000명인 것으로 나타났다.

18) 한국방송 광고공사가 적용하는 지상파DMB의 광고 할인율은 200만 대까지 70%지만 200만 대를 넘어서면 50%로 변동된다.

19) 2006년 10월 넷앤티비(DMB솔루션 전문 업체)와 어니언텍이 공동 구성한 'ONTV 컨소시엄'이 선정되면서 진행이 가속화되었다. KFT는 KBS, MBC, SBS 등의 지상파DMB 6개 사의 통합 양방향 포털 서비스를 2006년 내에 시범 서비스하고 2007년에 세계 최초로 상용화할 계획에 있다.

와 같은 상황으로 인해 2008년 정도에나 손익분기점에 이를 전망이다. 이처럼 위성DMB의 성장이 더딘 원인으로는 지상파 방송 재전송 문제 및 정부정책의 부재 등을 들 수 있다. 실제로 지상파DMB는 전파 사용료를 면제받고 있으나, 위성DMB는 연간 40억 원 가량의 전파 사용료를 납부하고 있다. 또한 위성DMB는 채널 경쟁력 강화를 위한 지속적인 콘텐츠 투자에 2006년까지 약 400억 원을 지출하고 서비스 품질 향상을 위한 인프라 구축에 약 2천 600억 원을 투자하는 등 대규모 투자의 조기집행으로 추가 자금 조달이 절실한 상황이다. 이에 2006년 10월 위성DMB는 그간 지상파 재전송을 위해 비워 왔던 채널을 운영하고 차별화된 콘텐츠를 바탕으로 서비스를 제공함과 동시에 가격도 인하하는 고육지책을 택했다. 그 결과 2006년 12월 기준 가입자 백만 명을 넘어섰다. DMB 시청자 3백50만 중 35%가량이 위성DMB에 가입한 것이고, 2007년까지 2백만 명을 확보하여 2008년부터는 안정적인 수익 모델을 창출할 것으로 보인다.

한편, 각국의 멀티미디어 방송 추진과정을 살펴보면 다음과 같다.

영국에서는 1995년 9월 BBC가 최초 DAB 서비스를 실시하였으며, 2개의 전국 멀티플렉스 DAB 사업자가 서비스 중이다. 전체 인구의 65%를 커버리지로 오디오 외에 뉴스, 스포츠, 날씨 등의 데이터 서비스도 제공하고 있다.

프랑스는 1997년 1월부터 TDF와 타워 캐스트(Tower Cast)가 파리 및 기타 지역을 대상으로 서비스를 실시하였으며, 이외에도 다수의 로컬 DAB 사업자가 서비스를 제공하고 있다.

독일은 1999년 4월부터 상용 서비스를 실시하여 약 150여 개의 디지털 라디오 방송이 전국의 78%를 대상으로 제공되고 있으며, 스웨덴은 1995년 9월부터 스웨디쉬 라디오(Swedish Radio)와 테라콤

(Teracom)사가 서비스를 제공하고 있다. 스웨디쉬 라디오는 24시간 음악채널, SR국제 서비스를 제공하고 있고, 테라콤은 네트워크 인구 85%(약 6백만)를 커버하며 폭넓은 서비스를 제공 중이다.

이웃 중국은 1995년 DAB 시험방송을 시작으로 1996년 12월에 광동성에 첫 번째 Eureka-147 SFN 방송국을 개국하여 오디오뿐 아니라 비디오와 영상 콘텐츠를 제공하고 있다. 이어 2000년 5월 두 번째 SFN이 베이징에 개국하여 오디오를 중심으로 서비스를 제공 중이며, 싱가포르는 1999년 11월에 정규 디지털 라디오 서비스를 시작하였고, 2003년 2월 세계 최초로 전국에 걸쳐 새로운 개념의 DAB 서비스를 제공하고 있다. 이 새로운 개념의 DAB 서비스는 스마트 라디오(Smart Radio)라는 이름으로 7개 채널에서 오디오는 물론 노래정보와 날씨, 교통 등의 다양한 데이터 서비스를 제공한다.

일본의 경우 한국과 가장 비슷한 수준의 DMB 서비스를 제공하고 있으며, 향후 세계시장 진출에 있어서도 가장 강력한 경쟁상대가 될 것으로 전망된다. 일본은 2003년 10월부터 기존 아날로그 라디오 방송의 디지털 전환이라는 개념으로 DAB 서비스를 시작했으며, 2004년 1월 위성발사를 통해 위성DMB 방송의 발판을 마련하였다. 이어 2004년 10월 세계 최초로 위성DMB 서비스인 '모바 HO'의 상용 서비스를 실시함. 모바 HO는 동영상 7개 채널을 포함한 총 40개 채널을 제공하며, 가입자의 선택에 따라 각기 다른 요금이 적용되고 있다. 모바 HO를 제공하는 MBCo.는 2007년까지 가입자 150만 명을 확보할 것으로 예상하고 있다.

8. 융합 미디어, IPTV와 와이브로

8.1 방송과 IP기반 서비스의 융합, IPTV

1) IPTV의 개념 및 특성

인터넷 프로토콜 텔레비전(Internet Protocol Television)의 약자인 IPTV는 초고속 광대역 네트워크를 이용해 디지털 영상 서비스, 양방향 데이터 서비스 및 다양한 개인 맞춤형 서비스를 TV를 통해 제공하는 방송과 통신 간 융합 서비스로 정의된다. 즉, 방송 및 인터넷 서비스는 물론 주문형 비디오(VOD), 전자 프로그램(EPG), T-커머스, 방송 프로그램 연동형 데이터 서비스와 같은 새로운 양방향 콘텐츠를 제공하는 등 통신과 방송 서비스를 모두 이용할 수 있는 서비스 개념이다.

IPTV는 기존 TV의 일방적이고 수동적인 서비스에서 발전하여 이용자가 실제 TV를 보면서 행동을 취하는 능동 서비스로서 고객 참여형이며, PC 기반이었던 특정 대상의 즐거움에 대한 체험을 TV와 접목하여 전 연령층의 국민대상으로 넓힌 체험 확장형이다. 또한 기존 TV 방송 같은 채널 선택은 물론 비디오 대여점에 가지 않고도 리모컨으로 간단히 최신영화를 신청해 보는 주문형 서비스가 가능하다. 즉, 자신이 편리한 시간에 보고 싶은 프로그램만 볼 수 있어 TV 방송의 주도권이 방송사나 중계업자에서 시청자에게 넘어갈 수 있다.

그 밖에도 인터넷과 TV를 합쳐서 편리한 기능을 다양하게 제공한다. 예컨대 TV로 물건을 사는 TV전자상거래, TV민원서류를 신청해 발부받는 TV정부, TV를 이용한 원격교육인 TV교육, TV를 통해 은행 및 증권 업무를 할 수 있는 TV뱅킹, 트레이딩이 구현된다. 또한 축구경기의 경우 여러 카메라 취재장면을 동시에 다채널로 모두 제공할 수 있는 멀티앵글과 같은 신규 응용서비스 제공이 가능하기 때문에 이용자가 희망할 경우 골키퍼 뒤의 카메라를 선택, 골이 들어가는 장면만을 볼 수도 있다.

<그림 42> IPTV 서비스 개요

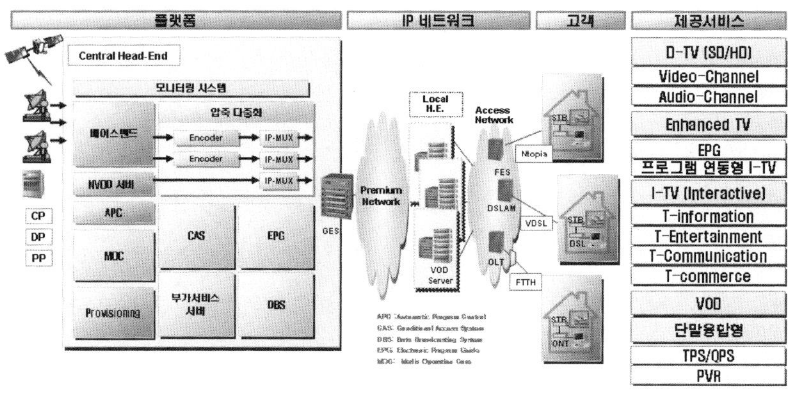

IPTV는 통신 사업자 입장에서는 기존의 통신 서비스 기반 위에 비디오 서비스를 제공하는 개념으로 이해되고, 방송 사업자 입장에서는 기존의 방송 콘텐츠를 통신 서비스를 통해 제고하는 개념으로 해석된다. 즉, 다른 영역의 사업자들이 하나로 융합되면서 이와 관련한 개념적 이해가 다르게 나타나게 된다. 그럼에도 이들의 공통적인 대안은 TPS 즉, 트리플 플레이 서비스의 실현에 있다. 초고속 인터넷, 방송 콘텐츠, 전화를 하나로 묶어서 상품으로 제공하는 TPS는 통신 사업자는 물론 방송 사업자들도 적극적으로 나서고 있다. 케이블TV 사업

자의 경우 2006년 말에 이미 출시 가능한 TPS 서비스를 마련하고 2007년부터 본격적으로 제공할 계획에 있으며, 지배적 통신 사업자 KT의 경우 결합상품이 정식으로 허용되는 2007년 하반기부터 제공할 계획에 있어 정면대결이 불가피해진 상황이다.

<표 14> 케이블TV와 IPTV의 비교

구 분	케이블TV	IPTV
사업주체	종합유선방송 사업자(SO)	기간통신 사업자(KT 등)
서비스 지역	지역 단위	전국 단위
채널 수	TV 50개, 라디오 20개 데이터 채널 15개	TV 60~100개
서비스 형태	디지털 양방향 서비스 가능	디지털 양방향 서비스 가능
부가 서비스	VOD 서비스 EPG[20] 서비스 예약 및 SMS 서비스 TV 쇼핑 홈뱅킹 서비스	VOD 서비스 EPG 서비스 VoIP, SMS, 메신저 서비스 TV 쇼핑 홈뱅킹 서비스 게임/웹 검색 서비스

자료: 권수갑(2006).

2007년부터 본격적인 상용 서비스에 들어가는 IPTV는 하루가 다르게 진화하고 있으며, 최근에는 기술적으로 셋톱박스 안에 인터넷 모뎀의 기능을 결합하여 지능형 통합 STB[21]화하는 추세가 보편화되면

---

20) EPG(Electronic Program Guide)는 전자 프로그램 가이드의 약자로 인터넷을 이용한 실시간 방송 프로그램을 조회하고 예약할 수 있는 기능.

21) STB(Set up Box)의 종류는 다음의 세 가지로 분류된다. 첫째, 방송매체에 따른 분류. 케이블TV용, 지상파용, 위성방송용 및 IP용 등. 둘째, 사업자 성격에 따른 분류. Closed Market, Open Market, Semi-closed Market 등. 셋째, 수신제한 기능 유무에 따른 분류. FTA(Free-to-Air), CAS(Conditional Access System), CI(Common Interface) 등.

서 홈 네트워크라는 차세대 가정 내 네트워크 서비스를 제공하기 위한 전략적 단말기로서 그 위치가 커져 가고 있다.

2) IPTV 기술 및 표준화

IPTV 기술은 크게 헤드엔드, 네트워크, 단말 기술로 나뉜다. 헤드엔드 기술은 시스템 관련 기술로 방송 콘텐츠를 수신하고 분배하는 베이스밴드, 수신된 영상신호를 망의 효율에 맞게 압축하고 데이터 신호와 다중화한 후 암호화(스크램블) 및 IP패킷화시켜 전송하는 압축 다중화 시스템, 실시간 채널에 대한 암호화 및 VOD 콘텐츠의 사전 암호화를 수행하여 시청 권한을 제어하고 콘텐츠를 보호하는 수신제어 시스템, 각 시스템들과 유기적인 결합을 통해 정보 흐름을 통합관리하는 미디어 종합관리 시스템, 영상신호의 송출 및 각종 양방향 부가 서비스 구현을 위한 데이터 방송 시스템, VOD 서비스를 위한 VOD 시스템, 정산 및 고객관리를 위한 프로비저닝 시스템 기술 등으로 세분된다(장길수, 2006).

헤드엔드 기술은 데이터를 수집하고 분배하는 과정에서 처리해야 하는 기술이다. 방송 콘텐츠는 다양한 채널을 통해 전송받을 수 있는데, 최근 일부 사업자는 위성방송신호를 통한 콘텐츠 수집방식을 이용하고 있다. 이러한 경우 위성방송신호를 수신하고 처리하는 위성방송 수신처리기술이 필요하다. 세부기술로는 고주파 복조기술, 베이스밴드 처리기술, 복호화 기술 등이 있다. 일반적으로 영상 데이터는 용량이 크기 때문에 적절한 채널전송을 위해서는 압축방식이 필수적으로 요구된다. 또한 네트워크에 적절하게 전송되도록 IP를 패킷화하는 다중화 기술도 요구된다.

　IPTV 서비스 제공을 위한 네트워크 기술은 크게 백본망과 가입자 망 두 가지로 구성되며, 가입자망의 네트워크 기술은 다시 두 가지로 구분되는 대역폭에 관련된 물리적 계층을 다루는 기술과 네트워크 관리 및 멀티캐스팅에 대한 IP계층의 제어기술이 주요기술로 구분된다.

　IPTV의 응용 단말기는 크게 디지털TV와 IPTV, 셋톱박스로 나눌 수 있다. 디지털TV에는 IPTV가 구현되기 위한 특별한 기능이 추가되지 않았기에, 셋톱박스는 디지털TV에서 IPTV가 구현되도록 네트워크 프로토콜 처리, 디지털 신호 처리 등의 기능을 수행하는 인터페이스의 역할을 수행한다. 셋톱박스의 기능 및 특징은 다음과 같다.

- 네트워크를 통해 전송받은 압축된 형태의 오디오/비디오 스트리밍 수신
- 수신된 데이터의 Decapsulation(데이터 도착과정)
- 수신된 데이터 압축해제
- 오디오/비디오 데이터의 동기화 및 최종 출력

　IPTV의 표준화 논의가 최근 중요한 쟁점이 되었다. IPTV를 통해 서비스를 즐기려면 송신부에서는 애플리케이션, 일종의 소프트웨어 규격에 맞게 제작하고 수신부(셋톱박스)에서는 이를 해석해 화면에 구현해 주는 애플리케이션을 제공해야 한다. 이 동작 환경에는 셋톱박스에 장착된 미들웨어(Middleware)가 담당한다. 애플리케이션-미들웨어-셋톱박스(향후에는 셋톱박스 일체형 TV까지)-실제 서비스 등이 맞물려 제대로 구현되게 하려면 같은 언어로 개발돼야 하므로 표준이 필요하다. 우리나라의 경우 지상파TV가 ACAP(Advanced Common Application Platform)를 따르고 있으므로, IPTV도 지상파를 그대로 전송하기 위해 미국식(ATSC) 디지털 방송에서 사용되는 데이터 방송 표준규격인 ACAP을 따르고 있다. 그러나 2006년 11월

IPTV 국제표준화 회의에서 유럽방식이 단일 규격으로 상정돼 국제
표준화될 가능성이 유력한 것으로 알려져 있다. 최종 결정은 이루어
지지 않았지만, 이에 따라 미국표준을 따랐던 우리나라는 세계 최고
수준의 IPTV 구현기술을 갖고도 관련 셋톱박스와 장비 개발에서 유
럽 기업보다 불리한 상황에 직면할 수 있다.

3) IPTV의 서비스 특성과 미래 전망

IPTV는 기존의 케이블TV와 위성방송과 비교했을 때 서비스 품질
과 사업구역, 그리고 양방향성의 품질 등에서 비교 우위를 지닌다.
1995년에 시작된 우리의 케이블TV는 현재 아날로그로 제공되고 있지
만, 최근 디지털화를 추진하고 있다. 케이블TV 사업구역은 지역행정
구역에서 소규모 단위로 이루어지고 있다. 네트워크 특성상 동일한
네트워크를 통해 하향(downstream)의 프로그램 방송뿐만 아니라 상
향(upstream)의 소비자 정보의 피드백이나 송신이 가능하다. 반면 우
리의 위성방송은 디지털 포맷으로 시작하였고 기술 특성상 전국을 단
위로 한 방송 사업을 전개하고 있다. 그러나 네트워크 특성상 프로그
램과 정보의 하향만 가능하고, 소비자 정보는 기존의 공중전화망
(PSTN: public switched telephone network)[22] 등 통신망과의 연계
를 통해서만 피드백이나 송신을 할 수 있다.

그런데 IPTV의 경우 서비스 품질과 사업구역 면에서는 위성방송의
장점을 취하고 양방향성에 있어서는 케이블TV의 이점을 취하는 등
양 매체의 장점을 두루 갖춘 셈이다. 다지 말해 서비스 품질 면에서

---

22) 공공 통신 사업자가 운영하는 공중전화 교환망을 통칭하는 개념이다.

는 디지털 서비스를 제공하고, 사업적인 면에서는 전국을 단역 권역으로 서비스할 수 있으며, 양방향성의 정도에서도 초고속망 및 BcN(Broadband Convergence Network: 광대역통합망)을 기반으로 가장 완벽한 양방향성이 가능한 것이다. 여기에 덧붙여서 통신 서비스와 연계된 통합형 서비스로 제공되기 때문에 서비스의 완성도에 대한 기대감이 높아지고 있다.

<그림 43> IPTV 서비스 장점

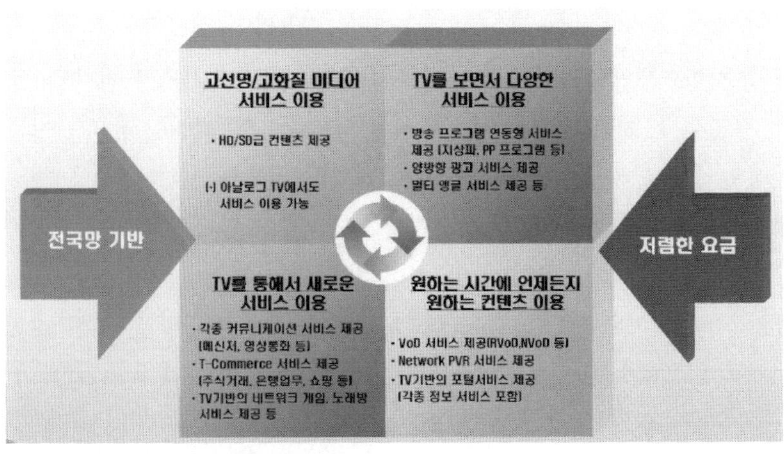

자료: 한국홈네트워크산업협회(2006).

IPTV는 향후 광대역 통신망인 BcN을 통한 서비스의 핵심적 역할을 수행할 것으로 전망된다. 이렇게 될 경우 가정 내의 홈 네트워크와 연결되어 현재 존재하거나, 기획되고 있는 거의 모든 통신 방송 서비스가 통합되어 다양한 단말기에 제공되어 유비쿼터스 환경이 가능할 것으로 전망된다. 적어도 BcN망이 도달하게 되는 모든 장소에서 기존의 TV 수상기나 노트북, 휴대용 단말기는 물론이고, 도처에 구비된 단말기를 통해서 이미 편성되어 있는 시간 순서대로 제공되는 콘텐츠를 비롯하여 영화, 음악, 뉴스, 게임 등의 완성된 콘텐츠와 전자상거래, 전화, 데이터 서비스 그리고 화상회의 등도 가능한 환경이 이루어질 것으로 전망된다(김동율, 2006).

국내뿐만 아니라 전 세계적으로 가입자망의 광대역화가 경쟁적으로 추진되고 있으며, 이에 따른 고품질 IPTV 서비스로 날로 활성화되고 있는 추세이다. 해외에서는 2009년까지 3,500만 명 이상이, 국내에서는 250만 명 전후의 가입자가 형성될 것으로 전망되고 있다. 이에 통신 사업자와 기존 유료TV 사업자 및 VOD 서비스를 제공하는 포털 간의 경쟁이 가속화될 것으로 예상된다. 2007년 상반기까지 IPTV 시장은 기본적인 서비스를 제공하는 1단계 국면에 위치하고 있으며, 부가 서비스와 양방향 서비스들이 제공되는 2단계 국면의 통합과 양방향성이 급격하게 개선되는 3단계 국면으로 발전해 나갈 것으로 전망된다. 따라서 현재의 가입자 유치를 위한 좋은 VOD 콘텐츠 제공은 사업자들에게 단지 기회비용일 뿐이며 이후 본격적인 경쟁에서 핵심요소는 바로 서비스가 될 것이다. 차별화 요소는 양방향성, 통합 그리고 개인화, 부가 서비스 등에서 찾을 수 있다.

8.2 차세대 휴대인터넷 시대를 열어가는 WiBro

1) WiBro의 개념 및 기술적 특성

WiBro(Wireless Broadband Internet)는 휴대형 단말기를 이용하여 정지 및 이동 중에 언제 어디서나 고속의 전송속도(1Mbps급)로 인터넷에 접속하여 다양한 정보 및 콘텐츠 사용이 가능한 초고속 인터넷 서비스를 의미한다. 외국에서는 모바일 와이맥스(Mobile Wimax)로 불리기도 한다. WiBro는 기존의 무선 랜(Wi-fi)과는 달리 시속 100Km 이상으로 달리는 차 안에서도 빠르고 끊이지 않는 인터넷을 즐길 수 있다. WiBro의 정식 명칭은 '2.3기가 무선 초고속 휴대용 인터넷'으로 2.3GHz 주파수 대역을 이용하여 셀 반경 1Km 안에서 안정된 초고속 인터넷 서비스를 제공받을 수 있는 것이 특징이다. 즉, 실내의 유선 초고속 인터넷을 실외에서 이동 중에 무선으로 사용하는 확장의 개념이다.

<그림 44> WiBro의 특징

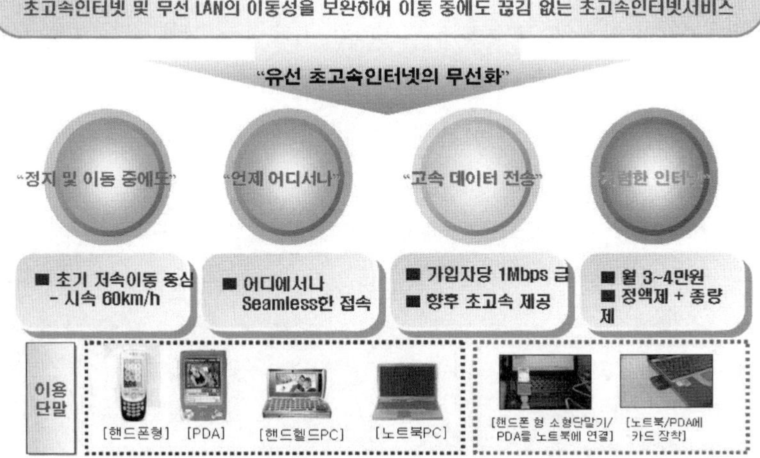

WiBro로의 네트워크를 구성하는 주요 기기는 단말기, 기지국, 제어국, HA, AAA서버로 단말기는 가입자가 휴대인터넷 서비스를 제공받기 위해 사용하는 기기를 일컬으며, 기지국(RadioAccess Station)은 유

선 네트워크 종단에서 무선 인터페이스를 통해 단말과 송수신을 하는 구성요소이다. 제어국(Access Control Router)은 단말과 기지국을 제어하고 IP패킷을 라우팅하는 구성요소이다. HA(Home Agent)는 홈 네트워크에서 단말의 IP이동성을 지원하는 양 구성요소를 말하며, AAA서버는 인증(Autoentication), 권한인증(Authirization), 과금(Accounting)을 제공하는 서버이다. 이 3가지 요소는 핵심이다.

WiBro는 유선 초고속 인터넷 및 무선 랜, 이동통신의 인터넷 서비스의 단점을 보완하고, 경제적인 이용료로 끊김 없는 초고속 무선 인터넷 서비스를 위한 4세대 이동통신의 핵심기술로 자리 잡을 것으로 전망된다. 유선 인터넷 기술은 IEEE802.3(유선 랜) →IEEE802.11(무선 랜) →IEEE802.16(WiBro)로 진화하고 있으며, 이동통신 기술은 1G(아날로그) →2G(디지털) →3G(IMT-2000) →3.5G(HSDPA)로 진화하고 있다. 이러한 상황에서 WiBro의 기술적 특성을 간단하게 요약하자면 인터넷 기술이 옥외로 확장된 기술이라고 정의할 수 있다. 공간과 지형을 극복하는 인터넷 서비스의 모습을 구현하는 것이다.

〈그림 45〉 WiBro의 네트워크 포지션

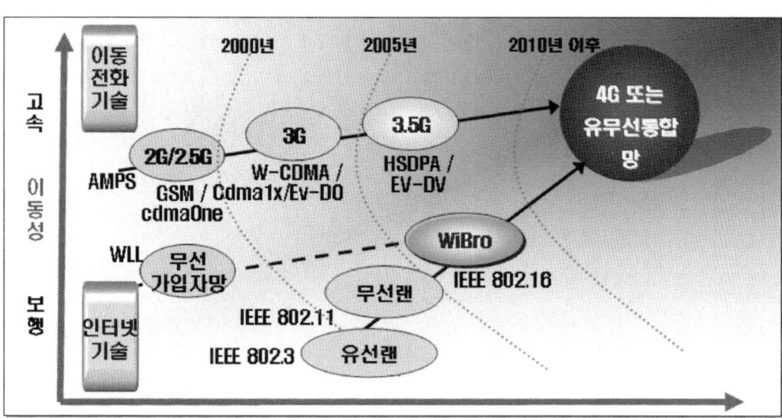

2) WiBro 서비스 개요

최근 WiBro를 필두로 한 휴대인터넷에 관심이 증대되는 이유는 이들 서비스가 언제(anytime), 어디서나(anywhere), 어떤 단말기(any device)로나 가능한 유비쿼터스 서비스 환경에 대한 요구뿐만 아니라 휴대인터넷을 통한 수익성 확보와 경쟁력을 강화하려는 통신 서비스 업체의 투자 환경의 조성 등 수요와 공급 측면 모두 부합하고 있기 때문이다.

WiBro 서비스는 과거 유선기반 서비스의 '이동성 및 실시간 서비스 제공의 한계'와 무선기반 서비스의 '높은 비용과 낮은 속도'를 극복하고 저렴한 요금으로 고속 대용량의 멀티미디어 서비스를 이동하며, 실시간으로 이용할 수 있는 All-IP기반의 TPS(Media, Communication, Data) 서비스를 통해 새로운 디지털 패러다임으로 전환하는 개인 광대역 (Personal Broadband) 서비스를 구현하는 것이다. 더 나아가 WiBro의 우수한 기술적 특성을 바탕으로 이동전화, DMB, 초고속 인터넷, 무선랜 등과의 다양한 결합 서비스 및 커뮤니케이션, 데이터, 미디어 서비스, 커머스 등 다양한 무선 융합 서비스가 제공될 것으로 전망된다. 미래 WiBro와 기존 초고속 인터넷 서비스는 약 21%의 대체관계를 형성할 것으로 분석되고 있으며, 차세대 HSDPA(High Speed Downlink Packet Access) 기반의 WCDMA(Wideband Code Division Multiple Access) 서비스와 많은 영역에서 중복될 것으로 예상되고 있다. 현재 WiBro 서비스 도입은 한국의 주도로 이루어지고 있으며, 무선 인터넷 서비스 활성화의 관점에서 일본, 대만 등의 나라에서 관심을 보이고 있다.

〈그림 46〉 WiBro의 다양한 서비스

자료: TTA Journal(2006. 2)

3) WiBro의 시장 현황과 미래 전망

경쟁적으로 이루어지고 있는 WiBro의 시장 진출로 인해 세계시장은 2008년까지 연평균 122%의 고성장이 이뤄질 것으로 전망된다.[23] 44개국 102개 사업자가 상용 서비스를 제공하고 있으며, 전 세계 가입자 수는 약 5천만 명으로 집계되었다. 구체적인 가입자 분포는 유럽이 51%, 아시아/태평양이 48%, 기타 1%로 나타났다.

우리나라에서는 KT가 2006년 4월 3일 세계 최초 일반인 대상 시범 서비스를 개시하면서 국내뿐 아니라 세계시장 진출의 교두보를 확보했다. SKT도 2006년 6월부터 신촌, 을지로 등 서울 도심 6개 지역을 중심으로 서비스 제공을 실시했다. 이와 같이 국내외의 많은 통신 업

---

23) 영국 시장 조사 업체인 OVUM의 2004년 조사결과에 따르면 HSDPA를 포함한 세계시장의 성장률은 연평균 122% 이상의 급성장을 할 것으로 전망.

체들은 2006년 시범 서비스를 대대적으로 실시하고 같은 해 혹은 이 듬해에 상용 서비스를 실시할 계획을 갖고 있다. 이처럼 국내시장 점유뿐 아니라 세계시장 진출을 위한 경쟁 역시 치열하게 진행 중이다. 치열한 경쟁 속에서 한국의 WiBro 기술은 2006년 10월 11일 유엔 산하 전파통신부문 국제표준화기구 ITU-R SG8 총회에서 국제참조표준으로 승인되어, 세계표준화로 인정받게 되었다. 이 같은 국제표준승인은 세계시장에서 우위를 점함은 물론 국내 장비 및 단말기 업체들의 해외 진출이 용이함을 의미한다.

국내 WiBro는 IPTV보다 조금 앞선 2006년 4월에 시범 서비스를 제공하고 6월부터 상용 서비스를 제공하기 시작했다. 하지만 비슷한 시기에 서비스를 제공한 HSDPA와 경쟁이 불가피하여 난항을 거듭하고 있는 상황이다. 2006년 11월 기준 가입자가 1천여 명에 불과하여 예상보다 출발이 부진하다는 견해가 지배적이다. 이와 같은 현상은 다양한 뉴미디어 서비스의 동시다발적인 개시와 정책적 기반 미흡, 홍보 부족 등의 원인에서 기인한 것으로 분석된다. 하지만 이 같은 초기의 부진에도 불구하고 WiBro의 전망은 대체로 긍정적인 편이다. 요컨대, WiBro는 이동 광대역망 기반의 서비스를 통해 홈 네트워크가 미치지 못하는 구역에서의 유비쿼터스 환경을 앞당겨 주는 서비스로 자리 잡을 전망이 높다. 그러나 긍정적인 전망 속에서도 WiBro 활성화를 위해서는 다음의 핵심 이슈들이 단계적으로 충분히 충족되어야만 한다.

첫째, 먼저 이용자들의 WiBro 이용 욕구를 자극하는 데 필요한 매력적인 콘텐츠 개발과 서비스 포지셔닝이 관건이 될 것으로 보인다. 현시점에서 활용되고 있는 무선 인터넷 서비스만으로는 기존의 사용자를 제외한 시장 전반의 소비자들을 사용자로 끌어들이기에 한계가 있기 때문이다.

둘째, 디지털 컨버전스를 위한 WiBro 서비스 참여 주체의 적극적인 협력이 요구된다. 디지털 컨버전스라는 특성은 영역 간 결합의 특성으로 법, 제도적 장벽, 이해관계자 간 갈등 등에 대한 조정이 필요하다. 이에 WiBro 활성화를 방해하는 요인들을 해결하기 위한 사업자의 의지, 정책지원, 참여 주체 간 유기적인 긴밀한 협력체제, 이용자의 성숙한 참여문화의 조화가 필수적이다.

셋째, WiBro에서 저렴한 통화품질의 음성 서비스 제공이 논의되고 있다. 이미 기술적으로는 서비스 제공이 가능한 수준임에도 여러 가지 정책 이슈와 시장논리가 맞물려 서비스 제공이 이뤄지지 않고 있는 실정이다. WiBro에서 음성 서비스에 대한 소비자들의 니즈가 높을 뿐만 아니라, 기존 이동통신 단말과 WiBro 단말을 병행 이용하는 데 대한 부담이 WiBro 가입의 저해요인으로 작용할 수 있기 때문에 WiBro 활성화를 위해 해결해야 할 중요 이슈로 부각되고 있다.

9. 미디어 문화와 삶의 양식 변화

9.1 미디어 진화와 수용자 패러다임의 변화

1) 수동적 수용자 vs. 능동적 수용자

수용자 개념은 사람과 미디어와의 관계에 대한 연구에서 구성된 개념 즉, '미디어 수용자'라는 틀 속에서 이해되는 개념이다. 따라서 수용자는 사람들이 미디어에 접촉한다는 점에 착안해서 만들어진 분석 개념에 지나지 않으며, 어떤 단일의 집단적 구조를 가지고 있는 것이 아니다. 이 개념은 여러 종류의 미디어 또는 그것의 내용에 접하는 독자, 청취자, 시청자를 구성하는 사람들의 집합체를 지칭하는 포괄적인 의미를 갖는다. 현재 이 수용자 개념은 수동적 수용자와 능동적 수용자로 대별된다.

우선 수동적 수용자 개념은 미디어 수용자론 그 자체의 연구에서 파생된 개념이기보다는, 미디어 효과 연구의 과정에서 파생된 개념이다. 즉 효과 연구의 과정에서 미디어의 피하주사 효과를 설명하는 이론적 틀 또는 개념으로 등장했다. 여기서 수용자는 항상 송신자의 입장에서, 보다 구체적으로는 미디어 산업이나 문화 산업 또는 광고주인 개별 기업이나 정책 당국이 이른바 체계(system) 입장에서 논하는 표적 수용자(target audience)이다. 수용자는 설득 가능하고, 조종 가능한 피동적인 수용자다. 수용자는 '익명의 개인들의 집합체'로서 매스 미디어가 이끄는 대로 쉽사리 끌려 다니는 나약한 존재로 인식된다.

반면, 능동적 수용자 개념은 이용과 충족 연구를 통해 제시되었다. 완고한 수용자(obstinate audience)로 개념화된다. 그 핵심은, 수용자는 능동적으로 미디어와 미디어 내용을 그가 지향하는 욕구와 동기에 입각해서 자율적으로 선택한다는 논리이다. 여기서 수용자는 고전적 자유민주주의의 핵심을 이루고 있는, 이성적이고 주체적이며 자유로운 삶을 추구하고 자유롭고 풍요로운 삶을 영위하는 이상적이고 자립적인 시민으로 존재한다(김원제, 2006).

능동적 수용자론에서 관건은 '능동성'을 어떻게 개념화하느냐 하는 것인데, 비오카(Bioca)는 이를 다섯 가지 차원으로 정리하고 있다(McQuail, D./박창희 역, 1999).

- 선택성으로서의 능동성: 미디어 이용에 관한 선택을 하는 데 있어서 관여되는 활동(예, 선택적 노출). 미디어와 내용과 관련한 선택과 차별이 행해질수록 수용자를 능동적이라고 말할 수 있음
- 공리성 또는 유용성(utilitarianism)으로서의 능동성: 선택과정의 유용성, 개인의 분명한 욕구와 동기를 충족시키기 위한 일정한 수준의 합리적 선택성(능동적 미디어 이용은 경험에 의해 유인된 이성적 선택과 또한 적절하다면 선택 후에 기대된 어떤 유용성을 내포함)
- 의도성(intentionality)으로서의 능동성: 인지적 차원에서의 능동성(예컨대, 출판물이나 미디어 서비스에 대한 정기적인 가입자는 보다 능동적인 수용자로 평가됨)
- 영향을 받지 않는 부동성(imperviousness to influence)을 갖고 있는 능동성: 완고한 수용자 개념을 지칭(독자, 시청자, 청취자는 개인적인 선택에 의해 결정되는 것을 제외하고는 다른 미디어를 선택하지 않을 수 있음)
- 관여(involvement)로서의 수용자 능동성: 행동적 표명(미디어를 경험하는 데 휩쓸리거나 몰두하면 할수록 관여도가 높은 것임. 또한 TV에 대한 응답 혹은 시청 중 주변 시청자에게 그것에 관해 이야기하는 것과 같은 현상을 의미함)

온라인 디지털 시대 수용자는 능동적이고 적극적인 행태를 취한다. 수용자는 미디어 선택권에 있어 급격한 확대를 경험하고 있다. 예컨대 온라인으로 방문할 수 있는 상점의 수는 미국에서 가장 밀집된 지역의 상점 수를 이미 초과했다. 온라인을 통해 독자들은 전 세계의 수천 개 신문에 접속하여 뉴스를 접할 수 있다. 소비자는 물건을 구매할 때 훨씬 더 많은 정보를 구하며, 접속한다.

여가 활용을 위한 TV 시청에서도 소비자는 단순한 TV 시청에서 벗어나 미디어를 적극적으로 활용하는 양태를 더 많이 보여 주고 있다. 정보 미디어의 발달은 여가의 개념 자체를 변화시킬 것으로 전망된다. 정보 미디어를 통한 여가활동은 더 이상 소극적 여가가 아니라 적극적 여가로 변모될 수 있는 것이다. 여기에는 사이버 공간 자체가 더 이상 일방성과 수동성의 공간이 아니라 상호작용성과 능동성의 공간이라는 점과, 가상현실 자체가 현실의 일부로 자리 잡아 가는 현상과 무관하지 않다. 예를 들어, 인터넷을 통한 커뮤니케이션이나 쌍방향 게임은 더 이상 소극적 여가가 아니라 적극적 여가 향유방식이며, 새로운 체험과 교류의 장으로 기능한다.

능동적인 수용자를 다시 표현하면 적극적인 수용자라고 부를 수 있다. 적극적인 수용자라는 용어에는 미디어가 가진 힘에 대한 냉소와 함께 인간이 가지고 있는 힘에 대한 믿음이라는 두 가지 의미가 동시에 내포되어 있다. 평가 절하되는 세속적인 드라마나 각종 엔터테인먼트를 지향하는 통속적인 잡지, 그리고 액션 영화 등과 같은 곳에 엑스트라로 등장하는 사람들에게 적극적인 수용자라는 개념은 상대적으로 중요하다.

2) 수용자 진화

기존 아날로그 시대에서 각기 독자적인 영역을 유지해 오면서 별개의 매체들을 통해서 이루어졌던 인간 및 매스 커뮤니케이션 환경이 디지털 기술을 기반으로 상호작용적인 네트워크 환경으로 변화됨에 따라 그 방식이 총체적으로 변화되고, 한편에서는 통합되고 있다.

사람들은 컴퓨터를 이용하여 텔레비전을 인터넷에 연결시키고 있다. 텔레비전을 시청하면서 다른 사람과 전화를 하거나 이메일을 통해 정보를 교환할 수 있으며, 텔레비전 프로그램 제작에도 직접 참여할 수 있게 되었다. 또한 보고 싶은 프로그램을 보고 싶은 시간에 자유롭게 시청할 수 있는 수용자 주권을 확립시키고 있다.

과거 아날로그 시대의 주로 일방적이며 수동적인 수용자에서 디지털 시대에는 제작과정에 보다 적극적으로 개입하고 참여하는 이용자이자 생산자의 위치에 서게 된 것이다. 디지털화를 통해 수용자는 그 선택 폭이 확대되었고 고품질의 다양한 서비스와 양방향 서비스까지도 받을 수 있게 됨으로써 누구든지, 언제, 어디서, 어떤 정보든지 손쉽게 접근해서 이용할 수 있게 되었다. 이는 수용자가 디지털 기술로 인해 기호나 취향에 따라 점차 분중화되고 연중화되는 추세를 반영하는 것이다.

이와 같이 디지털 기술에 기반을 둔 새로운 포털적 서비스는 수용자에게 모든 종류의 전달수단과 정보접근을 용이하게 만들면서 공적인 커뮤니케이션과 사적인 커뮤니케이션의 경계를 무너뜨려 왔다. 이에 따라 다양하고 새로운 수용자가 나타나고 있으며, 기존의 미디어 이용 유형들에 있어서도 커다란 변화를 보이고 있다. 수용자 입장에서 디지털 혁명이 가져온 이러한 변화는 인간 커뮤니케이션 과정에서 지금까지 수신자 중심에서 탈피하여 수용자의 주체적이고 능동적인 주도권을 회복한 것이라 할 수 있다. 따라서 디지털 시대에 단일화되고 획일화된 수용자, 정체되고 수동적인 수용자, 또한 대중적인 수용자가 물리적, 공간적으로 붕괴한 것이 아니라, 세분화, 다양화, 복잡화되었다는 의미로서, 새로 출현한 디지털의 특성을 내포한 뉴미디어의 필연적인 결과라 할 수 있다.

디지털 기술의 출현으로 인한 수용자 관련 뉴 패러다임들을 정리해 보면 다음과 같다(이은미 외, 2003).

첫째, 상호작용성이다. 수용자 측면에서 디지털 시대의 도래로 나타난 가장 커다란 변화는 상호작용성으로 수용자 또는 수용자 간의 상호작용이 가능해졌다는 것이다. 기존의 커뮤니케이션 형태에서 상호작용성은 메시지를 생산하는 송신자에 대해 수용자가 얼마나 직간접적으로 커뮤니케이션을 할 수 있는가였다. 그러나 그 과정에서 상호작용성은 송신자와 수신자의 역할교환이 가능하지 않았으며, 두 역할을 동시에 상호 교환한다는 것은 거의 불가능한 일이었다. 그러나 디지털 시대가 도래하면서 상호작용성은 송신자와 수용자의 커뮤니케이션이 단순히 전달을 위한 연결이 아니라 수용자와 수용자가 보다 동등한 관계로 양방향적이고 교류에 의해 진행될 수 있음을 의미한다.

둘째, 탈대중화(demassified)이다. 탈대중화는 매스 커뮤니케이션에 대한 중심이 메시지 생산자한테서 미디어 소비자, 즉 수용자에게 옮겨지는 것을 의미한다. 기존의 미디어가 이질, 익명, 다수의 대중을 상대로 하는 데 비해 디지털화는 특정화되고 전문화된 특정 계층을 목표로 삼는다. 디지털 환경은 다채널화를 수반하며 이는 곧 채널의 분화 및 전문화를 통하여 수용자의 차별화를 심화시켜 수용자의 파편화, 혹은 분절화 현상(fragmentation)을 초래할 것이다.

　이러한 수용자 분화는 수용자를 기존의 익명의 대중이 아니라 세분화된 수용자의 취향과 여건에 맞추어 콘텐츠를 제작 전달받게 되는 타깃화를 동반시킨다. 이에 따라 미디어의 종류가 다양해지고 채널이 증대되어 수용자의 입장에서는 정보나 오락의 선택의 폭이 넓어지고, 또한 개별 미디어로 전송방식이 다양해짐에 따라 면대면적인 대인 커뮤니케이션 형태로 수용자의 세부분화를 일어나게 한다.

　셋째, 비동시성(asynchronous)이다. 기존의 미디어에서 수용자가 필요한 정보를 얻기 위해서는 생산자가 보내는 시간과 내용을 수동적으로 기다리지 않으면 안 되었다. 그러나 디지털 시대에서는 수용자가 미디어에 의해 사전에 정해진 정보를 일방적으로 전달받는 수동적이고 획일적인 관계가 아니라 언제 어디서든 수용자가 편리한 시간대에 원하는 것을 얻을 수 있게 되었다. 따라서 수용자는 하나의 미디어나 하나의 채널에 절대적으로 의존할 필요가 없게 되었다. 즉, 수용자는 자신이 보고 싶은 채널을 찾아 리모컨을 이용하여 선택하듯, 이제는 자신의 취향이나 관심에 맞는 정보를 보고 싶은 시간에 언제든지 선택 이용할 수 있도록 정보접근이 용이하게 되었다. 이는 커뮤니케이션에 대한 시간적 통제가 생산자로부터 수용자에게로 옮겨가는 것을 의미한다.

　넷째, 수용자의 통제성이다. 디지털 시대에는 커뮤니케이션의 형태가 상호작용성과 비동시적으로 되어 가고 있기 때문에 수용자는 정보를 생산, 전달하는 과정에 과거보다 더 많은 통제를 할 수 있다. 통제는 CMC(Computer mediated communication)에 참여하는 사람이 타이밍, 메시지 내용, 커뮤니케이션 행동의 순서 등을 선택할 수 있고, 대안적 선택을 할 수 있게 한다. 또한 다른 CMC 이용자들을 위해 메시지 내용을 저장시킬 수 있고 새로운 커뮤니케이션 능력을 창조할

수 있는 정도를 의미한다. 이는 정보 흐름에 대한 통제가 생산자한테
서 수용자로 이전되고 있음을 말한다.

다섯째, 디지털 격차(digital divide)와 리터러시(literacy)이다. 디지
털미디어의 이용에는 비용이 발생한다. 이로 인해 정보에 접근할 수
있는 수용자와 그렇지 못한 수용자 간의 디지털 격차가 발생하고 있
으며, 연령, 소득, 인종 등의 다양한 요인들도 수용자 간 정보격차를
가져오는 동인으로 작용한다. 또한 동일한 기술을 소유하고 있는 수
용자 간에도 이것을 이용하는 능력의 차이로 인해 디지털 격차는 더
욱 심각해질 전망이다. 이러한 이용능력을 미디어 리터러시라고 하는
데 미디어를 통해 전달된 정보를 비판적으로 해석하고 수용하거나 또
는 다시 미디어를 통해 자기의 의견이나, 느낌 등을 구성하여 표현하
는 복합적인 것을 의미한다. 디지털 시대에는 이러한 리터러시 능력
의 소유 여부에 따라 수용자 간 격차가 더욱 벌어질 것으로 전망되며,
수용자 주권을 누리기 위해서는 무엇보다도 리터러시의 능력을 높이
는 문제가 정책적으로 또한 중요한 사안이 될 것이다.

여섯째, 가상공동체(cyber community)이다. 인터넷 등은 사적 또는
공적 정보를 전달하는 멀티미디어 정보전송과 서비스를 가능케 했으
며, 상호작용 및 가상현실 등을 함께 제공함으로써 기존의 물리적인
공간(geographical space) 개념과는 다른 새로운 공간, 즉 가상공간의
공동체를 형성하고 있다.

<〈그림 47〉 디지털 시대의 수용자 패러다임

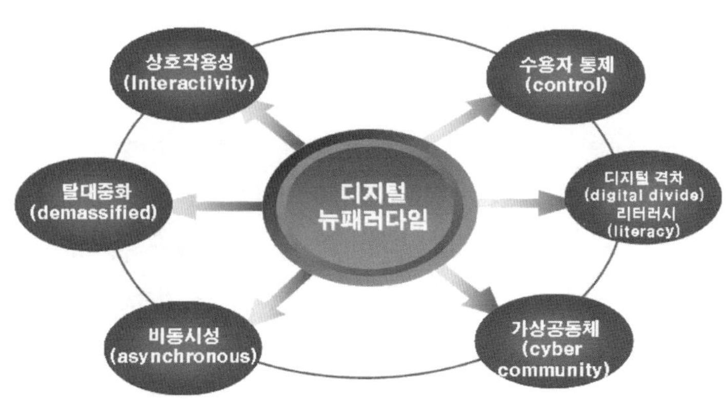

최근의 디지털미디어 융합 현상은 정보의 수용자가 중심이 되는 미디어 환경을 조성함으로써 기존의 수동적인 수용자 개념을 능동적이고 정보추구적인 수용자의 개념으로 변모시키고 있다. 이는 방송의 개념 자체를 바꾸어 매스 미디어(mass media)가 마이크로 미디어(micro media)로 변화시키는 추세를 낳고 있다.

정보 수용자의 개성 및 취향이 두드러짐에 따라 단일 프로그램을 대량으로 전파하던 기존 매스 미디어 시대의 방식은 효율성이 떨어지고 있다. 수용자들은 디지털미디어의 상호작용적, 양방향적 기능을 이용하여 방송 프로그램의 창작과 보급에도 직접 참여할 수 있게 되었고, 이른바 '대량 주문생산(mass customization)'의 경향을 미디어 산업에도 접목시키고 있다. 앨빈 토플러가 말했듯이 디지털미디어 시대의 수용자는 프로슈머로서의 특성을 가지게 되는 것이다. 이들 개인은 단순하게 정보를 수용하는 존재가 아닌 미디어를 이용해 정보를 생산하고 서로 교환하며 소비하는 모습을 지니고 있다.

프로슈머로서 수용자는 주도적으로 메시지를 구성하고 창출함으로써 생산자의 메시지나 생산의도와는 전혀 다른 결과를 초래할 수도 있다. 문자 발명과 금속활자 발명, 전파를 이용하는 방송기기의 발명 등으로 미디어 테크놀로지의 눈부신 성장으로 미디어와 사람의 관계에서 미디어는 압도적인 모습을 하였다. 이러한 상황에 반전을 기하는 상황이 벌어지면서 사람이 주도권을 쥐는 미디어 환경이 조성되고 있다. 이러한 변화는 기존의 상황적 요인에 따른 커뮤니케이션 유형 구분을 파괴하고 매스 커뮤니케이션 상황과 대인 커뮤니케이션 상황을 다시 결합시키는 환경을 만들고 있다. 즉 메시지와 물리적, 심리적 근접성이 매우 가까워지고 면대면의 상황에서처럼 메시지가 양방향적으로 흐르며, 즉각적인 피드백이 가능하고 메시지 생산자와 미디어 수용자 간의 역할이 고정되지 않으며, 수용자가 메시지를 스스로 구성할 수 있다는 점에서 커뮤니케이션의 목적은 아날로그 미디어 상황에서와 같이 고정화되지 않은 것으로 예상된다. 한마디로 커뮤니케이션 양식과 형태 그리고 결과에서 근본적인 변화가 일어나는 것이다(한국방송학회, 2005).

〈그림 48〉 디지털 시대의 새로운 수용자 출현과 콘텐츠 통제 패러다임

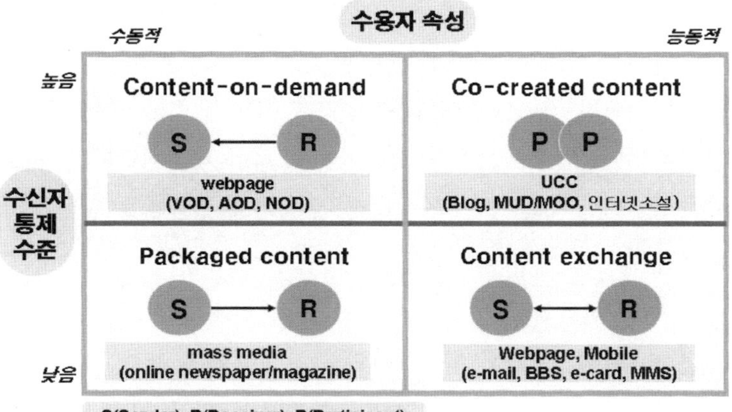

9.2 디지털 격차 해소와 수용자의 미래

1) 디지털 격차의 현실과 해소 방안

디지털미디어 환경과 관련하여 제기되는 중요한 사회적 쟁점은 바로 사회적 시스템에 따라 정보가 수용자들에게 불평등하게 배분될 수 있다는 것이다. 새로운 커뮤니케이션 테크놀로지가 정보격차를 심화시킬 것인가, 완화시킬 것인가 하는 문제는 중요한 공공정책 문제로 부각되어 왔다.

그동안 디지털 격차에 관한 개념과 정의는 협의의 의미와 광의의 의미로 필요에 따라 다양하게 내려지고 있다. OECD에서는 실용적인 차원에서 디지털 격차의 정의를 내리고 있다. 디지털 격차는 '여러 사회, 경제적인 계층의 개인 간, 가정 간, 기업 간, 그리고 지역 간 나타나는 정보기술에 대한 접근 기회 및 다양한 형태의 활동을 위한 인터넷 활용 수준에서의 차이'로 정의하고 있다. 발터 벤야민(Benjamin, 2001)도 디지털 격차는 '최신의 기술에 접속하는 사람과 그렇지 못한 사람 간의 인지상의 차이'로 정의하고 있다.

그러나 디지털 격차를 디지털 기술이나 서비스 접근 여부로만 정의하여 컴퓨터와 인터넷에 대한 접근에만 초점이 맞추어진다면, 사회적, 문화적 격차를 줄이기 힘들 것이다. 정보화가 진전될수록 정보 서비스를 이용할 수 있는 능력과 적절한 콘텐츠의 활용 가능성이 더욱 중요해진다. 사회 전반의 정보량이 증대되는 데 비례해 사용자의 정보 수용의 양과 수준에 있어서 정보부자와 정보빈자와의 간격이 확대된다.

요컨대, 디지털 격차는 정보접근과 관련하여 정보기술과 서비스 접근의 격차, 사용능력과 관련하여 정보, 인터넷, 다른 기술을 이용할 수 있는 능력의 격차, 마지막으로 정보 서비스의 활용과 관련한 격차까지를 포함하는 개념으로 이해되어야 할 것이다(이은미 외, 2003).

<그림 49> 디지털 사회의 도래에 따른 다양한 격차의 발생

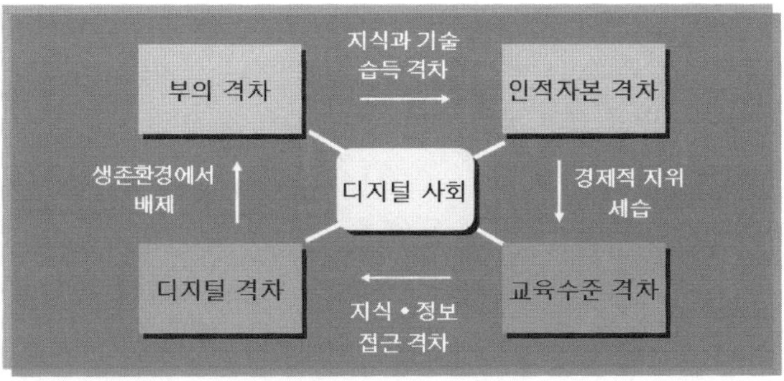

부의 격차

지식과 기술 습득 격차

인적자본 격차

생존환경에서 배제

디지털 사회

경제적 지위 세습

디지털 격차

지식·정보 접근 격차

교육수준 격차

디지털미디어 시대의 정보격차 문제와 관련해 최근 사회적인 문제로 거론되는 것은 디지털미디어가 단지 정보의 분배 면에서 격차를 야기할 뿐만 아니라 근본적인 사회구조의 불평등한 변화를 초래할 위험이 있다는 것이다. 특히 디지털미디어를 일상적으로 이용하여 생활하는 계층과 그러지 못하는 계층 간에 일어나는 디지털 격차가 심화될 수 있다는 점이다. 소득 및 교육수준의 격차가 디지털 격차를 더욱 심화시킬 수 있다. 실제로 소득이 낮으면 교육기회가 부족하여 디지털 시대에 걸맞은 인적 자원으로 육성되기가 어렵다. 또한 디지털 시대에는 지식을 보유한 인적 자원이 산업시대의 물적 자원을 대체하여 생산의 원천이 되는데, 일정 수준의 교육을 전제로 한다. 그리고 사회적 소외계층에 의해 디지털 격차가 커질 수 있다. 이는 인종·성별·연령 등에 따라 구분되는데, 세계적으로 흑인보다는 백인이, 여자

보다는 남자가, 고령자보다는 젊은 층이 이러한 새로운 기회에 접하기 쉽다(김영석, 2002).

디지털 격차와 같이 정보가 불평등하게 배분되는 현상들은 기본적으로 정보공급의 기능을 자유시장의 기능에 맡겨 놓고 통제하지 않는 관행 때문이라는 비판의 목소리가 크다. 또한 디지털 격차의 해소는 단순하게 기기의 보급률을 높이거나 교육의 기회를 부여하는 등의 단순한 정책으로는 해결되기 어렵다. 좁은 의미의 디지털 격차 해소는 컴퓨터와 인터넷에 대한 접근의 확대에 초점을 맞추지만 접근 자체가 격차를 해소하는 것이 아니다. 지금까지 디지털 격차는 가진 자와 못 가진 자 사이의 정보기기의 소유나 정보접근의 차이로 정의되는 것이 보편적이었다. 이에 따라 정보해소 정책도 주로 인프라나 정보기기, 정보접근성에서의 사회 각 부문 간 격차를 줄이는 것에 주력해 왔다. 그러나 정보화가 진전되면서 디지털 격차에 대한 개념은 보다 확대되고 있으며, 이에 상응하는 정책도 제시되어야 할 것이다. 이를 정리해 보면 크게 세 가지를 들 수 있다(이은미 외, 2003).

첫째, 디지털 접근 기회를 확대하는 것이다. 디지털 격차 해소의 일차적 방법은 바로 디지털 기기와 서비스의 접근 기회를 확충하는 것이다. 모든 수용자가 정보에 접근할 수 있는 기회를 향유할 수 있는 지역 간 격차 없는 인터넷 접속 환경과 초고속정보통신망 구축이 기본 조건이다. 또한 장애인 등 소외계층을 위한 컴퓨터 인터페이스 혹은 장애인용 휴대용 단말기 등 기기의 보급은 소외계층의 접근을 확대하는 중요한 수단이 될 것이다.

둘째, 디지털 정보 활용능력의 제고이다. 이용 격차를 줄이려면 정보를 이용할 수 있는 능력이 제공되어야 한다. 정보화 교육의 지속적 추진으로 디지털 정보의 이용과 활용도 제고를 위한 교육이 요구된다.

특히 정보취약 계층에 대한 정보 이용능력을 학습할 기회가 제공되어야 한다.

셋째, 디지털 콘텐츠 및 서비스의 개발이다. 디지털 정보의 접근 기회가 누구에게나 제공되어도 누구나 필요한 콘텐츠를 얻을 수는 없다. 콘텐츠의 격차도 디지털 격차를 가져오는 중요한 원인이다. 실제로 정보소외 계층에게 필요한 고용이라든지 교육, 사업개발 등의 정보가 제공될 필요가 있다.

2) 수용자의 미래

아날로그 시대에는 사회변화가 예측 가능한 선형적 변화였으나, 디지털 시대에는 변화의 폭과 속도가 더욱 커지고 빨라져 이전과는 전혀 다른 변화로 진행되고 있는 것이다. 디지털 테크놀로지는 사회·문화·정치·경제적 측면 모두에서 심대한 변화를 야기하고 있는데, 이를 정리하면 크게 다음의 세 가지로 요약된다(김원제, 2006).

우선 첫 번째 특징은 멀티미디어적 환경 구성이다. 이는 디지털이라는 통합적인 신호체계가 만들어 내는 1차적인 결과이다. 기존의 매체들을 물리적으로 구분했던 아날로그 방식을 디지털이 대신함으로써 커뮤니케이션 간의 상호 호환성이 증가된다는 것은 이미 주지의 사실이다. 이러한 특성은 매체 간의 통합을 쉽게 하여 하나의 매체를 통해 다양한 형태의 정보를 얻을 수 있도록 해 준다. 더 나아가 기존 매체 간의 경계를 허물어뜨리고, 새로운 매체들과의 통합을 일으키게 한다. 현재 인터넷상에 범람하고 있는 전자신문과 인터넷 방송 등은 신문과 방송, 라디오가 결합된 대표적 예로 우리는 이미 KBS나 MBC의 인터넷 사이트에서 그날의 뉴스를 보고, 또 들을 수 있다. 이는 단순히 매체 간의 결합을 의미하는 것에서 그치지 않는다. 매체 간의 결합은 매체 산업 간 전략적 제휴, 합병 등의 복합화를 가져오고 있다. 이미 세계적으로는 미국의 US West가 타임워너를, 월트디즈니가 ABC방송을 인수하였고, NBC는 MS사와 멀티미디어 사업 분야 제휴 계약을 체결하기도 하는 등 유관 매체 산업 사이의 통합 현상은 활기를 띠고 있다. 따라서 이제 미디어 사업은 기타 관련 사업을 염두에 둔 상태에서 그 생산과 유통이 이루어진다고 할 수 있다.

두 번째 특징으로 제시되고 있는 실시간(Real-time) 커뮤니케이션은 디지털 압축기술과 전송기술의 발달에 기초한다. 방대한 양의 정보가 실시간으로 제공됨에 따라 소비자는 언제 어디서나 자신이 원하는 정보를 얻을 수 있으며, 생산자 또한 소비자가 원하는 정보를 필요할 때마다 적시에 제공할 수 있게 된다. 기존의 매체들이 갖는 일방적 커뮤니케이션 모델은 이러한 유통형태의 변화와 함께 양방향적 형태로 전환된다. 이에 따라 제작자와 소비자는 서로에 대한 정보를 끊임없이 주고받을 수 있으며, 소비자는 그러한 매체 환경에 적극적으로 참여할 수 있게 된다. VOD의 경우는 이미 인터넷상에서 5~10분 정도의 맛보기 형태로 실시되고 있어, 미래의 모습을 예측 가능하게 하고 있다. 일각에서 이것을 디지털 시대가 동반시키는 미래민주주의와 연결시키는 이러한 현상은 시장원리라는 결정적 변수로 인해 아직은 예측 불가능하다. 그러나 분명한 사실은 그러한 양방향적 커뮤니케이션 과정에서 철저한 수용자 조사, 혹은 시장 조사가 이루어지고, 각 매체들이 전달하는 정보의 성격 또한 그러한 수용자들의 욕구(요구)에 기초하게 된다는 사실이다. 그러나 철저하게 파악된 소비자의 행태와 의식이 반영된 미디어 콘텐츠가 과연 소비자의 권위 확대로 이어질지는 미지수이다.[24]

마지막으로 제시되는 정보의 증대 역시 디지털 테크놀로지가 가져오는 변화의 한 형태이다. 컴퓨터가 등장하기 시작한 1980년대 이미 정보의 홍수라는 말로 예견된 바 있는 정보의 파격적 증가는 이제 또 다른 전환점을 맞이한다. 이미 인터넷은 전 세계에 걸쳐 가상의 시장을 구성해 놓고 있으며, 가상의 공간에서 저마다 자신의 정보를 데이터베이스화하는 방법으로 정보유통 사업을 벌이고 있다. 이제 인터넷 신문을 보고 즐기던 순수한 독자들은 사라지고 거기에 글을 올리고, 기사를 제공하고, 기타 여러 가지 형태의 정보를 제공함으로써 돈을 버는 사업자들이 등장하고 있다. 현재 인터넷상에 운영되는 각종 포털 서비스는 회원들로 하여금 자발적으로 정보를 채우게 한 뒤 그 이용자들을 통해 광고 수익을 얻는 형태로 운영되고 있다. 이의 변종으로 개인 홈페이지에 각종 정보를 직접 올리거나 링크를 시켜 놓고, 거기에 광고를 게재함으로써 광고 수익을 얻는 개인 이용자들 또한 늘고 있는 것이 사실이다. 이러한 현상은 디지털 시대 새로운 사회문화적 징후를 낳고 있는데, 직관적 감성에 의한 창조력이 요구된다는 점이다. 모든 정보와 의사소통의 속도가 순식간에 이루어지고, 사람들은 그것을 빠른 시간 안에 수용 또는 거부하여 논리적으로 설명할 수는 없으나 마음에 드는 것, 흥미로운 것으로 선택의 새로운 기준으로 삼기 때문이다. 디지털 시대의 사람들은 자신의 감성에 의존하게 되므로 즉각 반응할 수 있는 것을 선호하며, 또 생활의 모든 면에서 끊

---

24) 사실 현재의 매체 환경을 돌이켜 보건대 지상파 방송과 케이블 방송의 증가는 시청자로 하여금 양적인 측면에서의 선택의 폭을 넓게 하였지만 과도한 시청률 경쟁으로 인해 그들이 제공하는 내용들에 별 차별성이 없다는 점은 오히려 질적인 측면에서의 소비자주권이 축소되었다는 주장을 하도록 한다. 따라서 미래 디지털화가 가져올 매체 환경의 변화가 철저히 시장논리에 의해, 바꿔 말하면 자본의 논리에 의해 지배된다면 소비자의 권익 확대란 성립될 수 없는 것으로 보인다.

임없이 즐거움을 추구한다. 디지털 시대가 주는 부(富)로 인하여 사람들은 지금보다 훨씬 안정되고 편안한 생활을 영위하기 위해 특히 문화 및 오락 콘텐츠를 추구한다.

디지털이 이끄는 우리 시대의 문화현상 중 하나는 단연코 혼합성이라는 개념으로 정리된다. 네트워크로 연결된 디지털 컴퓨터와 이미 자리를 잡고 있는 문화형식이 교차하는 것이다. 나아가 뉴미디어 문화 트렌드는 재혼합(remix)으로 나아간다. 이는 세 가지 차원에서 그러한데, 첫째, 주어진 미디어 안이나 문화형식 안에 과거문화의 내용과 형식 재혼합이다. 포스트모던 문화적 특성을 반영하는 것으로, 음악, 건축, 패션 등에서 쉽게 구현된다. 중세시대 건물에 첨단기술을 접목한 조화가 대표적인 예이다. 둘째, 한 나라의 문화전통, 특성, 그리고 감수성을 그 안에서뿐만 아니라, 새로운 세계화된 국제성의 스타일과 상호 작용하도록 섞어 내는 재혼합 즉, 세계화이다. 셋째, 다양한 문화형식의 인터페이스와 새로운 소프트웨어 기술의 재혼합으로서 문화와 컴퓨터의 혼합이다. 문화의 컴퓨터화는 컴퓨터 게임과 가상세계와 같은 새로운 문화적 형식의 출현을 선도할 뿐만 아니라, 사진이나 영화 같은 기존의 문화적 형식들도 재규정한다.

예술은 항상 기술과 연관되어 왔고, 예술가는 새로운 기술이 나타나면 그것을 최초로 수용하는 사람이다. 인터넷은 협동작업, 민주적 배포, 그리고 참여적 경험 등의 새 유형을 가능하게 해 주는 잠재력을 가진다. 이러한 새로움 때문에 디지털미디어는 문화적 창조자들이 작업하는 흥미로운 장소가 된다. 디지털미디어는 끊임없이 변화하면서 실험과 탐험을 지향하는 최첨단의 영역이다.

10. 디지털 신인류의 진화

10.1 인류의 진화, 디지털 신인류

1) 디지털 신인류의 등장

멀티미디어와 양방향 커뮤니케이션 테크놀로지의 비약적인 발달로 인터넷을 비롯한 디지털 제품은 우리 생활 깊숙이 자리 잡았고, 우리 사회를 디지털 시대로 향하게 한다. 디지털 혁명으로까지 일컬어질 만큼 급속하게 확산되었던 디지털 환경은 신세대와 기성세대의 간극을 더욱 크게 만들었고, 새로운 세대들은 지금 이 순간에도 무수히 양산되고 있다.

디지털 환경이 점차 확산, 정착되면서 인류도 진화하고 있다. 휴대폰 알람으로 아침을 시작하고, 인터넷 신문으로 소식을 듣고, 출근길에 DMB로 어제 회식 때문에 못 본 드라마를 시청한 뒤, PDA를 통해 회의 자료를 다운받는 것이 일상적인 모습이 되고 있다. 내비게이션 덕에 초행길인 점심식사 약속장소까지 헤매지 않고 제시간에 도착하고, 퇴근길에는 MP3로 음악 감상을 하면서 피로를 달랜다. 취침 전 전자사전을 통해 어제 다운받은 소설을 읽다가 잠이 든다.

이와 같은 일상은 미래의 이야기가 아닌 지금 우리의 실제 일상생활의 모습이다. 무선휴대인터넷이 상용화되는 요즘 시점에서는 또 다른 디지털 환경의 진화가 진행되고 있다. 다양한 형태로 진화되는 디지털 환경만큼이나 디지털 신인류에 대한 분류도 다양화되고 세분화되고 있다. 하지만 어떠한 분류에도 디지털 신인류가 가지고 있는 공통점은 디지털 기기를 통해 편리와 기능은 극대화하되 그 중심에는 사람 즉, 감성이 자리하고 있다는 것이다.

디지털 신인류로 분류된 수많은 세대와 그룹 중 가장 적합하고 대표적인 3가지 분류를 통해 인류의 진화를 설명하면 다음과 같다.

첫 번째 진화 양상은 디지털 노마드(Digital Nomad)이다. 시간과 공간의 제약 없이 언제 어디서나 원하는 정보를 얻을 수 있는 디지털 환경은 디지털 노마드라는 신인류를 창조해 냈다. 일찍이 미디어 학자 마셜 맥루한(Marshall Mcluhan)은 30여 년 전에 이미 디지털 노마드의 개념을 제시했었다. 그는 "사람들은 빠르게 움직이면서 전자제품을 사용하는 유목민이 될 것"이라며 "이들은 세계 각지를 돌아다니지만 어디에도 집은 없을 것"이라고 내다봤다. 프랑스 사회학자 자크 아탈리(Jacques Attali)도 "21세기는 디지털 장비로 무장하고 지구를 떠도는 디지털 노마드 시대"가 올 것을 예견한 바 있다.

국내의 한 유명 전자회사가 노트북 광고에서 '디지털 노마드'를 전면에 내세운 이후 디지털 노마드가 마치 브랜드처럼 각인되면서 전자제품은 물론 식당, 여행상품, 디자인 등 다양한 분야에서 트렌드처럼 활용되고 있다. 이미 디지털 노마드적 성향은 우리의 일상적인 소비 행태에서도 나타나고 있다. 삼성경제연구소(SERI)는 "자유와 개방, 홀가분하고 쾌적한 삶을 추구하는 노마드족이 늘고 있으며, 이들의 유목 성향이 21세기의 주도적 소비 흐름이 되고 있다."고 분석한 바 있다. 그리고 신용카드 시장의 확대, 패스트푸드와 테이크아웃 음식점의 확산, 휴대폰 시장의 성장과 부가 서비스 이용자 증가, 자동차 운행에 관련된 정보 및 날씨, 뉴스 등의 생활밀착형 서비스를 제공하는 텔레매틱스의 확대 등을 그 지표로 꼽았다.

현재 디지털 노마드를 선도하고 있는 것은 컴퓨터와 컨설팅, 미디어와 투자 분야에서 최첨단에 선 이들이다. 이들은 시간과 공간의 제약을 뛰어넘어 기존의 틀에 얽매이지 않고 가치를 창조하면서 늘 영역을 옮겨 다니는 머물지 않는 정신을 지니고 있다. 각종 IT기기를 사용하며, 편의성과 신속성을 추구하는 '유목적 성향'을 그대로 가지고 있다. 또다시 디지털 노마드족은 새로운 옷을 갈아입을 채비를 하고 있다. 이른바 '유비-노마드족(Ubi-Nomad)'이다. 이들은 컴퓨터 접속으로 모든 일을 처리하는 유비쿼터스(Ubiquitous)와 유목민(Nomad)의 개념을 포함한다.

두 번째 진화 양상은 디지털 네이티브(Digital Natives)이다. 즉, 디지털 원어민이라는 개념은 디지털 환경에서 사용되는 모든 디지털 언어를 자유자재로 사용할 수 있는 세대를 의미한다. 1980년대 개인용 컴퓨터(PC)가 대중화되었고 1990년대 인터넷과 휴대폰이 보편화되며 이른바 디지털 시대가 도래하였다. 이와 같은 디지털 혁명은 기성세대와 신세대를 더욱 극명하게 구분하였다. 이들 신세대는 디지털 기기를 어려서부터 다루면서 마치 언어의 원어민처럼 자연스럽게 활용하는 반면, 기성세대는 외국어를 구사하는 외국인처럼 디지털 환경에 여전히 낯설다. 컨버전스 시대로 들어서면서 다양한 디지털 기기끼리 결합하여 새로운 기기가 쏟아지는 요즘, 이 두 세대의 간극은 좀처럼 쉽게 좁혀지지 않는 것이 현실이다. 하지만 유비쿼터스 시대에는 이같은 모든 세대의 격차를 해소하기 위해 기기의 조작을 간편화하고 최소화하여 전 인류의 디지털 네이티브화를 꾀하게 될 가능성이 높다.

세 번째 진화 양상은 포스트 디지털 세대(Post Digital Generation)이다. 통상 PDG로 불리는 이 세대는 차가운 디지털 환경과 문화 속에서 자랐음에도 불구하고 따뜻한 인간미와 아날로그적인 감성을 지닌 주체적이고 낙천적인 세대로 정의할 수 있다. 1980년부터 1990년 사이에 태어난 신세대를 지칭하며 현재 중학교, 고등학교, 대학교에 재학 중인 학생들이 주가 된다. 이들 PDG가 등장하게 된 배경은 바로 디지털 문화가 가질 수밖에 없는 개인화, 기계화에 있다.

<그림 50> 포스트 디지털 세대(PDG, 13~24세)의 특성

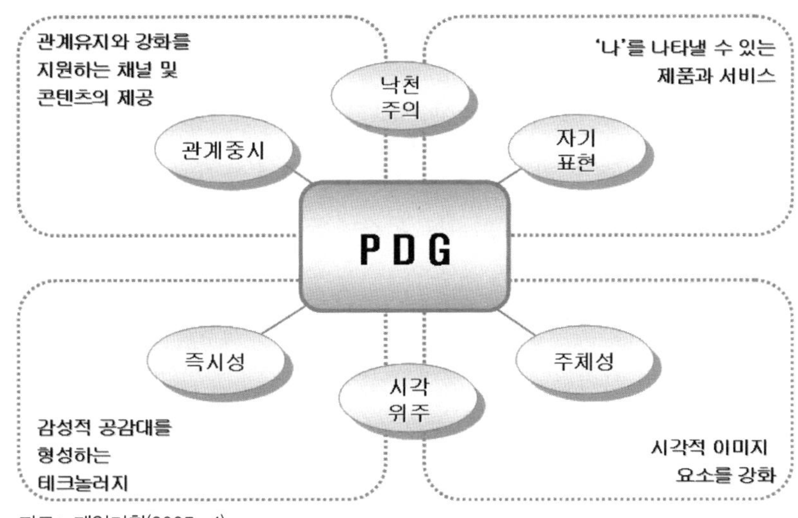

자료: 제일기획(2005. 4).

　　기술의 발전으로 인해 공동체의 필요성이 줄어들고, 기계가 그 자리를 대신하면서 자연스럽게 개인화된 사회가 형성되었다. 즉, 다른 사람들로부터 고립 아닌 고립을 초래하게 되었고, 인간의 정이 소멸되게 되었다. 기술의 발달로 편리하고 윤택한 삶을 살게 될지는 몰라도 그 중심에 인간이 없다면 아무 의미가 없다는 것을 인식하고 인간 중심적인 사회를 복구하고자 PDG가 등장하게 되었다. 이들 PDG들은 인간 중심의 가치 추구를 위해 가장 효율적으로 디지털 문화를 활용할 수 있기 때문에 아날로그 시대의 개인보다 진화된 인류의 형태라고 할 수 있다. 이들에게 있어 디지털 매체와 문화는 자신의 몸과 같이 익숙하고 편안한 것이고, 이 같은 자신감을 바탕으로 아날로그 문화에 길들여져 있는 기성세대와는 다른 방식으로 자신을 표현하고 가치를 추구한다. 또한 이들에게는 오프라인과 온라인의 경계도 큰 의미가 없다. 즉, 온라인은 오프라인을 위한 세상이며, 오프라인은 온라인의 연장이 되는 세상인 것이다. 이들이 사회경제 활동 전면에 나서는 시점에는 체험과 감성의 사회가 도래할 것이라는 전망도 이러한 이유로 더욱 신빙성을 얻고 있다.

방송과 통신이 융합하고, 인터넷과 TV가 결합하는 등 디지털 혁명은 지금도 계속 진행 중이다. 끊임없이 변화하는 디지털 환경 속에 인류의 삶 역시 공진화하고 있다. 과거 아날로그 시대가 토지·노동·자본이라는 유형 자산의 시대였다면 디지털 시대에는 지식·기술·정보라는 무형 자산의 시대라고 할 수 있다. 하지만 과거에도 그랬고 지금도 그렇고, 앞으로도 마찬가지여야 할 것은 인간 중심의 사회 구현이다. 디지털 기술의 발달로 세대 간의 격차가 더욱 벌어지는 것이 아니라 오히려 기술의 활용으로 전 세대가 하나로 뭉칠 수 있도록 다양성과 주체성의 미래 지향적인 가치를 추구해야 할 필요성이 제기된다.

<표 15> 디지털 신인류의 다양한 모습

○ **에코붐 세대(echo-boom generation)**
 1977~1997년 사이에 태어난 미국인 8,000만 명의 디지털 세대가 해당되며 Y세대, N세대(또는 인터넷 세대)라고도 함. 에코붐 세대란 말은 앞선 두 세대의 반향(메아리)이라는 뜻에서 나온 말. 이들은 미디어 지향적이며 TV보다 인터넷이 더 친숙함.

○ C세대(computer & cyber generation)

컴퓨터의 보급이 일반화되면서 탄생한 C세대는 반도체 칩(chip)과 카드(card), 케이블(cable) 속에 사는 비판(criticism) 세대이기도 하며, 기존 질서로부터의 변화(change)를 추구하는 세대.

○ N세대(network generation)

인터넷으로 대표되는 '네트워크 세대'의 약칭. 20세 전후의 신세대를 지칭하는 말로 2차 대전 이후 베이비붐 세대의 자식 세대.

○ I세대(i generation)

1980년대에 태어나고 자란 세대들로, 일반적으로 ▷즉각반응(instinct), ▷매스컴 노출(image), ▷탈권위(independence), ▷개인주의(individualism)의 특성을 보인 데서 붙여진 명칭임.

○ 유비노마드족(ubi-nomad 族)

디지털 노마드·잡노마드 등으로 불리는 21세기형 인간군(群)인 유로노마드에 이어 등장한 새로운 인간군.

○ 허브족(hub 族)

대인관계의 중심에서 휴먼 네트워크를 넓혀 가는 사람. 허브란 말은 개방성, 네트워크, 다변성 등을 함축하고 있는 수레바퀴의 중심이라는 뜻에서 나옴.

○ 지름족

항상 자신이 가지고 있는 물품을 최신 제품으로 유지하기를 원하는 사람들로 PDA, 컴퓨터 등 디지털 기기 이용자 사이에서 자주 발견됨.

○ 코쿤족(cocoon 族)

외부와 단절된 채 껍데기 안에 틀어박혀 있는 누에고치처럼 남의 간섭 없이 자신만의 생활을 즐기는 신세대들을 지칭. 이들은 주로 사이버 공간에서 취미생활을 즐김.

○ 웨피족(weppy 族)

웹 피플(web people)의 약자, 혹은 웹(web)과 여피(yuppie)의 합성어로, '웹을 생활의 중심으로 삼고 살아가는 사람들'을 뜻함.

○ **웹시족(websy 族)**

　인터넷을 통해 정보를 얻거나 쇼핑을 즐기는 20대 후반에서 30대 초반의 젊은 주부층을 일컫는 신조어.

○ **테크노새비족(techno-savy 族)**

　전자문명에 관해 진일보한 소비층. 이들은 젊은이들이 아니라 PC 등장 초기에 청년기를 보냈던 40대들에 해당.

○ **사이버펑크족(cyber-punk 族)**

　자동제어 기술을 연구하는 사이버네틱스(cybernetics)와 부랑아를 뜻하는 펑크(punk)의 합성어.

○ **엄지족(Thumb generation)**

　휴대폰의 구조상 양손의 엄지를 제외한 나머지 여덟 개의 손가락은 휴대폰을 가볍게 받치고, 두 개의 엄지로 버튼을 눌러 휴대폰 등의 기기를 사용하는 이들을 가리킴.

○ **펌킨족(Purmkin 族)**

　'펌'이란 '퍼옴' 또는 '퍼 나름'을 뜻하며, 다른 사이트의 글이나 사진을 퍼 오는 것을 의미하는데, 이 같은 펌 문화에 익숙한 사람들을 '펌'과 '킨(kin: 동료)'의 합성어인 '펌킨'으로 명명. 펌킨족 간의 커뮤니케이션을 퍼뮤니케이션(purmmunication)이라 하는데, 인터넷 시대의 새로운 의사소통 수단으로 떠오르고 있음.

○ **모티즌(motizen)**

　모바일(mobile)과 네티즌(netizen)의 합성어로, 네티즌이 주로 유선 인터넷을 통해 정보를 교환하는 데 비하여 모티즌은 무선 인터넷을 전문으로 이용하는 계층임.

○ **유티즌(U-tizen)**

　유비쿼터스(Ubiquitous) 환경에서의 새로운 주역이 될 신소비계층.

○ **플리퍼족(flipper 族)**

　한국인의 '빨리빨리' 성향이 잘 드러나는 계층. 이들은 1시간 동안 5~10개의 게임을 즐기고, MP3에 꽉 채운 노래 앞부분만을 들으며 리모컨을 들고 계속 채널을 돌리는 등의 행위를 보임.

○ **콘텐츠 세대(content generation)**
일명 'C세대(Content Generation)'라 불리며, '소비자가 콘텐츠를 창조한다 (Consumer Creating Contents)'는 의미를 가짐. 이들은 사진, 음악, 동영상 같은 콘텐츠를 본인이 직접 디지털 기기를 이용, 생산해 인터넷에 저장하고 다른 소비자들과 공유함.

2) 디지털 신인류의 특징

디지털 신인류는 디지털 환경 변화와 함께 탄생되었고, 진화되어 왔다. 이들은 기존의 세대가 새로운 시대에 적응해 가면서 진화하기도 하였지만 태어날 때부터 디지털 기기와 함께 자라난 새로운 세대의 출현이기도 하다. 이미 디지털 신인류는 신(新)이라는 단어를 벗어던질 만큼 우리 삶 속에 주체로 자리 잡았다. 즉, 디지털 신인류는 현재 우리의 모습이며, 앞으로 진화될 우리의 미래상을 짐작할 수 있는 바로미터가 된다. 디지털 사회를 살아가는 우리는 누구나 디지털 신인류다. 다만 자신이 어떤 유형의 디지털 신인류인지는 모를 수 있어도 스스로가 디지털 신인류라는 사실만큼은 부인할 수 없다는 의미이다. 김용섭(2005)은 「디지털 신인류」에서 9가지 유형과 12가지 특성을 통해 다양한 디지털 신인류의 면면을 분석하였다.

디지털 시대는 인간의 정의를 호모 사피엔스(Homo Sapiens: 생각하는 사람)에서 호모 디지피엔스(Home Digipiens: 디지털 문명에 적응된 생각하는 사람)로 바꾸고 있다. 따라서 디지털 시대 어떤 인간형이 주류를 이루는지를 이해하는 것은 매우 중요하다. 디지털 신인류의 유형은 크게 9가지로 구분할 수 있다. 바로 컨버전스 유형, 패스파인더(Pathfinder) 유형, 커뮤니케이터(Communicator) 유형, 레밍스

(Lemmings) 유형, 동지(Comrade) 유형, 개인(Individual) 유형, 네오
젠더(Neo-Gender) 유형, 중독/몰입 유형, 지식인(Knowledgian) 유형
이 그것이다. 그 세부적인 설명은 다음의 표와 같다.

〈표 16〉 디지털 신인류의 9가지 유형

유 형	설 명
컨버전스 유형	디지털화가 낳은 다양한 융합과 결합적 환경에 조응해 나가는 인간형
패스파인더 (Pathfinder) 유형	디지털화를 보다 적극적으로 받아들이고, 아울러 디지털화의 여러 현상과 기술적 진보를 주도하는 인간형
커뮤니케이터 (Communicator) 유형	개인을 커뮤니케이션 권력의 중심으로 삼으려 하고, 직접적인 정보생산과 함께 수집된 정보의 편집과 편성을 통해 개인의 정보생산성을 확대하려는 인간형
레밍스 (Lemmings) 유형	맹목적 집단행동이 특성인 유형. 인터넷을 매개로 집단성과 맹목성이 발휘되며, 극단적인 집단행동을 취하기도 함
동지(Comrade) 유형	온라인을 보다 효율적인 휴먼 네트워크 기반으로 활용하여 적극적인 디지털 인맥 조성이나 사회적인 생산성을 발휘하는 인간형
개인(Individual) 유형	조직형 인간에서 탈피해 점차 개인의 시대로의 이동을 주도하는 인간형
네오젠더 (Neo-Gender) 유형	성 역할 구분에 대한 기존의 관점에서 탈피한 인간형. 더 이상 생물학적인 성의 구분이 사회적 성의 구분으로 이어지지 않는 시대의 새로운 성의 유형
중독/몰입 유형	디지털 문화나 편의에 대한 사회적 중독에 빠진 인간형
지식인 (Knowledgian) 유형	지식정보를 기반으로 사회적인 생산과 변화를 주도하는 인간형. 디지털 사회가 지식정보 사회를 지향하는 것은 지식인 유형의 확산에 큰 영향을 미치고 있음

디지털 신인류의 특성을 크게 다음과 같이 12가지로 정리할 수 있다.

① 개인주의적이다.
② 네트워크 중심적이다.

③ 생산적 소비 성향이 강하다.
④ 융복합적이다.
⑤ 엔터테인먼트를 추구한다.
⑥ 도전적이다.
⑦ 자기 과시적이다.
⑧ 이미지 중심적이다.
⑨ 기술 소비적이다.
⑩ 가상과 실재의 경계가 모호하다.
⑪ '빨리빨리' 문화가 확대 재생산된다.
⑫ 디지털과 아날로그의 공존을 원한다.

종합해 보면 디지털 신인류는 원하는 정보를 어디서든 자유롭게 이용하고 소비하는 등 디지털 기기의 활용도를 극대화하여 일상생활을 편리하고 윤택하게 하는 데 적극 활용한다. 또한 인간미, 즉 감성적인 측면을 중심에 두고 언제나 균형을 이루려고 한다. 디지털 신인류는 개인적이며 커뮤니티적이며, 세분화되지만 역설적으로 융합적이다. 즉, 한마디로 동전의 양면과 같이 상이한 두 개념이 상호 보완적으로 얽혀 공존해 나가는 것이다.

10.2 디지털 신인류의 미래

1) 부정적인 미래

디지털 환경의 도래가 유토피아가 될지 디스토피아가 될지는 쉽게 예측할 수 없다. 그러나 최근 불거지고 있는 다양한 디지털 시대의 폐해들은 부정적인 미래에 대한 암운을 드리우고 있기도 하다.

대표적으로 제기되는 문제는 바로 사이버상에서 떼로 몰려다니며 집단행동을 하거나 맹목적인 경향을 보이는 디지털 레밍스(Digital Lemmings)의 문제이다. 이들은 맹목적이고 추종주의적인 경향성을 가지는 인간형으로, 디지털 시대가 양산한 대량 정보화와 직접 참여주의가 가져온 부작용의 일환으로 볼 수 있다. 디지털 기술은 있되 이를 활용하는 문화적 환경이 부재한 초기 상황에서 주로 발생하고, 익명성이라는 것과 네티즌 수의 급작스런 팽창 등이 디지털 레밍스를 양산하는 배경이 된다. 실제로 레밍스는 개체 수가 급증하면 떼로 몰려다니며 급작스런 이상행동을 보이기도 하는 툰드라 지역에 사는 쥐의 일종이다. 동화로 읽었던 '피리 부는 사나이'에서 피리로 물리쳤던 그 쥐가 바로 레밍스이다.[25]

최근 지독한 정보편식 현상과 유행만 맹목적으로 따르는 디지털 향유 문화가 팽배해지는 것은 결코 바람직하지 못하다. 이미 '몸짱'이라든지 '웰빙' 유행이 맹목적으로 퍼져 나갔으며, 근거 없는 비방을 통한 연예인들에 대한 현대판 마녀사냥에 너도나도 나서는 모습이 우리 사회에서 쉽게 발견되고 있다. 문제는 이들이 향유하는 문화가 그들만의 문화가 아니라, 이미 사회 전반에 영향을 미치는 우리 모두의 문화라는 것이다. 앞으로는 창의적이고 분별력 있는 문화 향유 태도가 중요한 이슈로 떠오를 것이다.

디지털 시대가 만든 또 다른 폐해인 디지털 코쿤(Digital Cocoon)족의 증가도 문제점으로 지적된다. 이들 디지털 코쿤은 고립된 공간에

---

25) 최근에 광(狂)과 클릭의 합성어인 '광클'이 이러한 현상의 하나로 회자되고 있다. 특정 검색어를 인기 검색어로 만들면서 여론조작의 가능성까지 비치고 있다(중앙일보, 2007. 2. 15. 12면 참조).

서 칩거하는 것을 즐기는 은둔족이다. 탈사회적이고 고립적인 인간 소외 현상이 디지털 공간에서 더욱 치명적인 형태로 나타난 경우로 볼 수 있다. 서구에선 이들을 누에고치에 빗대 코쿤족이라고 부르고, 일본에서는 한때 일본 사회에 만연했던 히키코모리(외부세계와의 접촉을 끊은 채 방 안에 틀어박혀 시간을 보내는 인간형) 현상에 빗대어 디지털 히키코모리라고 한다. 이들은 타자와의 개방에 두려움을 느끼며, 설령 누군가가 현실세계의 권위를 나에게 행사하려 한다 해도 익명의 보호막 뒤로 숨어 버리거나 접속을 끊어 버리는 경향을 가지고 있다. 이러한 익명 속의 은둔족들이 늘어나는 것도 큰 사회문제가 될 것이다.

이외에도 정보지식 사회로 대변되는 디지털 시대에는 엘리트 계급의 정보 독점의 문제도 심각하다. 빈부의 격차가 정보의 격차로 이어지거나 대변될 수 있다는 의미이다. 예컨대 새로 나온 고가의 멀티미디어를 소유한 사람은 빠르고 쉽게 고급정보를 습득할 수 있으며, 습득된 고급정보는 다시 막대한 부를 창출할 수 있다. 이와 같은 디지털 엘리트의 정보 독점의 심화는 오프라인뿐만 아니라 온라인상에서의 또 다른 불평등을 초래할 수 있다.

2) 긍정적인 미래

21세기, 디지털 시대로의 변화는 피할 수 없는 선택이라고 할 수 있다. 그러나 변화를 적극적으로 받아들여 새로운 흐름을 주도해 나갈 것인가, 도태되고 말 것인가는 전적으로 우리 자신의 선택에 달려 있다. 우리가 만일 변화에 반발하거나 외면하여 변화가 우리를 압도하게 그대로 방치한다든지 혹은 변화가 우리를 그냥 지나쳐 버리게 방치한다면, 우리는 변화를 부정적으로 인식하게 될 것이다. 디지털 문화의 대중적인 확산은 우리의 생활양식을 또 다른 차원으로 변화시키고 있으며, 사람들의 생활을 바꾸어 놓을 새로운 일들이 본격적으로 등장하게 될 것이다.

그래도 디지털 시대를 부정적인 시선만으로 보지 않게 되는 것은 충분히 디지털 인류들이 미래의 변화를 신속하고 능동적으로 받아들이고 있기 때문이다. 예컨대 디지털 신인류들은 디지털 혁명으로 이룬 새로운 인터넷 사이버 공간을 통해 과격시위문화를 대신할 촛불문화를 탄생시키거나, 사람의 생명을 구하기도 하고 암으로 죽어 간 여인의 아기를 위한 후원자가 되기도 했다. 소통과 교류가 활발하게 이루어질 수 있는 인터넷 공간, 더 나아가 디지털 공간에서의 인간적인 교감이 단절되지 않고 지속적으로 이루어지고 있는 것이다.

우리는 하루 뒤를 예측할 수 없는 첨단 테크놀로지, 속도의 시대에 살고 있지만, 휴머니즘의 필요성을 간과하지 말아야 한다. 디지털 지식 혁명이 삶과 산업 전반을 바꾸더라도 그 중심에는 인간이 있다. 따라서 인간을 도외시한 디지털 사회는 빈껍데기일 뿐이다. 휴머니즘이 필요한 것은 바로 이런 이유에서이다. 디지털 미래사회에서 더불어 살아가는 방법은 디지털 신인류로서의 책임과 의무를 자각하는 것이다. 특히 개개인은 자신만의 미래를 위해 흔히 디지털 혁명의 한 공간이라고 불리는 사이버 공간에서 이기적이고 공격적이고 감각적인 행동은 자제해야 할 것이다.

우리가 꿈꾸는 미래는 우리 모두가 함께 하는 디지털 세상이다. 휴머니즘을 바탕으로 우리들은 '함께'라는 의식 속에 미래를 공유해야 한다는 생각으로 세상을 바라보아야 할 것이다. 또 그 가치 실현을 위해 흐름을 주도하고 급격한 변화를 오히려 도약의 기회로 삼는 적극적인 자세도 필요하다. 누구나 평등하게 정보와 지식을 습득하고 누릴 수 있도록 디지털 리터러시를 구현하여 안락하고 편리한 디지털 소사이어티를 건설해야 할 것이다. 이러한 과제들이 충분히 수행된다면 '드림소사이어티' 혹은 '감성소사이어티'의 미래는 결코 불가능하지 않을 것이다.

11. 디지털미디어 미학과 예술의 미래

11.1 문화의 디지털화

1) 디지털 문화의 특성

　디지털 문화의 특징은 디지털 테크놀로지의 기술적 속성에 기반을 둔다. 디지털 문화는 디지털미디어 테크놀로지를 통해 생산되고 유통되며 소비되기 때문이다. 본질적인 구조적 차원에서 아날로그 현실공간과 디지털 문화는 그 구성원리가 완전히 다르다. 디지털미디어 테크놀로지를 통해 생산과 유통 및 소비가 이루어지기 위해서는 정보가 디지털화되어야 한다. 그런데 디지털화된 정보는 모든 신호가 0과 1로 구성되어 저장되거나 유통 및 생산되지만, 이 정보들은 이진법으로 순열 조합됨으로써 모니터상에서 우리에게 익숙하고 의미 있는 소리나 영상 또는 텍스트의 형태로 완벽하게 재현된다. 디지털 기술은 0과 1을 이용하여 숫자도 만들지만 그림도 그려낸다. 하지만 그 숫자나 그림은 가상공간에 존재한다. 바로 이 점이 우리가 아날로그 공간에서 경험하는 현실과 비교되는 근본적인 차이라고 하겠다. 아날로그 공간은 연속적인 공간이지만, 0과 1로 구성된 디지털 공간은 독립적으로 미세하고 잘게 쪼개진 불연속적 공간인 것이다. 따라서 아날로그 현실공간에서는 어떤 일이 과정에 따라 단계적으로 발생하지만, 디지털 문화에서는 단계적 과정 없이도 상태가 급변하는 것이 가능하다. 또한 이 때문에 디지털 문화는 복제 횟수에 관계없이 원본의 신호형태를 비교적 지속적으로 유지할 수 있지만 아날로그 문화는 복제 횟수가 더해 갈수록 원본의 신호가 왜곡되거나 훼손된다.

형식적인 차원에서 디지털 문화는 비물질성을 지니며 시간과 공간에 예속되지 않고, 상호작용성과 하이퍼텍스트적 특징, 그리고 멀티미디어적 특징을 지닌다. 디지털 문화는 디지털 신호로 구성되고 존재한다. 따라서 물질성을 결여한다. 시간과 공간에 얽매이지 않고 상대적으로 자유롭게 생산, 유통, 소비될 수 있다. 디지털 문화는 메시지의 일방적 전달이 이루어지지 않으며, 원활한 양방향 커뮤니케이션을 보장한다. 하이퍼텍스트적 특징 역시 디지털 문화의 형식적 특징 중 하나이다.

하이퍼텍스트는 1960년대 후반 한 주제어를 다른 문서에 연결한다는 개념으로 처음 사용되었다. 하이퍼텍스트 시스템은 그래픽, 음향, 애니메이션, 또는 VTR과 같은 다른 형태로의 정보를 가능케 한다. 따라서 하이퍼텍스트와 멀티미디어의 개념이 혼합된 하이퍼미디어와 혼용하여 쓰기도 한다.

슬레빈(James Slevin)은 하이퍼텍스트를 콜라주(colleage) 효과로 설명한다. 콜라주는 유화의 캔버스에 신문지나 종이, 헝겊, 나뭇조각 등 서로 다른 성질을 가진 재료를 붙여 작가의 창작 의도와 표현력을 극대화시킨 미술기법이다. 텍스트미디어적 특징은 여러 개의 사이트가 연결돼 여기저기를 넘나들 수 있는 구조를 띤다는 점에서 콜라주적이라는 것이며, 다양하고 이질적인 멀티미디어 형태들이 서로 연결되어 있다는 점에서도 콜라주적이라는 것이다. 하이퍼텍스트는 전통적인 미디어텍스트가 지니고 있는 선형적(linear)이고, 순차적인(sequential) 형태를 넘어서 어디가 시작이고 어디가 끝이라고 할 수 없는 '마디들(nodes)'의 끝없는 유기체적 '이음(link)'이다. '이음'은 하이퍼링크를 통해 이루어진다. 하이퍼텍스트로 연결되면 아무리 작은 하부 메뉴라 하더라도 그 자체가 하나의 의미가 완결되는 구성물이다. 각각의 하부 메뉴는 그 자체로 의미가 완결되는 구성물이며, 각 하부 메뉴는 서로 이질적이지만 하이퍼링크로 연결되면서 또 하나의 의미 있는 유기적 구성물을 이루는 것이다. 하이퍼텍스트적 특징은 비일관적이거나 비연관적이며 갑작스러운 연결을 통해 문화 수용자의 사고와 무의식에 영향을 미치기도 한다.

　활자와 책의 문화가 하이퍼텍스트 때문에 종식될 것이라는 예단은 성급한 것이지만, 인쇄문화에 의해 고무된 선형적, 논리적, 연속적 사고가 하이퍼텍스트의 역동적인 방식에 의해 도전을 받고 있는 것은 사실이다. 또한 하이퍼텍스트 양식의 활용은 문학을 포함한 모든 글쓰기 영역에 영향을 미치고 있다. 특히 정보검색 체제로서의 효율성 면에서 하이퍼텍스트 방식은 기존의 선형적인 텍스트와는 비교가 되지 않을 정도이다. 그러나 현존하는 활자인쇄 문서들을 디지털 하이퍼텍스트가 모두 대체할 것으로 볼 수는 없다. 활자와 디지털 양식의 공존과 상호 침투가 지속될 것이다. 마찬가지로 활자매체에 의한 문학작품과 하이퍼텍스트에 의한 디지털 문학 양식의 발전도 상당한 기간 동안 공존하면서 상호 간에 영향을 교환할 것으로 보인다. 활자매체 책으로서는 불가능한, 소리와 영상이 삽입된 형태로 전달하는 하이퍼텍스트 방식은 컴퓨터 모니터를 통해서만 볼 수 있는, 그래서 종이로 된 책이 지닌 유연성은 없는 한계가 있지만 시청각적인 즉각적 호소력과 효율성 등에서는 상당히 유리한 점이 있는 것이 사실이다. 하이퍼픽션을 비롯하여 소설집과 시집, 그리고 각종 문학잡지도 조만간 그와 같은 형태로 시도될 것으로 보인다.

한편, 디지털 문화는 멀티미디어적 특징을 지닌다. 디지털미디어 테크놀로지는 다양한 미디어들이 융합된 것이므로 멀티미디어 문화 구현이 가능하다. 멀티미디어적 특징을 지닌 디지털 문화는 이미지, 사운드, 동영상 등의 표현양식 중 둘 이상의 양식을 통합적으로 제공하기 때문에 인간의 다양한 감각기관을 동시에 자극한다. 맥루한은 시각, 청각, 촉각, 미각, 후각 등 인간의 오감을 동시에 사용할 수 있는 커뮤니케이션 형태를 가장 이상적 형태로 보았다. 그리고 문자 미디어가 시각에 치우친 부분감각형 인간을 만들었다고 설명했다. 인터넷은 멀티미디어적 속성을 지닌다는 점에서 인간의 감각기관을 자극하고 증폭시키는 데 한계를 지니고 있어서 맥루한이 주장하는 이상적인 커뮤니케이션 형태를 이루는 데 제한적이었던 기존 미디어들의 한계를 상대적으로 극복한 미디어라고 할 수 있을 것이다.

<표 17> 디지털 문화의 특징

구 분	특 징
본질적 구조 측면	0과 1의 독립적이고 미세하며 짧게 쪼개진 불연속적 구조 - 현실세계와의 단절과 원본의 정확한 재현 및 가상현실 구성
형식적인 측면	비물질성 시공간의 제약에 대해 상대적 자유로움 멀티미디어적 특성 하이퍼텍스트성 상호작용성
내용적인 측면	다양성과 다중성

내용적인 측면에서 디지털 문화는 다양성과 다중성(multiplicity)을 지닌다. 디지털 문화는 획일적이지 않고 일방적이거나 위계적인 것도 아니다. 이성적인 것만도 아니며 합리성만을 전적으로 추종하지도 않

는다. 디지털 문화는 다양한 가치를 지니며 다양한 참여자에 의해 구성되고, 다양한 미디어적 양식으로 표현된다. 또한 디지털 문화는 다중성을 지니는데, 이는 곧 유동적이며 가변적이고 동시에 복합적이라는 의미이다. 인터넷 아바타를 이용한 채팅 참여자들의 성 정체성이 가변적이며 유동적인 것이 그 대표적 사례이다.

2) 디지털 문화 인터페이스와 영상 미학

1984년 영화 「블레이드 러너」[26]의 감독 리들리 스콧은 애플 컴퓨터의 새 매킨토시 제품 광고 의뢰를 받았다. 이 사건은 역사적 의미를 가지고 있다. 페테르 루넨벨트(Peter Lunenfeld)가 지적했듯이 각각 2년 간격으로 출시된 「블레이드 러너」(1982)와 매킨토시 컴퓨터(1984)는 그가 '영원한 현재'라고 불렀던 그곳으로 우리를 몰아넣으면서 20년이 지난 지금도 문화를 지배하는 두 가지 미학을 정의해 주었다. 그중 하나는 바로 미래주의와 파괴, 컴퓨터 기술과 물신주의, 복고주의와 도시주의, 로스앤젤레스와 도쿄가 뒤섞인 미래의 디스토피아였다. 「블레이드 러너」가 극장에서 상영된 이후로 이 영화의 테크노 누아르 풍은 수많은 영화와 컴퓨터 게임, 소설 그리고 여타 문화적 객체에서 반복되었다. 대표적인 사례로 일본 오시이 마모루 감독의 「공각 기동대」, 코나미사의 게임 「스내처」 등이 있다.

「블레이드 러너」의 암울하고 파괴적인 포스트모던적인 모습에 대비해서 매킨토시에 의해 상용화된 그래픽 사용자 인터페이스(GUI, Graphic User Interface)는 선명성과 기능성이라는 현대주의의 가치에

---

26) 「블레이드 러너」는 필립 K. 딕의 소설 「안드로이드는 전기양의 꿈을 꾸는가?(Do Androids Dream of Electric Sheep?)」를 베이스로 하고 있다.

충실했다. 사용자의 스크린은 직선과 사각형의 창으로 통제되는데 이 사각형의 창은 그리드(grid)에 정리된 개개 파일의 더 작은 사각형의 창을 포함한다. 이 컴퓨터는 하얀 배경 위에 또렷한 검은 문자가 들어 있는 사각형의 상자를 통해 사용자와 의사소통한다. 뒤에 나온 GUI 버전은 색깔을 넣고 사용자가 여러 인터페이스 요소의 모습을 맞춤식으로 만들도록 해 주었다.

〈그림 51〉 리들리 스콧의 애플 컴퓨터 광고

이후 스크린이라는 사각의 창으로 통제되었던 사용자 인터페이스는 LCD를 사용한 휴대용 디스플레이 방식으로 진화하였다. 또한 모든 종류의 문화적·예술적 생산물들이 디지털 컴퓨터라는 특수한 필터 장치에 의해 매개되고 있다. 웹브라우저라는 창이 영화와 TV의 화면, 미술관의 벽, 도서관과 책을 모두 한꺼번에 대체하면서 새로운 상황이 도래하고 있는 것이다. 과거와 현재의 모든 문화가 컴퓨터의 인간-컴퓨터 간 인터페이스에 컴퓨터를 통해 걸러져 나오게 된 것이다.

디지털이라는 새로운 미디어는 몰입을 유도하는 영화적 인터페이스와 함께 데이터베이스의 하이퍼텍스트적 구조를 갖고 있는 새로운 문화와 내용을 창조하고 있으며, 그 문화의 내용은 사용자가 쉽게 조작할 수 있는 유연한 구조를 가지고 있다. 또한 잘라내기와 붙여넣기의 논리에 따른 영화의 합성기술은 영화 「타이타닉」과 같은 아름다운 환영을 수용자들에게 선사하고 있다. 영화 인터페이스가 문화 인터페이스로 가장 활발하게 변환되고 있는 영역인 컴퓨터 게임은 1990년대 이르러 2차원에서 3차원으로 진화하였고, 게임은 이제(흔히 게임 업계에서는 '시네마틱'이라는 용어로 부르는)화려한 영화적 인트로 시퀀스를 도입해서 분위기를 조성하고 배경을 구성하며 서사를 시작하여 유저의 눈을 사로잡고 있다. 영화는 또한 컴퓨터 사용자를 위한 도구상자로서의 새로운 삶을 갖게 되었다. 지각, 시공간의 연계, 인간 기억의 재현, 사유 그리고 감정의 영화적인 방식들은 컴퓨터 시대에 수백만 명의 작업방식이자 삶의 방식으로 진화하고 있다.

최근의 놀랍도록 진화한 인간-컴퓨터 간 인터페이스는 예술과 커뮤니케이션을 위한, 근본적으로 새로운 가능성들을 제공하고 있다. 가상현실은 사용자들로 하여금 존재하지 않는 3차원 공간을 여행하게 해 주고 있으며, 컴퓨터 네트워크에 연결된 모니터는 창이 된 지 오래다. 이 창을 통해 우리는 수천 마일 떨어진 곳에 언제든지 갈 수 있게 되었고, 마우스 또는 비디오카메라를 통해 컴퓨터가 우리와 대화하는 지적인 존재로 바뀔 수도 있게 되었다. 또한 디지털 기술은 VR(가상현실), 원격현존(telepresence) 그리고 상호작용성을 가능하게 했으며, 그것들은 더 오래된 기술, 즉 스크린에 의해 현실화된다. 오늘날 컴퓨터 그리고 디지털 기기들과 짝을 이루는 스크린은 빠르게 정보, 이미지, 동영상 또는 텍스트에 접근하도록 하는 중요수단이 되고 있다. 디지털 기술이 문화 미디어 향유의 새로운 장을 열어 가고 있는 것이다.

다양한 문화 장르들은 기술과 연관되어 왔고, 예술가는 새로운 기술이 나타면서 그것을 최초로 수용하는 사람, 인터넷은 협동작업의 공간, 민주적 배포, 참여적 경험 등 새로운 유형을 가능케 해 주는 잠재력을 지닌다. 이러한 새로움 때문에 뉴미디어는 문화적 창조자들이 작업하는 흥미로운 공간으로 진화한다. 뉴미디어의 출현은 끊임없이 변화하면서 실험과 탐험을 거듭하는 예술가들에게는 최고의 실험공간이 되는 것이다.

디지털 기술의 진화는 컴퓨터 게임과 가상세계와 같은 문화적 형식의 출현을 선도할 뿐만 아니라, 영화나 사진 같은 기존의 문화 형식들을 재구성하고 있다.

<그림 52> 디지털 기술 도래로 인한 문화의 변이

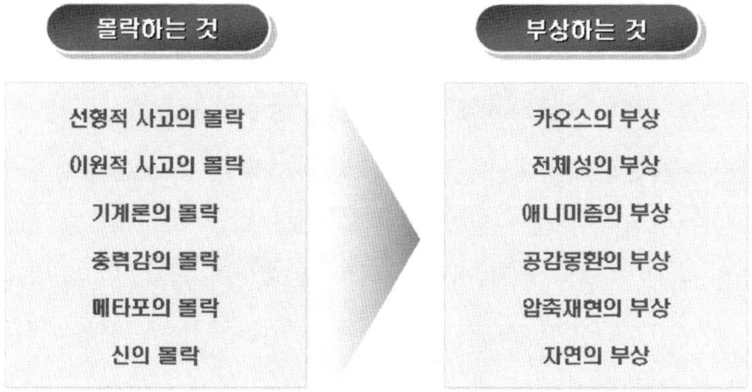

11.2 예술세계를 채색하는 0과 1

1) 디지털 문화의 미학

디지털 문화의 미학은 디지털 문화의 특징이 스토리 구조나 형식, 주제와 표현기법이나 편집 및 효과의 삽입 등을 통해 적극적으로 구현하는 것을 추구한다. 즉 디지털미디어 테크놀로지를 통해 디지털 문화의 특징들을 창의적이고 실험적으로 구현함으로써, 디지털 기술이 갖는 한계에 의해 이루어지는 부자연스러운 표현까지도 이용하여 즐거움을 공유하며 기존의 문화가 지닌 한계에 대한 해방감을 경험할 수 있도록 하는 것이 디지털 문화의 미학인 것이다.

디지털미디어 테크놀로지는 음악, 영화나 미술, 게임 등의 장르에서 새로운 가능성을 제공하는데, 그 가능성을 어느 정도 현실화시키는가 하는 것이 중요하다고 하겠다. 영화가 회화를 위협하며 새로운 미학을 만들어 낸 것처럼 디지털 문화는 기존의 문화들과 분명하게 대비되는 새로운 미학을 형성해 가고 있는 것이다. 인간이 가진 미디어 테크놀로지 수준 자체가 인간 표현의 한계를 결정짓는 것처럼 디지털미디어 테크놀로지는 새로운 표현의 가능성을 제공하고 있기 때문이다.

홀츠먼(Steven Holtzman)은 디지털 문화가 지니는 미학의 본질이 독립되고 단절적이며 비연속적으로 쪼개진 점들을 기본구조로 하고 있는 점이라고 「디지털 모자이크」에서 주장한다. 해상도가 높은 디지털 영화나 텔레비전 화면도 사실은 무수히 많은 독립적인 점들로 구성되어 있다. 홀츠먼은 이 점들이 아날로그 신호와 같이 완벽하게 연결되지 못한 채 수용자에게 전달되기 때문에 그 의미의 완성은 수용자들이 이루어 가는 것이라고 분석했다. 아날로그 현실의 연결성과 디지털 방식으로 표현되는 문화들이 지닌 이와 같은 단절성 사이의 모순을 수용자들이 해결해 가는 과정이 존재한다는 점이 디지털 문화가 지닌 미학의 본질이라는 것이다. 이는 물론 맥루한의 영향을 받은 것이다. 「디지털 모자이크」라는 제목 자체가 이미 맥루한을 기리고 있다. 텔레비전 화면은 서로 단절된 미세한 망점들의 조합으로 되어 있다. 우리가 밤하늘의 북두칠성을 마음속으로 연결해 국자의 모양을 상상하듯이, 시청자는 단절되어 있는 망점들을 연결해 연속된 이미지로 수용한다. 이 때문에 완성된 그림인 영화의 영상과 달리, 텔레비전 영상은 미완성된 채로 전달되어 수용자가 완성해야 할 일종의 모자이크라는 것이다.

디지털 문화의 미학은 기존 문화에서 경험하지 못한 것들을 창의적으로 실험하여 즐거움과 유쾌함 또는 해방감을 맛보게 하는 것이다. 전기기타가 등장하면서 하드락이나 헤비메탈 등과 같은 장르를 형성하고, 나름대로의 미학을 구성하였던 것처럼, 영화의 경우에도 기존 카메라로는 촬영이 불가능한 장면을 촬영함으로써 생산자와 소비자 모두에게 새로움으로 인한 즐거움과 충격적 해방감을 느끼게 하는데, 이것 역시 디지털 문화의 미학으로 해석된다. 스타크래프트나 리니지와 같이 상호작용성과 하이퍼텍스트를 제공하는 게임을 할 때 느끼는 감정도 디지털 문화가 제공하는 미학적 부분으로 설명된다. 미술의 영역에서도 온라인상에 미술작품을 전시하여 대중화와 미술의 공공성 구현을 시도하거나, 디지털 장비를 이용해 미술작품을 창작하여 새로운 표현기법을 구현하는 경우 역시도 디지털 미학의 측면에서 가치 있는 것으로 평가된다. 미술관에 직접 가지 않고도 집에서 온라인을 통해 미술작품을 감상하거나 디지털 방식으로 제작된 작품들을 감상하는 것은 수용자에게 새롭고 흥미 있는 경험이 된다.

디지털 기술의 발전이 커뮤니케이션 표현과 유형, 양식에 미치는 영향은 매우 크다. 새로운 매체의 발전은 인간의 다양한 감성과 체험을 표현하는 방법에도 큰 변화를 가져오고 있으며, 문화를 생산하는 방식에도 커다란 변화가 일어나고 있다. 인간이 시각과 공간을 지각하는 체험의 수준은 새로운 표현 매체의 발전과 함께 전혀 다른 커뮤니케이션 방식 그리고 문화를 창조해 패러다임의 변화를 가져온다.

최근 많은 연구기관에서 디지털 미학의 양식을 정립하기 위한 연구가 활발하게 진행되고 있다. MIT의 미디어 랩(Media Lab)은 이와 같은 디지털 미학의 양식에 대한 지속적 연구를 수행하고 있는 대표적인 연구기관이다. MIT에서 운영 중인 미디어 아츠 앤 사이언스(Media Arts & Science) 프로그램은 최첨단기술을 이용해 커뮤니케이션 방식의 변화와 이에 따른 새로운 미학을 창출하는 데 노력하고 있다. 예컨대 디지털과 아톰(원자)의 결합방식을 통해 기존 미디어 미학을 향상시키거나 새로운 표현주의를 만들어 내는 것이다.

또한, '뉴욕대학의 티쉬 예술 대학(New york Univ. Tisch school of the Arts)'의 '영화 연구학과(The department of Cinema studies)'에서는 새로운 프로그램인 '무빙 이미지 아카이브 앤드 프레저베이션(Moving Image Archiving and Preservation)에서 정보 표현과 콘텐츠 표현방식에 관한 연구를 수행하고 있다.

또한 컴퓨터로 코드화된 정보의 개념 속에서 새로운 미적 가치를 탐구하고 있는 존 마에다(John Maeda)의 연구도 관심을 끌고 있다. 마에다는 숫자와 문자를 기본으로 컴퓨터가 지닌 3차원과 4차원의 정보개념을 멀티미디어로 표현하고 있다(권상희, 2005).

〈그림 53〉 존 마에다(John Maeda)의 작품들

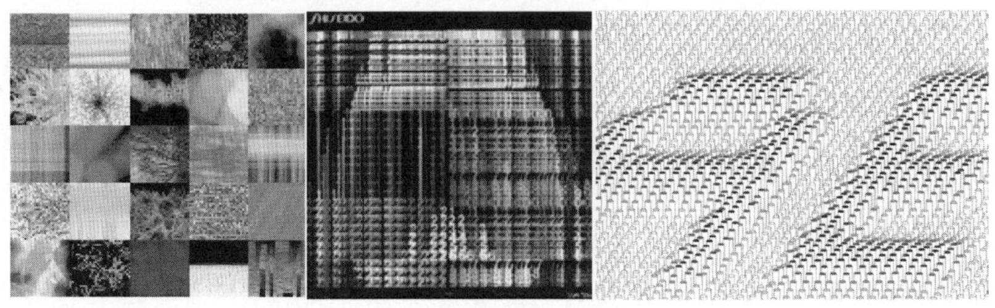

2) 디지털 예술과 표현주의

다른 미디어들과 마찬가지로 디지털미디어는 특정한 관념을 표현하는 데 특히 적합한 독특한 특질을 가지고 있다. 돌과 철의 특질이 조각가가 만든 구조물에 반영되듯이 그리고 기타의 특질이 기타 곡에 반영되듯이, 디지털미디어의 특질은 디지털의 세계에 반영된다. 디지털 세계의 새롭고 독특한 이러한 특질들은 그 세계에 대한 우리의 경험(흔히 미학이라고 일컬음)을 결정짓는다.

디지털은 다양한 유명작품들을 쉽게 모사할 수 있다. 그러나 디지털 세계에서의 복제물은 원본보다는 못하다. 그래도 아날로그 세계의 파멸원인은 각각의 복제물이 원본으로부터 나온 '세대'이고, 각 세대는 일정한 품질 손상을 내포했기 때문이다. 예컨대 아날로그로 녹음된 음악을 복제하려면 음파를 나타내는 전기적 진동을 복제해야 한다. 가장 좋은 아날로그 기술이라 하더라도 원본의 근사치만을 복제할 수 있을 뿐이다. 디지털 세계에서의 모든 복제물은 어떤 측면에서는 원본이 손상된 것이다. 디지털 기술을 활용하여 예술작품을 복제하는 데에도 일련의 숫자들만 제대로 복사한다면 되고 그러한 완벽한 모조품을 얻게 된다. 아무런 품질의 손상 없이 수십 개, 수천 개, 수천만 개의 모조품을 얻을 수 있다. 각각의 복제물은 원본과 구별할 수 없을 정도로 똑같다.

1960년대 앤디워홀(Andy Warhol)은 매스 미디어와 대중문화를 접합하여 '팝 아트(pop art)'27)를 창시했다. 이는 소수의 교화를 지향하는

---

27) 1950년대 초 영국에서 그 전조를 보였으나 1950년대 중후반 미국에서 추상표현주의의 주관적 엄숙성에 반대하고 매스 미디어와 광고 등 대중문화적 시각 이미지를 미술의 영역 속에 적극적으로 수용하고자 했던 구상미술의 한 경향을 말한다. 팝 아트는 텔레비전이나 매스 미디어, 상품광

고급 예술과는 근본적으로 다른 그 무엇을 구현한 최초의 예술 창작이
었다. 워홀의 작품은 매스 미디어에 대한 태도를 반영한다. 그의 그림
을 TV를 통해 보는 것처럼 관람자의 시점을 취함으로써 일종의 이탈
감(sense of detachment)을 드러낸다. 워홀의 작품들은 매스 미디어와
대량생산 방식을 통해 만들어 낸 것들이다. 그의 작품 주제는 미디어가
미디어 스타들을 만들어 낸 것처럼 만들어 낸 과장된 이미지들이다. 스
타들은 복제될수록 가치가 더욱 커진다. 워홀의 작업방식은 디지털 창
작방식을 통해 다양한 예술세계를 펼쳐가는 최근의 예술 경향을 선도
했다는 의의를 가진다. 이후 로이 리히텐슈타인(Roy Lichtenstein)과
로버트 라우쉔버그(Robert Rauschenberg)와 같은 예술가들은 워홀과
같이 진지한 예술과 대중문화 사이의 벽을 깨 버렸다.

<그림 54> 앤디워홀과 대표작 '마릴린 먼로'

디지털 세계는 최상의 포스트모던적인 표현수단이다. 우리가 처음
컴퓨터를 접하고 아주 빠르게 배운 것은 모든 종류의 재료를 복제할

고, 쇼윈도, 고속도로변의 빌보드와 거리의 교통표지판 등의 다중적이고
일상적인 것들뿐만 아니라 코카콜라, 만화 속의 주인공 등 범상하고 흔한
소재들을 미술 속으로 끌어들임으로써 순수예술과 대중예술이라는 이분
법적, 위계적 구조를 불식시키고, 산업사회의 현실을 미술 속에 적극적으
로 수용하고자 한 긍정적인 측면을 지니고 있다.

수 있고 그 복제물을 대비시키고 병치시킬 수 있다는 것이다. 디지털 세계에서는 몇 번의 마우스 클릭으로 오리고 복사하고 붙일 수 있다. 이미지나 오디오·비디오 샘플을 오려 내서 붙이는 것이 새로운 것을 만들어 내는 것보다 더욱 쉽다. 디지털 프로세스를 통해 복제물들은 또 다른 작가들에 의해 수정, 변경할 수 있고 다른 복제물과 합성이 가능해진다(Steven Holtzman, 1998, 이재현, 2002).

현대사회의 많은 디지털 창작물들의 미학적 토대는 '오려 내고 복사하고 붙일 수' 있다는 것이다. 그래픽 디자이너들은 CD-ROM이나 웹상에서 제공되는 수많은 클립아트, 사진자료, 그래픽들을 조합하여 새로운 작품을 만들어 낸다. 언더그라운드 DJ들도 표집(기존의 사운드 재료 조각을 다시 이용하는 것)을 통해 새로운 음악을 창조해 낸다. 이러한 표집방식은 음악창작에 있어서 새로운 미학의 핵심으로 여겨지고 있다.

디지털 세계가 선사해 주는 예술 영역에서 흥미로운 부분은 우리의 친근한 세계를 그럴싸하게 모방해 내는 것이 아니라, 디지털 기술이 인간 표현을 위해 열어 놓은 완전하게 새로운 영역이다. 그것은 컴퓨터 발명 이전에는 생각할 수 없는 표현의 세계인 것이다. 컴퓨터의 이진작업을 통해 만들어진 음향은 걸러지지 않은 소음일 수 있지만, 분명 새로운 창작물을 생성해 낼 수 있는 원천을 제공해 주고 있다. 에어 브러쉬와 스프레이 통 형태의 그래픽 도구들은 비싼 화구들을 대신해 새로운 미술세계를 디스플레이상에 표현해 낸다.

디지털 기술을 통해 개인은 과거 그 어떤 미디어에 대해서도 가져 보지 못한 자신만의 독특한 시각을 갖게 된다. 디지털 기술은 우리의 다양한 문화를 변형시킬 것이며, 나아가 궁극적으로 우리 자신을 바꾸어 놓을 정도로 그 내용도 바꾸어 놓을 것이다.

12. 디지털미디어 콘텐츠와 콘텐츠 비즈니스

12.1 콘텐츠의 의미와 변화 양상

1) 콘텐츠와 콘텐츠 상품

1970년대의 성장 동인은 기계나 가전 등의 하드웨어 산업이었고, 1980년대에는 서비스나 마케팅과 같은 소프트웨어 산업이었다. 그러다 1990년대 들어서면서 정보통신의 급격한 발달로 정보화 사회가 본격화되었으며, 2000년대 들어서는 차세대 성장 동인으로 콘텐츠 산업을 꼽고 있다. 눈부신 테크놀로지의 발전으로 기술의 진화는 해를 거듭할수록 더해만 가는데 콘텐츠는 그간 제자리걸음을 계속해 왔다. 다시 말해 음식을 담을 그릇은 점점 좋아지고 세련되는데, 정작 담길 음식은 별다른 차이가 없다는 것이다. 따라서 좋은 그릇에 맛있는 음식을 담기 위해 우리는 콘텐츠 개발에 전력을 다해야 한다. 콘텐츠 산업이야말로 다양한 분야에서 폭넓게 활용될 수 있으며, 고부가가치 산업이라는 점에서 차세대 성장 동인으로 전문가들이 입을 모아 꼽는 이유이다. 그렇다면 디지털미디어 시대에 콘텐츠란 도대체 무엇이고, 어떻게 만들어지는 것인가?

콘텐츠의 사전적인 의미는 두 가지가 있다. 첫째는 '내용, 알맹이, 목록' 등을 의미하며, 둘째는 '만족시키다. 기쁘게 하다' 등의 의미로 사용된다. 결국 콘텐츠의 본래적 의미는(구체적인) 알맹이이자 내용인 동시에 이를 통해 만족을 줄 수 있는 것이라는 의미로 유추 해석할 수 있다.

가장 널리 인용되는 개념으로서 콘텐츠는 논문, 서적, 문서의 내용이나 그 목차를 의미하는 과거의 개념을 넘어서 영화, 방송, 뉴스 등 미디어의 내용이나 게임, CD-ROM 타이틀 등 컴퓨터 관련 저작물의 내용을 지칭하는 용어로 사용되고 있다. 따라서 콘텐츠 산업의 범위에는 출판, 정보 서비스, 영상물, 게임 및 소프트웨어 등을 모두 포함하는 것으로 볼 수 있다.

인류역사에서 문명화는 콘텐츠의 생산과 분배과정을 통해 이루어져 왔다. 따라서 광의적으로 보면 콘텐츠는 가치물의 핵심이다. 과거 콘텐츠 산업은 산업적인 측면보다는 문화적인 측면에서 접근하는 것이 일반적이었으나, 점차 산업적인 측면이 정책적으로 더욱더 중요해지고 있다. 즉, 문화적인 측면의 콘텐츠 산업이 산업적으로 가치를 인정받고, 그 성장이 가파르게 진행됨에 따라 정책적인 지원과 시행이 뒷받침되어야 함을 의미한다.

금(Gold)이 중요하게 취급되던 시대에는 금을 지닌 자가 곧 지배자였다. 이를 이제는 정보가 대신하고 있다. 정보를 무형의 재산으로 봐야 한다는 경제학자들 사이의 오랜 논쟁은 이제 이론(異論)의 여지가 없다. 디지털화된 정보는 사회의 새로운 무형재산인 정보재(Information goods)로 작동하고 있기 때문이다. 디지털 정보는 급속도로 토지, 노동력처럼 이윤을 낳는 역할을 확장해 나가고 있다. 또 디지털 정보는 다른 상품의 원료나 중간 재료로 사용돼 또 다른 이윤을 낳는 역할을 적극적으로 확대해 나가고 있는 추세를 반영해 이제 디지털 정보는 포괄적인 의미에서 자본으로 간주된다.

정보와 가치를 전달하는 모든 수단이 미디어라고 할 때, 21세기 미디어 산업을 주도한 지배적 패러다임은 단연 '디지털미디어'일 수밖에 없다. 오늘날 대부분의 매스미디어도 정보생산 및 보관, 가공, 전달 등에 있어서 단위 생산성이 높은 '디지털 방식'을 부분적 또는 전체적으로 수용하고 있다는 점에서 디지털미디어라고 할 수 있다. 그러나 이와 같은 기계적 정의는 디지털미디어의 기본속성과 그로 인한 거대 변화를 읽어 내기에는 불충분하다. 기본의 전통적인 매스미디어 환경에서와는 전혀 다른 중요한 변화는 정보의 생산과 가공, 전달적 측면에서의 기술적 발달이 있는 것이 아니라 오히려 그러한 정보의 소비환경에 있다. 디지털미디어 사회에서 정보란 정보화 사회에서 대량으로 생산되는 주체와 객체 간의 사정이나 정황에 관한 보고로서 사회생활을 유지하는 데 있어 필요 불가결한 요소가 되었다. 또한 디지털미디어에서의 정보는 소비되는 주체이며, 구성방식과 전달방식에 따라 다르게 전달되기도 한다. 정보에는 반드시 '생활주체－객체－소식－평가－행동선택－효용실현'이라는 사이클을 갖게 되며 이를 '정보 사이클'이라고 한다. 테크놀로지가 발달하면서 정보의 개념도 점차 복합적이고 고도화되어 언어에서 문자로, 문자에서 영상으로, 단방향에서 양방향으로 끊임없이 진화하고 있다.

한편 콘텐츠 상품의 가장 중요한 특성은 문화적인 산물이라는 점이다. 일반적으로 콘텐츠 상품은 표준화되기 어렵다는 속성, 공공재적 특성, 정보재적·의미적 속성을 갖는다. 콘텐츠 상품의 의미적 속성은 콘텐츠 상품을 여타의 재화와 구별하는 가장 큰 특징이다. 콘텐츠 상품이 제공하는 효용은 다분히 문화적, 또는 심미적 즐거움의 성격을 갖고, 기호 혹은 코드의 체계(system of codes)로 구성되어 있다. 따라서 콘텐츠 상품의 가치는 의미를 발생시키는 기호의 논리에 직접적인 영향을 받고, 이 점이 콘텐츠 상품을 여타의 재화와 구별 짓는 가장 두드러진 특징이다(김원제, 2006).

2) 컨버전스, 유비쿼터스 시대 콘텐츠 개념의 변화

디지털 컨버전스는 콘텐츠의 개념을 더욱 확대시키고 있다. 유선과 무선의 통합, 방송과 통신의 통합, 온라인과 오프라인의 통합, 단말기의 통합 등 전방위적으로 이뤄지는 장르 간, 영역 간 통합이 가속화되고 있다. 이를 통해 수동적 개념의 콘텐츠 향유와 생산의 개념이 더욱 확대되고 있다. 콘텐츠 산업의 관점에서 보면, 디지털 컨버전스를 통해 소비자와 콘텐츠 간 접점이 거의 무한대로 늘어나고 있다. 과거에는 콘텐츠를 향유하기 위해서는 서점에 가서 책을 구입하든지, TV와 라디오를 통해 방송을 수신하든지, 아니면 영화관이나 공연장 등을 직접 찾아가 영화나 공연을 즐겨야 했다. 콘텐츠는 소비자와 '멀리' 동떨어져 있고, 소비자는 이를 찾아가야 했다. 하지만, 유비쿼터스 시대에 콘텐츠는 어디에나 존재하며, 소비자는 그것을 단지 불러내기만 하면 되는 상황이 도래한다. 이처럼 접촉의 기회가 늘어나면서 그 반대급부로서 수요는 촉발될 것이고, 이러한 촉발된 수요가 문화 콘텐츠 시장의 발전으로 이어질 가능성은 높다. 또한 유비쿼터스 시대의 문화 콘텐츠는 양적인 면과 더불어 질적인 변화를 초래할 것으로 전망된다. 특히, 사용자 지향적인 성격이 더욱 부각되면서 OSMU적인 콘텐츠 특성이 더욱 강화될 것이다. 그리고 이를 넘어서 앞으로는 다양한 콘텐츠가 다양한 플랫폼을 통해 제공되어 수익을 창출해 내는 멀티소스멀티유즈(Multi Source Multi Use) 현상으로 더욱 진화될 것이다.

〈그림 55〉 콘텐츠 영역의 확장과 전개

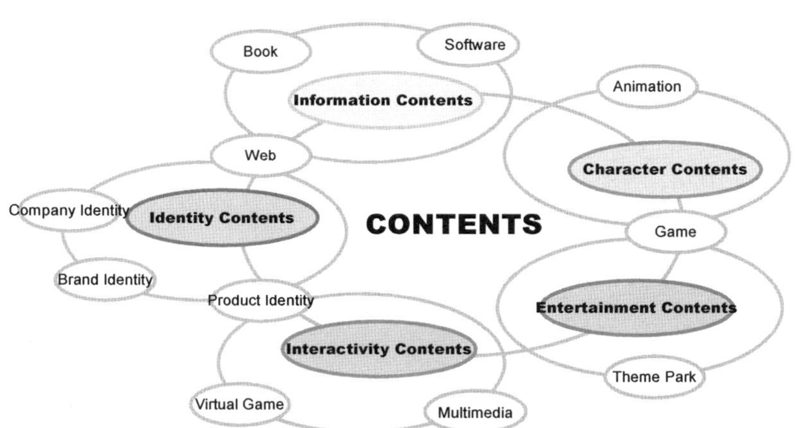

콘텐츠의 생산과 유통은 퓨전 과정을 통해 광범위한 영역으로 확산되고 있으며, 콘텐츠의 영역이 기존의 콘텐츠 산업뿐만 아니라 점차 전 산업영역 및 공공 서비스 부문까지 확대되고 있다.

기존 콘텐츠 산업의 경우 전자적 네트워크를 통해 전송되는 콘텐츠는 전통적인 출판 및 엔터테인먼트 산업에서 먼저 등장했다. 양방향 디지털TV, 네트워크 게임, 온라인 음악시장의 등장은 기존의 비즈니스 모델과 사업형태에 커다란 변화를 초래하고 있다. 그러나 경제가 점차 지식 집약적인 형태로 진화함에 따라 여타 산업의 경우에도 생산, 수집, 관리, 가공, 저장, 유통 및 접근과정에서 정보집약적(information-rich) 활동들이 점차 증대되고 있다. 사업, 직업, 교육, 공공 서비스 및 의료 활동의 범위가 급속하게 넓어짐에 따라 대부분의 산업들이 점차 콘텐츠와 애플리케이션에 대한 의존도가 높아지고 있으며, 콘텐츠를 생산/제작하는 부문과 각종 콘텐츠 서비스 비즈니스, 콘텐츠를 제공하거나 요구하는 연관 산업 등 다양한 산업분문 간 연관을 증대시키고 있다.

테크놀로지 및 브로드밴드 네트워크의 발전과 융합 콘텐츠 산업은 전통적인 미디어/엔터테인먼트 산업의 구조와 지형을 근본적으로 변화시키고 있을 뿐 아니라 여타 산업 및 정부의 공공 서비스 분야에도 커다란 영향을 미치는 등 그 영역을 더욱 확장시키고 있다.

<표 18> 미디어 및 비-미디어 콘텐츠 산업(예시)

미디어 및 엔터테인먼트 애플리케이션	비-엔터테인먼트 애플리케이션	정 부	네트워크 사용자들
출판(도서, 잡지, 만화 등)	산업 디자인, 영상 디자인	공공부문 정부 (산업적 재사용)	웹 사이트들
영화/동영상	소프트웨어 디자인 및 개발	연구조사	블로그, 포드캐스팅
애니메이션(캐릭터, 아바타)	비즈니스 및 전문가 관련 콘텐츠	교육	가상 커뮤니티
음악	광고	문화(예, 디지털 도서관)	디지털 사진, 비디오 파일
방송/디지털 라디오/케이블/상호작용 TV 및 상호작용 미디어	패션, 디자인	건강	예술작업
소프트웨어/컴퓨터 게임 및 비디오 게임	아키텍처/전문 서비스		
도박	트레이닝 및 성인교육		
모바일콘텐츠, 텔레매틱스, 무선 서비스			

자료: OECD(2006).

향후 콘텐츠 기반 경제는 지식기반 경제의 핵심 역할을 할 것이며, 콘텐츠 산업은 콘텐츠와 기술의 접목을 통해 새로운 사업기회와 신산업 창출의 가능성을 제공할 것이다. 물론 이는 콘텐츠와 테크놀로지 간의 상호작용을 통해서 가능한 것이다.

콘텐츠 산업은 현재의 시장규모보다도 잠재적인 성장 가능성으로 인해 차기 핵심 산업으로 주목되고 있다. 따라서 감성이 중요시되는 현재와 미래의 시장에서 문화 산업계는 물론이고 그 외의 기업들도 경쟁을 뛰어넘어 새로운 이익과 성장의 기회를 잡기 위해 콘텐츠를 활용한 새로운 시장, 즉 블루오션을 창출해야 할 것이다.

12.2 디지털 콘텐츠 시대

1) 디지털 콘텐츠의 특성과 변화 양상

디지털 콘텐츠는 문화산업진흥기본법과 온라인디지털콘텐츠산업발전법에 의거하여 정의된다. 문화산업진흥기본법에는 "부호, 문자, 음성, 음향 및 영상 등의 자료 또는 정보"로 정의되어 있으며, 온라인디지털콘텐츠산업발전법에서는 "부호, 문자, 음성, 음향, 이미지 또는 영상 등으로 표현된 자료 또는 정보로서 그 보존 및 이용에 있어서 효용을 높일 수 있도록 전자적 형태로 제작 또는 처리된 것"으로 정의되어 있다. 따라서 디지털 콘텐츠는 기존의 아날로그 콘텐츠를 IT기술을 통하여 디지털화된 정보와 처음부터 디지털로 제작된 정보를 포함하며, 디지털로 저장, 전달, 활용되는 모든 자료 및 정보를 포함하고 있다.

<그림 56> 디지털 콘텐츠의 범주

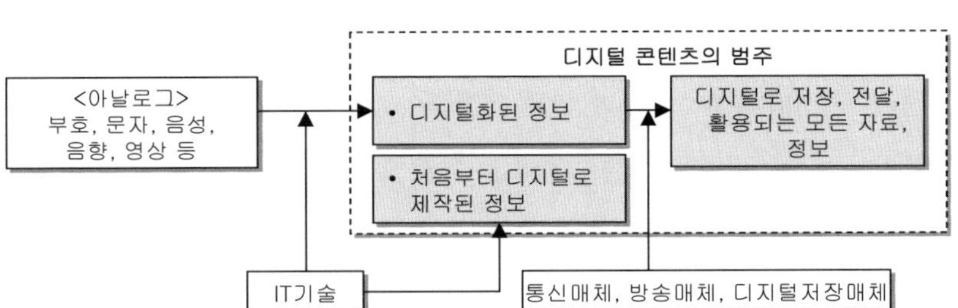

디지털 콘텐츠의 특성을 정리하면, 첫째, 재화로서의 가치가 소멸되지 않은 상태로 수정과 복제가 가능하며 생산물의 재생산 비용이 매우 저렴하다는 점이며, 둘째, 기존의 매체를 통해 유통되던 콘텐츠들이 인터넷 등의 방대한 네트워크를 통해 유통되게 됨으로써 전통적인 방법보다 정보(콘텐츠)의 보급이 보다 광범위해지고 정보의 갱신 또한 보다 용이하다는 점이다(김원제, 2006).

디지털 콘텐츠의 새로운 변화 양상을 정리하면 다음과 같다.

- 미디어의 유연성 및 양방향성 증대로 콘텐츠의 질적 향상
- 통신과 방송의 융합으로 복합성 다양한 미디어 등장
- 방송과 인터넷의 결합과 e-커머스와의 연동
- 디지털 콘텐츠의 중요성 증대(양질의 콘텐츠 요구)
- 디지털 콘텐츠에 대한 사용자의 이용 변화: 단순시청형 →정보선택형 →정보요구형 →정보창조형
- 디지털 콘텐츠 보호 표준작업
  (예: SDMI, MPEG 4-IPMP, DVD Forum, MPEG-21, etc)
- MPEG-21: Multimedia Frame Work 표준화 진행
- 암호인증 방식과 워터마킹, DOI 등을 이용한 종합 콘텐츠 보안체계

이러한 변화들은 디지털 콘텐츠 유통에 있어 다양한 문제들을 야기하고 있는바, 디지털 콘텐츠 양의 급속한 증가에 비해 상대적으로 콘텐츠의 질적 상태는 제자리걸음이라는 것이다. 다양한 단말기가 등장함에도 불구하고 단말기 간의 호환성 문제는 여전히 심각하다. 저작권 문제로 인한 온라인 콘텐츠 산업의 위축 및 오프라인 콘텐츠 산업의 위축이 우려되며, 닷컴 기업의 수익성 부재 및 양질의 콘텐츠 확보가 시급한 상황이다. 이는 저작권 방지 기술의 필요성을 확대하고 있다. 또한 불법복제된 콘텐츠의 재가공 및 불법 유통, 무선 인터넷 콘텐츠 및 유통의 보안성 확립 문제, 저작권 문제(예: Napster, MP3.com) 등이 지적된다.

지난 세기 세계경제의 패러다임을 주도했던 포디즘적 생산양식, 즉 대량생산과 대량소비를 근간으로 했던 패러다임은 그 한계가 드러났다. 21세기는 지식과 정보의 창출 및 활용이 모든 경제 활동의 핵심이 되는 지식기반 경제로 접어들고 있다.

21세기의 가장 큰 변화와 혁신은 3가지를 기반으로 이루어지고 있다. 우선 무엇보다도 현재의 변화를 주도하고 있는 것은 경제, 사회, 문화 전반의 디지털화를 이끌고 있는 IT기술의 발전으로 볼 수 있을 것이다. IT기술을 통한 디지털화를 하나의 도구(tool)로 하여 세계경제 환경은 급속한 세계화(globalization)의 추세에 직면하고 있다. 이 세계화는 21세기의 두 번째 큰 변화로 기업들은 보다 넓은 세계시장에서 다양한 기업들과 경쟁하게 되었다. 또한 각 산업별로도 보다 급속한 발전과 변혁의 도전을 받고 있다. 세 번째는 변화는 이러한 디지털, 세계화로 인해 개개인의 삶에 변화가 이루어지고 있는 것이다. 소비자들은 기존 20세기의 물질적 소비 성향에서 벗어나 보다 문화 중심적 소비의 삶을 추구하게 되었다. 따라서 이러한 21세기의 새로운 3대 변혁은 기존산업의 혁신과 변화를 일으켰을 뿐만 아니라 신산업을 발현시키고 이러한 산업을 통해 세계경제를 주도하게 되었다. 이 산업들은 디지털화, 글로벌화, 문화 중심의 3가지 특성을 반영하며 결국 21세기 신산업의 중심에 콘텐츠 산업이 존재하고 있는 것이다.

네트워크 및 미디어를 활용한 콘텐츠가 일상화되는 유비쿼터스 시대에는 미디어가 콘텐츠를 전달하는 통합 플랫폼으로 기능하며 콘텐츠는 오히려 다양한 개별 미디어를 통합하고 관련 시장의 성장을 유도하는 핵심동력으로 변모할 것으로 예측된다.

2) 디지털 콘텐츠 비즈니스와 산업의 신조류

현재 국내 디지털 콘텐츠 시장은 매우 빠른 속도로 성장하고 있으며, 일부 콘텐츠 산업에서는 이미 오프라인 콘텐츠 시장을 대체한 것으로 보인다. MPEG, MP3, H.264 등과 같은 제작기술의 발달, 브로드밴드, 모바일, DMB, 와이브로와 같은 네트워크 기술의 발달, PC, TV, Phone, PDA, PMP 등과 같은 디지털 콘텐츠 소비 플랫폼의 다양화 등의 요인이 오프라인 콘텐츠 중심의 아날로그 패러다임을 디지털 콘텐츠 중심의 디지털 패러다임으로 전환시키고 있다.

오프라인 중심의 아날로그 패러다임하에서의 유통 채널은 TV, 라디오, 극장 등을 중심으로 콘텐츠가 유통되었으나, 디지털 패러다임에서는 브로드밴드를 중심으로 하는 모바일, DMB, WiBro 등의 다양한 유통 채널을 통하여 디지털 콘텐츠가 유통되고 있다.

콘텐츠의 디지털화 트렌드는 수요/공급 증가에 따른 유료화, 유통 채널의 다변화, 디지털 콘텐츠의 통합화/융합화로 인한 장르 구분을 모호하게 만들고 있다. 그 특성을 보면 다음과 같다.

첫 번째는 디지털 패러다임하에서 콘텐츠의 **빠른** 디지털화로 네트워크 기술을 기반으로 수요와 공급의 급속한 증가 그리고 이를 바탕으로 하는 산업화의 진전으로 콘텐츠의 유료화가 진행 중에 있다. 두 번째는, 유통 채널의 다변화로 네트워크 기술의 발전과 다양한 디지털 콘텐츠의 소비 플랫폼의 발전은 문화 콘텐츠 유통 채널의 다변화 추세를 가속화시키고 있다. 세 번째는, 각 산업별 문화 콘텐츠의 디지털 콘텐츠화로 인하여 디지털 콘텐츠로의 통합화, 융합화가 일어나고 있다. 그로 인해 장르 간의 구분이 모호해지고 있는 상황이다.

〈그림 57〉 디지털 패러다임의 도입과 그에 따른 영향

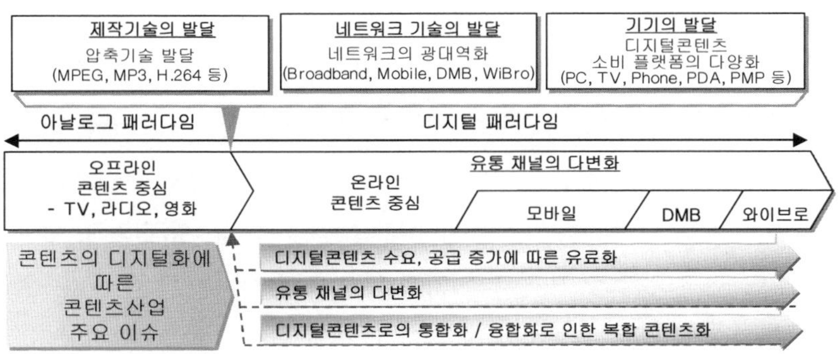

대다수 인터넷 기업의 경우 2000년 이전에는 디지털 콘텐츠를 무료로 서비스하며, 광고 등을 이용하여 매출을 발생시켰다. 그러나 2000년 이후부터는 콘텐츠 자체의 판매 즉, 유료화 매출구조를 형성하고 있다.

전 세계적으로 2000년을 기점으로 시도된 디지털 콘텐츠 유료화가 이제 어느 정도 자리를 잡아 가고 있는 시점이며, 최근 국내외 여러 조사에서 디지털 콘텐츠의 유료 구매가 점차 확산되는 현상이 나타나

고 있다. 전체 유료 콘텐츠 시장은 2000년에 대비, 2005년의 성장률을 약 90%로 예상하고 있다.

디지털화는 콘텐츠의 제작 환경 및 유통 환경에 많은 영향을 주고 있으며, 그 대표적인 예로 콘텐츠 유통 채널의 다변화가 논의되고 있다. 채널의 변화를 통하여 문화 콘텐츠 산업 및 OSMU가 활성화되고 있으며, 경쟁은 심화되고 있는 상황이다.

콘텐츠의 디지털화가 진행되면서 과거 산업별로 차별화된 제작방식들이 장르와 형태에 관계없이 디지털 콘텐츠로서의 기능 및 형태로 통합되어 가고 있다. 제작기술뿐만 아니라, 유통 채널에 있어서도 산업별로 산업이 가지고 있는 특성에 따라 독립적인 유통 채널을 가지고 있었으나, 네트워크의 발달로 인하여 인터넷, 모바일, DMB, 와이브로 등과 같은 다양한 유통 채널로 변화하고 있는 상황이다.

이러한 유통 채널의 다변화를 통하여 하나의 콘텐츠가 다양한 플랫폼에서 유통되는 것이 가능해졌으며, 그로 인하여 자연스럽게 OSMU/COPE가 가능해졌고 문화 콘텐츠 시장을 활성화시키고 있다. 그 결과, 개별 플랫폼 내에서의 경쟁 및 플랫폼 간의 경쟁이 지속적으로 심화되고 있는 상황이다.

〈그림 58〉 디지털화에 따른 유통 채널의 변화

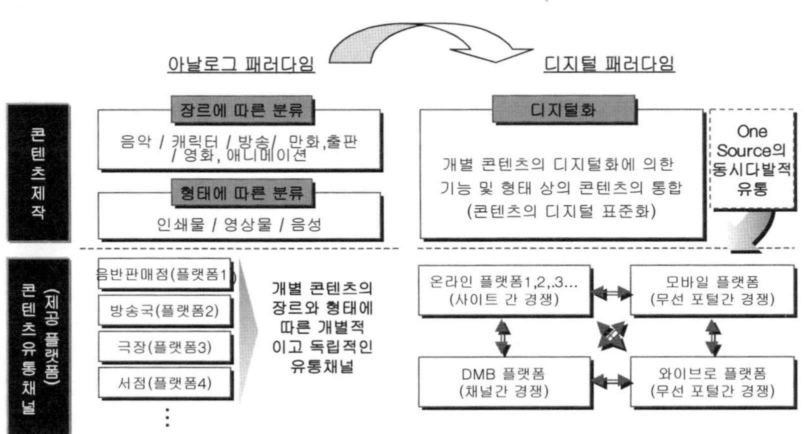

과거 아날로그 중심의 콘텐츠 유통에서는 각 개별 장르의 구분이 명확화였다. 반면, 디지털 콘텐츠화를 통하여 기존의 장르는 디지털 콘텐츠로 통합화 및 융합화 경향을 보이고 있으며, 게임과 교육 콘텐츠가 통합되어 에듀테인먼트(Edutainment)의 형태로 발전하는 것과 같은 장르 간 융합으로 인하여 복합 콘텐츠화가 진행되고 있다. 하지만 이러한 복합 콘텐츠화를 위해서는 다양한 채널에 유통시키기 위한 기존 개별 산업별 유통체계로 통합 관리하는 것은 불가능한 상황이며, 정책적 측면에서는 제작 후 여러 심의기관을 통해 심의과정을 거쳐야만 유통이 가능한 상황이다. 또한 성공 가능성에 대한 리스크로 인해 쉽게 접근하는 데 어려움이 있다.

이러한 문제점들을 해결하기 위하여 다양한 유통 행위자들은 서로의 필요에 의하여 복합 콘텐츠 공동기획 컨소시엄 구성을 통하여 복합 콘텐츠 제작 및 유통에 대한 문제점을 해결하기 위한 시도가 산업계에서 이루어지고 있는 상황이다.

<〈그림 59〉 디지털 콘텐츠로의 통합화·융합화로 인한 복합 콘텐츠화

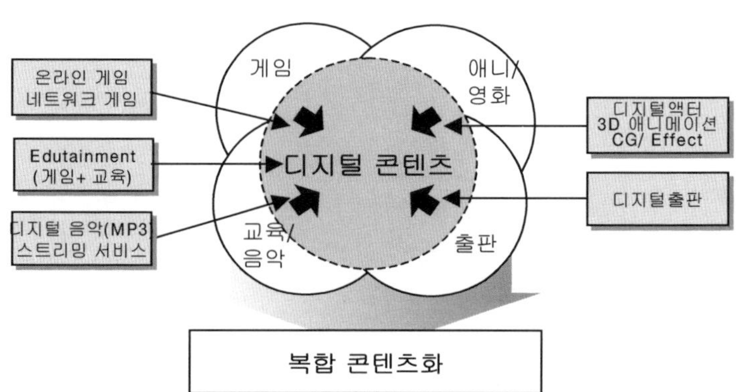

온라인 콘텐츠는 디지털 생태계 번영의 핵심요소이다. 2006년 다보스 포럼(2006년 1월)에서는 디지털 환경을 구성하는 각 요소인 이용자, 산업, 기술이 역동적으로 상호 작용하는 과정에서 동반 성장하며 하나의 시스템을 이루는 것을 '디지털 생태계'로 표현했다.

온라인 콘텐츠 산업은 네트워크, 정보기기, SW 및 콘텐츠가 하나의 가치사슬 안에서 유기적 상호작용을 통해 지속적으로 성장이 가능하다. 온라인 콘텐츠 산업의 가치사슬을 생산-유통-소비의 3단계로 보면 생산은 저작권자(인접권자)를 포함한 콘텐츠 제작자가, 유통은 포털과 통신 사업자가, 소비는 기기 사업자가 주요한 가치를 창출하며 서로의 발전이 전체의 발전을 견인한다. 세계는 온라인 콘텐츠를 매개로 디지털 생태계의 강자로 부상하기 위한 경쟁 중이다.

세계는 브로드밴드 보급과 모바일 망의 고도화로 온라인 콘텐츠 산업을 국가경제의 성장 및 고용확대 동력으로 인식하고 있다. 선진 각국은 온라인 콘텐츠 산업의 새로운 비즈니스 모델 창출과 유통과정의 효율성 제고 협력을 공유하고 있다. 글로벌 IT기업들은 양질의 온라인 콘텐츠 확보에 주력하고 있으며 온라인 콘텐츠를 매개로 부가가치를 창출하고 있다. 소니, MS, 구글, 인텔, 삼성 등은 디지털 홈의 주요 콘텐츠를 HD 영상 콘텐츠로 설정하고 서비스의 차별성으로 경쟁 중이다. 애플은 온라인 음악 서비스를 통해 콘텐츠를 저가로 공급(i-Tunes)하고 전용 단말기(i-Pod)를 통해 가치를 실현하고 있다.

국내는 다양한 온라인 콘텐츠 산업의 성장 모멘텀을 보유하고 있다. 온라인 콘텐츠의 빠른 기술진화 및 짧은 생명주기로 인해 새로운 시장이 지속적으로 형성되고 있는데, 온라인 게임, 미니홈피, 지식검색, DMB, WiBro 서비스 등 신규 서비스는 세계를 선도하고 있다. 한국은 세계 최고수준의 IT인프라, 정보기기 기업, 역동적 소비시장 및 혁신적 비즈니스 모델 창출능력 등의 성장 모멘텀을 보유하고 있다.

콘텐츠 산업이 공급자 중심의 시장구조에서 소비자 중심의 구조로 변화함에 따라 비즈니스 모델 역시 소비자 지향적인 맞춤형 서비스의 제공과 다양하게 차별화된 수익 모델의 발굴이 중요한 사업자 전략이 될 것이다. 현재 디지털 기반 퓨전콘텐츠 서비스에는 두 가지 주된 수익원이 존재한다. 광고 수익과 유료화가 그것이다. 그동안 콘텐츠의 유료화를 위한 노력은 끊임없이 시도되었고, 최근 음악, 영화와 같은 디지털 콘텐츠에 대가를 지불하려는 소비자들이 점차 늘어나고 있다. 인터넷이 유비쿼터스로 확장되어 다양한 온라인 유통 채널이 이용 가능해짐에 따라 앞으로는 두 가지 수익 모델의 자체적인 진화와 더불어 콘텐츠 유료화 수익과 광고 수익이 혼합된 형태의 수익 모델이 발전할 것으로 보인다.

유료화 모델이 성공하기 위한 기본전제는 무엇보다 소비자들이 돈을 지불할 의사가 있는 콘텐츠의 존재이다. 소비자가 구매하길 원하는 콘텐츠는 단순정보를 제공하는 간단한 텍스트보다는 멀티미디어 콘텐츠여야 하며, 소비자들이 소장하고 싶도록 콘텐츠의 사용 연한이 길어야 한다. 예컨대, 음악이나 영화 같은 콘텐츠들이 소비자의 주요 구매대상이 된다. 최근 영화나 방송 콘텐츠, 또는 소비자가 직접 제작한 다양한 UCC에 대한 소비자 수요가 형성됨에 따라 콘텐츠 유료화 모델이 등장할 수 있는 기반이 조성되고 있다.

퓨전콘텐츠 비즈니스 모델은 유료화 수익과 광고 수익이 혼합된 형태의 수익 모델이 될 것이다. 특정한 콘텐츠에 대해 이용 요금과 광고 수익이 혼합된 형태의 경제적 모델은 여러 가지 요인에 의해 영향을 받게 된다. 그중에서도 특히 콘텐츠의 저장수명과 콘텐츠에 대한 소비자의 욕구 강도에 따라 수익성과 수익 유형별 비중이 결정될 것으로 보인다.

뉴스, 날씨, 제품 리뷰, 날짜와 관련한 항목별 광고 등은 시의성이 있어야만 정보의 가치가 있기 때문에 콘텐츠의 저장수명이 짧다. 반면에 음악, 비디오, 각종 조회정보 및 거래 관련 콘텐츠는 시간의 제약을 받지 않고 재사용이 가능하므로 저장수명이 길다. 저장수명이 긴 콘텐츠일수록 사용자와 광고주 모두에게 높은 가치를 지닌다.

소비자의 욕구 강도 역시 콘텐츠에 따라 다양하다. 사용자들은 블로그, 폭로성 기사 및 비즈니스 뉴스 등에 대한 관심이 크지 않은 편이다. 반면 만화, 스포츠 게임, 오디오북, 전문적인 금융 관련 뉴스 등에 대해서는 관심도가 매우 높다. 소비자의 관심도가 높은 콘텐츠가 더욱 많은 수익을 올리는 것은 당연하다.

대중시장이 열리기 위해서는 두 가지 수익 모델의 자체적인 진화와 아울러 시장의 특성에 따라 광고와 유료화의 다양한 조합과 변종을 꾀하는 수익 다변화 전략이 필요하다. 이러한 상황에서 상업적 대안은 대량판매를 통한 저가정책과 시장 세분화 전략이다. 특정한 콘텐츠에 대해 이용 요금과 광고 수익이 혼합된 형태의 경제적 모델은 여러 가지 요인에 의해 영향을 받는다. 즉 콘텐츠 서비스 시장을 소비자 수용의 특성에 따라 세분화하여 광고와 유료화를 조합할 수 있다. 콘텐츠의 저장수명과 콘텐츠에 대한 소비자의 욕구 강도에 따라 수익성과 수익 유형별 비중이 결정된다. 소비자의 구매의사가 높고 콘텐츠의 사용 연한이 오래된 콘텐츠는 보다 유료화의 비중을 높이고, 그 반대의 경우에는 광고의 비중을 높이는 방법이다.

소비자의 구매 욕구도 콘텐츠에 따라 다양하게 나타난다. 소비자는 일반적으로 뉴스, 날씨와 관련한 항목별 광고 등을 원하지만 일반적으로 구매할 의사는 낮기 때문에 이러한 단순정보 콘텐츠는 유료화하기 어렵고 광고가 주요 수익 모델이 될 수밖에 없다. 그렇지만 전문적인 비즈니스 뉴스 등은 상대적으로 저장할 가치가 크기 때문에 일부 유료화가 가능할 수 있다. 반면에 음악, 비디오, 만화, 각종 제품 리뷰 등 조회정보는 소비자의 구매의사가 높아 유료화가 주요 수익원이 될 수 있다. 그러나 만화나 제품 리뷰 등 저장수명이 상대적으로 짧은 콘텐츠는 유료화에 대한 의존도가 상대적으로 낮기 때문에 광고와 조합되어야 할 것이다.

<그림 60> 광고와 유료화의 조합

자료: Forrester (2005).

이상의 두 가지 요인 외에도 콘텐츠 사업자의 수익성을 향상시키기 위해 콘텐츠가 갖추어야 할 두 가지 특성이 있다. 하나는 독점성이고, 다른 하나는 소비자의 경험이다. 오늘날 특정 미디어에 대한 소비자의 충성도는 점차 낮아지고 있으며, UCC가 시장에 등장함에 따라 소비자는 엔터테인먼트 및 정보와 관련해서 더욱 많은 선택권을 행사할 수 있게 되었다. 따라서 복제되기 힘든 콘텐츠를 제공하는 서비스 브랜드가 콘텐츠의 가치를 증대시킬 수 있을 것이다. 또한 유비쿼터스 환경에서는 콘텐츠를 소비자의 다양한 경험과 결부시키는 것이 콘텐츠 유료화에 핵심적인 요소가 된다. 단순하게 콘텐츠를 제공하는 수준을 넘어서서 이용자의 취향과 소비 패턴에 대한 이해에 기반을 둔 서비스를 제공할 수 있어야 한다. 예컨대, 애플의 아이튠즈는 음악을 손쉽게 구매하는 경험과 해당 콘텐츠와 상호 작용할 수 있는 적절한 기기를 결합했기 때문에 성공할 수 있었던 것이다.

13. 디지털미디어와 정치, 디지털 텔레크라시

13.1 미디어와 정치

1) 미디어 정치학과 미디어 선거

'아는 것이 힘이다'라는 베이컨의 고전적 명제는 과학적 지식을 통해 인간이 자연에 도전하고 그것을 정복한다고 하는 의미를 지니고 있었다. 이 명제를 정치공동체에 적용하는 경우 '정보통제는 곧 권력이다'는 명제로 확장될 수 있다. 사실 이 명제는 비단 정보사회에서만 의미를 갖는 것이 아니다. 서구 중세시대 라틴어로만 쓰인 경전을 성직자만 읽고 해석할 수 있었다는 사실 그 자체가 곧 교회권력을 유지하는 필수조건이었음을 이해할 필요가 있다. 산업화 사회에서 이른바 정보화 사회로 넘어오면서 정보는 곧 힘으로 직결된다. 즉, 정보는 단순한 데이터나 지식이 아니라 그 자체가 곧 힘인 것이다. 일정한 정보를 누가 받고 누구는 받지 못하게 조정할 수 있을 때 그의 권력은 강화되게 마련이다. 따라서 정치공동체 내에서 정보를 누가 얼마만큼 장악하고 지배하느냐는 그 공동체의 권력구조 및 국민 개인의 자유를 결정하는 핵심조건인 것이다. 다시 말해서, 정보의 지배는 권력의 기초이자 동시에 자유의 조건이 된다. 문제는 누가 정보를 지배하느냐에 있다.

현대사회에서 매스 미디어는 막대한 권력을 소유하고 있다. 언론을 가리켜 '제4부'라고 표현하는 것은 이러한 미디어의 권력을 잘 나타내는 말이라 하겠다. 매스 미디어는 국민들에게 공통적으로 또는 최소한 다수에 의해서 받아들여질 수 있는 정치적 결정을 위해서, 다양한 의견들의 경쟁이 이루어질 수 있는 포럼을 마련한다. 즉 사회 각 영역의 다양한 정보나 의견을 전달함과 동시에 이에 관한 논평과 의견을 제시하고 또한 정치적 토론을 형성시키는 '정치적 공론장'을 제공한다. 이러한 정치적 공론장을 제공하는 미디어의 역할을 통해서 미디어는 권력을 획득하게 되는 것이다.

다른 한편으로, 미디어는 그 자체로 정치적 공론장의 기능에 충실하기보다는 정치적 권력을 획득할 수 있는 도구로 전락하고 있는 것 또한 무시할 수 없다. '권력은 신문과 TV에서 나온다.'는 말은 미디어를 중심에 놓고 미디어와 정치의 관계를 설명하는 일반화된 화두였다. 선거의 승패가 전적으로 신문과 텔레비전 등 미디어에 의해 결정된다는 견해이다. 정치에 영향을 미치는 요인들이 워낙 다양하기 때문에 이러한 결정론적 입장이 지나치게 미디어의 영향력을 강조하는 것이 아니냐는 반론이 없는 것은 아니다. 하지만 최근 들어 대다수의 국가에서 정당과 후보들의 선거 운동과 선거 전략이 미디어에 집중되어 있는 것만은 결코 부인할 수 없는 사실이다. 미디어 체계는 현대 정치과정에 깊숙이 침투해 있다. 정치 커뮤니케이션에서 국민과 정부를 중재하는 역할은 정치체계의 하부구조들 이를테면, 정당이나, 의회, 정부로부터 미디어 체계로 옮겨갔음을 알 수 있다. 그 결과 정치체계의 기능에 결정적인 영향을 미치는 것은 미디어가 되었으며, 이는 정치체계로부터 미디어의 운용 논리와 법칙에 적응하도록 강제하였다. 그 결과 언론체계에 의한 정치의 미디어화가 이루어진 것이다(김원제, 2006).

이 같은 언론체계에 의한 정치의 미디어는 언론의 변화 양상에 따라 그 의미와 형태가 달라지기도 한다. 1990년대 초부터 본격화된 미디어 선거는 방송토론이나 방송정치광고 등과 같은 형태로 등장했다. 이후 1990년대 후반(97대선과 98지자체선거)에는 방송토론이 선거 운동의 주류를 이루며 명실상부한 미디어 선거시대가 열렸음을 천명했다. 1997년 선거법을 개정해 대규모 옥외 집회를 없애고, 미디어를 통한 토론과 연설을 대폭 늘렸다. 100여 차례 후보자 토론회가 실시되면서 유권자는 면밀히 후보를 검토할 수 있게 되었다. 유권자의 80%가 지지자 결정에 TV토론이 도움이 됐다고 응답한 조사결과에서 알 수 있듯이 미디어 선거시대는 거스를 수 없는 대세가 되었다. 이와 같은 형태로 미루어 보건대 이미 외형적으로는 미디어 선거시대에 진입했다고 볼 수 있겠다. 하지만 유권자에게 올바른 정보가 바람직한 방식으로 전달되었는가, 혹은 권력이나 다른 외압이 개입하지는 않았는가 하는 문제들은 별개다. 내용적인 면에서 진정한 의미의 미디어 선거시대가 짚고 넘어가야 할 몇 가지 사안이 별도로 존재함을 다음과 같이 제시할 수 있다.

첫째, 미디어 선거시대에는 문자 그대로 미디어가 선거 운동의 중심부에 있어야 한다. 미디어 선거가 효율적으로 작동하기 위해서는 유권자들이 후보와 정당을 인식하고 투표를 하는 데 필요한 정보를 미디어에서 구할 수 있어야 한다는 것이다.

둘째, 미디어 선거시대에 무엇보다 중요한 것은 후보들에게 공정한 미디어 접근권을 보장하는 일이다. 돈이 많은 후보가 당선될 확률이 높았던 과거 선거시대와는 달리 선거공영제하의 미디어 선거시대에는 경제적 기반이 상대적으로 약한 소수당의 후보들도 미디어를 이용하여 얼마든지 선거 운동을 할 수 있어야 한다.

셋째, 선거 보도의 경우 뉴스의 가치를 언론이 스스로 결정할 수 있는 편집권 혹은 편성권을 보장해야 한다. 여기에는 물론 언론사의 독단적이고 주관적인 개입을 방지할 수 있는 방안도 수반되어야 한다. 이와 같은 조건을 바탕으로 모두 만족할 때 비로소 미디어 선거시대에 접어들었다고 할 수 있다.

1990년대 TV를 중심으로 미디어 선거시대가 시작되었지만, 2000년을 기점으로 인터넷이 보편화되면서 사이버 선거시대가 급부상하고 있다. TV와 인터넷 모두 미디어라는 점에서 공통점을 갖지만 인터넷이 갖고 있는 익명성, 접근의 용이함, 특정 계층의 참여 등과 같은 특성상 전통적 의미의 정치가 아닌 새로운 의미의 '참여정치'가 등장하게 되었다. 이 같은 새로운 의미의 민주주의는 장점과 단점을 모두 지니고 있다.

인터넷을 통한 정치적 참여는 의견을 자유롭게 개진할 수 있는 계기를 부여하여 참여를 중요시하는 민주주의 정신에 한 차원 가깝게 다가설 수 있게 되었다. 그간 권력 집중, 비밀주의 정치, 언어의 독점 등으로 일관되어 오던 미디어 선거를 손쉬운 정보습득과 공유를 통해 권력 독점을 방지하였으며, 시민과 정부 그리고 시민들 사이의 상호작용을 활발히 하여 여론 형성을 용이하게 하였다. 또한 시민들의 직접적인 참여 증가로 정책결정 영향력을 한층 강화하였다. 반면 익명성을 위시하여 여론을 호도하거나 건강한 공론의 장을 배설과 욕설이 난무한 공간으로 만들 수 있는 위험이 존재한다. 또한 인터넷 정보의 신뢰와 질적 수준을 담보할 수 없다는 것도 치명적인 단점으로 지적되며, 그 밖에도 인터넷이라는 매체의 특성상 전 세대가 활용하는 데에는 한계가 있어 일부 젊은 층들의 의견이 전체의 의견처럼 대변될 수 있다는 우려도 있다. 이와 같은 현상은 비단 우리나라뿐만 아니라 해외 여러 나라에서도 같이 고민하고 겪고 있는 문제이다.

미디어 선거시대의 문을 연 미국의 경우 후보들의 TV 정치광고는 철저한 자기부담 원칙을 지키고 있다. 따라서 선거 자금의 70%가 정치광고에 쓰이고 있으며 무료광고 배정 문제보다는 TV토론에서 기회균등의 문제가 더욱 크게 다뤄지고 있다.

반면 유럽의 경우 유료광고 외에 대부분의 국가에서 무료광고의 기회를 배정받는다. 무료정치광고 배정 기준은 대략 세 가지 형태로 나타나는데, 첫째 체코와 같이 모든 정당에 엄격한 균등원칙을 적용하는 형태와 둘째, 그리스와 같이 이전 선거의 득표수나 소속의원 수에 비례하여 작용하는 형태 그리고 마지막으로 오스트레일리아나 영국과 같이 정당과 방송기구가 협의를 통해 배정하는 형태이다.

2) 현실정치에 미치는 정보화의 두 가지 관점들

정보화가 현실정치에 미치는 영향은 기술결정론적 관점과 사회구성론적 관점 등 두 가지로 대별된다. 우선 기술결정론적 관점은 낙관론과 비관론으로 다시 구분되는데, 낙관론은 '민주적 가능성(democratic potential)'에 주목한다. 정보화의 진전에 따라 정보의 생산, 유통, 소비와 관련된 거래비용이 축소되어 참여의 비용이 감소, 권력에 대한 감시가 용이, 각종 사안에 대한 토론과 숙의의 가능성이 증대한다. 이를 통하여 기능 장애를 일으키고 있는 대의민주주의의 대안이 마련될 수 있다고 주장한다. 다른 측면에서 본다면 기존의 권력체계에서 소외되어 있던 다양한 행위자와 집단이 쟁점을 제기, 토론, 정보를 공개, 직접 결정과정에 참여하는 민주적 가능성을 고양시키는 기제로도 작동한다.

반면 비관론은 '감시의 가능성(surveillance potential)'에 주목한다. 정보화로 인해 시민사회가 권력을 감시할 수 있는 가능성이 높아진 것이 사실이지만, 기존의 권력이 사회를 감시할 수 있는 능력은 이보다 더 증대되었다고 판단한다. 오웰의 「1984」의 모습이나, 원형감옥 (the Panopticon)의 구상 또한 기술적으로 충분히 가능하여졌다는 것이다. 이러한 감시의 가능성 외에도 비관론은 정보화에 내재되어 있는 사회적 불평등성과 정보의 과부하에 따른 민주주의의 역행을 지적하기도 한다. 국가권력이나 거대기업에 의한 사생활 침해와 감시 그리고 개인정보의 유포 등이 그 보기이다.

정보화는 낙관론자들이 주장하는 다양한 긍정적인 측면에서의 가능성에도 불구하고 첫째, 정보화 자체가 지니는 사회적 불평등성의 측면, 둘째, 정보화의 진전에 따라 기술적으로 보다 가능해진 원형감옥 등의 기제를 통한 사회적 통제 가능성의 증대, 셋째, 대중여론이 여과되지 않은 채 정치과정에 영향을 끼치는 현상 등으로 인한 중우민주주의 혹은 폭도정치로서의 대중정치의 가능성, 그리고 정보화를 통한 정치의 희화화, 주변화 혹은 연예화 등의 경향으로 인한 정치적 냉소주의와 무관심의 증대라는 다양한 비관적인 측면이 존재한다. 때문에, 권력의 민주화 혹은 민주적 권력의 정착 문제에 긍정적인 역할을 수행하지 못할 가능성이 제기되고 있다.

한편 기술의 사회구성론은 정보화를 '양면의 칼'로 인식하면서 그 자체의 영향력보다는 정보화가 이루어지는 정치사회적 맥락을 중요시한다. 정보화가 민주주의에 미치는 영향은 정보화 자체의 속성 때문이 아니라 정보화가 어떤 세력의 이해관계에 의해 어떠한 방식으로 추동되느냐에 따라 결정된다고 본다.

사회구성론적 시각은 정보화를 독립변수로 파악하지 않고 환경변수로 파악한다. 기술의 정치적 효과에 대한 사회구성론적 시각에서 보았을 때 중요한 것은 우리가 ─정부, 정당, 시민사회, 시장, 시민─지금 어떤 선택을 하느냐에 따라 정보화가 규정할 21세기적 대의민주주의의 방향이 달라질 것이라는 점이다. 개인과 시민사회가 스스로의 권력화를 위하여 자발적으로 정보화의 물결에 적극적으로 동참할 것은 당연한 사실이 되고 있다. 기존권력의 핵심주체로 남아 있는 정부, 국회와 정당은 정보화의 진전을 민주적 잠재성을 실현하기 위한 방안으로서가 아니라 감시와 통제를 용이하게 해 주는 기제로 활용할 가능성이 높다. 정보화의 진전에 따른 정보의 공개와 공유는 바로 기존권력이 누리고 있던 기득권의 약화로 이어질 가능성이 높기 때문이다. 즉, 정보가 공개되어 보다 많은 사람과 집단이 공유하면 할수록, 누릴 수 있는 재량권과 자의적 결정의 권한이 축소될 것이 명확하기 때문이다. 이렇게 정보화의 민주적 잠재성의 실현에 소극적인 기존권력의 속성을 바꾸는 데 온라인상에서만 이루어지는 운동은 아직도 많은 제약을 가지고 있다. 온라인과 오프라인의 적절한 배합과 협력만이 실질적인 효과를 발휘할 수 있을 것이다. 정보화를 도구적으로 활용하여 현실정치의 문제점을 치유하고 새로운 정치적 대안을 찾을 수 있는 방법을 적극적으로 모색해야 하는 논리적 근거를 바로 기술의 사회구성론적 시각에서 끌어낼 수 있다.

13.2 디지털 텔레크라시

1) 디지털미디어와 권력구조의 변화

디지털 네트워크 사회에서 파워의 배분과 균형 문제는 중요한 정치적 쟁점으로 부상한다. 네트워크는 감시와 규제도구로 활용됨으로써 정부권력을 더 강력하게 만들기도 하고, 다른 한편 정치적인 의사결정에 시민이나 시민단체의 참여를 유도함으로써 국민에게 힘을 실어 주기도 한다. 따라서 네트워크 구조는 결코 중립적이지 않고, 경우에 따라 중앙집권화를 강화하기도 하고 분권화를 약화시키는 모습을 나타내기도 한다.

네트워크 사회는 이전에 비해 개인의 통제력을 증대시켜 주는데, 일종의 통제혁명이라는 논리에 근거한다. 디지털미디어가 제공하는 통제혁명의 양상은 전통적인 사회적 기관 및 조직이 보유하고 있던 정치, 사회, 문화적 권력이 인터넷과 같은 새로운 테크놀로지로 인해 개인에게 이양되는 것으로 구현된다. 과거와 같이 거대기관이나 기업 등이 디지털 정보를 통제하는 것이 아니라 개인 스스로가 자신의 정보통제권을 갖게 된다는 것이다.

이러한 통제혁명이 가능한 것은 다음과 같은 디지털 네트워크의 독특한 속성 때문이다. 첫째, 다수 대 다수의 상호작용성(many-to-many interactivity)은 인터넷의 잠재적인 민주적 커뮤니케이션을 가능케 하기 때문이다. 둘째, 디지털화된 정보는 압축이나 조작이 쉽기 때문에 개인이 손쉽게 정보를 통제할 수 있다. 셋째, 인터넷은 접근하는 모든 사람에게 열려 있으므로 공동으로 이용할 수 있기 때문이다. 결국, 디지털 네트워크는 상호 연결되어 상호 작용하는 이용자 개개인이 정보의 통제력을 부여받는 것이다. 무엇보다 네트워크 시스템은 조직구조에 혁신적 변화를 야기하는데, 관료주의에서 정보주의로, 통제권의 다양화로 나타난다.

막스 베버(Max Weber)는 관료주의의 성격으로 위계적인 권위, 중앙 집중화된 의사결정 시스템, 정형화된 규칙, 전문화된 직무, 표준화된 행위 등을 지적했다. 그런데 네트워크의 특성을 가진 디지털미디어는 이러한 전통적 관료주의를 현대화함으로써 기존 관료주의가 가졌던 비효율성을 극복한다는 것이다. 이로써 정보주의가 등장하면서 관료적 성격의 조직이 점차 정보의 유형 및 그 흐름에 따라 재구성되고 최적화되는데, 디지털미디어 시대의 조직 역학은 일종의 프로젝트 조직(task-force)을 지향한다.

다음 통제권의 다원화라 함은, 권위나 위계에 의한 통제권보다는 실무나 작업특성에 따라 유동적으로 부여되는 통제권이 중요해지게 되는 맥락을 의미한다. 디지털미디어는 기존의 수직적, 수평적 조직구조의 구분을 약화시키는데, 정보 흐름의 효율성을 높임으로써 조직 자체의 유연성을 극대화하고 다양한 상황에 유동적으로 대처할 수 있는 신축성을 부여한다. 특히 중앙 집중적인 시스템이 다원적이고 다양한 창구를 가지는 탈중앙 집중적인 조직구조로 변형될 가능성을 더 갖게 된다는 것이다.

구체적으로 디지털 시대 권력구조의 변화 양상을 정리하면, 첫째, 가족과 학교에서의 권력관계 변화 양상이다. 인터넷은 어른들을 초라한 이민자 가족으로 바꾸어 놓는다. 컴퓨터는 교실에서 정보제공의 주도자였던 교사의 역할에 도전한다. 둘째, 전문가와 아마추어의 경계 붕괴이다. 정보접근 특권이 약화되고, 오직 실력으로 경쟁하게 된다. 역동적인 지식으로 무장한 아마추어의 지위가 상승한다. 문화적 권위 또한 약화되는데, '저자의 소멸'로 나타난다. 셋째, 전문직업인과 조직 내부에 대한 도전이다. 변호사, 의사, 교수, 언론인 등의 신비성이 상실되고, 조직 외부와 내부의 경계가 소멸한다.

2) 디지털미디어를 통한 여론 형성과정

여론은 관습이나 법과 함께 사회를 규제하는 세 가지 힘으로 평가

된다. 고대 민주주의 시대의 여론은 다수의 의견 또는 공중의 의견으로 국가를 통치하는 중요한 힘으로 작용해 왔다. 시민 공개토론장은 중세와 근세에 와서 점차 사라졌다가 근대 시민사회가 열리면서 다시 사회를 규제하는 힘으로 그 중요성이 커졌고 어떤 이는 이를 '제3의 정당'이라고 말한다. 버나드 베렐슨(Bernard Berelson)은 여론은 민주정치의 필수조건이라고 말하면서 민주정치 실현을 위해서는 첫째 사회나 국가를 형성하는 다양하고 적합한 인적 구성, 둘째 인적 구성원들의 정치에 대한 관심과 참여가 있어야 한다고 지적하였다.

여론은 특정한 사회의 구성원이 그 사회 전체의 이해에 관계되는 문제에 관해 가지는 공통적인 의견의 통합이다. 여론의 형성 요건을 다음과 같이 정리해 볼 수 있다.

- 논쟁점이 있어야 한다. 여기서 미디어의 의제설정 기능이 중요해진다.
- 의제(아젠다)에 관심을 갖는 공중이 있어야 한다.
- 공중에게 다양한 의견이 존재해야 한다.
- 공중의 의견이 자유롭고 충분하게 표출되어야 한다.
- 관련된 많은 사람이 있어야 한다.

온라인에서의 여론 형성은 의제설정 이론에 근거한다. 의제설정 이론은 미디어와 여론 형성의 관계에 대한 커뮤니케이션 효과 연구에서 가장 많이 인용되는 이론 중의 하나이다. 그러나 미디어의 의제가 공중 의제와 높은 상관관계를 갖는다는 것을 요지로 하는 의제설정 모델은 그 이론적 발전과 수정에도 불구하고, 미디어 수용자를 미디어의 내용을 수동적으로 받아들이는 존재로 인식하는 한계로부터 자유로울 수 없었다. 21세기 뉴미디어의 총아인 인터넷의 등장과 그 확산은 이러한 의제설정 모델에서 상정했던 수용자관의 수정을 요구하고 있다.

인터넷을 통한 일반 시민의 의제설정은 세 가지 경로를 통하여 가능하다. 첫째로, 일반 시민들이 블로그, 개인 홈페이지, 자유게시판, 온라인 토론장 등을 통해 참여하는 온라인 커뮤니케이션 활동이 직접적으로 공중과 연결되어 여론을 형성할 수 있다. 둘째로, 이러한 활동을 오마이뉴스와 같은 인터넷 뉴스 사이트가 보도하거나 시민들이 직접 시민기자로서 활동할 수 있도록 하고 있다. 마지막으로, 시민 커뮤니케이터들의 활동을 기존의 거대 미디어들이 보도함으로써 공중 의제를 설정하는 경우를 들 수 있다.

인터넷의 의제설정 기능 연구는 기존의 전통적 미디어 의제설정 기능 연구와 몇 가지 점에서 차이를 가진다. 이러한 차이는 인터넷이 기존 미디어와 경쟁하는 대안적 미디어라는 점, 기존 미디어와는 비교할 수 없을 정도의 콘텐츠 용량을 수용할 수 있다는 점, 마지막으로 인터넷 미디어의 기술적 특징인 상호작용성에서 기인한다.

김성태(2005)는 인터넷상의 의제설정 과정을 의제파급(agenda-rippling)과 역의제설정(reversed agenda setting)이라는 개념으로 설명한다.

최초의 발화자는 한 명의 평범한 시민 커뮤니케이터이다. 그들의 메시지 자체를 직접 접하는 이들은 그리 많지 않았다. 이 메시지를 접한 초기 확산자 그룹은 이 메시지를 퍼 나르는 사람들이다. 이들은 토론게시판의 글을 복사하여 온라인 공간 이곳저곳으로 퍼 나르는 네티즌들과 댓글을 복사하여 퍼 나르는 네티즌들이다. 이를 통해 온라인 공간에서 특정 이슈들이 확산되고 중요한 이슈로 부각되기 시작한다. 그것을 인터넷 언론이 중요하게 보도함으로써 이 이슈들은 온라인 공간에서 중요한 의제가 된다. 즉, 인터넷 언론의 의제가 보다 많은 네티즌들의 의제가 되는 과정이다. 물론, 신문과 방송이라는 전통적 미디어가 온라인 공간의 중요 이슈를 보도하는 경우도 많지만, 초기에 주요 의제로서 보도하는 경우는 극히 드물다. 따라서 이 단계를 '온라인 공간에서의 의제설정'이라고 명명할 수 있다. 이 새로운 의제확산 과정을 '인터넷을 통한 의제파급(internet-mediated agenda rippling)'이라고 명명한 것이다.

또한 온라인 공간에서 중요 의제화된 이슈는 전통적 미디어 역시 중요하게 다룰 수밖에 없는데, 이 과정을 '인터넷을 통한 역의제설정(internet-mediated reversed agenda setting)'이라고 명명하고 있다. 기존 의제설정 이론이 미디어가 공중의 의제에 영향을 미친다면, 역의제설정의 방향은 인터넷을 통해 온라인상의 의제가 기존 미디어의 의제에 영향을 미친다는 점에서 반대의 의제설정 방향을 전제로 한다.

<그림 61> 인터넷이 매개된 공중 의제설정 모델

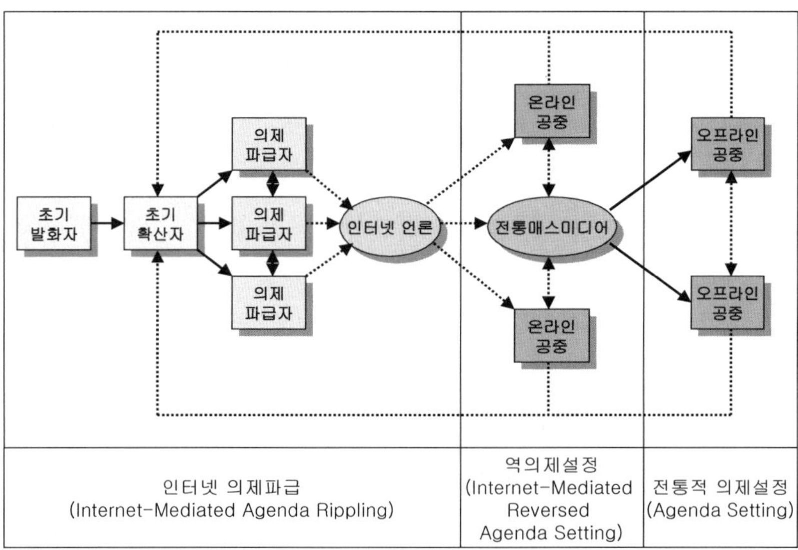

자료: 김성태 · 이영환(2005).

3) 디지털 정치 참여의 미래

전문가 못지않은 지식과 실력으로 무장한 영리한 군중들이 몰려오고 있다. 인터넷과 모바일을 통한 강력한 네트워크는 정보습득을 위한 무한한 바다가 된다. 네트워크를 통해 뭉치고 있는 이들 영리한 군중들은 정치, 경제뿐만 아니라 레저와 웰빙 문화의 주역으로 등장하고 있다.

그렇다면 영리한 군중들은 지금처럼 숨 가쁘게 계속 진화할 수 있을까? 「Smart Mob」의 저자 하워드 라인골드는 "영리한 군중에겐 최소한 세 가지 위협이 잠재한다."고 말하면서 컴퓨터 지식은 도처에 존재하는 감시 도구가 될 수 있으며, 이는 자유에 대한 위협으로 다가올 수 있으며 삶의 질과 인간 존엄성에 대한 위협을 경고한다. 그는 특히 "영리한 군중이 반드시 현명한 군중은 아니다."라고 하며 그 어느 나라보다도 빠르고 강하게 결합하여 참여하는 한국인들에게 특별히 당부했다.

이미 지난 16대 대선 때 네트워크의 위력을 발휘하며 소위 '디지털 대통령'을 만들어 낸 한국의 네티즌들은 17대 총선에서도 가장 강력한 유권자 집단으로 역할을 담당했다. 네티즌의 마음을 사로잡지 못하면 당선되지 못할 정도로 네티즌은 당락에 영향을 미치고 있다. 디지털 정치 참여가 다양화되고 확대되면서 네티즌들의 역할도 점차 커지며, 폭이 넓어지고 있다. 과거 단순하게 정보만 수집하고 공유하던 형태에서 이제 시민단체는 인터넷을 이용하여 각종 비리 연루 의원들의 낙천/낙선 운동을 전개하였으며 '감시자'의 역할도 충실히 해 내고 있다. 예컨대 과거 선거철이면 만연하던 금품살포는 부정부패 척결이라는 시대조류와 함께 네티즌의 눈이 무서워 사라지는 상황이다. 이 같은 감시자의 역할 외에도 인터넷을 통해 벌이는 소액 후원금 모금 활동은 새로운 정치후원 문화를 만들어 내고 있다. 다시 말해 네티즌은 '풀뿌리 민주주의'를 새로운 차원에서 전개하면서, 그 가능성을 직접 실현하고 있는 것이다.

한국은 이른바 참여정부가 들어서면서 디지털 정치 참여의 길을 한 차원 넓혔다. IT강국인 한국은 다른 여러 선진국보다 미디어 선거시대가 늦게 시작되었음에도 빠른 성장을 보이고 있다. 이는 강력한 네트워크를 형성시키는 기술적인 인프라를 탄생시켰으며, 촛불시위나 시청 앞에서 이루어진 붉은악마 응원과 같은 놀라운 응집문화를 발생시켰다.

이제 디지털 정치 참여는 또 다른 국면을 맞고 있다. 2006년 전 세계를 뒤흔들었던 UCC가 바로 그것이다. 이미 2006년 11월 미국 중간선거 때 여러 지역에서 당락에 영향을 미칠 만큼 UCC는 새로운 사회적 아이콘이자 정치 참여의 공간으로 그 의미가 확대되고 있다. 특히 51대 49로 아슬아슬하게 공화당의 과반 의석을 빼앗아 온 상원 선거에서는 유튜브에 올렸던 동영상 UCC가 결정적인 역할을 했다. 후보 지지자들은 상대 후보의 유세활동을 낱낱이 찍어 약점 부분을 유튜브에 공개하는 네거티브 선거 운동을 경쟁적으로 벌였다. 버지니아주 상원의원 후보인 민주당 제임스 웹의 선거를 돕던 인도계 청년은 상대 후보인 공화당 조지 앨런 의원의 연설을 캠코더로 찍었다. 그때 앨런 의원이 그를 가리키며 "저 친구 이름이 뭔지 모르지만 '마카카(원숭이)'가 좋을 것 같다."며 "마카카가 미국에 온 것을 환영한다."고 비아냥거렸고, 이 동영상은 그대로 유튜브에 올려졌다. 그리고 얼마 있지 않아 순식간에 폭발적인 조회 수를 기록하며 앨런 의원은 인종차별주의자로 낙인찍혀 신인 웹에게 무릎을 꿇고 말았다. 또한 몬

태나주 상원의원이었던 공화당 콘래드 번스도 농장법안 공청회 도중 잠깐 조는 장면이 유튜브에 오르며 몬태나주 농민들의 공분을 사 근소한 차이로 낙선하고 말았다. 이와 같은 사례는 UCC가 현재 얼마나 큰 영향력을 나타내고 있는지에 대한 방증임과 동시에 자칫 비방이나 조작으로 활용될 경우 돌이킬 수 없는 결과를 낳을 수 있다는 우려를 낳고 있다. 미국의 선거에서 이 같은 UCC 활용은 더욱 적극적으로 이뤄질 전망이다. 최근 민주당의 유력 대선후보들인 힐러리 클린턴과 배럭 오바마 상원의원은 오프라인 기자회견이 아닌 인터넷 동영상과 채팅을 통해 대선후보 출마를 선언해 디지털 정치 참여의 방식이 크게 변화했음을 암시했다.

 2007년 12월 17대 대통령 선거를 앞둔 우리나라에서도 UCC는 단연 화두가 되고 있다. 17대 대선은 UCC 선거로 치러질 것이라는 의견이 속속 나오고 있다. 실제로 요즘 인터넷에서는 유력한 대선후보와 관련된 UCC가 인기를 끌고 있고, 중앙선거관리위원회에서는 급기야 인터넷 포털 사이트 운영자에게 관련 UCC의 삭제를 요구하기에 이르렀다. UCC는 선거 분위기가 가열될수록 뜨거운 쟁점이 될 가능성이 높다는 점에서 우려의 목소리도 또한 높아지고 있다.[28] 만일 누군가 UCC의 내용을 임의대로 조작하고, 네거티브 전략으로 이용한다면 예상치 못한 상황이 있을 수도 있기 때문이다. 현재 이와 관련한 법제화는 뜨거운 쟁점이 되고 있다.

---

28) 최근 각 신문에서 UCC가 대선에 미칠 영향을 우려하는 목소리를 담은 기사와 시론을 다양하게 접할 수 있다. UCC의 콘텐츠적인 특성은 존중하되 책무는 강화해야 한다는 논조가 대세를 이루고 있다.

〈표 19〉 UCC 선거 동영상의 합법과 불법 사례

	사 례
가능한 사례	− 예비후보자가 홍보 동영상을 선거구민에게 e−메일로 전송하는 것 − 선거구민이 입후보 예정자의 홈페이지를 방문해 홍보 동영상을 e−메일로 보내 줄 것을 요청한 뒤 그 자료를 받는 것 − 후보자가 자신의 홈페이지에 지지를 호소하는 내용의 동영상을 올리는 것 − 일반 유권자가 선거 운동기간 중 자신의 선호 후보 홈페이지에 지지나 격려의 동영상을 올리는 것 − 선거법상 선거 운동을 할 수 있는 자가 선거 운동기간 중에 홍보 동영상을 포털 사이트 등에 올리는 것
불법 사례	− 입후보 예정자가 예비후보자가 되기 전에 임의로 홍보 동영상을 선거구민에게 전송하는 것 − 유권자의 수신거부 의사를 무시하고 홍보 동영상을 계속 보내는 것 − 일반 유권자가 자신의 선호 후보를 지지하거나 그 상대 후보를 비방하는 동영상을 제작해 포털 사이트 등에 게시하는 것 − 후보자 홈페이지의 지지 동영상을 다른 사이트로 퍼 가는 것 − 후보자와 그 배우자, 직계 존비속, 형제자매에 대한 허위사실이 담긴 동영상을 인터넷에 게재하는 것

자료: 중앙선관위 자료와 선관위 사이버 조사팀 자료 종합.

하지만 유력 후보자 간의 비방과 네거티브 전략이 거세지는 상황에서 경제 문화적으로 많은 함의를 갖는 UCC만 규제한다면 오히려 '빈대 잡으려다 초가삼간을 다 태우는 격'이 될 수 있다. 변화된 정치 참여를 건전한 선거의 공간으로 공고히 하기 위해서는 무조건적인 금지, 즉 규제를 위한 규제가 아닌 선거법에 저촉되는 사례를 제시하고 공지함으로써 네티즌 스스로의 자정의 노력과 실천을 이끌어 내는 것이 바람직하다.

14. 디지털이 바꾸는 미디어 산업의 지형도

14.1 미디어 산업의 개념과 동향

1) 미디어 산업의 개념과 성장

미디어는 정보, 오락 등을 전달하는 매체로, 통상 미디어 산업이라 함은 신문, 방송 등 대중을 상대로 콘텐츠를 제공하는 매스미디어 산업을 지칭한다. 즉, 미디어 산업은 단순한 전달기능뿐만 아니라 콘텐츠를 생산하고 제공하는 산업을 의미한다. 이러한 미디어 산업의 특징으로는 생산과 유통에는 고비용이 소요되지만 복제를 위한 한계비용은 거의 들지 않아 경제성이 높은 산업이라는 점이다. 따라서 소수 지배적 사업자에 의해 주도되는 산업구조가 형성되어 있다. 또한 '공익성'을 앞세운 강력한 규제로 진입과 소유, 경영에 대한 규제가 과다하게 적용되어 있다. 이와 같은 전통적 미디어 산업의 특성은 디지털 미디어 시대에 접어들면서 달라지기 시작했다.

미디어 산업에 대한 정의 중 하나는 정보 또는 콘텐츠의 생산과 배급의 영역을 포괄하는 하나의 조직적 장이라는 개념이다(전범수, 2001). 즉, 특정 산업의 구조는 이를 구성하는 미디어 조직들의 관계에 의해 이루어진다는 것이다. 조직 간의 관계는 미디어 콘텐츠의 생산과 소비 관계부터 인수합병과 같은 소유권의 이전관계, 전략적 제휴와 같은 자원의 공유관계, 인적 교류 및 공유 등과 같은 사회적 관계 등 다양한 차원의 관계들이 성립될 수 있다. 또한 자본과 지식, 테크놀로지의 글로벌한 수준에서의 결합은 미디어 기업을 둘러싼 다양한 정치적, 경제적, 사회적 환경과 조응하면서 새로운 조직적 장을 형성하고 있다. 이러한 추세를 따라, 글로벌 미디어 산업의 방향은 생산과 공급의 역할을 담당하는 행위자의 수는 감소하는 반면, 시장은 팽창하는 특성을 보여 주고 있다. 사업자 간의 결합으로 거대 미디어 기업이 탄생하고, 출판에서 방송, 영화, 위성, 인터넷, 패스트푸드, 호텔, 게임 사업 등에 이르기까지 미디어 기업의 사업영역은 무한대로 확대되는 풍경을 보이고 있다(송해룡, 2003).

20세기 들어와 새로운 미디어 기술이 발전함에 따라 미디어 선택의 기회가 증가하고 미디어 생산품도 증가했다. 또한 미디어 산업은 미디어를 소비할 수 있는 장소의 범위가 두드러지게 확장되면서 성장세를 거듭하고 있다. 신문이나 책과 같은 인쇄형태의 글은 오래전부터 휴대가 가능했다. 눈이 피로해지기 전까지 어디든 조명만 있으면 읽을 수가 있었다. 그러나 다른 일부 미디어들의 초기형태는 소비자들이 그 미디어가 있는 특별한 장소에 가야만 접할 수 있었다. 사람들은 영화를 보기 위해 극장에 갔다. 또 축음기를 듣거나 커다란 콘솔 형태였던 초기의 라디오를 듣기 위해 거실에 모여 앉았다. 이후 사람들은 텔레비전을 보기 위해 거실로 모여들었다. 1980년대까지 덩치 큰 가정용 컴퓨터가 보급되었을 때도 인터넷과 여타 다른 디지털미디어는 이와 유사했다. 그러나 개별 미디어들의 진화는 결국 휴대용으로 이루어져 다양한 사회적 공간으로 확장되고 있다. 라디오는 거실에서 가정의 다른 공유 공간 또는 자동차로 옮겨 갔으며, 대형화된 텔레비전도 공공장소, 공항, 술집, 은행, 교실 등에 설치되었다. 최근에는 디지털 휴대방송 기술이 발전되면서 이러한 공간의 제약도 없어지고 있는 추세이다.

미디어 소비 기회의 확대와 미디어가 일상의 삶에서 친숙한 부분으로 자리 잡으면서, 미디어의 산업적 외형도 크게 성장하였다. 제작, 유통, 수익, 수용자 규모 등에서 비약적인 발전을 거듭해 왔는데, 예컨대, 서적의 경우에는 1940년대 91,514종에서 1980년대에는 510,286종으로 늘어났다. 영화의 경우에도 매표소에서 판 입장권이 1950년에 13억 달러에서 1955년에는 580억 달러를 상회했다. 케이블 텔레비전 가입자 수는 1960년에 65만 명에서 1995년에는 6,000만 명 이상으로 증가하였다. 음반판매 시장의 경우 1975년 24억 달러에서 1995년에는 120억 달러로 성장했다.

미디어 산업의 성장은 미디어 산업에 종사하는 사람의 수적 증가를 보아도 알 수 있다. 이는 미디어 및 엔터테인먼트 부문이 확장되었다는 반증이다. 1980년대까지 현대 미디어 산업의 기본적인 틀이 대부분 정립되었다. 대규모의 대중적인 수용자들은 분할되었고 더 많은 미디어들이 분화된 목표 수용자에게 초점을 맞추었다. 케이블 텔레비전의 확산과 광고주들이 중시하는 인구통계학적 중요성에 대한 강조가 미디어 콘텐츠의 전문화와 미디어 시장의 분할과정을 강화시켰다. 이외에 수용자의 지속적인 분할, 빅 히트에 대한 강조-블록버스터, 베스트셀러, 레코드의 플래티넘 판매-는 비할 바 없이 증가하였다 (Croteau, D. & Hoynes, 2001/김영기 외 역, 2003).

2) 미디어 산업의 구성 및 현황

미디어 산업은 크게 콘텐츠와 이를 전달하는 네트워크 영역으로 구분할 수 있다. 이것을 가치사슬 단계별로서 다시 콘텐츠, 제작 산업,

유통 및 배급 산업 전송 산업, 단말기 산업 등으로 구분할 수 있다.

가치사슬의 첫 단계이며 가장 부각되는 산업은 바로 제작 산업 또는 콘텐츠 산업이라고 할 수 있다. 이러한 콘텐츠 영역의 변화는 다른 영역의 변화와 무관하지 않다. 네트워크의 발달은 디지털 콘텐츠를 전달하는 다양한 플랫폼을 가능하게 하고, 이로 인해 유통업자(플랫폼)들은 콘텐츠 확보와 관련한 경쟁으로 인해 콘텐츠 사업자의 위치를 더 지배적인 것이 되도록 하고 있다.

콘텐츠 영역 또는 제작 산업의 경우에는 고위험·고수익(high risk, high return)이라는 특성과 더불어 규모의 경제 극대화를 핵심적인 특성으로 삼고 있다. 따라서 매우 집중적인 시장구조를 띠게 된다. 또한 기존에는 전달 매개체 또는 유통업자와 깊은 관련성과 의존성을 지녔으나 망의 확대와 유통업자 간 치열한 경쟁이 일어나게 되어 점차 망으로부터 독립적인 형태로 발전하고 있다.

유통 및 배급 분야의 경우 콘텐츠 산업의 확대로 인해 더욱 다양해지고, 이러한 콘텐츠를 묶어 주는 새로운 역할이 필요하게 되었다. 따라서 새로운 영역으로 플랫폼(platform)이나 어그리게이션(aggregation) 등 다양한 용어들로 정의되기도 한다. 이 부문은 통신형 미디어가 등장하면서 점차 유료화를 지향하고 있으며 이 영역은 여타 산업에 비하여 가장 경쟁이 치열한 영역이 되고 있다. 유통업의 경우 콘텐츠를 제공하는 공급자는 매우 독과점적인 구조를 따지는 반면, 소비 측면에서는 네트워크 외부효과와 밀접한 관계를 갖는 특성을 갖는다. 따라서 배급업자는 서비스 공급과 판매에 있어 비대칭적 구조를 가지게 된다. 유통영역은 현재 인수합병이 가장 활발하게 일어나고 있는 부분이며, 경쟁이 높아지는 분야이다.

네트워크 사업자의 경우 경쟁이 도입되더라도 기본적으로 규모의 경제가 극대화되는 영역이기 때문에 제한된 경쟁을 할 가능성이 높으며, 이에 따라 선점효과가 매우 큰 영역이다. 그러나 과거의 독점적 지위와는 다르게 지금은 다양한 접속망 간의 경쟁-통신망, 케이블, 위성-이 일어나고 있다.

단말기 영역이라고 할 수 있는 소비자 인터페이스의 경우 다양한 통합 단말기들의 출현이 향후 더욱 가속화되어 경쟁적으로 소비자를 유치하는 전략을 취할 것으로 예측된다(유재천 외, 2004).

<그림 62> 미디어 산업의 가치사슬 단계별 특성

콘텐츠 제작	콘텐츠패키징	서비스	인프라	단말기
* 콘텐츠 제작 관련분야 예) 할리우드 스튜디오	* 채널 * 콘텐츠르 브랜드로 묶엇 판매 예) TV방송국, 케이블 PP	* 소비자에게 전달할 수 있도록 콘텐츠를 decoding * 전송 예) AOL등 ISP 케이블 SO, 위성 플랫폼	* 서비스 제공자간 커뮤니케이션 예) PSTN Operator, 위성	* 소비자 이용 단말기 관련 예) TV, 컴퓨터, 셋탑박스 등

자료: 유재천 외(2004), p.248.

1990년대 중반부터 디지털미디어 환경에 걸맞도록 제정되고 개정되어 온 새로운 방송 및 통신법의 영향으로 방송과 통신, 그리고 컴퓨터 업계의 동종 미디어 및 이종 미디어 간의 대규모 미디어 인수 및 합병의 움직임이 최근까지 지속되었다. 일각에서는 대규모 자본의 독점거대기업이 탄생될 것이라는 우려가 제기되었다. 이는 2000년 1월 인터넷 기업인 아메리카온라인(AOL)이 인수합병 당시로는 사상 최고액의 주식을 지불하고 타임워너(Time Warner)를 합병한 데 이어 그해 12월 프랑스 굴지의 미디어그룹인 비방비(Vivendi)가 유니버설 스튜디오를 갖고 있는 시그램(Sigram)사를 인수하면서 더욱 공론화되었다. 그러나 이들 기업들은 당시의 낙관적인 기대와는 달리 인수합병의 효과를 거의 얻지 못하였으며, 경영 또한 악화된 것을 볼 수 있다.

이렇게 기대 외로 거대 미디어그룹들의 경영이 부진했던 이유는 가변적이고 다양한 채널을 통해 분화된 미디어 시장에서 거대자본의 논리 위에 무분별한 확장과 인수합병을 행한 결과라고 볼 수 있다. 이것은 기업의 확장과 고객의 양적 확보에 충실한 미디어 콘텐츠를 개발하려는 노력이 뒷받침되지 않으면 부정적 결과를 낳을 가능성이 높다는 점을 제시한다.

14.2 미디어 산업의 미래

1) 미디어 산업의 구조변화 양상

미국의 모건 스탠리(Morgan Stanlry)가 주요 미디어를 대상으로 확산되기까지의 시간을 조사한 결과, 가장 전통적인 미디어인 신문의 경우 1830년대에 명실상부한 미디어로 부상되기까지 무려 160년이 소요되었으며, 잡지는 1850년대까지 110년, 전자매체인 라디오는 30년, TV는 13년, 인터넷은 5년이 소요되었다고 밝혔다. 이처럼 미디어 산업은 근래에 와서 그 확산속도가 경이로울 정도로 빨라져 있다. 신문은 160년에 걸려 미디어화가 이루어진 반면에 인터넷은 5년여 만에 이루어낸 것이다. 더욱이 2007년에는 IPTV, WiBro, HSDPA 등 다양한 융합 미디어가 상용화되어 확산속도는 더욱 가속화될 것이고, 미디어 산업에도 급변화가 있을 것으로 전망된다.

이렇듯 빠르게 변하는 미디어 산업구조의 변화 원인은 디지털 기술과 인터넷의 발전으로 미디어 산업의 진입장벽이 현저히 낮아졌기 때문이다. 진입장벽이 완화되면서 이종 산업 간의 경계가 모호해지며 각 분야의 지배적 사업자들이 경쟁적 협력관계를 구축하고 있다. 이처럼 달라진 미디어 환경하에서 기업의 경쟁은 '소비자 접점의 장악'과 '소비자 시간 점유율의 극대화'에 초점이 맞추어져 있다. 하지만 소비자를 사로잡는 것은 결국 콘텐츠이다. 따라서 다양한 콘텐츠와 유통 채널을 확보하기 위해 거대기업들이 사활을 걸고 경쟁하는 양상을 보이고 있다.

<그림 63> 미디어 산업의 구조변화

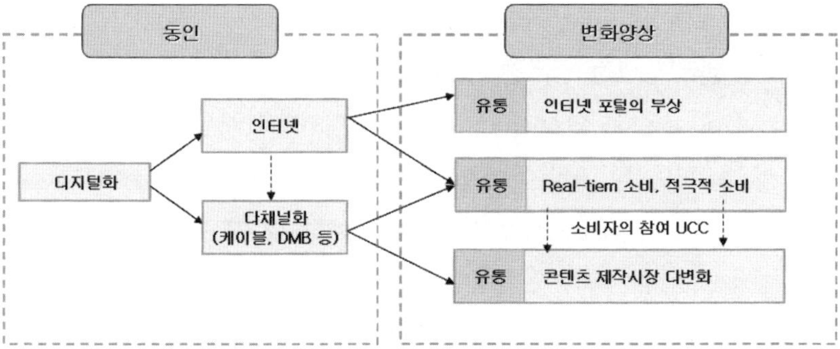

자료: 삼성경제연구소(2006).

통신, 인터넷 업체는 유·무선 등의 유통 채널을 확대하는 동시에 콘텐츠 생산 영역에까지 진입해 방송 서비스를 준비하고 있으며, 콘텐츠 제작 업체는 자신의 콘텐츠 활용창구 확대를 위해 유·무선통신, 인터넷 등의 다채널 확보에 주력한다. 방송 사업자 역시 다채널을 통해 다양한 콘텐츠를 제공하려고 부단한 노력을 경주하고 있다. 이 밖에도 단말기 생산 업체 역시 유·무선 네트워크와 단말기, 콘텐츠를 결합하는 새로운 비즈니스 모델로 미디어 시장에 영향력을 행사한다. 이와 같이 현재 미디어 산업의 양상은 산업 간 경계가 무의미해지며 하나로 통합되는 컨버전스 산업화의 양상을 띠고 있다.

디지털 커뮤니케이션으로의 전환 등 최근의 기술적인 발전과 세계 시장을 향한 글로벌 미디어 기업의 공격적인 경영은 네트워크와 네트워크 간 결합, 하드웨어와 소프트웨어의 결합, 생산 업체와 유통 업체의 결합 등 인수, 합병, 전략적 제휴를 빈번하게 하였다. 인수와 합병은 글로벌 미디어 기업이 규모의 경제를 구현하여 세계 미디어 시장을 선점하려고 하는 전략의 일환이다. 글로벌 미디어 기업들은 TV, 영화, 음악, 출판, 음반 등 모든 영상, 미디어 분야에 침투하고 있다. 글로벌 미디어 기업들은 합병, 통합을 통해 미디어 제국을 건설하고자 하는 야심을 펼치고 있는 것이다.

최근 진행되고 있는 글로벌 미디어 기업의 비즈니스 전략 중 핵심은 통합전략(Integration Strategy)이다. 간단히 말해 사업 다각화인 셈이다. 산업 가치사슬은 특정 기업을 분석하는 데 유용한 도구이기도 하지만, 보다 확장되어 한 산업이나 기업에 필요한 활동들을 결합하는 방식에 대한 일반적인 틀로서 설명할 수 있다(초성운, 1996). 즉, 연관된 산업 가치사슬의 한 부문에서만 활동하던 기업이 더 많은 이윤을 창출하거나 잉여자원을 효율적으로 활용하기 위해 가치사슬의 다른 부문으로 사업을 확장하는 경우를 사업 다각화라고 할 수 있는 것이다. 특정 기업이 가치사슬의 상위 혹은 하위 구성단계로 진출하는 것을 수직적 다각화(vertical integration)라 할 수 있고, 가치사슬의 특정 단계에서 사업을 확장하는 경우를 수평적 다각화(horizontal integration), 그리고 그 기업이 속한 가치사슬의 범위를 넘어서 새로운 분야로 사업을 다변화하는 것을 기업복합화(Conglomeration)로 구분할 수 있다.

〈그림 64〉 디지털 컨버전스에 따른 미디어 산업의 가치사슬 변화

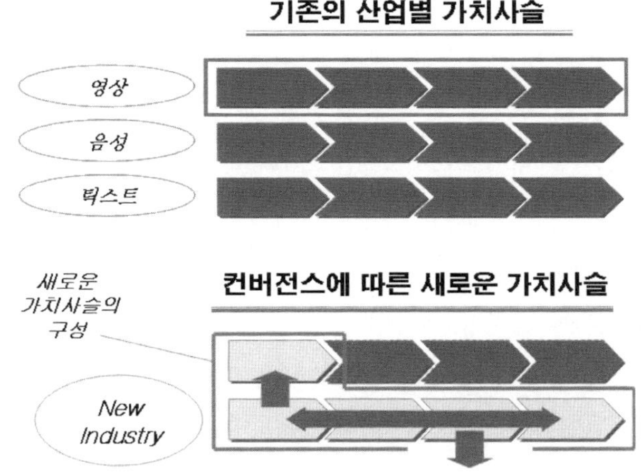

　　수직적 다각화란 기업이 생산의 연속적인 단계나 산업 가치사슬의 다른 분야로 시장을 확대하는 것을 말한다. 즉, 기업이 보유한 기술과 노하우를 가지고 원재료의 생산에서부터 최종 제품의 생산과정, 혹은 유통이나 판매부문으로 진출하는 경우를 말한다. 이러한 수직적 다각화가 발생하는 이유는 생산 및 유통과정을 합리화하고 내부의 잉여자원을 활용함으로써 거래비용을 절감하고 시장 지배력을 증대시키기 위한 것이다(정갑영, 1994).

　　미디어 기업에 있어서 수직적 통합이란 소유자 한 명이 한 가지 유형의 미디어로 모든 분야의 상품을 생산하고 분배하는 것을 정의한다(Croteau, D. & Hoynes, 전석호 역, 2001). 예컨대, 방송 산업에서 수직적 다각화는 방송 상품이 갖는 경제적 특성으로 인해 더욱 심화된다. 방송과 같은 공공재 산업에서 수직적 다각화는 규모의 경제(economy of scale)를 실현시켜 경제적 효율성을 극대화하는 경제적인 생산 메커니즘으로 작용한다. 즉, 지상파 방송사들은 방송 프로그

램을 직접 제작함으로써 생산요소의 시장거래를 기업 내의 내부거래로 전환시켜 외부거래에서 발생하는 기회비용과 정보비용과 같은 거래비용(transaction cost)을 감소시키고, 나아가 시장거래의 위험과 불확실성을 감소시키며, 생산에 동원된 가변요소와 불변요소의 사용을 계획에 따라 관리적으로 조정함으로써 결과적으로 생산성의 증가와 함께 생산비 감소의 효과를 얻을 수 있다.

수평적 통합은 한 기업이 여러 가지 유형의 미디어를 소유하는 것을 의미하는데, 가치사슬이 한 부문에 머물러 있는 것이 아니라 다른 매체 영역으로까지 진출하는 것이다. 수평적 통합전략은 변화된 방송환경에서 점점 시장 점유율이 떨어지고 있는 지상파 방송 사업자들이 기존의 시장 지배력을 유지하기 위한 전략의 하나로 채택된 것이다. 특히 방송 프로그램과 같은 콘텐츠는 단일한 창구보다는 여러 개의 창구를 통해 소비될 때 부가가치가 극대화되는 '범위의 경제(economy of scope)'를 특징으로 하기 때문에 수평적 다각화는 사업 확장을 위해 별다른 투자 없이 수익성을 높일 수 있는 방안으로 간주되고 있다.

세계 미디어 시장은 미국 주도하에 다국적화하는 모습을 보이고 있다. 7대 미디어 기업 중 미국 기업이 3개(AOL 타임워너, 디즈니, 비아콤), 나머지 4개는 독일(베텔스만), 호주(뉴스 코퍼레이션), 프랑스(비방디유니버설), 일본(소니) 기업이다. 이들 7대 미디어 기업 중 AOL 타임워너, 베텔스만, 뉴스코퍼레이션, 비아콤의 경우에는 미디어 관련 수입이 전체 수입의 절대적인 비중을 차지한다.

2) 미디어 기업의 대응과 미래 진화방향

디지털미디어 산업 환경에서는 정보, 지식, 영상 등 여러 형태의 콘텐츠를 다양한 채널을 통해 제공하는 거대 미디어 기업들의 출현으로 미디어 산업구조가 재편되고 가치사슬이 재구성된다. 유·무선통신이 결합되고 DMB, MP3, VoIP 등이 컨버전스되는 융합시대에는 차별화된 콘텐츠 확보가 기업의 성패를 좌우한다. 또한 융합 미디어가 보편화되는 시점에서 사용자들은 자신이 원하는 콘텐츠를 장소와 시간에 구애받지 않고 접하고자 하는 욕구가 높게 나타나기 때문에 기업은 보다 질 좋은 콘텐츠를 보다 빠르고 편리하게 제공해야 한다. 이처럼 기업들은 다양한 매체 및 콘텐츠 확보를 위해 미디어 산업 가치사슬 내의 각 부문 통합을 추진하고 있다.

미디어 산업의 가치사슬은 수직과 수평 통합으로 진전되고 있는 양상이다. 수직 통합은 콘텐츠와 유통의 결합으로 우위를 확보하려는 기업들을 일컫는다. 유통 채널을 소유하고 있는 거대기업들이 콘텐츠 확보를 위해 콘텐츠 분야에 직·간접적으로 진출하는 경우이다. 예를 들어, 대형 인터넷 포털 기업 NHN과 Daum은 음악, 영상, 출판 등으로 콘텐츠를 지속 확대하고 있으며, 최근 블로그 2.0과 UCC 등을 전면으로 내세우며 동영상 콘텐츠 확보에 주력하고 있다. 이 밖에도 SKT는 연예기획, 영화제작, 배급사를 계열사로 둔 IHQ와 YBM 서울음반을 인수하였고, KT 역시 싸이더스 FNH와 올리브나인 등을 인수하였다. 이들 거대기업들은 안정적인 콘텐츠 수급과 수익확보라는 1차적인 목적 외에 경쟁 유통 업체 및 콘텐츠 기업에 대한 견제의 목적도 갖고 있다. 반면 콘텐츠 기업은 채널을 확보해 확장하려 한다. 예컨대 디즈니의 경우 1997년 ESPN, 2001년 ABC, FOX TV 등을 잇달아 인수하면서 콘텐츠 유통 채널을 확대했다. 국내의 경우에도 지상파 방송이 다양한 윈도를 통해 콘텐츠 유통·판매 사업을 확대해 나가고 있으며, 케이블TV와 위성방송은 독자적인 콘텐츠를 제작하며 유통활로를 개척하고 있다. 이 같은 수직 통합방식 외에 하드웨어 주도형 기업도 있다. 미디어 산업 가치사슬상에서 상대적으로 영향력이 부족했던 하드웨어 업체들이 하드웨어와 서비스, 콘텐츠를 결합하면서 새롭게 부상하고 있다. 예컨대 애플은 하드웨어(iPod)와 서비스(iTunes)를 결합한 콘텐츠(음악)를 제공하면서 음악시장의 주도기업으로 부상했으며, 2007년 1월에는 'iPhone' 출시를 발표하면서 플랫폼시장 진출에도 박차를 가하고 있다.

수평 통합의 경우에는 규모와 범위를 확대하면서 각 기업 간의 시너지 효과를 모색하는 방식을 취하고 있다. 이종 콘텐츠 간의 통합(음악＋영상, 영화＋애니메이션, 드라마＋영화)이나 동종 콘텐츠 간의 통합을 통해 경쟁력을 높이려 하는 것이다. 즉, 콘텐츠 분야와 유통 분야에서 다양한 통합을 하며 각 분야에서 규모와 범위를 확대하는 개념이다. 예를 들어, 콘텐츠 부문의 통합을 통해 유통의 거대화 추세에 대응한 기업의 사례로 디즈니의 픽사(Pixar) 인수를 들 수 있다. 디즈니, 픽사 모두 거대한 애니메이션 콘텐츠 기업으로 이들의 합병은 커다란 시너지 효과를 겨냥하였다. 이 밖에도 세계 음반시장 3위인 EMI가 4위인 워너뮤직에 합병을 제의하며 동종 업계에서 치열한 경쟁을 제거하면서 규모를 확대할 수 있는 기반의 확보를 추구하고 있다. 이와 같이 이종 혹은 동종기업 간의 수평적 통합을 통해 콘텐츠와 채널을 확보하는 전략을 보이고 있다. 이상의 수직, 수평적 통합은 미디어 산업의 가치사슬을 새롭게 구성하고 있으며 융합시대에는 이 같은 가치사슬이 보다 확대될 것으로 전망된다.

〈그림 65〉 미디어 산업의 미래 가치사슬 변화방향

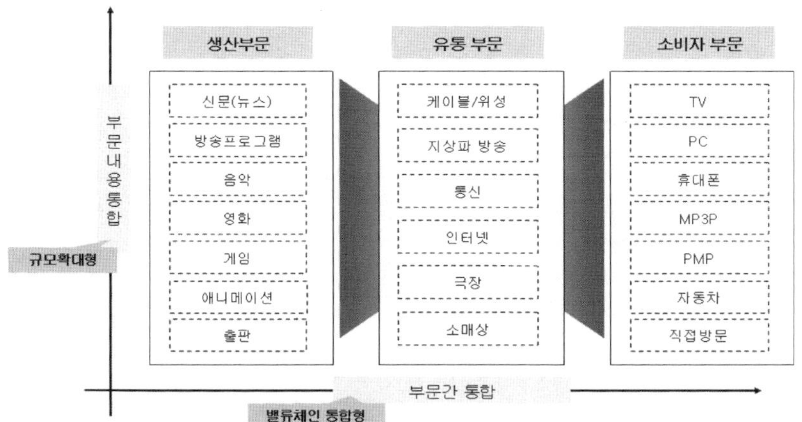

자료: 삼성경제연구소(2006), p.12.

디지털미디어 기술의 발전에 따라 기존에 불가능했던 각종 서비스 구현이 가능하게 되었으며, 이러한 점은 서비스 구현 환경의 변화와 함께 현재의 사업영역 및 사업자 간의 관계적 측면에서 큰 변화를 예고하고 있다. 다시 말해 방송과 통신이 융합함에 따라 기존의 사업영역의 구분이 모호해지며 이종 사업자 간의 경쟁이 불가피한 상황으로 전개되고 있다.

이처럼 동종 사업자와의 경쟁을 넘어 이종 사업자까지 경쟁이 심화된 원인은 매체와 채널이 다양화되면서 진입장벽이 완화되었고 그로 인해 다양한 사업자의 대두하였기 때문이다. 또한 디지털미디어의 발달로 기존 각 단말의 탈영역화 및 영역 확장이 가속화되었기 때문이다. 미디어 산업에 진출한 기업들은 콘텐츠 확보를 위해 콘텐츠 소유 및 유통, 운영 등 전 영역으로 확장 및 통합화 확대하고 있으며, 단말과의 상호영향 및 연관관계를 강화하고 있다. 이러한 현상은 콘텐츠 사업자에 대한 소유권 강화(직접 지분투자)의 형태로 나타나고 있는 모습이다. 실제로 최근 통신업자의 CP(Contents Provider)에 대한 직접 투자 및 지분인수를 통한 소유권 확보가 심화되고 있다.

〈표 20〉 국내 주요 거대 미디어 기업들의 콘텐츠 확보 경쟁 상황

KT	· Wibro, IPTV 등 융합 서비스 오픈 이전에 적극적인 콘텐츠 확보 투자 추진 · 싸이더스 FNH 인수, 쇼박스 영화펀드 80억 투자 · 월트디즈니와 콘텐츠 사용계약 협상 진행 · KTF의 도시락 서비스, KTH의 P2P 게임 포털 사업 추진 →유·무선 기간통신망 활용한 종합 멀티미디어그룹 변신 추진
SKT	· YBN 서울음반 인수, 유·무선 음악 포털 '멜론' 오픈, 대규모 음악 펀드 구성 · 워너뮤직과 음악기획제작사 설립 · IHQ 지분 확보, 교육, 게임 업체 인수 및 제휴 · TU미디어를 통해 향후 5년간 콘텐츠 분야 1천억 원 투자 발표 →글로벌 종합 미디어그룹으로의 전략 구체화
nhn	· 기존 사업영역에서 검색기능이 강화된 동영상 서비스 시작 · 인텔의 엔터테인먼트 통합 플랫폼 '바이브'에 NHN의 VOD 및 게임 콘텐츠 제공 →PC에서 모바일, 디지털 홈 미디어에 이르는 다양한 플랫폼을 통해 언제 어디서나 다양한 콘텐츠를 즐길 수 있는 환경구축 사업
하나로 텔레콤	· 하나로미디어(2006. 2. 인수)와 핵심역량을 보유한 사업자와 공동 콘텐츠 확보 위한 드림팀 구성(영화 2,500여 편 확보) · IPTV 현재 사내 시범 서비스 진행 중 · 7월 양방향 IP VOD 서비스 상용화(TV 포털) →종합 미디어그룹으로의 전략 구체화
SK C&C	· 유·무선 기반 디지털 콘텐츠 사업 추진–MS 제휴 [휴대 게임기＋TV＋XBOX360 연계모델] · 오프라인 유·무선 체험공간 연계 · 디지털TV 포털 콘텐츠 사업 추진 · 게임 및 애니메이션 업체 인수 및 제휴 →디지털 콘텐츠와 디지털 컨버전스 기업으로의 변신 시도
데이콤	· 데이콤MI(천리안)을 유·무선 통합형 콘텐츠 특화기업으로 집중육성 계획 · TV뱅킹과 TV주식거래 중심의 TV커머스 서비스 올 하반기 중 시작 계획 · iCOD, IPTV 사내 시범 서비스 진행 중 · 파워콤 합병을 통해 미디어 사업 가속화 추진 →디지털 콘텐츠 기반 사업을 차세대 신성장 동력원으로 추진

이처럼 대기업이 주도할 수밖에 없는 콘텐츠 유통구조에서 향후 콘텐
츠 사업자가 전략적으로 선택할 수 있는 전략은 타 경쟁력 있는 동종
업계의 콘텐츠 사업자와 공동 연합전선을 구축해 교섭력(Bargaining
Power)을 키우거나, 이들 대기업에 의한 M&A를 통해 새로운 비즈니
스 모델을 개발하는 것이다. 이러한 비즈니스 전략과 관련하여 공공성
과 공익성을 배재한 콘텐츠 확보 및 제작은 장기적인 콘텐츠 시장 발전
에 저해요소로 작용할 것이며, 획일화된 콘텐츠만을 양산하게 될 것이
라는 경고는 시사하는 바가 크다.

15. 디지털 엔터테인먼트

15.1 엔터테인먼트의 개념과 시장 패러다임의 변화

1) 엔터테인먼트의 개념

매년 미국인은 공인된 다양한 형태의 엔터테인먼트에 최소한 1,200억 시간과 2,000억 달러를 소비하고 있다. 그리고 국제적으로도 총 소비액은 5,000억 달러에 달하고 있다. 이렇게 세계적으로 높은 성장세와 소비율을 보이고 있는 엔터테인먼트의 개념은 기본적으로 다음과 같이 정의해 볼 수 있다.

흔히 엔터테인먼트(entertainment)는 우리가 쓰는 오락·여흥이란 의미의 amusement보다는 한 차원 높은 뜻으로 쓰이고 있다. 인간은 엔터테인먼트를 통해 생명을 유지하고 삶을 지속하여 결국 사람의 영역에 도달한다. 모든 동물은 태어나자마자 쾌에 대한 욕구를 가지며 쾌를 최고선(summum bonum)으로 즐긴다. 삶의 최고의 목적인 행복은 실로 진정한 쾌로 충만한 삶이라고 할 것이다. 엔터테인먼트는 인간 삶의 본질 중 가장 크게 존재하며 많은 사람에게 그 중요성은 의(衣)·식(食)·주(住)·행(行)·락(樂)이라는 5대 삶의 지표 중 최상위의 높은 자리에 놓인다. 이제 포스트모던 사회에서 재미와 즐거움은 중요한 사회가치이자 기쁨과 유락은 현대의 소비자에게 최우선적인 문화가치로 등장되면서, 오늘날 엔터테인먼트는 세계의 문화와 경제를 이끄는 견인차의 역할을 수행하고 있다. 단적으로 말해서 엔터테인먼트는 사람의 마음을 움직이는 엄청난 힘을 가지고 있다는 것이다.

엔터테인먼트는 실제로 많은 사람들에게 너무나 많은 것을 의미하기 때문에 적절한 분석을 위해서는 보다 분명한 경계들이 요구된다. 이러한 경계들은 엔터테인먼트 행위들을 산업부문들로 분류함으로써 만들어지는 것인데, 이때의 산업부분들이라 함은 유사한 기술적 생산구조를 가지거나 상품, 서비스 혹은 대체할 수 있는 수익원을 생산하거나 제공하는 상당 규모의 기관들이나 기업들을 말한다.

그러한 분류들은 영화, 음반, 그리고 비디오 게임처럼 더욱더 일반적으로 명명되는 엔터테인먼트 소프트웨어와 그러한 소프트웨어들이 실행되는 물리적 장비들인 하드웨어에 대한 지속적인 토론들을 용이하게 한다. 이러한 분류들은 또한 이 분야의 지속적 발전에 의한 결과들을 더욱더 쉽게 파악할 수 있게 해 준다(Vogel, 2001, 현대원, 2003).

엔터테인먼트의 영역으로서 총체적 파이는 엄청 크고 해당되는 콘텐츠도 실로 광범위하다. 이 영역은 ① 대중문화(영화·음반·애니메이션·패션 등), ② 예술(캐릭터와 만화·미술·공연·디자인 등), ③ 미디어(TV와 케이블·방송·신문·책·인터넷·광고·홍보 등), ④ 레저관광(스포츠·게임·관광·테마파크·리조트·이벤트 등), ⑤ 전 산업(은행·백화점·교육 등)으로 확대되고 있다. 이처럼 다원 엔터테인먼트와의 유기적 네트워크와 콘텐츠 링크의 잠재력은 무한하다. 예컨대 IT영화, 멀티플렉스와 쇼핑은 신세대에 큰 반향을 일으키며 지역축제와 국악 등 전통문화도 얼마든지 엔터테인먼트로 가공하여 고부가가치를 실현할 수 있음을 보이고 있다(손대현, 2005).

2) 디지털 시대 엔터테인먼트 시장의 패러다임 변화

디지털 시대로 접어들면서 엔터테인먼트 시장에도 변화 양상이 두 드러지게 나타나고 있는데, 이는 크게 4가지로 구분해 볼 수 있다(정 보사회진흥원, 2006).

첫째, 문화 콘텐츠의 온라인화 및 디지털화가 가속화되고 있다.

초고속 인터넷의 보급에 따라 그동안 텍스트, 오디오, 사진·이미지 를 중심으로 발전해 왔던 인터넷이 영상 중심으로 이행되고 있다. 그 동안 영화, 비디오 등 오프라인을 통해 유통되던 영상 콘텐츠들이 인 터넷을 통해 유통·보급되고 있으며, 또한 지상파DMB의 출현으로 TV 방송도 휴대폰 등 이동식 단말기를 통해 이용하는 시대에 진입하 고 있는 것이다. 실제로 음반시장에 있어서도 인터넷의 도입으로 오 프라인 시장이 크게 위축되어 2003년을 기점으로 온라인 음악시장 규 모가 오프라인을 역전하고 있는 추세이다.

국내뿐만 아니라 해외에서도 인터넷 기반의 영상 시청이 일반화되 고 있으며, 소비자도 원하는 콘텐츠를 원하는 시간에 보는 온 디맨드 방식을 선호하고 있다. 애플이 2005년 10월 초 '비디오 아이팟'을 판 매하기 시작한 이후 20여 일 만에 100만 개 이상을 판매하였으며, 홍 콩, 일본 등지에서는 대표적인 영상 애플리케이션인 IPTV가 순조로 운 성과를 보이고 있다.

둘째, 개개인에 최적화된 퍼스널 미디어(personal media)가 등장하 고 있다.

기존의 일 방향적이고 수동적인 매스 미디어에서 쌍방향적인 커뮤 니케이션이 가능하고, 개개인의 특성과 개성에 맞춘 퍼스널 미디어가 대두되고 있다. 또한 콘텐츠에 대한 폭넓은 선택 및 통제권을 가진 적극적인 수용자인 동시에 콘텐츠 생산자로서의 역할을 수행하는 새로운 사용자 집단이 등장하면서 이러한 개인 미디어화를 더욱 가속화시켰다. 또한 싸이월드 미니홈피, 블로그 등 네티즌이 문학작품, 음악, 영상 등을 인터넷을 통해 전시·시연하고 그 결과를 자유롭게 피드백 받는 '1인 미디어 문화' 활동이 활발하게 전개되고 있다. 실제로 2005년에는 싸이월드의 가입자 수만 1,500만 명을 돌파하였으며, 개인이 직접 동영상을 제작하여 올리는 동영상 포털 '판도라TV'도 현재 6만 건의 동영상 콘텐츠와 3백만 명의 월 방문자 수를 보이며 빠르게 성장하고 있다.

개인의 취향을 적극 반영할 수 있는 퍼스널 미디어의 등장으로 소비자는 개개인의 취향에 맞춘 다양한 콘텐츠를 언제 어디서나 소비할 수 있게 되어, 엔터테인먼트 시장의 주도권이 소비자에게 보다 가깝게 이동할 것으로 전망된다.

셋째, 엔터테인먼트 상품의 융·복합화 및 퓨전화가 가속화되고 있다.

최근에는 기기·기능 간 복합화를 시작으로 매체 간, 산업 간의 융·복합화 및 퓨전화가 빠르게 진행되고 있다. 예로서 모바일 기기에 카메라, 게임, 멀티미디어 기능이 부가되고 새로운 개념의 서비스들이 등장하고 있다. 특히 카메라, 캠코더, MP3, DMB 등의 수신기능이 추가되면서 휴대폰은 그야말로 종합 엔터테인먼트 기기로 부상 중이다. 또한 통신 업체를 필두로 PC 업체, 솔루션 업체 등이 대거 엔터테인먼트 시장으로 진입하고 있다. 미국의 MS사는 'Digital Entertainment Anywhere'라는 구호 아래 어떤 단말기에서도 엔터테인먼트 콘텐츠를 이용할 수 있는 'PlayForSure'를 추진 중이며, 이외에도 차세대 영상 주도권 확보를 위한 통신, 인터넷, 미디어 업체 등의 경쟁이 국내외적으로 치열해지고 있다.

넷째, 분권적인 정보사용과 공유 즉, P2P(Peer to Peer)가 활성화되고 있다.

대용량 멀티미디어 콘텐츠를 전송하는 주력기술로 P2P가 각광을 받고 있다. 즉, 과거의 획일적이고 대중적인 정보에서 벗어나, 정보접근의 자유와 개인화된 정보에 대한 요구가 증대함에 따라 P2P 시장이 급성장하고 있는 것이다. 이렇게 P2P가 활성화됨에 따라 오프라인 유통이 더욱 위축되고, 온라인에서 제공하는 현재의 유료 콘텐츠 포털에 부정적인 영향을 가하고 있다. 하지만 불법 다운로드, 불건전 정보화 콘텐츠 유통 등 역기능의 가능성을 배제할 수 없다.

디지털미디어는 새로운 형식의 엔터테인먼트 체험을 제공하며, 수동적인 경험보다는 능동적인 경험을 지향하고, 정신적인 체험과 물리적인 체험을 아우른 '종합적인 체험'을 제공하는 특질을 갖고 있다. 결국, 엔터테인먼트의 요소로서 사용자로 하여금 '즐거움' 또는 '재미'를 이끌어 내기 위한 가장 핵심적인 요소인 '몰입(Immersion)'을 새로운 경지로 제공하고자 하는 것이다.

〈그림 66〉 미래 엔터테인먼트로서의 새로운 미디어

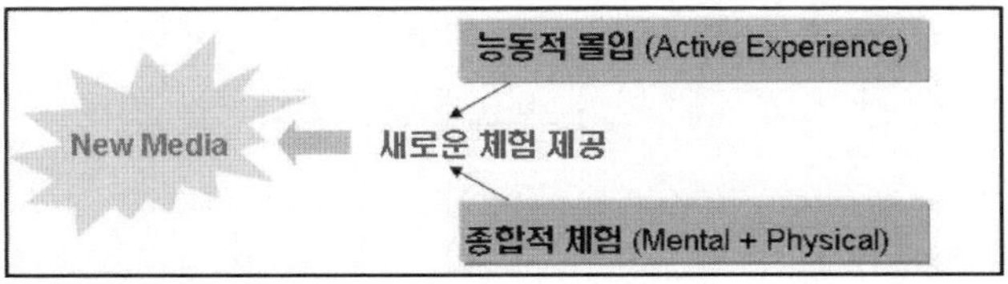

자료: 한국문화콘텐츠진흥원(2004).

디지털 엔터테인먼트는 능동적인 몰입(Active Experience)을 제공한다. 기존의 대부분의 엔터테인먼트는 일반적으로 수동적 체험(Passive Experience)을 근간으로 하고 있다. 음악을 감상하거나, 예술전시 시설을 방문하거나, 영화 관람도 그러하며 책을 읽는 등의 다양한 활동이 대부분 수동적인 방식으로 전개된다. 물론 스포츠에 전념한다거나 예술 작품을 스스로 만들어 가는 등의 능동적인 체험을 만끽할 수 있는 엔터테인먼트도 분명 존재한다. 하지만 능동적인 몰입을 이끌어 내기 위해선 참여자 스스로의 능력을 통한 방법이 있지만 이 경우 장기간의 교육이 필요하다. 엔터테인먼트 컴퓨팅에서는 놀이 그 자체가 참여자로 하여금 능동적인 몰입을 느낄 수 있도록 하는 장치를 내포하고 있어 즉각적인 '쾌락' 또는 '재미'를 느낄 수 있도록 하며, 그러한 기능을 '능동적 몰입(Active Immersion)'이라 한다.

디지털 엔터테인먼트는 종합적인 체험을 제공한다. 체험에는 물리적인 것과 정신적인 것이 존재한다. 물리적인 체험은 체험자의 신체를 통하는 체험으로서 듣기, 보기, 만지기, 움직이기 등이며, 정신적인 체험은 추상적이며 체험이다. 대표적인 보기로 언어구사, 책 읽기, 음악 듣기 등이 있다. 엔터테인먼트에서 '재미'를 느끼기 위한 몰입감을 높이기 위해서는 단순 물리적인 체험 또는 단순 정신적인 체험보다 두 가지의 체험을 적절히 융합한 종합적인 체험이 필요하다.

종합적인 체험을 제공하는 기존의 엔터테인먼트 매체로서는 음악연주, 조소, 프로 스포츠 등이 있지만, 전술한 것과 같이 참여자 스스로가 오랜 기간 동안 교육을 받아 직관적으로 몰입 상태에 빠지는 것이 대부분이다. 따라서 각 분야에 익숙하지 않은 참여자는 언제나 정신적인 체험(감상, 관람 등) 또는 수동적인 체험에 그칠 수밖에 없다. 엔터테인먼트 컴퓨팅은 가장 최신의 컴퓨터 기술을 이용해 사용자로 하여금 언제 어디서나 종합적인 체험을 가능하게 하는데, 실제 신체가 참여하면서도 정신적인 교감을 얻을 수 있는 미디어는 현재 엔터테인먼트 컴퓨팅만이 제공할 수 있는 기능이다.

즉 엔터테인먼트는 신체적인가, 정신적인가, 또는 종합적인가의 분류에 따라, 수동적인 몰입감인가, 혹은 능동적인 몰입감을 주는 놀이인가에 따라 다음과 같이 다양하게 분류된다.

〈그림 67〉 엔터테인먼트의 분류

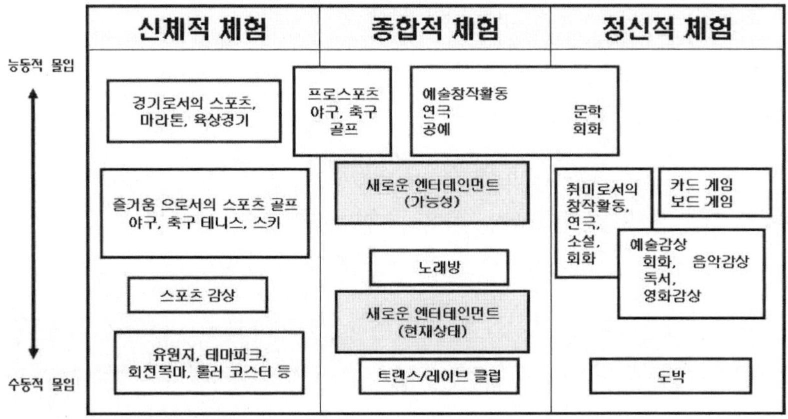

자료: 한국문화콘텐츠진흥원(2004).

새로운 엔터테인먼트는 정신적, 신체적 체험을 포괄하며 보다 능동적인 몰입을 유도하는 방향으로 전개되어야 할 것이다. 능동적인 몰입은 엔터테인먼트를 즐기는 사용자의 의지로 구축되는 몰입감이 아니라, 엔터테인먼트가 스스로 능동적으로 구동되어 사용자에게 몰입감을 제공하는 것으로 발전하고 있다. 결국 디지털 엔터테인먼트는 복합현실(Mixed Reality)을 제공한다.

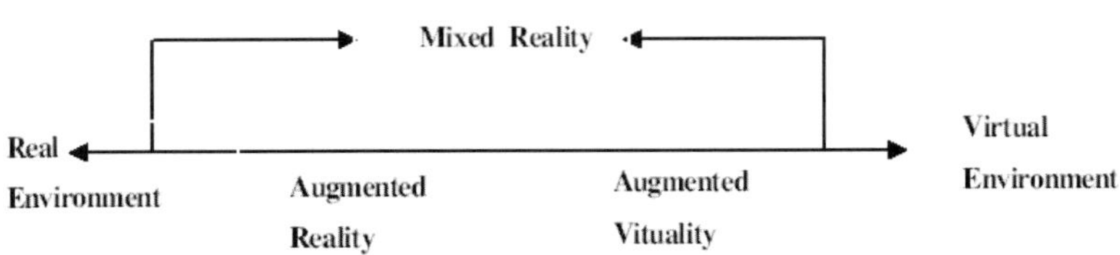

〈그림 68〉 디지털 엔터테인먼트가 제공하는 복합현실

현실세계의 실제 장면과 컴퓨터가 만들어 내는 가상의 장면을 합성하는 방식으로 사용자가 보고 있는 허상이 마치 실제 장면에 존재하는 듯한 장면으로 착각하게 하여 몰입감을 제공하는 것을 목적으로 한다. 실세계와 가상세계를 이음매 없이 합성한 모습을 실시간으로 사용자에게 제공함으로써, 사용자에게 보다 향상된 몰입감과 현실감을 제공한다. 이러한 현실감은 컴퓨터가 생성해 내는 3D 이미지를 단순하게 실제 이미지에 합성하는 것이 아니라 관측자의 위치에 따라 시시각각 3D 이미지의 위치, 질감, 음영, 크기 등의 다양한 매개변수를 지속적으로 그리고 실시간 변환으로 제공할 수 있다. 따라서 사용자는 마치 컴퓨터 이미지가 실세계의 물체인 것처럼 착각을 일으킨다.

디지털 엔터테인먼트는 복합현실과 같은 지금까지 존재하지 않았던 새로운 미디어를 창조하고 그 미디어 위에 몰입을 제공할 수 있는 콘텐츠를 융합하여 새로운 '놀이'를 제공한다. 이는 지금까지의 기술로 불가능했던 미디어로서 사용자 주변의 모든 물체(사람, 집, 바닥, 천정, 장난감 등)를 모두 커뮤니케이션을 위한 매체로 변화시키는 방식이다(한국문화콘텐츠진흥원, 2004).

15.2 분야별 현황과 엔터테인먼트의 미래

1) 엔터테인먼트 분야별 현황

가. 디지털 영화

극장에서 혹은 비디오나 DVD 등을 통해서만 볼 수 있던 영화 관람의 개념이 디지털 환경에서 크게 변화하고 있다. 2003년 9월 29일 월트 디즈니가 발표한 새로운 영화배급 서비스인 '무비빔'은 비디오 대여점을 거치지 않고 영화 콘텐츠를 가정의 소비자에게 직접 제공하는 획기적인 시도로 화제를 모았다. 이는 VOD의 진화된 서비스이며, 영화를 소비자에게 직접 배급하는 이른바 전자영화배급사업(The business of electronic movie distribution)에 대한 확장에도 많은 영향을 주었다. '무비빔'은 개인화된 가정용 영화 콘텐츠를 지향한다. 무비빔은 집에서 간단한 조작으로 영화를 직접 제공받을 수 있게 하여 영화관에 가기 위한 수고와 번거로움을 없앴다. 실제로 많은 이들이 비디오 가게에 가서 비디오나 DVD를 빌리는 것을 귀찮아하며, 케이블TV의 유료영화 채널은 지불하는 돈에 비해 최신영화를 볼 수 없다는 불만을 가지고 있다.

<그림 69> 무비빔의 셋톱박스와 실제 시연화면

또한 애플사가 출시한 비디오 아이팟이나 동영상 휴대폰이 인기를 끌면서 모바일 영화에 대한 관심도 최근 들어 급증하고 있다. 미국에서 개최된 22회 선댄스 영화제에서도 '모바일 영화'가 새로운 화두로 자리 잡을 정도로 그 성공 가능성에 대한 논의가 많이 이루어지고 있다. 그 대표적인 사례가 바로 모비소드(Mobisode)이다. 모바일(mobile)과 에피소드(episode)의 합성어인 모비소드는 인기 드라마나 공연 실황을 휴대전화용으로 재가공한 콘텐츠를 뜻하는 말이다. 모비소드는 휴대전화를 통한 영화감상을 표방한다. 미국에서 4,300만 명의 가입자를 확보한 버라이존 와이어리스(Verizon wireless)는 20세기 폭스사가 제작한 유명 TV시리즈물인 '24'를 휴대전화용 동영상으로 서비스해 큰 인기를 모았다. 동영상 클립은 60분짜리 TV시리즈물을 1분짜리로 재구성해 일주일에 한 번씩 휴대전화 가입자들에게 방영한다. 이 동영상을 보려면 월 15달러의 추가요금을 내야 하지만 많은 인기를 끌었다. 휴대전화용으로 제작되는 '24'는 1분 동안 벌어진 하나의 에피소드를 담고, 24분 동안 일어나는 일을 24번에 나눠 보여 준다. 휴대폰용 '24'는 길이가 짧지만 서스펜스가 넘친다는 호평을 받았다.

국내에서도 최근 모바일 영화에 대한 관심이 높아지고 있다. 2006년 8월에는 세계 최초로 인터넷에서만 개봉된 이규형 감독의 포커영화 「굿럭」이 소개된 바 있다. 총 10편으로 제작된 인터넷 모바일 영화 「굿럭」은 일반 영화와 같은 2시간가량의 분량을 인터넷과 모바일로 보기 어려운 점을 감안, 한 편당 10여 분가량으로 제작됐다. 접속자가 폭주하여 서비스가 중지돼 서버 증설작업을 벌일 정도로 많은 관심을 모았다. 이어 이규형 감독이 제작한 룸살롱 호스티스의 삶을 다룬 「킹시터」도 인터넷 모바일용 영화로 제작되어 호평을 받은 바 있다.

이와 같은 모바일 영화 외에도 다양한 결합이 시도되고 있다. 특히 영화의 경우 다른 장르에 비해 퓨전이 가속화되고 있는데, 이유는 다양한 형태로 제작이 가능하며 수익성이 비교적 안정적이라는 전망 때문이다. 이러한 이유로 국내에서도 TV와 드라마가 합쳐진 무비라마(Movierama)가 비교적 성공을 거두고 있으며, 케이블TV를 중심으로 제작이 더욱 활발해질 것으로 전망하고 있다. 실제로 2006년 '슈퍼액션'과 'OCN' 등의 대형 케이블TV 방송국에서는 자체적으로 영화형식의 드라마를 제작해 인기를 구가하였다. 만화원작인 「시리즈 다세포 소녀」는 케이블은 물론 영화, 인터넷 VOD 등으로 다양하게 제공돼 원소스멀티유즈(OSMU)의 형태로 성공적인 평가를 받았다. OCN의 「코마」는 5부작으로 구성된 미스터리 스릴러물로서 새로운 장르를 개척했다는 호평을 받았다. 이 밖에도 게임과 영화제작을 결합한 머시니마(Machinima: Machine+Cinema)도 새로운 퓨전장르로 평가된다. 2006년 개봉한 '싸일런트 힐(Silent Hill)'의 경우 게임을 원작으로 한 영화로서 마니아층이 형성될 만큼 잠재적인 가능성을 열어 두었다. 이와 같이 영화와 드라마, 게임, 뮤직비디오 등의 혼종 장르들이 지속적으로 생겨날 것으로 전망이다.

나. 디지털 음악

디지털 기술이 접목되면서 음악시장의 패러다임과 수용자의 이용 패턴이 완전하게 변화하고 있다. 과거 레코드 가게에 가서 음반을 구입해야만 감상할 수 있었던 음악 청취가 이젠 컴퓨터에서 마우스 클릭 한 번으로 가능하며, 휴대용 디지털 기기를 가지고 다니며, 저장한 음원을 손상 없이 무제한으로 들을 수 있게 되었다. 이러한 편리성에 더해서 이제는 인간의 감성에 따라 음악 콘텐츠가 변화하는 맞춤형 음악 콘텐츠 서비스가 인기를 끌 것으로 전망된다. 실제로 디지털 음악시장이 높은 성장률을 보이고 있는 국내에서는 개인감성을 충족시키기 위한 콘텐츠 서비스가 시작단계에 있다.

디지털 음악계에서 업체 간의 경쟁은 온라인 스토어보다는 온라인 스토리지에서 치열해질 것으로 전망된다. 몇몇 업체들이 디지털미디어 파일을 저장하고 여러 가지 애플리케이션을 통해 엑세스(access)가 가능한 소위 '온라인 콘텐츠 라커(locker)'를 제공하고 있기 때문이다. 온라인 스토리지 서비스는 기존 곡 즐겨찾기의 개념이 아니며 웹상에 자신의 스토리지 공간을 제공해 다운로드받은 음악 파일을 다른 PC에서도 더 편리하게 이용할 수 있도록 한 서비스이다. 국내에서도 KTF의 유·무선 음악 포털 사이트인 '도시락(www.dosirak.com)'에서 실제 서비스되고 있다. 해외에서도 온라인 스토리지 시장은 핫이슈가 되고 있다. 온라인 스토리지 업체인 나비오(Navio)는 소니 BMG와 TVT 레코드 등과 제휴를 맺고 온라인 판매 포털 사이트를 구축했다. 이를 통해 소비자는 자신이 원하는 포맷으로 음악 콘텐츠를 구매할 수 있다. 즉 파일을 구입하는 것이 아니라 파일에 대한 저작권을 구입하는 것이다.

디지털 음악의 새로운 트렌드는 개인화에 있다. 즉, 예전에는 불특정 다수를 위해 생산되던 음악 콘텐츠가 개인화되고 있다. 개인감성을 충족시키는 음악 콘텐츠가 등장하고 있는 것이다.

실제로 온라인 음악 사이트를 운영하는 '뮤직시티'의 모회사인 '블루코드'는 삼성 미디어 스튜디오(Samsung Media Studio)의 온라인 샵을 통해 감성기반의 디지털 음악 서비스를 제공하고 있다. 이미 온라인 음악 서비스 업체 '뮤직시티'는 지역, 계절, 날씨, 시간대 등에 따라 이용자에 맞춘 서비스를 제공하는 '감성 서비스'를 개발해 비즈니스 모델 특허를 출원했다. '감성 서비스'는 온라인 사이트 뮤즈(www.muz.co.kr)를 통해 사용자가 원하는 시간에 지역, 계절, 날씨에 따른 특정 음악을 제공하는 맞춤형 음악 배달 서비스이다. 접속한 날의 상황에 맞춘 인기곡 톱 100 및 맞춤 배경화면 서비스 등으로 제공되고 있다.

다. 디지털 애니메이션

기존에 TV와 극장을 위해 제작되던 전통적인 애니메이션은 이제 무선 애니메이션, 3D 애니메이션, 인터랙티브 애니메이션으로 진화되고 있다. 무선 애니메이션이 주목받는 이유는 영화보다도 짧게 만들고 상대적으로 높은 대역폭을 요구하지 않기 때문에 현재의 무선 네트워크와 디바이스 현실 및 수용자 욕구에 적합하다. 3D 애니메이션은 최근 활발하게 제작되고 있으며, 미래 성장 가능성이 매우 높다. 한편 향후 3D 애니메이션 중에서 초(超)실감 애니메이션이 더욱 큰 인기를 끌 것으로 전망된다. 그러나 시나리오가 진부하고, 수용자의 감성을 움직일 수 없는 콘텐츠라면 성공 가능성을 보장할 수 없다.

사용자가 수동적인 입장에서 보는 것과는 달리 매개체를 이용하여 보다 능동적으로 볼 수 있는 방식의 애니메이션을 의미하는 인터랙티브 애니메이션(Interactive Animation)은 디지털 디바이스의 진화로 인해 양방향성이 강화되면서 더욱 각광을 받을 것으로 예상된다.

일본에서는 5분짜리 모바니메이션(Mobanimation)인 '레전드 오브 듀오'라는 휴대폰과 PDA전용 애니메이션이 제작된 바 있으며, 모바일용 애니메이션이지만 뛰어난 비주얼로 호평을 받은 바 있다. 모바일 기기를 휴대한 인구수가 상당한 국내에서도 이러한 틈새 애니메이션 시장은 가능성이 높을 것으로 전망된다.

이 같은 애니메이션의 진화는 국내 애니메이션 산업의 변화도 촉진시킬 전망이다. 특히 국내의 앞선 디지털 기술을 활용한 3D 애니메이션 시장은 우리에게 기회로 작용할 것으로 예견된다. 실제로 최근 애니메이션의 최대시장인 유럽에서 최근 가장 주목받고 있는 작품이 바로 우리나라 TV용 3D 애니메이션인 '기상천외 오드패밀리'이다. 2005년 10월 프랑스 칸에서 열린 세계영상마켓(MIPCOM)에서 전 세계 807개 애니메이션들 중 시사회 횟수 상위 1%에 들면서 유럽은 물론, 미주·아시아 등에서 문의가 쇄도하고 있다. '애니메이션 수입국'으로 인식돼 온 우리나라가 3D 애니메이션 등 양질의 작품으로 세계시장을 거세게 공략하고 있는 사례이다. 특히 TV용 3D 애니메이션의 제작 수준은 프랑스·미국 등 다른 나라들이 부러워할 만한 수준에 이르렀다는 게 전반적인 평가이다. 이 밖에도 국내 최초의 인터랙티브 애니메이션인 '클로버 4/3'은 인터넷 애니메이션임에도 불구하고 수준 높은 비주얼을 보여 주고 있으며, 인터넷을 통해 제작된 애니메이션인 만큼 시청자들과 양방향 커뮤니케이션을 통해 스토리의 방향을 잡았다. 캐릭터들의 설정만 잡아놓고 구체적인 스토리는 아무것도 정해

놓지 않고, 시청자들의 의견에 따라 만들어진 최초의 애니메이션으로 평가받고 있다.

라. 디지털 게임

청소년층과 남성에게만 인기 있었던 기존 게임 장르가 점차 변화하고 있다. 2004년 미국 모바일 게임 시장에 대한 수요 조사에서도 비디오 게임이나 모바일 게임을 막론하고 여성 게이머의 비중이 남성보다 크게 높아졌다는 것이 밝혀졌다. 이러한 여성 게이머들의 게임 선호 추세를 반영하듯 국내외에서 많은 여성용 게임이 등장하고 있는 추세이다. 또한 아동용 게임 시장도 높은 성장 가능성이 예견된다. 게임유저의 다변화가 이루어지고 있는 것이다.

미국에서 출시된 퍼사드(Facade)라는 여성용 게임은 800메가바이트나 되는 대용량이고 성능 좋은 컴퓨터에서만 실행되지만 2005년 7월 이후 다운로드받은 횟수가 15만에 이를 정도로 많은 인기를 얻었다.

아직까지 여성과 아동용 게임 콘텐츠는 현재 크게 활성화되어 있지 못하지만, 노인용 게임 콘텐츠 시장 역시 불모지나 다름없는 것으로 평가되고 있다. 중·장년층을 위한 게임도 전무한 상황에서 수익성이 거의 보장되지 않는 게임 콘텐츠를 제작하지 않는 것은 게임 소프트웨어사들에게 그동안 거의 불문율이 되었다. 하지만 최근 닌텐도사의 노인용 비디오 게임이 출시되어 인기를 끌면서 노인용 게임 시장에도 새로운 성공 가능성이 모색되고 있다. 특히 고령화 사회가 급속도로 진전됨에 따라 여가시간이 상대적으로 많은 실버세대를 겨냥한 게임은 더욱 호재를 누릴 수 있을 것으로 전망된다. 이들 실버세대는 금전적으로도 여유가 있으며 구매능력도 높아 향후 게임 산업에 있어

블루오션으로 작용할 수 있다.

실제로 어린이들에게 폭발적인 인기를 끌던 '슈퍼마리오'와 '포켓몬 스터'를 만들어 낸 일본의 유명 게임 업체 닌텐도사가 노인층을 겨냥해 개발한 두뇌훈련용 게임이 출시 1년도 안 돼 334만 개가 팔리는 놀라운 인기를 누리고 있다. 닌텐도사의 휴대용 게임기 듀얼 스크린(DS) 콘솔로 할 수 있는 '브레인 트레이닝 포 어덜츠(일명 성인용 두뇌훈련, Brain Training for Adults)'란 게임은 숫자놀이와 낱말 퍼즐, 읽기훈련 등을 하루 일정량씩 하도록 구성돼 있으며 매회 성적이 기록돼 향상 정도를 평가할 수 있다.

마. 디지털 교육 및 출판

디지털미디어는 교육과 출판시장에도 변화를 수반하고 있다. 특히 이종 장르 간의 결합으로 새롭게 생성된 퓨전콘텐츠는 교육과 출판의 지형을 바꾸고 있다. 예컨대 교육과 엔터테인먼트의 결합인 에듀테인먼트, e-북 등이 그 사례이다. 이와 같은 디지털미디어 콘텐츠로서의 교육출판의 특징은 무엇보다 쌍방향성과 비용 등을 들 수 있다.

에듀테인먼트 콘텐츠는 학습에 있어 흥미를 유발하고 효율을 높여 줄 수 있는 콘텐츠로서 주로 게임 형식의 포맷을 취한다. 소비자는 에듀테인먼트를 통해 다양한 분야의 학습을 재미있게 할 수 있다. 에듀테인먼트 콘텐츠는 학습과 흥미의 적절한 조화가 관건이다. 오프라인 중심으로 진행되던 에듀테인먼트는 온라인을 기반으로 하나의 확실한 산업으로 자리매김하고 있다.

최근 초고속 인터넷을 기반으로 한 온라인 학습 콘텐츠는 에듀테인먼트와 만나 '게임 학습'이라는 새로운 장르로 진화하고 있다. 전통적인 학습도서 시장도 마찬가지다. 만화와 교육을 접목한 학습만화 시장이 큰 인기를 끈 데 이어 '퀴즈학습도서'라는 새로운 콘텐츠도 속속 등장하고 있다.

최근에는 MP3형 오디오북이 출판 업계에서 큰 인기를 누리고 있다. MP3를 이용한 오디오북의 장점은 반품되거나 품절될 걱정이 없다는 점과 초기에 녹음비용만 투자하면 장기적으로 수익을 얻을 수 있다는 점이다. 로맨스, 드라마, 감동, 공포, 무협, 판타지, 코미디, 시대극 등 다양한 장르의 베스트셀러 및 인터넷 소설을 성우의 연기에 효과음을 더하여 드라마화한 오디오 드라마로 진화할 전망이다.

전자책을 의미하는 e-북은 현재 전문자료나 어학 등에 편중되어 있으나 향후 다양한 분야로 확대되어 활용도가 높아질 것으로 전망된다. 소비자는 e-북의 편리/유용성, 품질, 휴대성, 비용 등에 대한 욕구가 높은데, 주로 포터블, 휴대폰, 인터넷 등의 매체를 사용한다. 하지만 향후 e-북 전용 단말기 혹은 WiBro 등의 활용도가 더욱 높아질 것으로 전망된다.

출판도 이제는 소비자 니즈를 읽는 데 초점을 맞추고 있다. 미국에서는 동일한 도서를 다섯 가지의 다른 형태로 제공하는 카라반 프로젝트(Caravan Project)가 진행 중이다. 출판사 및 배급사는 비용 절감을 통해 경영 효율성을 높이고 독자는 니즈에 맞는 도서양식을 선택할 수 있는 기회를 갖는다. 비영리 출판사, 도서 배급자 및 중소형 서점 경영자들로 구성된 프로젝트 참여자들은 24권의 도서를 선정하고 2007년에 다섯 가지의 양식으로 서비스할 계획이다. 그 유형은 다음과 같다.

- 하드커버: 프린트되어 제본된 형식의 일반적 방법
- 디지털: e-북 디스플레이 기기(시계, PDA, 전용 단말기 등)를 위한 온라인 판매
- 오디오: 특수한 S/W로 일반 텍스트를 인공 목소리로 변환해 들을 수 있는 도

서 개발
- POD(Print on Demand): 원하는 도서를 직접 출력, 제본해서 판매하는 방식
- 부분출판(Piecemeal): 한 권의 도서에서 원하는 부분만 POD 방식으로 구매

특히 온 디맨드 방식의 출판은 작가, 출판 업체 및 소비자에게 다양한 영향을 줄 것으로 전망된다. 다양한 형태의 도서를 중복 판매함으로써 출판 업계의 이윤 증대가 가능하며, 독자는 원가 절감에 따른 가격 하락과 기호에 맞는 도서유형 선택 등 가장 큰 혜택을 누리게 될 것이다.

2) 미래 진화방향

융합과 퓨전으로 진화되는 디지털 콘텐츠는 기술과 감성의 결합이 더욱 극대화되어 미래에는 소비자의 오감을 통한 체험적 향유가 콘텐츠의 핵심으로 자리 잡을 전망이다. 미래 디지털 콘텐츠에 요구되는 소비자의 니즈를 전망하면 다음과 같다.

첫째, 능동적 체험 콘텐츠 니즈이다. 단순감각에 의한 소비에서 교감 또는 실감 체험형 소비로 발전할 전망이다. 지금까지는 그 특성이 단순감각(주요한 감각적 특성 중시), 일 방향(보고, 듣고, 느낌: 수동적)이었지만, 미래에는 공감각적(총체적인 감각적 체험), 양방향(적극적 행동 또는 참여로 피드백)일 것으로 전망된다. 관람 중심의 문화 소비 활동이 직접 참여하는 방식(실감 체험형)으로 변모할 것이다.

둘째, 몰입형 콘텐츠 니즈이다. 현실을 재창조한 가상현실의 환경 속에서 '판타지'를 중시하는 방향으로, 디지털 콘텐츠의 표현과 구성 자체가 점차 가상현실을 강조하는 방향으로 크게 성장할 전망이다.

단순하게 수동적으로 즐기는 '엔터테인먼트(entertainment)'를 넘어 누구나 참여할 수 있는 참여형 '어뮤즈먼트(amusement)'와 몰입형 엔터테인먼트(Involvetainment)로 성장할 것이다.

셋째, 사회성 지원 콘텐츠 니즈이다. 단순히 '느끼는' 것에서 벗어나 감성을 주고받는 양방향적 교감을 중시하게 된다. 상품을 '목적달성의 수단'으로서만이 아닌 '감성적 교류의 대상'으로 인식한다는 것이다. 그저 보고, 듣고, 즐기는 식의 지금까지의 수동적인 자세에서 벗어나 적극적인 피드백을 통해 만족감을 느끼려는 니즈가 확산될 것이다.

넷째, 초(超)기능적 콘텐츠 니즈이다. 공급자가 결정한 상품특성에 만족하지 않고 능동적으로 꾸미고 변형하기를 즐기는 '프로슈머형 소비자층'이 부상하고 있다. 이들은 세부사항에 대한 맞춤 주문으로 자신만의 제품, 서비스를 직접 제작하는 경향이 강하다. 이에 콘텐츠는 사용자의 참여 및 역할을 보장하는 방향으로 구성되어야 한다. 즉, 이용과정 중 사용자 역할부분을 남겨 둠으로써 참여를 유도하는 방식을 도입해야 하는 것이다. 이는 시간 절약적이면서도 고품질 유지가 가능한 형태로서 콘텐츠 제작 및 소비과정에 소비자 참여가 필수적이라는 점이 특징이다.

다섯째, 유니버설 콘텐츠 니즈이다. 성, 연령, 장애의 제약 없이 자신이 원하는 콘텐츠에 접근하고 싶어 하는 니즈가 확산되고 있다. 특히 장애인, 실버세대 등 소외계층의 콘텐츠 소비에 대한 니즈가 급속하게 증가하고 있다.

이러한 배경에서 소비자 각각의 기호에 따라 편리하게 선택하여 (오감)만족할 수 있는 콘텐츠 환경 기반의 조성이 요구된다. 공급자 아닌 수요자 입장에서 스토리와 감동이 있는 감성지향 콘텐츠가 되어야 한다.

미래 디지털 콘텐츠는 소비자의 매체, 콘텐츠별 욕구를 종합한 다양한 키워드로 정리해 볼 수 있으며, 하나의 욕구를 충족하는 것이 아닌 다양한 욕구가 혼합된 더블 마케팅(Double marketing)의 개념이 도입될 수 있다.

다가올 미래사회에는 다양한 트렌드와 실제로 소비자들이 요구하는 콘텐츠 욕구가 결합되어 새로운 미래 콘텐츠 키워드가 탄생할 것으로 전망된다. 융합과 다변화 등의 기존 트렌드는 더욱 강화될 것이며, 개인의 콘텐츠 소비를 극대화하는 방향으로 진화할 것이다. P세대의 등장과 최근 가장 각광받고 있는 UCC 콘텐츠의 인기 등 미디어 소비의 신조류 역시 미래 콘텐츠 키워드에서 중심적인 논의로 등장할 것이다. 재미, 체험, 건강 키워드의 부상도 예측해 볼 수 있다.

<그림 70> 미래 디지털 콘텐츠의 키워드

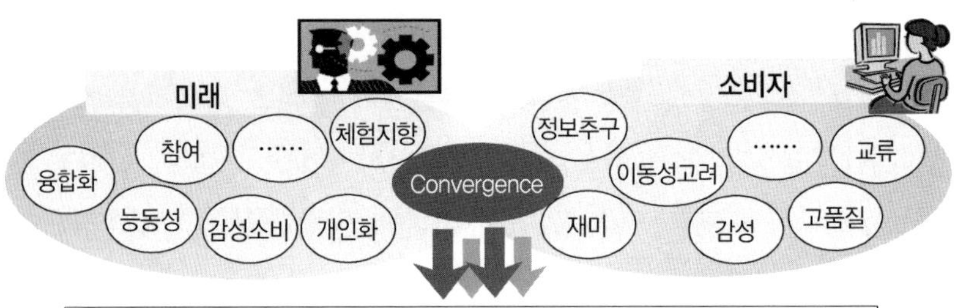

16. 디지털미디어 시대 광고

16.1 디지털 광고 미디어로서의 인터넷과 모바일

1) 인터넷 광고의 발전 및 특성

인터넷 사용자의 비약적 증가는 인터넷에서 이루어지는 상업적인 거래와 구매활동을 일컫는 전자상거래(e-commerce)의 발생과 증대를 초래했다. 전자상거래는 충동적이며 직접적인 기술로서의 특성을 갖는다. 소비자는 다른 목적으로 인터넷을 사용하다가 일시적인 기분에 상업적 메시지에 응하는 경우가 많으며, 이러한 인터넷을 통한 상품의 구매에는 인터넷 광고가 주된 동인으로 작용하고 있다.

인터넷 광고는 통신수단의 차원을 넘어 경영의 필수요소로 이용되고 있는 웹을 중심으로 발전했다. 인터넷 광고는 일반적으로 특정 사이트에 광고주의 배너 광고를 게재하거나 검색엔진 또는 다른 사이트에 광고주의 사이트를 연결시키고 대가를 지불하는 방식을 취하는데, 광의적인 범주에서 온라인상에서 실행되는 모든 프로모션 활동을 포함한다.

광고 시장 규모 면에서 TV, 라디오, 신문에 이어 4위를 차지한 인터넷 광고는 계속적으로 고성장이 기대되는 시장이다. 인터넷 광고 시장이 지속적으로 성장하는 주된 요인은 광고주의 인터넷 광고 효과에 대한 확신, 광고 집행 업종 및 광고주의 증대, 광고 업계의 상품 안정화 및 과학화 노력 등에 기인한 것이라고 할 수 있다. 인터넷 사용자의 저변 확대와 정부에서 추진하고 있는 차세대 광대역 초고속 인터넷망 보급, 스트리밍, 압축, 멀티미디어, 온디맨드 인터넷 기술의 발전과 리치미디어 광고기법의 발전은 인터넷의 영역확대 등으로 인터넷 광고 시장의 지속적인 성장을 전망할 수 있다. 초고속 인터넷 망을 통해서 동영상 및 데이터 서비스를 실시간 또는 저장을 통해 PC나 TV 등으로 제공하는 IPTV가 인터넷 서비스 시장과 인터넷 광고 시장의 새로운 가능성을 제공하게 될 것이다. 또한 기술적인 발전과 더불어 광고, 콘텐츠 그리고 커뮤니티의 경계를 허물어뜨리는 전략으로 인터넷 광고의 효과를 증대한 사례들이 등장하고 있다. 광고를 콘텐츠처럼 유통시키고 이를 커뮤니티와 연계하여 제품에 대한 프로모션의 도구로 사용하기도 한다. 이는 유비쿼터스 시대의 특징인 콘텐츠와 마케팅의 융합이 이미 이루어지고 있음을 보여 주는 것이라고 할 수 있다.

인터넷 광고는 매년 30% 수준의 높은 성장률을 보이며 이제는 기업의 마케팅 활동에 있어 필수적인 사항이 되고 있다. 1994년 10월 미국의 AT&가 핫와이어드(HotWired)에서 배너(Banner)라는 이름으로 인터넷 광고가 처음 등장한 이후로 약 10년 동안 양적·질적으로 성장과 발전을 이루어 왔다. 우리나라의 인터넷 광고는 초창기 광고 매체로 제대로 인식되지 못했던 상황에서 배너 광고 및 이메일 광고 정도로만 대표되었던 인터넷 광고는 인터넷 인프라의 확산과 급성장으로 인터넷의 광의적 표현영역이 점차 확대되며 질적인 성장이 이루어지게 되었다. 또한 최근에는 이와 함께 브랜드의 인지도나 이미지를 상승시킬 수 있는 새로운 도구로서 인식되고 있다. 인터넷 광고는 도입 초기부터 현재까지 약 10여 년의 기간 동안 다음과 같은 5단계를 거치며 성장·발전해왔다.

〈표 21〉 인터넷 광고의 발전단계

	도입기 (1995~1996)	시험·정착기 (1997~1998)	1차 성장기 (1999~2000)	조정기 (2001~2002)	확대기 (2003~)
배경	인터넷 초창기 PC통신 중심	인터넷 사용 확산 인터넷 광고영역의 독립 미디어렙(media rep)의 등장	IT및 인터넷 붐과 초고속 인터넷 보급으로 인터넷 이용자의 폭발적 증가	인터넷, IT 산업의 거품 붕괴	인터넷이 중심 매체로 정착
특성	인터넷 광고 인식 초기	인터넷이 광고매체로서 정착, 다양한 광고형태의 실험이 이루어짐	인터넷 광고 시장의 급성장	인터넷 광고의 질적 변환기	인터넷 광고영역, 형태의 다양화
대표 유형	PC통신 텍스트 광고 초기 배너 광고 애니메이션 광고	인터랙티브 배너 푸시메일 웹진	멀티미디어 광고 정착 리치미디어(rich media) 동영상 광고	브랜딩 효과 추구 광고의 증가 전면 광고(Interstitial) 떠 있는 광고 (floating AD)	키워드 광고 미니 홈피·블로그 브랜디드 콘텐츠
주요 쟁점	-	-	배너 광고 효과 논쟁	브랜딩 효과 광고 효과 기준 논의 스팸메일 논쟁 옵트인메일	온라인-오프라인의 통합 광고 표준화 타깃팅 문제

자료: 김원제(2006), p.145.

일반 배너 광고 위주였던 도입기 1997~1998년에는 인터넷 광고가 광고매체로서 독립적 위치를 확보하기 시작했다. 이와 함께 미디어렙 (media rep)[29]이 등장하여 활동하기 시작하였다. 이에 따라 인터넷이 광고매체로 정착하면서 1999년 1차 성장기를 맞게 되었으며 이때 리치 미디어와 동영상 광고의 초기형태를 볼 수 있다. 초기 인터넷 광고가 출현했을 때 광고의 측면에서 강조되었던 장점은 광고제작에서 멀티미

---

29) 미디어렙(media representative)은 방송사의 위탁을 받아 광고주에게 광고를 판매해 주고 판매대행 수수료를 받는 판매대행사이다. 이런 대행체제는 방송사가 광고를 얻기 위해 광고주한테 압력을 가하거나 자본가인 광고주가 광고를 빌미로 방송사한테 영향을 끼치는 것을 일부 막아 주는 장점이 있다.

디어적인 표현이 가능하다는 것이다. 인터넷 광고에서 동영상, 정지화면, 음성, 텍스트 등의 모든 표현이 가능하다는 점은 TV 이외의 다른 매체에서는 갖지 못하는 장점이다. 이처럼 인터넷 배너 광고 시장이 급속하게 성장했지만 배너 광고의 클릭률이 1% 미만으로 현저하게 낮기 때문에 이에 대한 광고 효과 논쟁을 가져오기도 했다. 2000년 이후 IT 산업의 거품이 걷히면서 인터넷 광고 역시 양적 성장보다는 질적 성장과 변화가 필요하였다. 인터넷 이용률의 증가로 배너 광고로 대표되는 인터넷 광고의 접촉도가 높아졌지만 TV 광고에 비해 브랜딩 효과가 낮기 때문에 새로운 광고기법인 전면 광고(Interstitial)와 떠 있는 광고(Floating AD) 등이 도입되었다. 인터넷이 커뮤니케이션 매체로서 중심적 위치를 자리 잡으면서 인터넷 광고는 기존의 배너 광고, 이메일 광고보다는 키워드 광고(검색 광고), 미니홈피, 블로그, 브랜디드 콘텐츠(Branded Contents) 등 더욱 다양화되고 있다. 인터넷 광고의 성장세와 더불어 보다 효율적인 프로세스 구축을 위하여 인터넷 광고의 표준화가 추진되고 있다. 이처럼 인터넷 광고의 표준화는 광고의 크기, 형태, 용어를 주로 통용되는 몇 가지로 통일하는 것이다. 표준화를 통해 업무 효율성 제고 및 사이트 내 콘텐츠와 광고를 적절히 배분하여 새로운 광고기법의 조기정착과 수익성 향상 및 광고제작에 있어서 혼란을 감소시키며, 인터넷 이용자 측면에서도 광고 배너로 인한 검색속도 저하 및 혼란을 감소시킬 것이라 전망된다. 또한 유비쿼터스 시대를 맞아 인터넷을 둘러싼 미디어 환경이 급변함에 따라 인터넷 광고도 외부매체와의 결합 등으로 인해 변화가 급속히 진행될 것이라고 전망된다. 하루가 다르게 변하는 인터넷 광고는 다음의 4개의 유형으로 나눌 수 있으며, 그 분류 안에서 진화하고 있다.

첫째, 이메일 광고는 인터넷 도입기부터 이용되기 시작하여 기업이나 개인이 다량의 정보를 다수의 소비자에게 신속한 정보를 제공하는 목적으로 이용되어 왔다. 하지만 불법 스팸메일, 음란성 메일, 개인정보 유출 문제 등으로 인해 메일을 수신하는 소비자는 대부분 이에 대해 부정적인 입장을 가지게 되었으며, 실제로 소비자와 사업자 모두 이메일 광고 효과에 대해 부정적 인식이 팽배한 것으로 나타났다. 또한 이메일은 광고매체로서 그 효과 및 구매 유발효과가 크지 않은 것으로 나타났다.

둘째, 배너 광고는 인터넷 광고에서 가장 대표적이며 일반적인 유형이다. 배너 광고는 다른 사이트에 제품이나 회사 관련 정보를 제공하는 일종의 광고현수막이다. 다른 뉴미디어에 대해 광고주들이 이용하거나 소비자들이 가장 접촉하기 쉬운 경로지만 광고의 실제 클릭률이 낮으므로 배너 광고는 특정 사이트로의 유도보다는 광고주 제품 및 서비스의 인지도나 선호도를 높이는 용도로 활용되고 있다. 최근 온라인 내에서 광고주목도를 향상시키기 위해 다양한 기법으로 광고면적을 늘리는 형태로 상호작용성이라는 인터넷 매체의 고유특성을 활용하여 광고면적을 확장하는 광고유형인 익스팬더블 배너(expandable banner), 스마트 배너(smart banner) 등이 등장하고 있다.

셋째, 검색 광고(키워드 광고)이다. 검색 광고는 국내에서 2003년경부터 본격적으로 성장하기 시작하였지만 이미 배너 광고의 시장규모를 추월하였다. 검색 광고는 특정 검색어로 검색할 경우 특정 사이트, 배너, 링크 등을 우선적으로 표시하는 광고형태이다. 상대적으로 적은 비용으로 방문자가 많은 사이트에 일정기간 동안 등록이 가능하여 선호되고 있다. 실제로 대부분의 인터넷 이용자들의 인터넷 사용목적은 정보검색이며, 이를 활용한 검색 광고 시장은 인터넷 광고의 새로운 대안이 된다. 또한 배너 광고가 실제 고객을 특정 사이트로 유도하는 데 실패했던 것과는 달리 검색 광고는 스폰서링크 사이트와 설명 리스팅 섹션을 함께 제공하기 때문에 관심도가 높은 소비자를 특정 사이트로 유도하기 쉽다. 자발적으로 관심이 높은 소비자가 유입되는 경우가 많아 검색이 소비자의 구매의사 결정에 막대한 영향을 미치며, 그 자체의 노출효과로 브랜딩 빌딩효과까지 가져온다는 장점이 있다.

넷째, 리치미디어(Rich Media) 광고이다. 리치미디어 광고는 인터넷에서 상호작용을 지원하는 새로운 형태의 인터넷 광고이다. 리치는 기존의 단순한 형태의 배너 광고보다 풍부한 정보를 담을 수 있는 매체라는 의미이다. JPEG · DHTML · 자바 스크립트 등을 이용해 만든 멀티미디어 형태의 광고로, 텔레비전 방송 광고처럼 비디오와 오디오 · 사진 · 애니메이션 등을 포괄한다. 스트리밍 기법과 다운로드되며 바로 사용자와 상호작용을 할 수 있는 애플릿, 사용자가 배너 광고 위에 마우스를 올려놓으면 변하는 광고 등 다양한 방식으로 표현이 가능하다. 리치미디어 광고는 광고주가 광고 메시지를 일방적으로 전달하던 형태에서 소비자가 광고를 적극적으로 이용하는 형태로 전환시키는 역할을 하며, 인터넷 쇼핑은 물론 채팅과 게임까지 배너 광고에 링크시켜 클릭률과 회상율을 높여 높은 광고 효과로 이어지는 것으로 평가받고 있다. 또한 브랜딩을 강조하는 광고주들에게 리치미디어 광고는 인터랙티브한 내용과 함께 애니메이션을 통한 고화질의 영상과 사운드로 메시지를 소비자에게 전달할 수 있기 때문에 브랜드 인지도 및 메시지 연관성을 높여 브랜딩 효과를 낼 수 있을 것으로 평가받는다. 하지만 리치미디어 광고는 각각의 형태에 대한 표준화가 정립되지 않은 상황이며, 팝업 광고(pop-up: 접속 페이지보다 우선적으로 나타나는 광고)나 팝언더 광고(pop-under: 접속한 웹 페이지 아래에 나타나는 광고)와 같이 소비자의 인터넷 이용을 방해하게 되어 거부감과 불쾌함을 조성한다는 논란을 가져오기도 했다.

디지털미디어 중에서 상호작용성을 가장 효과적으로 보여 주는 매체인 인터넷 광고는 여러 장·단점을 가지고 있다. 인터넷 광고의 대표적인 장점은 첫째, 인터넷 광고는 상호작용성을 통해 소비자는 원하는 광고를 취사선택할 수 있고 광고주는 소비자의 반응을 실시간으로 파악할 수 있다. 둘째, 제품의 성격에 따라 특정 사이트를 통하여 적절한 타깃집단을 파악하거나 겨냥하기 수월하며 이에 따라 맞춤 광고의 제작이 가능하다. 셋째, 소비자의 입장에서 특정 광고를 접하기 위한 시공간적 제약이 없으며 광고주가 소비자에게 제공할 수 있는 정보의 양이 무한하다. 넷째, 대용량 파일을 빠르게 전달할 수 있는 하드웨어의 발전으로 인해 인터넷 광고는 멀티미디어적 요소를 이용하거나 새로운 기술을 적용하는 것이 용이하다. 다섯째, 기존 매체의 광고와 비교해 볼 때 상대적으로 적은 비용으로 광고를 제작, 집행할 수 있으며 광고 메시지의 갱신 및 보완이 용이하다. 마지막으로 광고를 구매와 직접 연결시킬 수 있으며 방문자 및 접속자의 파악을 통해 광고 효과 측정이 용이하다.

인터넷 광고는 많은 장점을 지니고 있으나 다음과 같은 문제점 및 보완해야 할 부분이 있다. 첫째, 매체로서 인터넷이 가진 높은 위상에 비하여 광고의 효과, 용어, 가격 등에 대한 통일된 표준이 부족하여 광고주의 대부분이 인터넷 광고를 아직까지 텔레비전이나 신문 광고의 보조수단으로 인식하고 있다. 둘째, 인터넷 광고 자체에 대한 부정적인 인식이 팽배하여 광고의 클릭률이 매우 낮다. 셋째, 인터넷 관련 기술의 발전으로 말미암아 인터넷 광고를 원천적으로 차단하거나 소비자가 보유한 하드웨어의 사양에 따라 멀티미디어를 많이 사용한 광고의 경우 효과가 감소할 수 있다.

2) 모바일 광고의 발전 및 특성

모바일 광고는 휴대전화와 같은 개인용 이동통신 단말기를 이용하여 소비자에게 음악, 그래픽, 음성 등의 방법으로 광고주가 원하는 제품이나 서비스 관련 메시지를 발송하여 고객으로부터 즉각적인 반응을 유도하는 광고이다. 융합시대가 도래하면서 모바일 광고가 더욱 활성화될 것이다. 2006년 기준으로 휴대전화 가입자가 4천만을 넘어서면서 유선전화와의 격차를 80%와 48%로 2배 가까이 벌려 놓았다. 'All in One' 매체로 진화하고 있는 모바일 시장은 이종 산업 간의 융합으로 더욱 파이를 키워 나갈 것으로 보인다. 이처럼 모바일 미디어는 개인성, 휴대성, 이동성을 활용한 광고매체로서 앞으로도 지속적인 성장이 예상된다.

모바일 광고는 특정 기업이나 제품에 대한 정보를 수익증대 또는 홍보의 목적으로 이동통신 단말기(휴대폰, PDA 등)를 통하여 모바일 콘텐츠(문자, 음성, 음악, 이미지, 동영상 등) 형식으로 특정 고객에게 전달하는 것이다. 모바일 광고가 갖는 장점은 기존 광고에 비해 정교한 타깃팅(targeting)이 가능하며, 높은 도달률과 클릭률을 들 수 있다. 특히 모바일 광고는 성별, 연령별로 정확한 목표 광고 및 마케팅이 가능해 시장이 급성장할 전망이다.

또한 소비자의 시간대, 움직이는 동선, 접촉지점을 다른 미디어보다 쉽게 잡을 수 있다는 장점이 있다. 고객 프로파일을 분석하여 타깃 대상에게 정확하게 메시지를 노출시키고 고객반응을 유도할 수 있다. 즉, 모바일 사용자의 요금 사용액, 요금 종류 등 소비자의 경제적 특성이나 모바일콘텐츠 사용 패턴을 파악하여 소비자의 개인적 특성에 대한 분석이나 취미, 선호 경향의 유추, 행동 예측이 가능하다. 모바일 광고가 갖는 또 다른 장점은 모바일이 제공하는 디지털 콘텐츠 및 멀티미디어와 결합하여 이미지 광고, 브랜드나 로고 등의 노출도를 높일 수 있는 수단을 제공함으로써 기업의 파워브랜드 마케팅 전략을 지원할 수 있다는 것이다.

모바일 광고의 형태는 SMS 중심에서 배너 광고, 음성 광고, 삽입 광고 등으로 다양화되고 있다. 모바일 광고의 유형은 크게 전달방식과 표현방식에 의해 구분해 보면, 전달방식에 따라 푸시(push)형과 풀(pull)형으로 나뉘며, 표현방식에 따라 텍스트 광고, 그림 광고, 음성·오디오 광고, 동영상 광고 등으로 나눌 수 있다. 푸시형은 무선 단말기를 이용하는 소비자의 의사와 상관없이 강제적으로 광고 메시지를 전달하는 형태이며, 80~100바이트 정도의 짧은 텍스트형 문자 정보가 전달되는 SMS 광고는 모바일 광고의 90% 정도를 차지하고 있다. 이 밖에도 그림, 동영상, 음악 등 멀티미디어적 요소를 전달하는 MMS(Multimedia Messenger Service) 광고, 가격할인, 사은품증정 쿠폰을 휴대폰으로 전달하는 광고 등이 푸시형 광고에 포함된다. 풀형 모바일 광고는 무선 인터넷을 기반으로 특정 사이트에 광고를 배너 또는 콘텐츠 형식으로 제공하고 휴대전화를 이용하여 해당 사이트에 방문한 소비자 중 관심이 있는 소비자의 자발적인 접근을 유도하는 방식이다. 이러한 모바일 광고는 인터넷 광고와 더불어 시대적 흐름을 잘 반영하고 있으며 앞으로 시장 가능성 역시 높게 평가받고 있다. 하지만 스팸성 정보에 대한 관리나 이동통신사들의 성인 광고와 같은 불필요한 광고 메시지에 대한 관리가 필요하다.

<그림 71> 모바일 광고 시장의 발전 로드맵

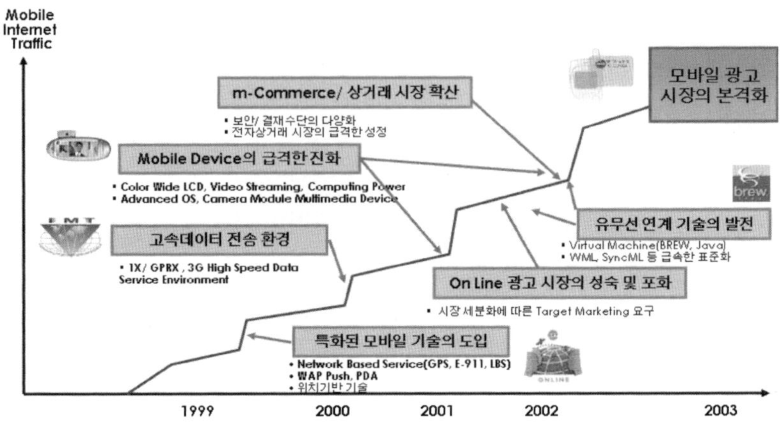

자료: IntroMobile Co.(2002)

　모바일 광고의 가장 대표적인 특징은 첫째, 이동성이다. 물론 휴대용 노트북, 디지털 멀티미디어 방송(DMB)을 통해 공간의 제약을 극복할 수 있으나, 무선 이동통신 단말기는 휴대전화로 불릴 만큼 이동성이 뛰어나며 현대인이 소비하는 문화의 중심 아이콘이다. 소비자는 언제 어디서나 단말기를 휴대하여 무선 인터넷에 접속이 가능하고 문자 메시지를 주고받을 수 있으며 게임을 즐길 수 있다. 광고주는 이러한 소비자의 행태를 파악하여 광고나 쿠폰 등 소비자가 주로 이용하는 서비스를 통해 전달할 수 있다. 둘째, 휴대전화의 보급률이 보편화, 대중화되어 연령과 지역에 상관없이 소비자층의 폭이 매우 넓게 형성되어 있다. 셋째, 모바일 광고의 양방향성이다. 이것은 모바일 광고의 제공 시 전화번호나 URL이 제공되는 경우가 대부분이다. 이때 소비자가 능동적으로 접속하여 상품에 대한 상세정보를 획득하거나 상품을 주문할 수 있다. 넷째, 모바일 서비스 이용을 통해서 구축된 고객정보를 통해 맞춤, 세분화된 광고를 집행하기 용이하다. 이동전화번호를 기반으로 고객 데이터베이스의 구축이 용이하며 개인의 관심에 근거한 정보나 뉴스의 선별제공 혹은 개인의 기호에 근거한 상품을 제공할 수 있다. 특히 단순 전화기능 이상의 모바일 문화를 향유하는 10~20대를 겨냥한 일대일 마케팅과 같은 타깃 마케팅이 가능하다. 이와 유사하게 모바일 광고는 위치기반 광고가 가능하므로 특정 지역의 특정 소비자에게만 선택적으로 광고 노출이 가능하다는 특징도 가지고 있다. 다섯째, 모바일 광고는 인터넷 광고와 비교하여 도달률과 주목률이 비교적 높으며 특히 SMS 문자 서비스를 이용한 광고에 대한 반응은 배너 광고의 클릭률과 비교해 볼 때 10배 이상의 효과가 있다.

그러나 모바일 광고는 해결해야 할 문제점들이 있다. 첫째, 스팸성 광고의 증가로 인해 이메일 광고와 마찬가지로 광고 자체에 대해 소비자의 부정적 인식이 형성되었다는 점이다. 둘째, 개인정보 및 사생활 침해에 대한 규제 강화로 인해 원하는 소비자 관련 데이터를 확보하는 것이 쉽지 않다. 이와 관련하여 개인의 프라이버시 문제도 발생하고 있다. 셋째, 급격하게 발전하는 기술로 소비자가 보유하고 있는 단말기 기능의 격차가 매우 커서 그래픽 컬러 사운드를 이용한 광고가 제대로 구현되는 것이 쉽지 않다. 뿐만 아니라 단말기 스크린 자체의 크기에 한계가 있으므로 광고구현에 제약이 있다.

16.2 디지털 광고의 미래

1) 광고의 진화, 디지털 양방향 TV 광고

디지털 양방향 TV 광고는 광고목적에 따라 브랜드 전달광고, 정보 제공형 광고, 판매유도형 광고로 구분된다. 표현형식에 따라 클릭 광고, 스트립 광고, 전체화면 광고, 스폰서십 광고, 일대일 광고, 인공지능 광고 등으로 구분된다.

브랜드 전달 광고는 일반적으로 텔레비전 광고와 마찬가지로 브랜드나 기업의 인지도 이미지를 향상시키려는 목적에서 제공되는 광고이며, 정보제공형 광고는 소비자로 하여금 관심 있는 주제에 대하여 보다 많은 정보를 스스로 선택하여 습득할 수 있는 기회를 부여하는 광고이다. 따라서 소비자는 자신의 선택에 따라 리모컨을 이용하여 화면에 표시된 아이콘을 클릭함으로써 시간에 제약을 받지 않은 상태에서 실시간으로 필요한 정보를 습득할 수 있게 된다. 또한 판매유도형 광고는 화면에 특정 제품이나 서비스를 구매할 수 있는 메뉴를 제시하여 인터넷 쇼핑과 마찬가지로 화면상에 제시되는 필요 항목을 클릭해 손쉽게 원하는 제품을 구입할 수 있게 해 준다.

한편 표현형식에 따른 구분 중 클릭 광고는 리모컨을 이용하여 정보를 요청하거나 구매를 진행하는 형태로서 특정 소비자에게 보다 심도 깊은 정보를 제공할 수 있으나 화면 위에 메뉴를 표시함으로써 소비자가 본방송을 청취하는 데 방해가 된다. 스트립 광고는 띠 광고라고도 불리며 화면 하단에 검은 바탕의 메뉴를 통해서 광고나 프로모션 메시지를 전달하며 전체화면 광고는 채널이 변경되거나 화면이 전환하는 사이에 광고가 정지화면으로 나타나는 방식이다. 두 광고형식 모두 높은 주목률을 나타내긴 하나 시청자의 의사와 관계없이 광고 메시지가 노출되는 관계로 소비자에게 거부감을 일으킬 수 있다. 스폰서십 광고는 광고주로부터 제작에 필요한 지원을 얻고 소비자에게 특정 광고주와 관련된 충분한 정보를 제공할 수 있다는 장점이 있으나 소비자로 하여금 상업화에 대한 거부감을 느끼게 할 수 있다는 단점이 있다. 일대일 광고는 사전에 파악된 소비자의 정보에 따라 같은 시간에 각각 다른 다양한 광고를 해당 소비자에게 방송하는 광고이다. 마지막으로 인공지능 광고는 소비자의 시청습관을 기억하여 소비자 개개인의 특성에 맞는 광고를 적합한 시점에 제공하는 광고로서 광고효율성을 높일 수 있지만 개인정보 유출 및 기술 문제의 장점이 존재한다.

디지털 양방향 TV 광고의 장점은 우선 기존 TV 광고와 유사한 형태에서 소비자가 느낄 수 있는 친숙성을 들 수 있다. 즉, 인터넷이나 모바일 광고는 광고를 경험하기 위해서 소비자가 컴퓨터나 이동통신 단말기의 기능을 어느 정도 이해하고 있어야 하지만 디지털 양방향 광고는 텔레비전을 통해 소비자가 손쉽게 접할 수 있다는 점이다. 둘째, 더욱 발전된 상호작용성을 통해 소비자가 주도적으로 특정 광고를 선택하거나 회피할 수 있게 된다. 따라서 디지털 양방향 TV 시대의 광고주는 불특정 다수의 소비자를 겨냥하는 광고가 아닌 세분화된 소비자를 대상으로 적절한 정보를 제공하는 광고를 실행해야 한다. 셋째, 인터넷 광고와 같이 하이퍼텍스트 기능을 통해 원하는 정보를 리모컨을 이용하여 화면 클릭을 함으로써 시간에 구애받지 않고 충분한 정보를 획득하거나 최종구매를 할 수 있다. 넷째, 디지털 방송으로 인한 다채널 시대에 특정 방송국이나 프로그램에 맞추어 세분화된 소수의 소비자를 겨냥할 수 있는 맞춤 마케팅의 구현이 용이하다.

반면 디지털 양방향 TV 광고는 다음과 같은 문제점과 해결해야 할 점을 가지고 있다. 우선 디지털 양방향 TV 방송의 낮은 보급률이다. 인터넷이나 모바일 광고와 비교해 보면 아직까지 디지털 양방향 TV는 매체의 보급률이 상대적으로 매우 낮은 편이며 방송에 필요한 기술적인 문제가 해결되지 않아 극히 일부의 소비자층만이 현재 디지털 방송을 이용하고 있는 상황이다. 또한 디지털 양방향 TV 방송의 장점이 소비자에게 충분히 홍보되지 않아 기존 공중파나 케이블TV를 이용하는 소비자가 굳이 추가비용을 부담하면서까지 디지털 방송을 시청해야 하는 필요성에 대한 인식이 낮은 것으로 나타났다. 즉 현 상황에서 볼 때 디지털 양방향 광고 자체의 단점보다는 디지털 방송을 시청에 필요한 디지털TV 및 셋톱박스 등의 미보급과 같은 외적 기술적 요인이 더욱 시급한 문제점으로 지적받고 있다. 게다가 아직 디지털 양방향 TV가 충분히 검증된 상황이 아니며 누구나 공감할 만한 효과 측정지표가 마련되어 있지 않다. 디지털 양방향 TV는 소비자뿐만 아니라 아직 기업 마케터들에게도 홍보와 교육이 부족하여 인식이 충분히 마련되어 있지 않아 비용과 효과의 측면에서 여러 선입관과 편견을 가지고 있다. 광고회사 역시 양방향 TV를 광고매체로 선뜻 제안하지 못하며 디지털 양방향 TV 광고의 잠재력에 대한 인식 부족으로 이에 대한 홍보와 교육이 보완되어야 한다.

2) 유비쿼터스 환경에서의 광고

유비쿼터스 시대의 광고는 기존 미디어의 광고 시장을 대체하는 것이 아니라 기존 미디어의 장단점을 보완하면서 기능을 통합하는 형태로 발전되고 있다. 많은 기업에서도 기존 미디어와 유비쿼터스 광고를 통합하여 하나의 주제로 광고를 집행하는 크로스 미디어(Cross media) 광고 전략을 전개하고 있는 추세이다. 유비쿼터스 광고의 특징을 정리하면 다음과 같다.

첫째, 타깃 마케팅이 용이하다. 기존의 TV, 라디오, 신문, 잡지 등의 광고는 불특정 다수를 대상으로 일반적인 내용만을 전달하였는데 이동전화를 광고의 플랫폼으로 사용할 경우, 이동전화 구입과 동시에 생성되는 DB에 따라 개인에 맞는 타깃 광고가 가능하다.

둘째, 즉각적인 상호작용이 보장된다. 기존 매체를 이용한 광고의 경우, 소비자 광고에 대한 반응을 파악할 수 있는 방법이 없었지만, 유비쿼터스 광고의 경우, 일단 SMS나 MMS로 전송된 광고를 사용자가 확인한 후 삭제 또는 추후 수신거부 및 연결 사이트로의 링크를 선택하게 함으로써 소비자의 반응을 효과적으로 파악할 수 있다.

셋째, 위치기반 광고가 가능하다. LBS(Location Based Service: 위치 기반 서비스) 기술의 발달로 일반 광고와 달리 사업자의 타깃에 해당되는 소비자만을 대상으로 그것도 이들이 자신의 사업장 근처에 왔을 때 효과적이고 적극적으로 광고를 시행할 수 있다. 또한 이에 따라 재벌과 같은 대규모 사업자 이외에 중·소형 사업자에게도 보다 저렴한 가격에 보다 효과적인 광고를 할 수 있는 기회가 제공되는 것이다.

유비쿼터스 환경에서는 광고매체가 더욱 세분화되며 매체 간에 네트워크가 연결되어 소비자와 광고 간의 인터랙션이 더욱 가까워지며 그에 따른 광고 크리에이티브 또한 동시적인 형태 및 소비자가 광고매체에 접한 환경상황(소비자 생활동선 등)을 고려한 광고가 등장할 것이다. 과거의 소비자에게 브랜드, 제품강요보다는 제품의 상세한 정보와 기능 서비스를 바로 제공하여 소비자는 광고를 보고 자신에게 맞는 제품정보와 서비스를 받을 수 있다. 유비쿼터스 환경에서의 광고주는 기존의 브랜드를 위한 브랜드 전략보다는 제품개발 향상과 다양한 서비스 정보를 소비자에게 부여 다양한 광고매체를 장소와 시간 상황을 고려하여 신뢰성을 바탕으로 한 통합 브랜드 홍보가 필요하게 될 것이다

21세기는 기술과 감성이 만나는 시대이다. 유비쿼터스 환경의 광고매체는 소비자와 광고매체가 인터랙션을 통해 보다 실증적인 정보를 제공토록 한다. 유비쿼터스 환경의 광고매체는 시간성이 포함되며 상황 마케팅과 같이 소비자들의 맞춤형 마케팅 및 광고를 제작할 수 있고 소비자 중심의 광고매체로 발전할 것이다. 유비쿼터스 환경의 광고매체는 사용자 중심의 UI와 통합정보 아키텍처(Information architecture) 설계를 통해 사용자가 광고매체에 보다 쉽고 편리하게 접근하도록 연구하여야 한다. 또한 보안과 인증을 통한 U-commerce를 확고히 하는 연구도 진행되어야 할 것이다.

<표 22> 유비쿼터스 시대의 광고유형 및 특징

유 형	내 용
상호작용 광고(Interactive Ad)	소비자를 참여시키는 상호작용 광고
감성정보 광고 (Infotainment Ad)	감성적 터치의 재미로 소비자를 유도하고 정보로 행동을 유발하는 광고
경험 광고 (Experience Ad)	소비자의 직접 경험을 유도하는 광고
상황 광고(Situation Ad)	소비자의 시간 및 처한 상황에 맞춘 광고
미디어 융합 광고 (Media Convergence Ad)	서로 다른 디지털미디어가 연동된 광고
콘텐츠 광고 (Contents Ad)	광고 자체가 콘텐츠이거나 콘텐츠에 녹아 있는 광고
판매유도 광고 (Commerce Ad)	광고를 통해 판매까지 하는 광고

17. 모바일 사회의 문화적 특성

17.1 모바일의 미디어화

1) 디지털의 구심점, 모바일 미디어

과연 전화의 역할은 쇠퇴할 것인가? 전화매체가 값싼 커뮤니케이션 수단들에 의해 서서히 밀려나게 될 것인가?

새로운 커뮤니케이션 수단들이 빠른 속도로 전화가 수행했던 역할을 침범하고 있다. 커뮤니케이션 수단의 발전은 수용자로 하여금 전화를 대체할 수 있는 다른 커뮤니케이션 수단을 활용할 수 있는 가능성을 열어 준다. 기업도 고객접촉을 위해 가장 비용 효과적인 커뮤니케이션 수단을 찾게 됨에 따라 종전까지 내부고객 및 외부고객과의 커뮤니케이션을 위해 가장 우선적으로 고려하던 전화를 다른 수단으로 대체하는 비율이 점점 더 늘어나고 있다. 이미 대부분의 기업이 이메일이나 웹과 같은 전자매체를 기반으로 하는 커뮤니케이션 체제를 구축함으로써 전화 중심의 콜센터 기능을 대체하고 있거나 보완하고 있다.

이제 이처럼 천대받고 있는 전화가 가장 인간적이고 효과적인 커뮤니케이션 수단이라는 것을 다시 한번 되새겨 보고 그 역할을 되살려야 할 시점이 되었다. 정보처리량에 있어서 이메일에 비해 다소 뒤지지만 전화는 아직까지도 우리들에게 없어서는 안 될 중요한 매체이기 때문이다. 전화는 기동성(예, 이동전화)과 기능성 그리고 편리성의 향상으로 유연성이 한층 증가하고 있으며 나아가 양방향성은 인간의 기본적인 욕구인 사회적 교류와 관계를 구축하는 데 가장 뛰어난 장점이다. 면대면 커뮤니케이션은 청각적인 면과 원거리 고객과의 접속 면, 비용 효율 면에서 비록 전화에 비해 뒤떨어지기는 하지만 생생한 청각적, 시각적 기능을 동시에 제공한다는 점에서는 유일한 수단이다. 그렇지만 전화야말로 비언어적인 요소-목소리 톤, 억양의 변화, 침묵 등-를 가장 정확하게 판단할 수 있는 강력한 쌍방향 매체임에 틀림없다.

전화는 모든 커뮤니케이션을 통합한다는 점에서 없어서는 안 될 매체이며, 여러 면에서 모든 커뮤니케이션 매체의 벤치마킹 대상이라고 해도 과언이 아니다.

휴대전화는 '전화'라는 명칭이 보여 주듯이 사람과 사람 사이를 매개하는 기능이 주된 임무이다. 우리는 이동하면서 혹은 집 밖에서 주로 다른 사람과 대화하기 위해 휴대전화를 이용한다. 휴대전화는 면대면 상호작용이나 유선전화를 대체 혹은 보완하면서 매개된 대인 커뮤니케이션의 가장 대표적인 매개체가 되었다. 급속도로 우리의 일상에 깊숙이 침투한 휴대전화는 그것이 대인 커뮤니케이션 매체(interpersonal media), 즉 대인관계 맺기와 유지(interpersonal relationship building and maintenance)의 도구라는 점에서 다양하고 흥미로운 접근이 가능하다.

휴대전화는 현재 가장 대표적이고 일반적인 모바일 미디어이자 디지털미디어의 구심점으로서 다양한 매체들을 수렴하고 있다. 휴대전화는 전화와 문자 메시지라는 전형적인 대인 커뮤니케이션 채널 외에도 인터넷 접근, 메신저, 방송, 게임, 카메라, MP3 플레이어 등의 기능을 제공하면서 복합적인 개인 미디어(personal media)로 자리 잡았다.

도구적 이용과 사교적 이용이라는 두 가지 요인으로 수렴되는 전화 이용 동기와는 달리, 휴대전화의 이용 동기는 다양한 차원에서 다양한 종류가 발견된다. 특히 사교적인 동기보다는 도구적 동기로 볼 수 있는 요인들이 많이 추출되는데, 이동성이나 즉시성, 도구성과 같은 도구적 동기들이 애정이나 사회성과 같은 본래적 동기보다 휴대전화 이용을 더 잘 예측한다. 이러한 결과는 휴대전화 이용 동기에 관한 연구들이 휴대전화를 이용하여 커뮤니케이션 하는 행위, 즉 다른 사람과 커뮤니케이션하는 이유뿐만 아니라 휴대전화를 구입하거나 휴대하는 행위의 이유도 포함하기 때문이다.

패션이나 즉시성, 이동성, 체면과 같은 요인들은 휴대전화로 다른 사람과 통화하거나 메시지를 주고받는 이유보다는 휴대전화를 구입하는 이유, 휴대하고 다니는 이유에 더 가깝다. 이렇게 다양한 의미를 갖는 휴대전화는 이제 일상생활의 필수품이 되었다. 이제는 지위나 부의 상징으로서의 기능보다는 사람들이 휴대전화를 매개로 다른 사람들과 어떤 이유에서 어떠한 방식으로 커뮤니케이션하는지에 대해 보다 집중해야 할 필요가 있다. 즉, 휴대전화 이용의 도구적 동기보다 사교적 동기에 주목해야 한다. 사교적 동기는 다른 말로 하면 대인관계를 위한 커뮤니케이션 동기라 할 수 있을 것이다.

이동의 자유성(mobility)을 보장하는 무선전화는 우리가 살고 있는 사회를 'just-in-time society'로 만들어 내면서 커뮤니케이션의 즉시성과 직접성을 강조하는 속도 중심 사회의 특성을 구성하고 있는 것으로 규정한다.

이동전화를 이용하여 사람들은 정보를 취하고, 약속을 하며, 상품을 주문하면서 커뮤니케이션의 공간적 자유를 실질적으로 획득하고 있다. 또한 이동전화는 커뮤니케이션 공간뿐만 아니라 행위 및 여가공간을 극대화시키며 사회적인 상호연결성을 보다 강하게 밀착시키고 있다. 이동전화는 이제 사회적인 연결고리 그 자체로 필수 불가결한 독립적

미디어로 기능하고 있는 것이다. 이러한 기술변화에 힘입어 인간은 제한된 커뮤니케이션 시대를 벗어나 풍요로운 커뮤니케이션 시대를 만끽하고 있다. 그런데 이 풍요로운 커뮤니케이션을 행할 수 있는 이동전화는 유선전화와는 달리 예기치 않은 문화적 딜레마를 동반케 한다. 이동전화는 잠재적으로 모든 사람들과 어느 곳에서든지, 어떠한 시간에도 연결이 가능해지면서 노동자의 경우 끊임없는 통제의 대상이 되며 항시 일을 위한 대기상태로 머물러야 하는 상황이 초래되었다. 한편 이동성을 증가시키면서 새로운 유형의 문화를 만들어 내고 있다. 이동전화는 여가시간에도 사회적 커뮤니케이션의 도달성을 증가시키고 가족 및 커뮤니티에 행해야 할 역할의 의무시간을 높게 만들어 내고 있다. 미국의 사회학자 켈리(Suzane Kelly)가 지적하듯이 우리는 '움직이지 않는 유목민'으로 변하고 조금도 움직이는 것 없이 모든 곳에 갈 수 있고 누구와도 즉시 접촉할 수 있게 되었다.

사실 이동성을 가진 미디어는 매우 다양하고 그 역사도 아주 길다고 할 수 있다. 흔히 우리가 쉽게 떠올리는 휴대전화, PDA, 웨어러블 컴퓨터(wearable computer)와 같은 현대적인 모바일 기기 이외에도 노트북 같은 정보기기, 그리고 전통적인 무전기나 CB(Citizen band)와 같은 통신기기, 휴대용 라디오 수신기나 텔레비전 수상기와 같은 방송기기, 바둑·카드·화투·테이블 보드게임과 같은 전통적 보드게임 도구나 최근의 포터블 핸드헬드(hand held) 게임기·워크맨·MP3 플레이어와 같은 오락기기, 카메라, 녹음기, 스케치북, 공책과 같은 기록 미디어, 심지어는 책·신문·잡지 등과 같은 휴대 가능한 인쇄 미디어에 이르기까지 그 예는 무수히 많다. 하지만, 일반적으로 모바일 미디어는 '간편하게 휴대할 수 있는 기기를 통해 이동 중에도 다양한 정보처리와 무선통신이 가능하도록 인터페이스가 고안되어, 독특한 상호작용 및 커뮤니케이션 양식을 만들어 내고 있는 디지털 멀티미디어'로 정의할 수 있다.

우리는 흔히 모바일 미디어를 일컬을 때 휴대폰을 언급하는 경우가 많은데, 최근 디지털 컨버전스 경향이 심화되면서 휴대폰이 위에서 언급한 다양한 기능을 모두 수행할 수 있게 되었기 때문이다.

〈표 23〉 모바일 미디어 단말기의 유형과 진화

미디어 유형	아날로그	디지털
매스 미디어	휴대용·차량용 라디오 수신기	DAB
	휴대용·차량용 텔레비전 수상기	DMB, 3G 휴대전화
	신문, 잡지	무선 인터넷, 3G 휴대전화
	책	전자책(e-book)
대인 미디어	워키토키, CB, 1G 휴대전화	2G·위성 휴대전화, 스마트 폰
	(易地思之)	깁슨의 '심스팀'
상호작용 미디어	카세트 플레이어, 워크맨	MP3 플레이어, 3G 휴대전화
	카드, 화투, 체스, 보드게임 기구	핸드헬드 게임기, 3G 휴대전화
	수첩, 공책, 스케치북	PDA, 노트패드, 스마트 폰
	녹음기	디지털 녹음기, MP3 플레이어
	카메라	디지털 카메라, 3G 휴대전화
	주판	계산기, PDA, 휴대전화
	(아날로그 컴퓨터)	노트북, 웨어러블 컴퓨터
	(白日夢)	깁슨의 '사이버스페이스'

자료: 이재현(2004), p.311.

2) 모바일, 미디어로의 성장배경과 문화적 특질

휴대전화는 미디어 역사에서 가장 빠른 속도로 폭발적 증가 추세에 있다. 2004년 말 기준 휴대전화 가입자는 전 세계 약 20억 명에 육박하고 2008년에는 유선전화 가입자를 추월할 것으로 전망된다.

모바일의 매체적 속성을 정리하면 다음과 같다.

- 연락성(reachability): 시간과 공간의 제약을 극복하여 커뮤니케이션을 가능하게 함
- 즉시성(immediacy): 목소리의 상호작용과 결합된 즉시적 접촉을 함의하는 직접성
- 이동성(mobility): 손에 가지고 다니면서 움직일 수 있음
- 운반성(portability): 크기가 작고 가벼워 휴대하기 쉬움
- 착용성(wearability): 휴대전화기는 다른 모바일 테크놀로지에 비해 착용 가능성의 문제를 제기함
- 파지성(handiness): 손에 들고 다닐 수 있는 속성
- 융합매체성: 전화기를 넘어 라디오, MP3, 카메라 및 비디오 기능 탑재
- 개인성(individuality): 개인주의 속성과 사인주의(privatization) 증가

문화 이론 및 미디어 이론적 차원에서 모바일 미디어의 주요 특질을 정리하면 다음과 같다(김원제, 2006).

첫째, 접근 가능성(accessibility)과 커뮤니케이션의 비대칭성이다. 비밀번호, 음성사서함 등의 채널 링, 발신번호 표시 등으로 쌍방적 접근 가능성이 부정될 수 있다. 사적 맥락과 직업적 맥락 모두에서 전화기의 전략적 사용의 최근 경향에서 비대칭적 커뮤니케이션 관계가 증가하고 있다.

둘째, 지속적 접촉(perpetual contact)의 논리이다. 영속적 접촉은 커뮤니케이션 테크놀로지의 사회적 논리이다. 영속적 접촉의 강력한 이미지는 순수 커뮤니케이션의 이미지로, 신체적 제약 없이 서로의 정신을 공유하려는 욕망을 실현하려는 커뮤니케이션의 이상화를 의미한다.

셋째, 물신화 양상이다. 휴대전화기는 매체라기보다는 물신적 오브제에 가깝다. 권력의 모든 판타지아를 충족, 가까운 사람의 배타적 소

유를 충족시켜 준다.

넷째, 재매개(remediation)이다. 기존의 다양한 매체를 흡수 변형하는 재매개화 현상이 현저하게 나타나고 있다. 텍스트, 사운드, 정지 이미지, 동영상 등 모든 종류의 기호체계를 포괄하는 것이다.

마지막으로 현대문명의 노마디즘을 표상한다. '호모 모빌리쿠스'는 '호모 노마드'의 현대적 아이콘이다.

한편 모바일 미디어의 문화적 특질[30]을 정리하면 다음과 같다.

첫째, 상징적 오브제로서의 모바일, 개성과 정체성의 건설자로서의 모바일이다. 커뮤니케이션의 실용적 대상 차원을 넘어서 상징적 의미가 투여된 오브제인 것이다. 가격요인 외에 모바일브랜드의 선택 기준에서 가장 큰 구매 동기요인은 모바일의 모델과 결부된 정체성과 이미지이다.

둘째, 젠더 평등의 오브제로서의 모바일이다. 모바일은 남성과 여성 사이에서 동등하게 유포된 최초의 ICT로 여성 친화력이 뛰어난 미디어라 하겠다.

셋째, 부족적 소속의 활동 거점으로서의 전화 네트워크이다. 모바일 네트워크는 사회적 커넥션을 갖는다. 상이한 네트워크마다 문화적 차이를 보여 주는 특정 의식과 사용 코드가 존재한다. 특정 모바일 네트워크를 선택함으로써 젊은이들은 특정 가치 또는 준거집단(reference system)을 공유하는 특정 무리에 속하는 자신의 사회적 부족을 성립하려는 시도를 한다. 이와 같은 부족적인 소속 현상은 집단적 의미의 결여로 특징져지는 포스트모던 사회에 대한 반응으로 해석된다. 결국 모바일 네트워크는 자기 부족의 구성원 사이에서의 커

---

30) 〈디지털2 컨퍼런스〉(2005. 11)에서 발표된 김성도 "모바일 미디어의 문화적 특질"을 참조하여 정리.

넥션을 강조하기 위해서 부족의 정체성을 위해서 존재한다.

넷째, 네트워크상에서의 존재, 네트워크 삶(networking life)이다. 모바일의 매체적 속성 가운데 연락 가능성은 가장 중요한 사회적 동기를 부여한다. 이 같은 동기부여 이면에 두 가지 중요한 사회학적 현상이 존재하는데, 하나는 네트워크상에서 존재하기 위해서는 당신은 먼저 호출되어야 한다. 다른 하나는 젊은이들 사이에서 호출은 '나는 커뮤니케이션을 많이 한다'와 같은 기능적 기호가 아니라 '나는 부족 가운데 존재하는 그 누군가이다'를 상징하는 상징적 기호라는 것이다. 메시지를 발송하고 수신하는 행위는 메시지 자체만큼 중요하다.

다섯째, 신체와 기계의 혼성(hybridization), 몸속의 기계이다. 인간의 신체 속으로 커뮤니케이션 테크놀로지가 투자된다. 인간과 비인간이 더불어 사는 개인과 기계의 공생은 사회적 관계의 새로운 구조의 상징이다. 우리의 신체 속을 관류하는 테크놀로지는 때로는 우리의 건강을 지켜 주며, 우리의 커뮤니케이션 영역을 확대시키며 심지어 생명을 구해 주기도 한다(예, LG폰, 영국에서 방탄용으로 인식).

그 밖에 심미적 오브제로서도 기능한다. 모바일 폰은 하이패션과 보석제품 속에 삼투된다. 또한 혼자 있거나 주변 사람들과 불편해할 때 더 빈번하게 모바일을 사용하는 '미디어 유아론(唯我論, Solipsism)'을 표출하기도 한다.

17.2 모바일 네트워크 사회의 도래와 모티즌

1) 모바일 네트워크 사회와 모바일 시티

1980년대 Homo PCcus의 등장 이래 Homo Notebookus, Homo PDAcus에 이어 Homo Mobilius가 신인류로 등장했다. 이 신인류는 각종 디지털 장비를 이용해 인류의 행동반경을 획기적으로 넓혀 가고 있다. 이 인류는 기술뿐만 아니라 생활습관에서도 전 인류의 진화단계를 뛰어넘는다. 언제 어디서나 원하는 정보를 구하겠다는 강력한 열망을 품고 있다. 이동형 라이프스타일을 고집하고 네트워크를 중심으로 활동한다. 이들의 모토는 '나는 움직인다. 고로 존재한다'이다. 이렇듯 휴대폰을 이용해 인터넷을 생활하는 사람을 모티즌(Motizen: Mobile+Netizen)이라 명명할 수 있다. 그리고 이들이 새롭게 창출하는 도시의 모습은 '모바일 도시(Mobile City)'인 것이다.

모바일 시대는 크게 3단계로 나누어 볼 수 있다. 1단계는 70~80년대에 진행된 휴대성의 확산시기이다. 70년대 후반에 등장한 소니의 소형 카세트 워크맨, 그리고 초소형 오디오 및 비디오 기기의 등장으로 모바일이라는 개념이 태동하게 되었다. 2단계는 80년대와 90년대에 걸쳐 컴퓨팅 및 통신의 이동성이 강조된 시기이다. 노트북의 등장에 이어 PDA가 등장했고, 이동전화가 급속히 성장한 시기이다. 이동전화의 보급으로 시공의 한계가 어느 정도 극복되기는 하였으나 생활 전반에 걸쳐 활용하기에는 무리가 따랐다. 그러한 이유로 3단계인 이동 멀티미디어 시기가 도래하게 된 것이다. 이 시기에는 무선 인터넷을 통해 이동 중에도 업무를 비롯하여 취미, 오락까지 우리 삶 전반에 걸쳐 사용할 수 있게 되었다.

위와 같은 단계를 거쳐 현재의 모바일 사회는 언제 어디서든지 사람과 사람을 연결해 주는 효과적인 커뮤니케이션 수단이라는 기능적 의미뿐만 아니라 때로는 패션 소품으로 때로는 장난감으로, 때로는 급한 업무나 전자상거래를 실행하는 비즈니스 수단으로 다양한 기능과 의미를 덧붙이고 변용해 가면서 휴대폰은 현대문명과 경제와 기술과 문화를 뭉뚱그려 놓은 상징 코드와도 같은 존재로 둔갑하고 있다.

이처럼 폭넓은 대중기반 아래 다양한 쓰임새와 의미체계를 획득하기까지 휴대폰을 밀고 끌어 왔던 동인의 하나는 컨버전스 물결이다. 음성과 데이터가 통합되고 미디어와 통신, 컴퓨팅이 하나로 뭉쳐지는 컨버전스라는 흐름은 휴대폰에 이르러서는 무선 인터넷이라는 과제를 떨어뜨려 놓았다. 텍스트 기반의 앙상한 콘텐츠와 복잡한 미로 같은 접속에도 불구하고 무선 인터넷은 휴대폰을 '휴대컴'으로 변신시키고 있다.

최근 인터넷 사용자의 이용 경향은 모바일인터넷으로 그 패러다임이 전환하고 있다. 노동집약적인 사회구조에서 정보집약적인 사회로 바뀌어 감에 따라 수용자들의 정보에 대한 필요(Needs)가 다양해짐과 동시에, 이동성을 보장할 수 있는 모바일을 이용한 정보전달이 발달하고 있다.

핸드폰과 PDA가 결합하고 있다. 이로써 모바일 장비는 컴퓨터만큼 기능이 복합적으로 구현된 제품으로 바뀌고 있다. 삼성전자 애니콜은 MP3 기능에 디지털 기반의 카메라와 녹음기, 시계를 장착했다. 심지어 액정화면 TV를 달기도 했다. 이제 모바일의 화두는 '이동전화와 PDA의 통합'이고 그 중심은 역시 이동전화이다. 모바일은 즉시성(Real-time)과 이동성과 휴대성을 강점으로 한다.

결국 무선 네트워크에서 단말 컨버전스는 휴대폰 기능의 복합화, 융합화로 요약된다. 현재 휴대폰은 통신기능 외에 오락, 전자상거래, 정보처리 기능이 탑재되는 방향으로 발전하고 있다.

<표 24> 모바일 네트워크 사회의 진화방향

분 야	내 용
콘텐츠	– 대기화면, 착신음악, 게임 등 종래의 콘텐츠와 함께 동영상, 음악, 텍스트 문서 등의 정보량 확대 ·신곡의 무료송신 등 CF를 활용해 요금부담을 억제하는 방식이나 화상전화, 화상회의 서비스 확대 – PDA를 활용한 e-book이 점차 서적시장을 잠식하면서 각종 교육시장 관련 분야도 확대될 전망
금융	– 통신속도의 향상, JAVA 대용으로 온라인 증권거래의 차트 표시, 특정 종목 경보 기능 등이 확대 – 각종 티켓 등의 소액 모바일 전자상거래 결제 서비스, 모바일인터넷 전용 은행계좌, UIM카드(W-CDMA의 표준 탑재 카드)와 결합된 전자지갑 기능의 확대 – 고객이 카드 기능이 내장된 휴대폰 및 PDA 단말기를 활용해 서류 없이 금융기관 창구 이용. 자동인출기의 조작도 휴대기기를 통해 단순화
정보가전 연계	– 디지털TV · 라디오 방송과 연계된 서비스 확대. 과도기에는 방송전파를 직접 수신해 통신비용 절감 ·모바일 단말기를 이용한 방송 프로그램의 선전과 사전 예약 – 각종 네트워크 가전의 리모컨 기능을 담당하면서 원격조정(예, 직장에서 집의 냉장고 상태를 확인하면서 식료품을 주문하고 모바일 금융으로 결제)
개인 지원	– 위치추적 시스템을 통해 User의 이동을 지원(보행 시와 차량 탑승 시), 방범 시스템과 연계(주택의 방범 시스템에서 이상 발생 시 메일 통보, 비상시의 범인 얼굴 메일 전송 · 저장 등) – 개인정보를 입력해 장기적으로는 공공기관의 ID카드 확인 시스템과 연계되면서 각종 신청 시에 서류 없는 전자신청을 지원, 각종 건강 관련 정보는 진찰이나 돌발 사고 시에 효과적으로 활용

자료: 김원제(2006), p.276.

이처럼 사회 각 분야에서 다각적으로 활용되며 모바일 네트워크는 진화할 것이고, 모바일 시티는 우리 삶을 보다 편리하고 윤택하게 만들어 줄 것이다. 'All in One' 매체로 거듭나는 모바일의 무한한 가능성과 진화는 지금 이 시간에도 진행되고 있다.

2) 모티즌의 출현과 미래

새로운 기술의 발달과 사회 환경의 변화는 사회구성원들에게 새로운 기호를 만들고, 이에 따라 새로운 세대를 만들어 낸다. 인터넷이 상용화된 지도 벌써 10년여의 세월이 흘렀다. 또한 핸드폰과 PDA 등의 모바일 테크놀로지 또한 빠른 시간 안에 전파되면서 사회의 모습을 변화시키고 있다. 어린 시절부터 이러한 새로운 테크놀로지를 자연스럽게 삶의 일부로 받아들여 온 세대들은 새로운 취향과 독특한 소비행태를 지닌 채 성인으로 성장하고 있다. 즉 시대 사회적 환경, 글로벌한 특성을 갖는 테크놀로지와 시장의 변화로 인해 모바일 문화에 익숙한 모바일 세대들이 출현하게 된 것이다. 이른바 모티즌(Motizen)이다.

기존의 네티즌이 주로 유선 인터넷을 통해 정보를 교환하는 데 비하여 모티즌은 무선 인터넷을 전문으로 이용하는 계층이다. 이들의 특징은 휴대폰이나 개인휴대 단말기(PDA) 등을 이용해 어디에서나 수시로 인터넷을 이용하고 있다는 점이다. 이들에게 휴대폰이란 전화기이기도 하지만 알람시계·노트북·게임기·전자수첩 등 모든 것을 할 수 있는 생활필수품의 하나로 여겨진다. 그간 무선 인터넷의 커버리지 한계와 기술적 결함, 값비싼 비용 등의 이유로 모티즌은 네티즌에 비해 상대적으로 더딘 성장을 보였으나 2007년부터 WiBro,

HSDPA 등과 같은 초고속 무선 인터넷 서비스가 상용화되면서 모티즌의 성장과 확대가 이뤄질 것으로 내다보고 있다.

이들 모티즌은 출산율이 급격하게 떨어지기 시작한 1980년대 중반부터 태어난 세대로 어느 정도 풍족한 사회적인 환경을 당연시하며 자라난 연령층이다. 그리고 구세대들보다 코카콜라, 브리트니 스피어스, 베컴, 나이키, MTV 등 글로벌 트렌드에 더욱 친숙하고 익숙하다. 이들 모티즌에게 휴대전화는 단순한 전화기 이상의 의미를 지닌다. 정보를 얻고 서로 소통하는 유용한 수단이자, 자기의 개성을 드러내는 문화공간으로서의 역할을 핸드폰이 수행하게 된 것이다. 이처럼 휴대폰은 전화통화 이상의 기능을 수행한 지 오래고, 그 결과 기능적인 측면 외에 사회문화적인 측면의 변화도 야기하고 있다.

휴대폰으로 전화를 걸 수 있음에도 불구하고 신세대들은 안부인사에서 약속장소 시간의 결정 및 변경, 간단한 업무에 이르기까지 휴대폰 문자 메시지를 이용한다. 그 때문인지 지하철이나 버스를 타고 가다가, 또는 누군가를 기다리는 동안에도 엄지손가락을 쉬지 않고 놀리는 모습을 쉽게 발견할 수 있다. 이렇게 지하철에서 핸드폰을 가지고 도착지까지 무언가에 열중하는 젊은 세대의 모습은 이제 새삼스럽지 않다. 교통정보나 날씨 확인, 그날 데이트 코스와 음식점의 정보는 물론 애인과의 다정한 모습을 카메라 폰으로 찍어 바로 메일을 보내는 일은 이제 일상적인 모습이 되었다. 모바일 기기의 대명사 휴대폰을 자유자재로 활용하는 집단을 모티즌이라 부를 만큼 모바일은 젊은 이들의 새로운 문화 코드로 자리 잡고 있다. 특히 영화·드라마·콘서트 등 엔터테인먼트 산업에서 모티즌의 파워는 상상 그 이상이다. 각종 문화상품이 본격적으로 대중에게 공개되기 전에 모티즌에게 미리 선보임으로써 그 가능성을 사전에 점쳐 보거나 그들의 입소문을 활용해 더욱 많은 소비자를 끌어들이는 기법이 기업들에게도 매우 중요한 부분으로 여겨지고 있는 것이다.

소비 패턴의 변화와 문화 창출에 있어서의 모티즌의 힘은 모바일 서비스 환경에서 비롯되고 있다. MPEG4 기반의 VOD 서비스와 동영상 콘텐츠를 감상할 수 있는 단말기들이 보급되면서 엄청난 파급력을 나타내고 있다. 그들의 성향은 또 당당히 요구하고 상응한 대가를 지불하는 데 익숙해 있다. 무료에 길들여진 네티즌들과는 또 다른 차이점이다.

특히 10대 모티즌에게 휴대폰은 친구요, 마법 상자와도 같다. 통화라는 휴대폰 고유의 기능은 부차적 기능으로 전락한 지 오래되었으며, 친구들끼리 모여 있는 자리에서도 말로 대화를 나누는 대신 문자를 주고받는 것은 일상이 되었다. 청소년 세대에게 문자 커뮤니케이션은 동질의식을 심어 주는 하나의 '또래문화현상'으로 자리 잡았다. 문자가 주는 은밀함의 커뮤니케이션에 중독되어 있는 것이다. 휴대폰으로 사진을 찍고 음악과 동영상까지 다운받을 수 있는 것은 물론 동영상을 촬영하고 동영상 메일을 보내는 것은 청소년들에게는 너무나도 일상적인 일이다. 이제 휴대폰은 청소년들에게 가장 재미있는 장난감이자 문화의 바로미터가 되었다. 휴대폰을 비트박스 삼아 댄스 배틀을 벌이고, 마치 MP3를 듣기 위해 이어폰을 귀에 꽂고 길을 걷는다든가, 캠코더처럼 동영상을 촬영하거나 동영상 메일을 주고받는 일상은 광고 속의 허상이 아닌 현실이 되고 있는 것이다.

휴대폰이 이처럼 판타지적인 세상을 담고 있다 보니 새로운 기능이 내장된 휴대폰을 갖지 못하게 되면 또래집단에서 따돌림을 받을 수도 있다. 청소년 세대의 휴대폰 교체 주기는 1년이 제일 많은 분포를 차지하며, 6개월 이하 교체주기도 늘어나는 추세라고 한다. 오로지 휴대폰을 사기 위해 아르바이트를 하는 청소년들도 주위에서 심심찮게 발견할 수 있다. 이제 휴대폰은 첨단 엔터테인 기능이 내장된 제품일 뿐만 아니라 10대 개개인의 분신이자 그들의 집단 정체성을 확인시켜 주는 아이콘인 것이다.

여기서 더 나아가 요즘 사회 전체에 화두가 되고 있는 UCC가 모바일에 들어오면서 그 파급효과나 영향력은 더욱 커지고 있다. 싸이월드가 성장할 수 있었던 여러 요인 중 휴대폰을 이용하여 실시간으로 사진을 올릴 수 있는 기능도 한몫을 했다면 한 차원 업그레이드된 동영상을 실시간으로 올리는 즉, UCC를 활용한다면 그 활용의 폭은 더욱 넓어지고 영향력은 더욱 커질 것이다. 실제로 2006년 10월 포털 사이트 파란에서는 무선 인터넷 서비스 '핌(Fimm)'에 제공하는 KFT 자사의 유·무선 연동형 UCC 동영상 서비스 '엠박스'가 실시간 TV 이용률을 앞섰다고 밝힌 바 있다(전자신문 2006. 10. 19). '엠박스'의 하루 평균 접속 수는 2만 5천여 건을 넘어서며 실시간 TV 평균 접속 수를 앞질렀다. 이용시간도 핌 서비스의 전체 사용량 중 절반 정도를 차지하며 새로운 효자 콘텐츠로 부상하고 있다. 동영상 게시물의 수도 하루 평균 300건을 웃도는 등 오픈한 지 한 달여 만에 큰 인기를 누리고 있다. 이와 같이 향후 휴대폰을 중심에 둔 다양한 서비스가 결합될 것으로 보이며, 이용률과 수익 모델 역시 안정적이고 꾸준하게 성장할 것으로 전망된다.

18. 사이버 공동체와 온라인 문화

18.1 사이버 시대와 가상세계

1) 사이버 공간과 사이버 문화

'사이버(Cyber)'라는 용어는 1990년대 이후 널리 사용되기 시작했다. 그리고 90년대 중반부터 진행된 인터넷의 대중화와 함께 일상용어로 완전히 정착했다. 현재 이 용어는 '가상의(virtual)'라는 뜻의 접두어로 여겨지고 있다.

개념의 유래는 '사이버네틱스(cybernetics)'에 있다. 사이버네틱스는 '키잡이'를 뜻하는 그리스어에서 나왔다. 즉 일반적인 낱말 뜻으로는 '키 잡다, 방향을 잡다, 조종하다'는 정도의 뜻이다. 이 말의 현대적 의미는 '자동제어학' 정도로 번역할 수 있다. 즉 사이버네틱스는 현대에 들어와 창설된 새로운 학문의 이름이다. 알려진 대로 이는 노버트 위너의 역할이 크다. 1948년에 그가 발간한 책의 제목이 바로 「사이버네틱스」였으며, 그는 전자 메시지의 처리와 관련된 새로운 포괄적인 학문에 어울리는 이름으로 이 용어를 택했다.

사이버네틱스는 사실 1970년대에 접어들면서 잊혀진 용어가 되었다. 기술적으로는 컴퓨터 과학이 그것을 물려받고 이론적으로는 여러 학문에서 제 나름대로 그 원리를 흡수했기 때문이다. 이 용어가 최근에 들어와 부활한 까닭은 이른바 '사이버화'가 급진전되었기 때문이다.

사이버화란 무엇보다 먼저 이른바 '사이버 공간'을 널리 대중적으로 이용하게 되는 것을 의미한다. 사실 '사이버 공간'이란 용어 때문에 사이버네틱스가 부활하게 되었다. 이런 의미에서 사이버화란 쉽게 말해 컴퓨터 통신망이 대중적 정보통신 수단으로 정착되는 것을 가리킨다. 그러나 사실 사이버화는 이것보다 더 큰 기술적 변화를 함축한다. 그것은 컴퓨터 통신을 포함하여 더욱 다양한 각종 사이버네틱 기계들을 널리 사용하게 되는 것을 의미한다. 이런 종류의 기계들은 이미 단순한 것부터 복잡한 것까지 극히 다양하게 사용되고 있다. 이 점에서 우리가 살아가는 사회는 '사이버 사회'라고 할 수 있다.

'사이버'라는 용어는 사실 '사이버 공간'이라는 신조어 때문에 널리 퍼지게 되었으며, 이것은 기술적으로 '사이버화'의 핵심을 차지한다.

사이버 공간이란 사이버네틱스와 공간을 합쳐서 만든 말로서 사이버네틱 기계를 이용하여 경험하게 되는 공간을 뜻한다. 이 용어는 캐나다 출신의 윌리엄 깁슨이라는 SF 작가가 1984년에 발표한 「뉴로맨서」라는 소설에서 처음으로 사용되었다. '사이버펑크'물의 고전인 이 소설에서 그는 사이버 공간을 거대한 컴퓨터 통신망과 가상현실 기술의 복합체로 묘사하였다. 깁슨의 사이버 공간에서 '공간'이란 오늘날 가상현실 기술이라고 불리는 새로운 컴퓨터 기술에 의해 구현되는 '사이비' 공간을 뜻한다. 여기서 '사이비'라는 표현은 정말 공간처럼 경험되지만 사실은 고도로 계산된 프로그램을 의미한다. 즉 그것은 공간이되 공간이 아니다. 본래 '가상'이라는 말도 이런 뜻이다. 그것은 실제로는 존재하지 않지만 효과로는 존재하는 것처럼 여겨지는 것을 의미한다. 이런 점에서 가상현실 기술이란 '사람의 지각작용을 속이는 기술'이라고 정의되기도 한다.

기술적으로 현재의 사이버 공간은 두 가지 계통으로 이해될 수 있다. 첫째, 컴퓨터 통신 계통이다. 이는 물론 인터넷으로 대표된다. 그러나 이것만을 사이버 공간이라고 부르는 것은 깁슨의 개념으로 보자면 확실히 용어의 상업적 남용이라고 할 수 있다. 여기서는 인간의 지각을 속이는 가상현실 기술이 사용되지 않기 때문이다. 둘째, 가상현실 기술 계통이다. 이것은 컴퓨터 그래픽 기술을 모태로 한다. 그러나 컴퓨터 그래픽은 가상현실의 필요조건일 뿐이다. 흔히 3차원 그림을 가상현실이라고 부르고 있으나, 이런 용어법도 역시 용어의 상업적 남용이라고 할 수 있다. 가상현실은 우리의 지각을 속여서 존재하지 않는 것을 존재하는 것처럼 여기도록 만든다. 이는 대단히 복잡한 기술이며, 이것을 경험하려면 고성능 컴퓨터와 몇 가지 특별한 장비들이 필요하다.

이처럼 사이버 공간이란 용어는 원래의 뜻과 일반적인 용법 사이에서 큰 차이를 갖는다. 사실 오늘날 사이버 공간이라는 용어는 이미 너무 다양하게 사용되고 있다. 그러나 대부분은 상업적 오용과 남용의 수준을 넘어서지 못하고 있다. 사이버 공간은 무엇보다 우리가 의지해 살아가는 기술적 기반의 변화라는 관점에서 이해되어야 한다. 지금 여기와는 다른 세계를 새로 만들어 내는 것이 아니라, 지금 여기에서 살아가는 방식에 어떤 변화를 가져오는 것이다(김원제, 2006).

한편 사이버 공간에서 형성되는 사이버 문화는 인터넷이라는 네트워크를 기반으로 하기 때문에 인터넷의 기술적, 매체적 속성을 지니게 된다. 즉 하이퍼텍스트, 비동시성, 다양성, 양방향성, 멀티미디어적 특성 등이 사이버 문화의 주요한 특징이라고 할 수 있다. 또한 사이버 공간에 존재하는 개인들은 익명성이 보장되고 공간이 무제한적이기 때문에 자신의 신분이나 직업, 성별 등에 구애받지 않고 자유롭게 다양한 정보를 제공, 이용할 수 있다.

이러한 사이버 문화의 특징을 몇 가지로 정리하면 다음과 같다(김영석, 2002).

첫째, 네트가 갖는 양방향의 메시지 전달방식은 연린 의사소통을 통해 공동문화를 창조케 한다. 기존의 미디어는 정보의 흐름을 일 방향적으로 제공자와 수용자로 구분 짓지만, 사이버 공간에서는 일대다 뿐 아니라 일대일, 다대다 등이 모두 가능하기 때문에 양방향적으로 누구나 참여하고 동참할 수 있다.

둘째, 사이버 문화는 현실의 재현을 넘어 새로운 이미지를 창조한다. 음성정보와 시각정보를 동시에 전달하는 네트와 멀티미디어적인 속성은 통합된 감각을 회복시킨다. 또한 구어, 문어, 영상, 음성 등 각기 다른 미디어 형태를 결합하거나 재창조하는 것이 가능하다.

셋째, 사이버 문화는 글로벌화의 특징을 지닌다. 이로써 우리는 시공간의 한계를 벗어나 손쉽게 각국의 정보와 동향, 문화를 접할 수 있게 되었다.

어느 사회나 그리고 어느 시기에나 기성세대들에게 젊은 세대는 위험하고 불안하며, 무엇인가 자신들과는 다르게 보였다. 디지털미디어 테크놀로지가 사회에 도입된 이후, 기성세대는 자신들과는 다른 미디어 환경에서 성장한 젊은이들을 대하면서 이질감과 함께 당혹감을 느끼곤 한다. 개인용 컴퓨터와 인터넷, 핸드폰 보급의 대중화 과정에서 성장한 젊은 세대를 '디지털 원어민(Digital Natives)'으로 명명하기도 하는데, 이들은 기성세대와는 구분되는 생활문화 양식을 지니는 것으로 평가되고 있다. 미디어 환경에 따라 세대 간의 문화적 차이가 발생하기도 하는 것이다. 디지털 원어민의 주요한 특징은 다음과 같다.

- 다양한 일을 동시에 처리한다.
- 신속한 반응을 추구한다.
- 적극적으로 자신을 드러낸다.
- 도전적이고 재미있을 때 몰입한다.

이처럼 한 시대의 주요한 미디어 테크놀로지는 다른 문화영역에 영향을 미치게 되는데, 디지털 문화는 바로 디지털화된 미디어 테크놀로지가 등장함에 따라 생성된 것이라고 설명할 수 있으며, 디지털미디어 테크놀로지가 지닌 특징이 다른 문화영역에서 구현되고 일상적인 삶의 모습이 그것을 따라 재구성되는 것이라고 볼 수 있겠다. 즉, 디지털 문화는 디지털미디어 테크놀로지를 중심으로 문화가 생산되고 유통되며, 소비되는 총체적 과정인 것이다. 디지털 문화의 대표적인 사례로는 디지털 영화의 인터넷 유통, 인터넷 패러디, 그리고 사이버 가수 등을 들 수 있겠다.

2) 온라인 커뮤니티 속 가상세계

사전적으로 커뮤니티는 '함께하는 상태'라는 라틴어 'communis'에서 유래한 말이다. 인간이 혼자의 의미인 '나'에서 '무리 속의 나'를 통해 자신을 확인해 나가는 과정에서 커뮤니티 개념이 적용되어 왔다. 따라서 커뮤니티는 참여자 스스로가 동질성을 찾거나 동질성이 부여된다고 판단하여 비슷한 생각을 공유하는 이들과 무리를 이루는 것을 뜻하므로, 이들은 서로 동일한 문화를 공유하고 정서적 친밀감, 소속감, 유대감 등으로 교감한다.

온라인 커뮤니티에 대해서는 학자들마다 Virtual Community, Online

Community, Electronic Community, Computer-mediated Community (CMC) 등의 다양한 용어들을 사용하고 있으며, 이는 각 학자들마다 견해와 정의가 약간씩 다르다는 것을 의미한다.

라인골드(Rheingold)는 "온라인 커뮤니티란 가상공간에서 사람들이 충분히 감정을 공유하면서 지속적인 대화를 나눔으로써 인간적 유대를 유지하고 형성하는 사회적 집합체"라고 정의하였으며, 지리적 접근성보다는 이익과 목적의 공통성에 의해 선택되는 경향이 강하다고 언급하고 있다. 윌리엄스(Williams)는 온라인 커뮤니티를 온라인에서 다대다 상호작용을 통해 엮어지는 사람들의 집단으로 정의하였으며, 패리어와 동료들(Farrior et al)은 정보와 아이디어를 공유하고, 공동 관심사를 공유하며, 서로를 즐겁게 하고, 도움을 주고받으며, 제화 및 용역을 거래하며, 관계를 키우기 위해 사람들이 모이는 환경으로 폭넓게 정의하고 있다.

인터넷의 시작이 과학자들의 정보공유와 의사소통의 수단인 커뮤니티를 바탕으로 이루어졌으므로, 온라인 커뮤니티는 인터넷의 기반이 되었다고 할 수 있다. 현재에 와서는 인터넷의 보급과 확산으로 특정 집단이나 한정된 집단이 아닌, 지역에 상관없이 동일한 목적이나 가치관, 취미, 관심사 등을 가진 네티즌들이 모여서 서로 교감하고 정보를 교환·공유하기 위해 상호 작용하는 집단 또는 관계라고 정의할 수 있다.

온라인 커뮤니티의 특성은 전통적 커뮤니티 특성과의 비교로 쉽게 알 수 있다. 각 커뮤니티의 특성 비교는 크게 다음의 네 가지로 나눌 수 있다(김원제, 2006).

첫째, 온라인 커뮤니티는 시간과 장소에 구애받지 않고 불특정의 많은 사람들이 만날 수 있다. 둘째, 일정한 영역이란 전통적 커뮤니티에서는 지역적 기반을 뜻하나 온라인 커뮤니티에서는 상징적인 장소를 의미한다. 상징적인 장소는 크게 다음의 두 가지로 나눌 수 있다. 컴퓨터와 네트워크를 통한 1차적 경계와 실제적인 온라인 커뮤니티를 제공하는 도메인과 같은 2차적 경계가 그것이다. 이처럼 온라인 커뮤니티는 물리적 거리로 도달할 수 없으며, 이에 반해 전통적 커뮤니티는 일정한 장소에 국한된다.

셋째, 전통적 커뮤니티에서는 지역기반이 1차적 유인이지만 온라인 커뮤니티에서는 공통된 관심사가 1차적 유인이다. 넷째, 온라인 커뮤니티의 상호작용이 전통적 커뮤니티의 특성과 가장 큰 차이점을 보이는 것은 컴퓨터와 네트워크라는 매개를 이용해야 한다는 것이다. 그래서 컴퓨터 매개 커뮤니케이션(CMC)이라고도 한다. 이는 컴퓨터와 네트워크라는 매개를 통하기 때문에 대면 커뮤니케이션에 비해 의사전달이 모호하거나 와전 혹은 곡해될 수도 있다는 것을 의미하며, 이러한 이유로 온라인 커뮤니티에 참여하는 참여자들은 때로는 익명성을 이용하여 다른 사람들과의 복잡한 상호작용을 보류한 채, 방관자의 역할을 자처하기도 한다. 따라서 이러한 결과로 자신은 기여하지 않았지만, 다른 사람들이 제공한 정보를 유용하기만 하는 일도 발생한다.

〈표 25〉 전통적 커뮤니티와 온라인 커뮤니티와의 특성비교

특 성		전통적 커뮤니티	온라인 커뮤니티
존재 측면	준거 공간	물리적 장소	전자정보 공간
	공동체 형태	히피집단 종교적 영성 공동체 농촌 공동체 등	일반 대화방 게시판 동호회
구성 측면	일상관계	기존관계 단절	일상생활 유지
	참여 동기	대인적 삶의 구성	취미와 관심의 공동체
	가입 및 탈퇴	일정기간의 훈련 및 구성원들의 합의	키워드를 통한 간단한 가입 및 탈퇴절차
	지도자 유형	카리스마 혹은 권위적 지도자	전자 선거를 통해 선출된 합리적 지도자
유대 측면	커뮤니케이션	면대면	컴퓨터 커뮤니케이션 및 오프라인 만남
규범 및 제재	규범형식	공동체 성원의 자율적인 합의과정을 통해 구성	
	제재방식	자기비판 및 상호비판	공식적, 비공식적 제재
외부관계	형태	고립된 섬의 공동체	열린 공동체
	활동방식	기존 관계와의 단절을 통한 공동생활	공동체 활동 및 새로운 공공영역 구축

18.2 사이버 속의 문화 & 라이프

1) 인터넷 미디어의 진화, 블로그와 싸이월드

인터넷이 우리 사회에 내재된 의사소통 기회를 폭발적으로 증가시켰다면, 블로그를 비롯한 1인 미디어는 타인과의 상호작용을 넘어 개인 주체에 대한 욕구, 자신만의 공간에 대한 욕구가 발현된 것이다.

통상 블로그(blog)를 1인 미디어라고 부르는데 이는 블로그가 일기형식으로 인터넷에서 자신의 관심사에 따라 자유롭게 글을 올리면서도 불특정 다수에게 개방된 개인 사이트를 의미하기 때문이다. 1997년 미국에서 처음 블로그가 등장했을 때만 해도 '온라인 개인 일기장'에 지나지 않았지만 점차 사회 사건들에 대한 자신의 관점과 목소리를 전달하는 데 관심을 가지면서 블로거(Blogger: 블로그 하는 사람)가 막강한 '뉴스 게릴라'로 자리를 잡기 시작했다. 이와 반대로 2001년경 우리나라의 블로그는 정보와 뉴스 전달 중심의 블로그로 소개되었으나 대중적으로 알려지기 시작한 것은 다이어리 형식의 개인형 블로그였다(김지수, 2004).

블로거들이 블로그를 하는 이유는 정보공유(information sharing), 명성추구(reputation building), 그리고 개인적 표현(personal expression) 등 때문이다. 이 같은 관점에서 블로그는 블로그 콘텐츠의 성격을 토대로 짧은 글들로 구성된 단순 로그형 블로그(blog), 상대적으로 긴 글이 주류를 이루고 있는 노트북형 블로그(notebooks), 그리고 외부세계에 많은 관심을 갖고 있는 필터형 블로그(filters)로 구분된다. 이 중 단순 로그형 블로그는 짧은 형식의 저널로 주로 일상적인 얘기들을 다루는 것이 특징이다. 주로 2000년 중반까지는 이런 형식이 주류를 이루었으며, 특히 블로그 관리를 손쉽게 할 수 있는 툴들이 속속 등장하면서 이런 유형이 급속하게 확산됐다. 반면 노트북형 블로그는 상대적으로 글이 길며, 한 주제를 집중적으로 다룬다는 점에서 단순 로그형 블로그와는 다르다. 이와 달리 필터형 블로그는 특정 주제에 집중하는 경우가 많으며 주로 링크를 활용해 주요 이슈에 대해 코멘트하거나 평가하는 등의 방법으로 세상을 향해 발언한다. 특히 필터링(filtering)은 블로그에서 중요한 역할을 한다. 불필요한 정보를 걸러 낸 뒤 꼭 필요한 정보만 제공해 주는 역할을 하기 때문이다. 링크 기능을 적극 활용해 맥락적인 (contextual) 정보를 제공할 수 있다는 것이 블로그의 또 다른 장점이다. 특정 사안에 대한 논평이나 반대되는 문서, 정보 등을 나란히 배치함으로써 독자들로 하여금 사건의 맥락을 파악할 수 있게 해 준다. 게다가 관점뿐만 아니라 정보까지 공유할 수 있다는 것도 빼놓을 수 없는 매력으로 꼽힌다(김원제, 2006).

블로그는 다양한 분야에서 활용되는데, 특정 상품에 대한 블로거들의 상품평은 매우 유용한 정보로 활용되고 있다. 그러나 개인 성향의 블로그로 특정 제품의 평가를 계속 쓴다는 것은 쉽지 않다. 하지만 동일한 제품에 흥미가 있는 사람들과 의견을 교환하고, 상품이나 서비스 등과 같은 제품에 대한 의견을 쓰는 시스템이 있다면 더욱 편리할 것이다. 이러한 아이디어를 가지고 등장한 것이 바로 클로거이다. 클로거(Clogger)는 카탈로그(Catalog)와 블로그(Blog)의 합성어로 아마존(Amazon.co.jp) 등과 같이 상품이나 서비스를 판매하거나 관련 정보를 제공하는 사이트의 상품 정보를 등록해 카탈로그와 같이 시각적으로 보기 좋게 수집·열람할 수 있는 사이트이다. 자신만의 제품 카탈로그를 제작하는 것은 물론이고 커뮤니티 기능을 사용해 이용자끼리 등록된 제품의 정보를 교환할 수 있다.

한편, 인터넷 커뮤니티인 '싸이월드'는 '실명제 인맥기반의 가상사회', '신뢰기반의 정보공유'를 콘셉트로 사람과 사람 사이의 친분관계를 형성하고 도와주는 범용 커뮤니티 서비스이다. 싸이월드는 한국형 블로그로의 대표역할을 하고 있으며, 국내에 최초로 미니홈피의 개념을 도입했다고 할 수 있다. 이렇게 미니홈피가 국내에 대중적으로 보급되기 시작한 것은 개인 홈페이지 기능을 하면서부터이다. 미니홈피란 개인에게 온라인상에서 공간을 할당하고 개인이 스스로 사진이나 동영상 등을 업로드하고 게시판도 관리하면서 인맥관리와 정보제공을 하는 것을 말한다.

기존의 홈페이지는 홈페이지를 만들고 관리할 수 있는 기술을 필요로 했지만 싸이월드 미니홈피는 이러한 기술 없이도 가입만 하면 손쉽게 자신의 공간을 꾸미고 관리할 수 있게 된다. 이러한 싸이월드 미니홈피의 기능적 특성은 다음과 같다.

첫째, 자동으로 개인주소록, 전화번호부, 일정관리 등이 생성되어 관리할 수 있으며, 게시판과 자료실 및 사진첩 등의 정보공유가 가능하다. 또한 이메일, 쪽지, 채팅 등 기존의 온라인 커뮤니티에서의 서비스도 동일하게 제공한다.

둘째, 링크 네트워크 기능을 제공한다. 기존의 홈페이지 접속과 검색의 한계를 '링크 네트워크'를 통해 어느 정도 해소하고 있다. 미니홈피에 다녀간 사람의 링크를 통해 손쉽게 오갈 수 있으며, 이는 폭넓은 커뮤니케이션이 가능하게 된 동인으로 작용한다.

셋째, 다양한 커뮤니케이션 방법이 시도되고 있다. 그중 하나가 '방명록' 기능이다. 방명록은 자신의 미니홈피를 다녀간 사람들이 남긴 메시지이며, 자신의 견해나 의견을 댓글로 달아 방문자와 미니홈피 소유자의 피드백을 가능하게 한다. 이러한 게시물이나 방명록에 올라온 글에 댓글을 달아 서로 양방향 커뮤니케이션이 가능한 행위는 싸이월드 내에서 큰 비중을 차지하는 부분이다.

넷째, '꾸미기' 기능을 들 수 있다. 모든 회원은 처음 싸이월드를 가입할 때, 기본 스타일의 미니홈피를 무료로 받는다. 이후 '도토리'로 지칭되는 사이버머니로 미니홈피를 자신의 개성 넘치는 공간으로 꾸밀 수 있게 된다. 이렇게 사이버머니에 돈과 전혀 상관없는 도토리라는 이름을 붙이는 이유는 소비자의 거부감을 없애기 위해서이다. 돈과 직접 연관되는 단어는 소비자가 구매를 부담스러워할 수 있기 때문이다.

다섯째, 한국인 특유의 정서를 자극하는 '1촌 맺기'라는 독특한 기능이다. 이는 서로의 정보를 공유하며 인맥을 쌓을 수 있고 다른 사람의 홈피를 몰래 감상하면서 엿보기 심리를 만족시킬 수 있도록 설계되었다. 미니홈피는 개인의 일상을 공개하는 일종의 다이어리 개념으로 마음이 맞는 사람과는 서로 '1촌'을 맺을 수 있다. 여기서 '1촌'이라 함은 서로 자주 들리겠다는 일종의 약속을 나타냄과 동시에 근황과 정보를 공유하겠다는 표시이다. 이러한 '1촌' 간 상호 간의 방문을 쉽게 만든 것이 바로 '파도타기'라는 하이퍼텍스트 기능이다.

여섯째, '회원 찾기 서비스'이다. 싸이월드는 가입한 회원들을 대상으로 '회원 찾기' 기능을 제공하고 있다. 이용자는 '회원 찾기' 기능을 활용하여 그간 연락하지 못했던 사람을 찾아 연락하고 관계를 유지할 수 있게 되었다.

미니홈피는 차츰 증대되어 가는 개인 주체의식과 개인적 기록을 위한 인터넷 공간, 타인들과의 의사소통 공간, 개인 이미지 구성을 위한 공간을 적절히 활용하고 있으며, 이러한 코드는 젊은 세대의 실험적이고 독특한 취향과 맞물려 새로운 문화를 형성하면서 온라인 커뮤니티를 선도하고 있다.

2) 가상공간의 새로운 사이버 문화를 창조하는 아바타

흔히 말하는 아바타(avatar)는 인도 산스크리트어가 어원으로, 인터넷을 기반으로 한 가상사회에서 활동하는 네티즌의 분신을 의미하는 개념으로 쓰이고 있다. 디지털 사회를 기반으로 하는 그래픽 위주의 가상사회에서는 실제 공간과 차별적인 자아를 나타낼 그래픽 개체가 필요했기 때문에 어떠한 형태로든 가상적인 육체를 만들게 되었는데, 이러한 가상적인 육체를 아바타라고 부르게 된 것이다.

현재 아바타가 이용되는 분야는 채팅이나 온라인 게임 외에도 사이버쇼핑몰·가상교육·가상오피스 등으로 확대되고 있다. 최근 가장 각광받는 분야는 온라인채팅 서비스로, 아이콘채팅, 3차원 그래픽채팅 등의 아바타를 이용한 채팅 서비스다. 기존의 아바타는 2차원으로 된 그림이 대부분이었으며, 머드게임이나 온라인채팅에 등장하는 아바타는 가장 초보적인 수준이었는데, 현실감이 떨어지는 문제점을 보완하여 등장한 것이 3차원 아바타다. 3차원 아바타는 입체감과 현실감을 함께 지닌 것이 장점이다. 아바타는 현실세계와 가상공간을 이어 주며, 익명과 실명의 중간 정도에 존재한다. 과거 네티즌은 사이버 공간의 익명성에 매료되었지만 이제는 자신을 표현하려는 욕구를 분출하는 노출성에 이끌려 '숨어 있으면서 자신을 드러내는' 욕구를 모두 충족시켜 주는 아바타에 열광하고 있다.

아바타는 그 형상에 따라 동물, 만화, 유명인(저명인사나 연예인) 등으로 구분된다. 일반적인 캐릭터로서 아바타는 보통 하나의 사물이나 사람의 형상으로 되어 있는 경우가 대부분이며, 모니터 화면상에 나타나는 평면적이고 정적인 한계를 극복하고자 그래픽 기술적 측면의 다양성을 추구하고 있다.

아바타가 제공되는 기본적인 인터넷 서비스 유형으로는 다음과 같은 것들이 있다. 첫째, 채팅 서비스이다. 과거의 채팅 서비스 이용자들은 자신의 감정을 표현하기 위해 이모티콘을 지속적으로 사용해 왔다. 그러나 최근에는 감정이나 느낌, 분위기 등을 표현하기 위해 아바타가 그 자리를 대신하고 있다.

둘째, 메신저 서비스이다. 메신저 프로그램은 채팅 서비스와 유사하다. 최근에는 입체 아바타를 이용한 메신저 서비스까지 등장하였다.

셋째, 게임 서비스이다. 아바타를 이용한 단순한 형태의 게임 서비스가 인기를 끌고 있으며, 일반 온라인 게임의 캐릭터들을 아바타화하여 서비스하는 경우도 있다.

넷째, 메일 서비스이다. 상대방에게 메일을 보낼 때 자신이 꾸민 아바타를 첨부하여 같이 보내는 서비스로 가장 보편화된 서비스 중 하나이다.

마지막으로, 커뮤니티 중심 서비스이다. 싸이월드와 같은 커뮤니티 사이트에서 자신만의 아바타를 꾸며 활용하는 서비스이다.

이전에는 대부분의 게임이나 채팅 서비스에는 주로 몇 가지의 캐릭터를 조합하거나 이미 완성된 아바타를 제공하였으나, 그래픽 기술이 향상되면서 서비스 제공자가 이미 만들어 놓은 기성품을 이용하는 것이 아니라 문자 ID처럼 사용자가 자신만의 개성 있는 아바타를 직접 만들 수 있는 나만의 아바타도 등장하였다.

아바타는 오프라인 상에서 판매되는 인형 캐릭터와 같은 상품개념이 아니며 또 캐리커처와 같은 애니메이션과는 다르다. 앞으로 미래 세대에 일반화될 오프라인과 온라인의 복합영역, 이러한 두 가지 삶이 모두에게 정상적인 일상처럼 현실화된다는 가정하에서 아바타는 더 이상 가상 캐릭터로 안주하지는 않을 것이다.

디지털 콘텐츠의 새로운 틈새시장은 기술혁신을 통한 아바타 서비스의 독창적 사업모델에서 출발한다. 캐릭터 비즈니스의 한계를 차별적 방식으로 전환시킨 아바타 서비스의 경우, 인터넷상에서의 커뮤니티 방식을 극복하고 시의 적절한 오프라인과의 협력 마케팅을 통해 신세대 네티즌들에게 자아로서 살피고 관심을 가져야 할 대상을 실제 공간

및 사이버 공간으로 이분화시킴으로써 새로운 시장수요를 창출시킨 성
공사례이며, 앞으로 이러한 경향은 계속될 것이다(김원제 외, 2005).

3) 실시간 가상 커뮤니케이션의 진화, 메신저

정보통신 기술이 발달하면서 전통적인 편지 쓰기는 우리에게 무척
이나 부담스러운 작업으로 간주되고 있다. 이제 편지는 전화나 컴퓨
터 통신과 같은 인스턴트 커뮤니케이션으로 인해 효율성이 점차 떨어
지고 있는 게 사실이다. 통신수단으로 1876년 그레이엄 벨에 의해 태
어난 전화가 편지를 밀어낸 지 130여 년이 지났다. 세상은 지금 또
한 차례 커뮤니케이션 혁명을 경험하고 있다. 혁명의 주인공은 바로
'인터넷 메신저'이다 전자우편이 종이 위에 펜으로 빼곡히 사연을 채
워야 했던 편지를 대체했다면 메신저는 실시간 쌍방향 커뮤니케이션
수단으로 전화의 자리를 넘보고 있다.
영화 「유브갓 메일 You've got mail」(1998년, 노라 애프론 감독, 톰
행크스와 맥 라이언 주연)을 보자. 고전 「모퉁이 서점」(1940)을 리메
이크한 작품으로, 마을의 오래된 명소인 아동전문서점 주인과 초대형
체인서점 사장의 다툼과 사랑을 그린 로맨틱 코미디이다. 원작이 고
전적인 엽서를 주고받으며 사랑이 싹트는 데 반해, 리메이크에선 이
메일을 주고받으며 사랑이 전개된다. 원제 「유브 갓 메일」은 미국 최
대의 PC 통신사인 AOL(아메리칸 온라인)에 처음 접속할 때 나오는
음성 메시지로, '당신 앞으로 메일이 왔다'는 뜻이다.
죠 폭스(Joe Fox: 톰 행크스 분)와 케슬린 켈리(Kathleen Kelly:
맥 라이언 분)는 둘 다 뉴욕의 거리와 정취를 사랑하며 뉴욕에 살고
있는 뉴요커이다. 케슬린은 자신의 생일에 우연히 채팅 룸에 들어가

서 죠를 만나게 되고 둘은 문학을, 자신이 얼마나 뉴욕을 사랑하는지 이야기하면서 죠는 'NY152', 케슬린은 'Shop-girl'이라는 ID로 이메일을 주고받으면서 친해진다.

원작 영화에서 두 주인공은 자기네들이 펜팔 친구란 걸 모르면서 같은 가게에서 일한다. 노라 에프론은 고전적인 로맨틱 구애수단인 편지를 인터넷으로 업데이트해 특유의 리메이크 영화를 만들어 냈다. 단순한 업데이트 같아 보이지만 의미는 상당히 달라졌다. 펜팔이 가졌던 그 필사적인 느낌이 사라진 것이다. 펜팔 친구라는 설명만으로도 원작 영화의 주인공들이 고독한 사람들이라는 걸 알 수 있지만, 「유브 갓 메일」의 주인공들은 그렇지 않다. 이 영화의 인터넷은 절대 고독을 뚫으려는 마지막 수단이 아니라 안전하고 약간은 색다른 우정을 얻을 수 있는 멋스러운 유행이다. 영화는 이런 익명의 관계에 대한 대중의 뻔한 선입견을 무시하고 인터넷을 경쾌한 로맨틱 코미디의 소재로 이용한다. 통신망의 로맨틱한 면을 강조한 것이다. 이처럼 시대는 엽서에서 이메일로, 그리고 메신저로 사랑의 커뮤니케이션 수단을 진화시킨다.

메신저는 10년도 안 돼 전 세계를 통일했다. 인터넷을 통해 전 세계 누구나 실시간으로 문자대화를 나눌 수 있는 메신저 서비스가 세상에 처음 모습을 드러낸 것은 1996년이다. 이스라엘 벤처기업 미라빌리스가 만든 'ICQ(I seek you, 당신을 찾습니다)'가 시초다. ICQ는 97년 AOL이 미라빌리스를 인수하면서 전 세계로 확산됐다. ICQ가 커뮤니케이션 수단으로서 보여 준 가능성에 주목한 마이크로소프트(MS), 야후 등 전 세계 인터넷 업체들은 1999년부터 앞 다투어 자체 개발한 메신저를 내놨다. 치열한 경쟁 끝에 마이크로소프트 윈도에 기본으로 채택된 MSN(마이크로소프트네트워크) 메신저가 전 세계를 석권했다. MSN 메신저는 현재 세계적으로 1억 4,500만 명이 이용 중이며, 우리나라에서도 매일 700만 이상이 이를 활용해 다른 사람과 이야기를 나누고 파일을 주고받고 있다.

MSN 메신저가 전 세계를 상대로 서비스를 시작한 것은 1999년이지만 국내에서는 2001년부터 이용자가 폭발적으로 증가하기 시작했다. 메신저 사용인구가 이처럼 늘어난 것은 언제 어디서나 친구, 업무 상대 등을 불러내 간편하게 문자대화를 나눌 수 있다는 기능상 장점과 이를 가능케 한 초고속 인터넷 보급 확대가 결정적 역할을 했다.

인기 여성 연예인의 사생활을 적나라하게 노출했던 'B양 동영상'은 메신저 보급에 상당한 역할을 했다. 1999년 'O양 동영상' 때만 해도 전화선을 통한 인터넷 접속이 대부분이라 당시 대용량 파일 교환의 유일한 수단이었던 공CD 판매가 늘어난 게 고작이었다. 하지만 2001년 B 양 동영상 사건 때부터는 사정이 달랐다. 막 대중화된 초고속 인터넷 덕분에 공CD 대신 인터넷 메신저를 통한 동영상 파일이 보편화됐다. 이를 계기로 단순한 문자대화 기능뿐만 아니라 자료 공유, 음성·화상통신 등 메신저의 다양한 기능이 부각돼 많은 이들이 메신저 이용을 시작했다는 해석이다.

이용자에게 메신저는 이제 단순한 채팅 수단이 아니다. 바깥세상을 향해 열린 창이나 마찬가지다. 특히 우리나라에선 메신저 이용자들이 한 줄 남짓한 대화명을 통해 자신의 기분이나 생각을 나타내는 것은 물론, 사회적 이슈에 대한 입장까지 밝혀 메신저가 사회운동 수단으로서 격상된 상태다. 법원조차 메신저의 위력을 인정했다. 2005년 대법원은 메신저 대화명을 통해 자신을 해고한 사장에게 욕을 한 회사원에게 벌금 100만 원을 선고한 원심을 확정했다. 'OO사 사장 XX새끼'라는 대화명을 사용한 행위는 법률상 '공연성(불특정 또는 다수인이 인식할 수 있는 상태)'이 인정되는 행위로 모욕죄가 성립해 형사 처벌이 가능하다는 게 대법원 설명이었다.

그런데 메신저 이용자의 인간관계는 접속과 비접속의 이분법이다. 메신저는 문자로만 오가기 때문에 통제·감시에서 벗어날 수 있다는 점이 강점이다. 또 인간은 청각보다 시각에 약하고 '대화'보다 '채팅'이 긴장감을 유발시킨다. 하지만 즉각적인 반응에 대한 요구가 높고 '빨리 대답해야 한다'는 강박감을 주기도 한다. 대화의 깊이보다 순발력이 더 중요하다 보니 대화의 질이 떨어지고 결국 인간관계의 질도 떨어질 수밖에 없다. 속도를 중시하는 한국 국민성에 맞아떨어지지만 그만큼 부작용도 심해질 수밖에 없는 것이다.

19. 디지털 리스크 이슈 및 디지털 법제

19.1 디지털미디어 법제와 규제 이슈

1) 인터넷 규제모델

전통적인 미디어와는 달리, 인터넷은 정부, 사업자, 이용자, 관련 민간단체 등 사회공동체 전체가 그 책임과 권한을 나누어 갖는 '분권적인 시스템'으로 운영되는 미디어이기 때문에, 사회공동체 전 영역의 합의가 없다면 어떠한 법, 제도도 효과적으로 구현될 수 없다.[31] 인터넷이 미디어로서 지니고 있는 가능성 역시 환경과 문화에 따라 바뀌게 마련이다. 이는 인터넷에 대한 이론적, 연역적 개념 규정보다는 경험적, 귀납적 해석이 문제를 풀어 가는 데 보다 바람직한 태도라는 의미이다.

분권적인 시스템을 통해 인터넷의 미래를 준비하는 개념이 바로 '거버넌스(Governance)' 개념이다. 거버넌스는 사회의 제 요소들이 영향력을 행사하고 공적 생활과 사회 향상을 위해 참여하고 노력하는 과정과 체계이다(임혁백, 2005).

---

31) 다양한 특성을 갖는 인터넷을 국가의 강제적 방식에 의한 규제에 의존하는 경우 규제효과가 미비하고 늘 새로운 문제를 찾아다니다가 규제효용을 얻지 못하는 결과에 빠지게 된다. 따라서 인터넷 규제에 있어 가장 좋은 대안으로 제시되는 것이 공동체에 의한 고도의 자율규제인 것이다.

인터넷 거버넌스는 참여와 자율의 통치이다. 정부조직뿐 아니라 정부 밖의 시장 및 시민사회 등 사회의 모든 주체가 참여와 협력을 통해 정부 주도적 통제구도에서 참여와 자율의 네트워크로 이동하는 통치방식이다. 정부, 시장, 시민사회가 각기 자율성을 유지하면서도 상호존중과 협력의 파트너십을 강조한다.

<표 26> 인터넷 거버넌스의 유형

구 분	정부규제	시장규제	자율규제
규제주체	정부	기업	기업, 업계, 제3자
기업의 행동	법 준수	자기통제	자발적 동조, 준수
소비자의 행동	권리주장	관계단절	권리주장
공식규칙의 유형	법, 규칙 등	없음(사규)	자발적 규약, 지침, 권고
통제력의 범위	업계 내의 모든 기업	자사(自社)	협회의 회원기업

하루가 다르게 변화되는 디지털미디어 시대의 인터넷 규제는 신속하고 냉철하게 판단하여 수시로 논의하고, 가이드라인을 제시해야 한다. 인터넷 규제는 크게는 기술규제, 사회규제, 매체규제, 산업규제로 나누어서 규제할 수 있다. 하지만 우리 사회에서 인터넷 규제에 관한 논의는 다양한 인터넷 규제 개념이 복합적으로 나타나 규제 논의와 체계에 혼선을 초래하고 있어 규제의 틀을 규정하기 어려운 것이 사실이다. 따라서 인터넷의 사회적 가능성과 산업적 유용성 등 각종 잠재 가치를 고려할 때 인터넷 규제는 '개방형 정보통신망에 관한 일반적 규제'로 아우르는 것이 타당하다. 정보사회에서 정보통신망이 가지는 하부적인 구조의 의미와 그 비중에 맞는 규제는 불가피하게 되었다. 독점폐해의 예방, 인터넷의 사회형성 기능 확보를 위한 규제의 필요성 등은 일반 공익규제와 유사하다. 또한 인터넷의 사회적 기간 산

업규제의 성격이 강한 형식규제와 사회규제 또는 매체규제의 성격이 강한 내용규제로 나눌 수 있다.

이와 같은 분류체계를 바탕으로 인터넷 규제를 성공적으로 이끌어 내기 위해 다음과 같은 조건이 선행되어야 한다.

- 합리적 법제도의 마련
- 정부의 정확한 판단과 개입
- 업계의 자율규제 권한과 자율규제 체계의 법정화 및 실질적 작동
- 국제적인 정책 및 민간공조

하지만 이상의 논의도 공동체 간의 대화와 협력, 공동의 목표 설정과 이행계획으로서의 로드맵 확보 등을 통해 차근차근 실행해 나가야 한다.

디지털 산업이 우리나라 국가경제에 미치는 파급효과를 볼 때 장기적이고 안정적인 발전을 위해 합리적인 규제방안 마련은 필수적이다. 특히 활용 산업으로 볼 수 있는 포털, 게임, e-커머스 등의 입지는 더욱 커져가고 있는 데 반해 그 규제는 산업의 현실을 채 따라가지 못하고 있는 실정이다. 또한 정부와 온라인 사업자(OSP) 간의 견해차이가 좁혀지지 않아 효율적인 규제방안 마련 및 시행이 어렵다. 예컨대 2005년 10월부터 가이드라인을 구축하고 2007년 7월부터 시행하게 되는 '인터넷 실명제'의 경우 시행되기까지 정부와 기업의 적지 않은 마찰이 있어 왔고 결국 하루 평균 이용자 수 10만 명 이상 되는 사이트를 대상으로 제한적인 시행을 하기로 결정했다. 하지만 인터넷 실명제의 도입에는 몇 가지 우려되는 점이 존재한다. 첫째, 표현 자유의 침해 문제. 참여와 개방의 상징인 인터넷이라는 공간에서 자칫 자유롭게 표현할 수 있는 권한이 침해받지 않을까 하는 우려의 문제이다.

둘째, 실명제의 효율성 문제. 일부 네티즌들은 로그인 시에만 실명을 확인하는 규제방안은 형식적인 절차에 불과할 뿐이라며 보다 효율적인 방안 마련을 촉구하기도 했다. 셋째, 실명제의 지속성. 앞서의 문제점이 현실화되어 반감이 일고, 실명제가 원점으로 돌아갈 위기에 처한다면 그 또한 큰 문제점으로 지적된다.

하지만 이상과 같은 우려에도 불구하고 네티즌들의 대부분은 인터넷 실명제가 도입되면 악플과 같은 인터넷 폭력이나 기타 부정적인 현상들이 크게 감소할 것이라고 예상했다.[32] 그 밖에도 최근 UCC와 관련된 규제들도 속속 제정, 시행되고 있다. 예컨대, 중앙선거관리위원회는 2007년 2월 한나라당 대선후보 관련 UCC 동영상들이 올라온 2곳의 인터넷 사이트에 게시물 삭제를 요청했다. 해당 UCC는 박근혜 전 대표의 피아노 연주 모습을 담은 '피아노 치는 근혜 공주', '마빡이' 개그를 패러디한 이명박 전 서울시장의 '명빡이', 손학규 전 경기지사가 '100일 민심대장정'을 할 당시 모습을 배경으로 편집한 '민심체조', 이들 세 후보들이 애국가에 맞춰 꼭짓점 댄스를 추는 '대선주자 꼭짓점 댄스' 등 4종류이며, 이를 바탕으로 편집된 14건의 게시물이다. 디지털을 이용한 선거 운동이 빠른 속도로 진행되자 선관위에서는 개인 블로그에 UCC 동영상을 올리는 것은 허용되지만 누구나 지속적으로 볼 수 있는 포털에 홍보 또는 비방용 UCC 동영상을 올리는 것은 사전 선거 운동에 해당할 여지가 많다고 밝혔다. 이는 자칫 조작이나 네거티브 전략에 활용되어 선거가 혼탁양상으로 접어들고 흑백공방에

---

32) 엠파스가 1월 23일부터 '인터넷 실명제가 악플 감소에 효과가 있을까'라는 설문조사를 실시한 결과, 총 참여자 382명 중 79%(303명)가 "인터넷 실명제는 악성 댓글 감소에 영향을 줄 것"이라고 답했다. 반면 "인터넷 실명제 도입에 회의적"이라는 답변은 21%(79명)에 그쳤다(주간한국 2007년 2월 1일자).

휘말리게 될 우려의 소지가 많다는 것을 의미한다.

2) 디지털미디어 시대의 저작권

저작권이란 음악, 소설, 시, 영화, 연극, 게임 등과 같은 '저작물'에 대하여 창작자가 가지는 권리를 의미한다. 예를 들어, 소설작품을 창작한 경우에 소설가는 자신의 원고를 그대로 출판, 배포할 수 있는 권리인 복제, 배포권 및 영화나 번역물 등과 같이 다른 형태로 저작할 수 있는 권리인 2차적 저작물 작성권, 연극 등으로 공연할 수 있는 공연권, 방송물로 만들어 방송할 수 있는 방송권 등 여러 가지의 권리(전송권, 전시권)를 갖는다.

저작권은 크게 저작재산권과 저작인격권으로 나눌 수 있다. 첫째, 저작재산권이란 저작권의 경제적인 측면을 의미한다. 구체적으로 말하자면, 저작물에 대한 권리는 가지고 있는 사람, 즉 저작권자는 저작권을 일반적인 유형 재산과 마찬가지로 매매하거나 상속할 수 있고, 다른 사람에게 빌려줄 수도 있다. 둘째, 저작인격권이란 저작자의 권리를 인격적인 측면에서 보호하는 것이다. 예를 들어 소설가는 저작물이 이용되는 과정에서 소설의 제목이나 내용 등이 무단으로 변경되는 것을 막을 수 있는 동일성 유지권을 가지며, 소설책이 출간되었을 때 자신의 저작물임을 알릴 수 있도록 자신의 이름을 표시할 수 있는 성명 표시권, 그리고 소설을 출판할 것인지의 여부를 결정할 수 있는 공표권을 가진다. 하지만 여기서 유의할 점은 창작물을 만들었다고 해서 모두 저작권법으로 보호되는 것은 아니라는 점이다. 저작권법의 보호를 받기 위해서는 '독창성'이 포함되어 있어야 한다. 독창성이라고 해서 기존의 저작물과는 전혀 다른 새로운 것을 의미하지는 않으며, 독자적인 창작요소만 있으면 된다. 저작권법하에 보호 대상이 되는 저작물은 어문저작물, 음악저작물, 연극저작물, 미술저작물, 건축저작물, 사진저작물, 영상저작물, 도형저작물, 컴퓨터 프로그램 저작물, 2차적 저작물, 편집저작물 등이다(오세인, 2005).

디지털 콘텐츠의 경우에도 직접 제작한 저작물은 저작권법하에 보호를 받게 되지만, 반대로 타인의 창작물을 정당하게 이용하기 위해서도 저작권법을 준수해야 한다. 이용자가 직접 제작할 수 있는 콘텐츠가 증가하고 제작 환경이 용이해짐에 따라 저작권법의 준수 여부가 더욱 중요한 문제로 부각되고 있다. 그 예로서 UCC가 2006년 메가트렌드로 자리 잡고 사회 각 분야에 큰 영향력을 미치면서 그에 따른 저작권 침해와 불법복제 및 유통의 문제에 대한 우려의 목소리도 커지고 있다. UCC는 'User Created Contents'의 약자이지만, 혹자는 이러한 이유에서 'User Copied Contents'라고 비판하기도 한다. 사실 UCC의 불법복제 및 유통의 수위는 심각한 수준이다. 저작권보호센터가 2006년 7월부터 10월까지 10개의 UCC 전문 포털을 대상으로 조사한 결과, 동영상 콘텐츠의 83.5%가 기존의 방송 프로그램이나 애니메이션 등을 통째로 올리거나 편집한 것으로 나타났다. 이렇듯 디지털 콘텐츠에 대한 저작권 문제는 앞으로 중요한 사회적 이슈로 부각될 것이다.

이러한 심각성을 깨닫고 정부에서도 기존의 법령을 보완할 수 있는 저작권법 개정안을 서둘러 마련하고 발 빠르게 대처하고 있다. 2006년 11월 27일 저작권법 전면 개정안이 국회 법사위에 본격적으로 회부됨에 따라 저작권법에 대한 큰 전기를 맞을 전망이다. 개정 저작권법을 보면 사용료 및 수수료 요율 또는 금액의 승인 시 저작권위원회의 심의를 거치도록 해야 하며, 온라인 서비스 제공자는 저작물 등이 불법적으로 복제 전송되는 것을 방지하기 위해 기술적 보호조치 등 대통령령이 정하는 필요한 조치를 취하도록 의무화하고 있다. 이 밖에도 각종 디지털 콘텐츠를 불법복제로부터 보호하고 요금을 부가하여 저작권 관련 당사자에게 이익을 환원하여 주고 피해를 최소화할 수 있는 디지털 저작권 관리(Digital Rights Management)의 시행도 의무화할 전망이다. DRM은 단순 보안기술보다는 좀 더 광의적인 개념으로, 저작권 승인과 집행을 위한 소프트웨어와 보안기술, 지불, 결제기능 등을 모두 포함한다. 다시 말해 보안의 경우 한 번 암호를 풀면 누구든 해독된 파일이나 콘텐츠를 이용할 수 있지만 DRM은 각각의 사용자 모두가 사전에 정해진 조건에 만족해야만 이용할 수 있는 장치이다. 따라서 특정 파일을 인터넷에서 내려 받아 요금을 지불하고 감상한 후 다른 사람에게 전송해 주었더라도 전송받은 사람이 파일을 열어 보기 위해서는 별도의 요금을 지불해야 하는 시스템이다. 즉, DRM은 콘텐츠의 자유로운 복제는 허용하되 불법 사용은 철저히 근절하는 시스템이다. DRM의 환경에서는 대가를 지불한 사용자에 한해서 양질의 콘텐츠가 순환하게 되며, 사용자 스스로가 디지털 콘텐츠의 판매 에이전트와 같은 역할을 하는 슈퍼디스트리뷰터(Super Distributor)가 될 수 있다. 이는 온라인은 물론 오프라인에서도 DRM이 적용될 수 있으며 유통을 촉진할 수 있는 매개 역할을 할 수 있다.

이처럼 DRM이 의무화되면 디지털 콘텐츠에 대한 저작권 보호가 한 층 강화되고 안정적인 수익도 확보할 수 있어 보다 나은 창작여건이 조성될 수 있으며, 이는 곧 디지털 콘텐츠 산업의 선순환구조를 수반할 것이다. 이와 같이 정부와 기업의 적극적인 저작권 보호와 불법복제 근절 방침으로 디지털 콘텐츠의 수익기반은 안정을 찾아갈 것으로 전망된다. 하지만 이와 같은 법적인 제제에 앞서 창의적이고 독창적인 콘텐츠 제작이 선행되어야 하며, 사용자의 의식 전환이 동시에 이루어질 필요가 있다.

<그림 73> DRM 구성과 기술적 요구사항

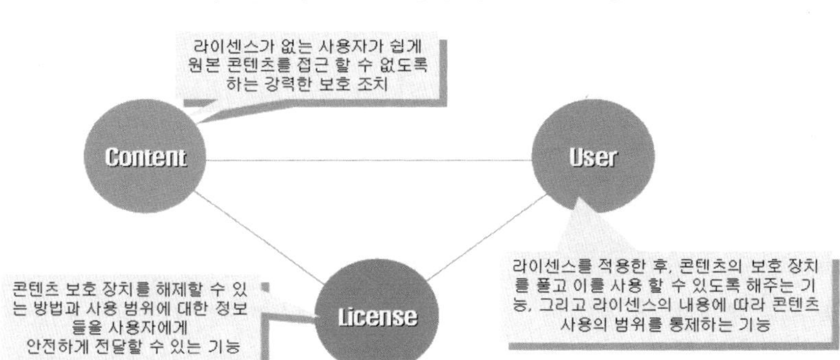

한편, UCC를 포함해 온라인 콘텐츠의 건전 유통 활성화를 위한 저작권 시스템으로 콘텐츠 자체에 권리를 표시하도록 하는 장치가 대안으로 부상하고 있는데, CCL(Creative Commons License)[33]이 그것이다. 현실적으로 인터넷에 올라온 저작물들의 저작자를 확인하고, 이용 권한을 획득하기는 불가능하다. 만약 저작물에 저작권자의 권리사항과 이용자의 이용권한이 표시되어 있다면, 이용자는 쉽게 저작자의 의도를 파악하고, 저작자가 정한 기준하에서 자유롭게 저작물을 이용할 수 있을 것이다. 이처럼 콘텐츠에 라이선스를 부여하게 되면 저작권 문제가 해소될 수 있는데, 그 대안이 바로 CCL[34]인 것이다.

CCL의 적용은 개방적이고 자율적인 저작권 개념이다. CCL은 기본

---

33) CCL은 저작권자가 자신의 저작물에 대한 이용방법 및 조건을 표기하는 일종의 표준약관이자 저작물 이용허락 표시이다.

34) DRM(Digital Right Management)이 온라인상에서 저작권자의 배타적 저작권을 보호하기 위한 조치라면, CCL은 저작자가 저작권에 대한 이용을 표현할 수 있는 DRE(Digital Right Expression)이다.

적으로 인터넷을 통해 자신의 저작물을 공유하기를 원하는 자발적인
의사를 가진 사람들을 대상으로 한다. 공유를 허용함과 동시에 자신
이 원하는 형태로 저작권도 보호할 수 있는 장치도 제공하는 것이다.

　일반적으로 많이 쓰이는 이용방법 및 조건을 규격화하여 몇 가지
표준 라이선스를 정하고, 저작자가 그중에서 필요한 라이선스 유형을
선택하여 저작물에 표시하면 이용자는 저작자의 의도를 충분히 파악
하고 그에 따라 활용하는 방식이다(정제호, 2006).[35]

　아시아에서는 한국, 일본, 대만 등이 CCL시스템을 완성하여 운영 중
이고, 유럽에서는 독일, 프랑스, 이태리 등이, 미주에서는 미국, 캐나다,
브라질 등에서 도입해 사용되고 있다. 또한 영국, 중국, 이스라엘 등 10
개국에서도 도입을 준비 중이다. 예컨대, 상업용 사진기자협의체인
Scoopt는 홈페이지 **Scoopt Words**(http://www.scoopt.com/words/)
를 통해 자신들의 콘텐츠를 잡지사와 신문사에 판매하고 있으며,
Creative Commons Attribution-NonCommercial license를 적용하여 일
반인들이 사용할 수 있도록 하고 있다. 캐나다의 온라인 만화 사이트,
Free Jack(유명한 온라인 만화인 Odd Job Jack의 저작자)은 웹 사이트
를 개설하여 만화와 관련한 많은 플래시파일과 장면들을 CCL하에서 제
공하고 있다. 한편 최근 국내에도 지적재산권을 필요에 따라 분리해 행

---

35) CCL은 새로운 저작권 체계가 아니며, 현행 저작권법의 범위 안에서 저
　　작물의 이용에 대한 조건을 명확히 하는 개념이다. 따라서 별다른 제약
　　없이도 저작권을 보호하고 창작여건을 개선할 수 있는 대안이다. 실제로
　　해외에서는 CCL적용이 활발하다. 2005년 8월 기준으로 이미 5300만 페
　　이지에 200억 개가 넘는 콘텐츠에 적용되고 있다. 이와 같이 빠르고 폭넓
　　게 적용되는 이유는 UCC의 원래 취지인 공익과 공유에 기인하기 때문이
　　다. 저작권자는 본인의 의지에 따라 저작물에 선택적인 제한을 걸고 공유
　　를 허락한다. 선택적인 제한이란 영리목적이나 본래의 취지를 벗어난 2차
　　적 제작 등을 의미한다.

사하고 싶은 사람들을 위해 설립된 국제적인 비영리 단체인 크리에이티
브 커먼스 라이선스 웹 사이트가 운영 중이다.

<그림 74> 크리에이티브 커먼스 라이선스 웹 사이트

현재 채택되고 있는 한국판 CCL의 표준 라이선스는 저작자 표시,
비영리, 변경금지, 동일조건 변경허락 등 네 가지이다.

<표 27> CCL 도입 예시

구성요소	의 미
BY: Attribution (저작자표시)	저작물을 이용하려면 반드시 저작권을 표시해야 함
Noncommercial (비영리)	저작물의 이용을 영리를 목적으로 하지 않는 이용에 한한다는 의미
No Derivative Works (변경금지)	저작물의 내용, 형식 등의 단순한 변경도 금지한다는 의미
Share Alike (동일조건변경하락)	저작물을 이용한 2차적 저작물의 작성을 허용하되 그 2차적 저작물에 대해서는 원저작물과 동일한 내용의 라이선스를 적용해야 한다는 의미

3) 디지털미디어 시대의 프라이버시

영화나 소설 속에서만 나오던 유비쿼터스 세상이 현실로 다가오는 요즘, 중대한 문제로 떠오르는 것이 있다. 바로 '프라이버시(privacy)'다. 1949년에 출간되었던 조지 오웰의 소설 「1984」에서는 일찍이 오늘날과 같은 일을 예견했다. 감시를 통한 통제를 우려한 '빅 브라더'는 디지털 시대에서 더욱 실감케 한다. 예컨대 2006년부터 시행된 서울시의 '승용차 요일제'는 전자 태그를 활용하고 있는데, 이 전자 태그에는 차량 소유자의 개인 기록이 모두 담겨 있다. 서울시에서는 시내 6개 지역 12곳에 판독기를 설치, 무선주파수인식(RFID) 시스템을 통해 감시하고 있다. 실제로 요일을 준수하지 않고 감시구간을 지나치면 그 즉시 휴대폰 문자로 위반사항이 통보된다. 물론 요일제 준수의 감시 외에 다른 의도는 없다고 할지언정 인공위성을 통한 추적이나 다른 곳에 사용될 경우 충분히 악용될 소지가 있다. 이 밖에도 일부 학교에서 시행 중인 전자명찰제도 마찬가지다. 전자명찰제는 학생들이 등·하교 때 RFID기능이 담긴 전자명찰을 판독기에 대면 자동으로 부모에게 문자가 전송되는 방식이다. 이 역시 학부모는 자녀들의 등·하교 시간을 정확하게 파악함으로써 혹시 있을지 모를 불상사에 대비할 수 있다. 하지만 학생들의 인권은 철저히 무시된 처사이다. 자칫 부모와 자식 간의 불신을 야기할 수도 있다.

주로 개인 간의 사적인 영역에서 프라이버시의 침해가 문제가 되었던 과거에는 1) 도용금지 – 이름이나 사진 등의 사전 동의 없는 영리이용 금지, 2) 침입금지 – 주거지 등에 침입하거나 대화, 통신을 엿듣는 것, 도청과 동의 없는 촬영금지, 3) 개인에 관해 공중에게 잘못된 인상을 주는 공표행위를 금지하는 것, 4) 난처한 개인적인 일의 공표

금지 등을 통하여 개인의 프라이버시 침해를 보호함으로써 충분했다. 이를 1세대 프라이버시권이라고 부를 수 있다.

2세대의 프라이버시권이라고 볼 수 있는 개인정보에 대한 자기결정권은 국가의 활동이나 거래가 활발해지면서 개인정보의 수집과 통합이 활성화된 시기에 정립된 권리이다. 이는 독일의 연방헌법재판소가 내린 위헌결정을 계기로 정립된 것인데, 1세대 프라이버시권보다는 적극적인 의미를 갖고 있다. 2세대 프라이버시권은 OECD 개인정보 보호의 8원칙에 구체화되어 있다.

① 수집제한의 원칙
② 정확성의 원칙
③ 수집목적의 명확성 원칙
④ 이용제한의 원칙
⑤ 안전보호의 원칙
⑥ 공개성의 원칙
⑦ 개인 참여의 원칙
⑧ 책임원칙

한편, 디지털 시대가 도래하면서 프라이버시에 대한 침해 사례가 더욱 증가하고 있다. 서울시 강남구청은 2004년 8월부터 관내 곳곳에 372대의 감시 카메라를 설치했다. 범죄 예방이 목적이다. 하지만 설치하기 전인 2004년 1~8월까지 3,638건이 발생하였고 설치 후인 2005년 1~8월까지 3,620건이 발생해 18건만이 감소하는 데 그쳤다. 결국 사생활 침해의 대가치고는 너무 미약한 결과를 낳은 것이다. 법무부가 내놓은 '유비쿼터스 보호관찰 시스템' 시행방안 역시 인권침해의 논란이 많다. 언제 어디서나 다양한 장치를 통해 보호 관찰자를 감시하는 방식이다.

이 외에도 수많은 사생활 침해 사례는 우리 주변에 편리와 안전이라는 이름으로 상존하고 있다. 하지만 진정한 편리와 안전은 사생활까지도 보장받으며 자유로울 수 있어야 하는 것이 아닐까? 따라서 기능적인 측면만을 강조할 것이 아니라 인권이나 사생활 등의 생활적인 측면도 같이 고려되어야 한다.

사용자 프라이버시의 심각성이 수위를 더해 가고 파장이 커짐에 따라 정부와 기업 등의 대응책도 적극적으로 등장하고 있다. 폭주하는 스팸메일을 방지하고자 포털 업체에서는 지능형 스팸 처리 기능을 수시로 업데이트하며 제공하고 있고, 휴대폰의 경우 자체적인 스팸 차단 기능을 제공하고 있다. 인터넷 업체들은 인터넷 개인 식별번호인 아이핀(i-PIN: Internet Personal Identification Number) 시스템을 적용하여 개인정보 유출을 원천에 차단할 방침이다. 아이핀은 다섯 가지 신분확인 방법 중에 선택하여 사용하는 방식으로 주민번호가 아닌 고유번호를 부여받아 입력하게 된다. 이 밖에도 익명을 활용한 프라이버시 침해를 방지하고 건전한 인터넷 환경을 조성하기 위해 정보통신부는 2007년 7월부터 실명제를 도입하기로 결정했다. 대상 사이트는 일일 평균 방문자 수를 10만 명으로 규정하기로 했다. 2007년 1월 현재 일평균 10만 명 이상 방문하는 사이트는 포털 27개를 포함하여 212개다.

DRM의 경우에도 프라이버시 강화를 위해 암호화와 임시 식별정보를 이용하여 익명성을 제공하는 사용자의 프라이버시 보호 측면을 강조한 라이선스 관리 프로토콜을 제안하고 있다. 제안된 프로토콜은 사용자의 프라이버시뿐만 아니라 기존의 기법에서 제공하던 라이선스의 불법복제 및 사용 방지에 대해서도 제공한다(박복녕·김태윤, 2003). 이처럼 사용자의 프라이버시를 보호하기 위한 기술적, 법률적 지원이 빠르게 이루어지고 있기는 하나 융합시대와 고도화된 디지털 시대에 맞는 프라이버시 보호 방침을 맞춰 가는 것은 쉬운 일은 아니다. 따라서 사용자 본인 스스로가 보안에 대한 철저한 인식을 가지고 실천해 가는 것이 현재로서는 가장 최선의 방법이다.

〈그림 75〉 인터넷 개인 식별번호인 아이핀(i-PIN)

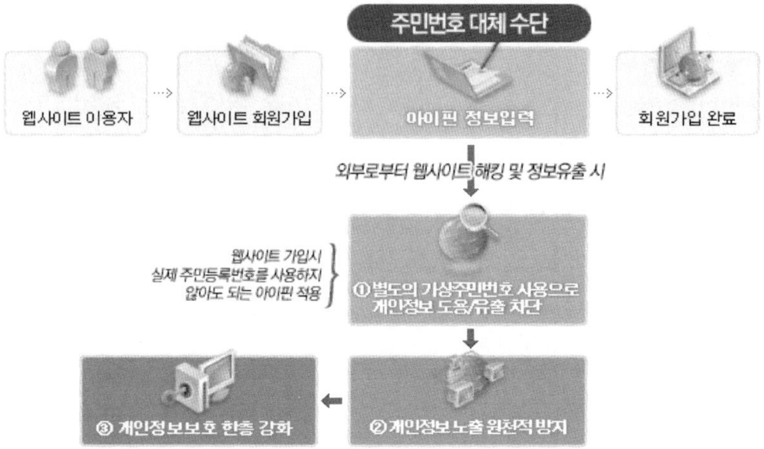

자료: 서울신용평가정보(www.siren24.com)

19.2 디지털 갈등 및 위험 이슈

1) 디지털미디어 폭력과 음란물의 피해

인터넷이 신속하게 보급되면서 등장하기 시작한 다양한 사이버 범죄의 양상이 디지털미디어의 진화로 인해 한 차원 더 심각해지고 광범위해졌다. 기존 인터넷의 경우 온라인과 오프라인으로 구분 지어 개념 지어졌으나 디지털미디어 간의 활발한 융합으로 점차 온라인과 오프라인의 구분이 모호해지고 있다. 이로 인해 양산되는 디지털 폭력과 음란물 등의 폐단이 더욱 심각하게 표출되고 있다. 특히 디지털 환경에서 발생하는 폭력과 음란물은 가상세계를 넘어 현실로 이어져 나타나고 있기 때문에 더욱 그러하다.

인터넷 도입 초기에는 10대부터 30대까지 젊은 층에서 주로 사용하였으나 10여 년이 지난 현재에는 남녀노소를 불문하고 사용하고 있으며, 이미 우리 생활을 움직이는 하나의 사회 시스템으로 활용되고 있다.[36] 이는 다시 말해 그에 수반되는 범죄의 양상도 규모나 범위에 있어 훨씬 폭이 넓어졌음을 의미한다. 인터넷을 통해 범죄 공모자를 공모하고, 정보를 수집하며, 범죄에 필요한 도구를 매매하는 등 범죄 일체를 인터넷이라는 가상공간에서 준비한 뒤 현실세계에서 실행에 옮긴다. 범죄의 범위도 단순한 사기부터 강도, 강간, 살인청부까지 규모와 수위를 더해 가고 있다. 이 같은 강력범죄의 유형 외에도 법적 범위나 규율, 2차적 피해 확산 가능성 등이 높게 나타나는 디지털 폭력의 심각성도 사회적 문제로 크게 대두되고 있는 실정이다.

디지털 환경에서 온갖 형태의 폭력적인 행위를 디지털 폭력이라고

---

36) 한국인터넷진흥원이 주기적으로 조사하는 정보화 실태조사를 분석해 보면 40대 이상의 중장년층의 인터넷 사용이 해마다 증가하고 있는 추세이다. 2005년 6월 조사기준 나이별 인터넷 이용률은 20대가 98.1%, 30대가 91.6%, 40대가 71.0%, 50대가 37.5%, 60대가 15.2%로 나타났다. 젊은 층의 인터넷 이용률이 높지만 3년 전인 2002년 6월과 비교해 볼 때 20대는 12.1% 증가한 것에 비해 40대는 32.1%, 50대는 20.0% 이상 높아져 40대 이상 인터넷 이용이 크게 늘고 있음을 알 수 있었다. 또한 인구로 추정해 보면 인터넷 이용자 수는 인구감소를 기준으로 볼 때 20대는 2003년에 767만 명을 정점으로 2005년에는 19만 명이 감소한 748만 명이었으며, 40대는 이와 상반되게 184만 명, 50대는 92만 명이 각각 늘었다.

정의할 수 있다.[37] 가상현실이 주가 되는 디지털 환경에서는 익명성(匿名性)과 익면성(匿面性)을 앞세워 자신을 숨긴 채 타인을 향해 근거 없는 비방이나 모욕, 욕설, 인신공격 등의 폭력을 행사한다. 더욱 큰 문제점은 자신의 존재를 감출 수 있기 때문에 심사숙고한 의견개진이 아닌 즉흥적이고 감정적인 표현이 주가 된다는 점이다. '장난으로 던진 돌에 개구리는 맞아 죽는다.'라는 말처럼 무심코 뱉은 말 한마디 혹은 근거 없는 소식 하나가 당사자에게는 씻을 수 없는 상처와 피해가 될 수 있다는 것이다. 이 밖에도 타인의 인격이나 명예를 훼손하는 사진 합성이나 유포 등과 같은 불법행위가 확산되고 있다. 특히 디지털 환경에서의 이 같은 폭력은 삽시간에 확산되어 피해를 걷잡을 수 없다는 점이 더욱 큰 문제점으로 지적된다. 요즘과 같이 하루가 다르게 새로운 디지털미디어가 등장하고 새로운 서비스가 제공되는 상황에서는 규제의 범위나 처벌이 쉽지 않은 것이 사실이다.

이처럼 디지털 환경에서 폭력의 정도와 범위가 심각해지고 확산되는 원인은 크게 다음의 세 가지로 볼 수 있다.

첫째, 디지털미디어의 진화에 따라 폭력도 진화하고 있다.

최근 디지털미디어는 웹 2.0, 블로그 2.0, 미디어 2.0 등의 이른바 2.0의 진화를 거듭하고 있다. 이러한 상황에서 미니홈피, 블로그, UCC 등 개인 미디어가 확산되고 사용하기 편리해짐에 따라 실제 폭력 상황을 담은 동영상들이 쉽게 업로드되어 유포될 수 있게 되었다. 실제로 2006년 12월 여중생 폭력 동영상이 여과 없이 인터넷 동영상 사이트에 업로드되었고, 삽시간에 동영상은 여기저기로 퍼 날라졌다. 인터넷을 중심으로 여론화된 폭력과 왕따에 대한 논쟁은 곧 언론에서 보

---

37) 정보통신윤리위원회에서 발간한 「사이버폭력 피해사례 및 예방안내서」에 따르면 사이버 폭력을 '사이버 명예훼손', '사이버 모욕', '사이버 스토킹', '사이버 성폭력', '사이버 음란'의 5가지 유형으로 분류하고 있다.

도형식으로 전해지면서 온 국민이 경악을 금치 못하게 됐다. 이와 같은 사례는 손쉽게 동영상을 찍고 빠르게 올릴 수 있는 현재의 인터넷 시스템의 맹점을 그대로 드러낸다. 이 밖에도 개인정보 유출과 사생활 침해의 피해 역시 디지털 폭력으로 이어지곤 한다. 실제로 2006년 대형 게임 업체의 주민번호 도용 사건과 금융 업체의 고객정보 유출 사건, 병원·약국의 개인정보 판매 사례 등 다양한 분야에서 개인정보와 사생활 침해 사례가 나타났다.

둘째, 익명성을 무기로 한 소위 '악플러'들이 기하급수적으로 늘어나고 있다.

최근 악플러의 수위가 도를 넘어서고 있다. 2006년에는 이들 악플러를 대상으로 법적 처벌이 가해지는 등 구체적인 대응방안이 실현되고 있다. 실제로 2007년 1월에는 이들 악플러가 남긴 악성 댓글에 우울증을 앓고 있던 한 여자 연예인이 스스로 목숨을 끊는 사건이 발생했다. 심지어는 사망 직후에도 댓글로 '잘 죽었다' 등의 악플이 달려 한 포털 업체에서는 댓글 차단 공지까지 띄우기도 했다. 악플러의 이 같은 상식 이하의 행동은 비단 어제오늘의 일이 아니다. 하지만 그 도가 점차 심해지고 악플로 인해 명예가 훼손되고 허위사실이 유포되어 정신적, 물질적 피해가 수반되는 등 법적 책임을 묻지 않을 수 없게 되자 네티즌 스스로가 나서서 처벌을 요구하는 등 자성의 목소리가 높아지고 있다. 그간 이미지와 사회적 지위 등을 고려해 적당히 넘어갔던 연예인들이나 유명인사들도 처벌을 요구하는 사례가 늘고 있다. 이는 다시 말해 단순하게 악플로 그치는 것이 아니라 제2, 제3의 피해와 손실을 수반한다는 의미이다. 익명성과 익면성을 방패 삼아 숨어서 공격하는 이들은 주로 악플을 감정의 배설구로 여기고 여과 없이 욕설과 비방을 풀어 놓는다. 일상생활에서 자신감이 없고 심리적 열등감 등으로 위축되어 있는 경우 이렇게 악플을 달면서 평소 내제되어 있던 공격성이 무차별적으로 발산되는 형태로 나타난다. 문제는 악플을 다는 악플러들은 감정이 배설되어 한결 후련할지 모르나 악플의 대상이 되는 당사자는 누군지도 모를 사람에게 큰 상처를 입고 제2의 피해로 확산되거나 또 다른 악플러가 될 수도 있다는 점이다.

셋째, 가상과 현실의 동일화가 새로운 폭력을 양산하고 있다.

디지털 기술이 발달하고 활용빈도가 높아지면서 가상세계와 현실세계의 구분이 점차 좁혀지고 있다. 즉, 현실세계에서 불가능했던 일들이 가상세계를 통해 실현되거나 가상세계에서 일어나는 일들이 현실세계에서 그대로 연장되어 발생되는 사례들이 많아지고 있다는 것이다. 이러한 현상은 게임에서 특히 많이 나타난다. 2005년 6월 다중접속온라인역할수행게임(MMORPG)을 하던 유저가 자신의 캐릭터를 죽인 상대를 찾아가 살해하려다 오인해 다른 사람을 흉기로 찌르는 사건이 발생했다. 이 밖에도 인터넷 메신저에서 채팅을 하다 시비가 붙어 실제 싸움을 벌인 사례도 있다. 이처럼 온라인에서 점화된 시비가 오프라인으로 이어져 폭력으로 나타나는 사례가 점차 늘어 가고 있다. 더욱 큰 문제는 주로 10~20대의 젊은 세대에서 주로 발생한다는 점이다. 이들은 이성적인 판단보다 감정적인 판단이 앞서기 쉽고, 감정제어나 표현정제 등이 미숙하여 폭력으로 바로 이어지고 있다. 특히 온라인 게임의 경우 3D 기술의 발달과 인터페이스의 발달 등으로 현실에 점점 가까워지며 캐릭터와 나를 동일시하는 중독성을 보이기도 한다. 게임상에서 캐릭터가 죽으면 마치 내가 죽은 것 이상으로 격한 감정을 느끼며 공격적이고 폭력적으로 표출된다. 중독성이 깊게 나타날수록 폭력성향은 더욱 크게 나타나는 경향이 있다. 따라서 중독성을 제거할 수 있는 프로그램 개발과 이성적인 판단과 감정을 제어할 수 있는 방안이 모색되어야 하겠다.

디지털 시대의 폭력의 양산과 더불어 심각한 문제로 제기되는 것은 바로 음란물의 범람이다. 1999년 'O양 비디오' 유포 사건은 디지털 콘텐츠의 취약한 보안성과 인터넷의 무차별적인 정보전달 능력을 동시에 드러낸 첫 번째 사례로 기록된다. 탤런트 O씨의 섹스 비디오는 청계천 불법 비디오 복제상 사이에서 나돌던 2개의 비디오테이프였던 것으로 알려져 있다. 이것이 누군가의 손을 거쳐 CD 동영상으로 재탄생했고, 인터넷 개인 홈페이지와 불법 자료교환 사이트(와레즈 · warez)에 노출되면서 점진적으로 퍼져 나간 것이다. 동영상 파일의 복사와 유포는 마우스 클릭 한 번이면 충분했고, 네티즌들은 전염병에 걸린 숙주처럼 O양 비디오를 퍼뜨렸다. 당시 O양 동영상을 내려받으려고 초고속 인터넷에 가입한 사람이 100만 명에 이른다는 말이 나돌 만큼 O양 비디오는 인터넷상에 대한 대중의 관심을 촉발시킨 사건이었다.

2년 후 발생한 B양 비디오 파문을 통해 네티즌들은 '뛰는 법제도 위에 나는 인터넷 기술'이 있음을 체험하게 된다. 경찰이 사생활 · 인권 침해의 우려를 내세워 'B양 동영상'을 배포하는 인터넷 웹 사이트를 단속하자, 소리바다, 당나귀(eDonkey)와 같은 개인 간 파일교환(P2P) 방식이 등장해 유통망의 역할을 대신했다. 일부 네티즌들은 100MB가 넘는 동영상 파일을 잘게 나눠 이메일로 주고받거나, 실시간 동영상인 윈도미디어(WMA) 파일로 바꿔 내려 받는 과정 없이도 클릭하는 즉시 웹브라우저에서 동영상을 볼 수 있게 만들었다. 이때까지만 해도 인터넷상의 자료가 일반 네티즌에게 광범위하게 전달되기까지는 적지 않은 시간이 소모됐다.

하지만 아이러니한 것은 음란물의 메카인 섹스, 포르노 사이트가

IT의 발전에 크게 기여해 왔다는 점이다. 포르노 사이트야말로 IT기술이 가장 먼저 실험되고, 발전되어 나가는 곳이다. 온라인쇼핑몰의 최초는 포르노 사이트이며, 온라인 카드결제 시스템 최초도 포르노 사이트이다. 동영상 서비스도 포르노 사이트가 시초이다. 무엇보다 포르노 사이트를 무료 이용하려는 해커들의 해킹 등으로 비약적으로 보안기술이 늘어났다. 웬만한 IT기술은 대부분 포르노 사이트에서 테스트되고, 다른 곳에 차용되는 경우가 대부분이다.

음란물에 대한 노출이 사회적으로 가져오는 영향에 대해서는 크게 두 가지 설명으로 구분할 수 있다. 하나는 음란물에 대한 노출이 사회적으로 유해한 결과로 이어지지 않으며 오히려 성범죄가 감소하는 등의 긍정적인 결과를 가져올 수 있다는 설명이다. 반면, 음란물이 어떠한 방식으로든지 개인의 성적 공격행위를 유발할 수 있다는 주장이다. 두 가지 설명 모두 상황에 따라 또는 대상에 따라 결과가 달라질 수 있기에 일반화하기 쉽지 않다. 그럼에도 불구하고 성적 표현물 중 상당수는 음란물이라는 개념이 지닌 사회적으로 유해하다는 가정 아래, 현재에도 계속 규제의 대상이 되고 있다. 인터넷을 통한 디지털 음란물들이 문제가 되는 것은 비현실적이며 동시에 여성과 남성의 성관계를 불평등한 사회적 관계로 재생산하여 강조한다는 왜곡된 이미지에 있다.

2) 지나친 개인화를 조장하는 퍼블리즌의 문제

워싱턴포스트가 처음 언급한 '퍼블리즌(publizen)'은 자기 공개를 즐기는 사람을 의미한다. 이른바 공개(publicity)와 시민(citizen)이 합쳐져 생성된 신조어이다. 이들은 좁게는 유명한 일반인을, 넓게는 유명한 일반인이 되기 위해 자신을 적극적으로 알리는 사람을 의미한다.

워싱턴포스트는 퍼블리즌은 1946~1964년 사이에 태어난 베이비붐 세대의 자녀 세대, 즉 10대 후반~30대 중반의 세대들로 구성되어 있다고 이야기한다. 이들은 감시 속에 살아온 세대다. 부모, 선생, 코치, 선배 등의 감시를 받으며 개인의 사생활이 배제된 학창 시절을 살아왔다. 그만큼 이들은 사생활 공개에 배타적이지 않다. 한편으로는 퍼블리즌은 정보화 시대의 생존 본능이 만들어 낸 계층이라고 볼 수 있다. 요즘 대두된 '하류화 이론'에서는 커뮤니케이션을 잘하는 사람이 더 경쟁력 있다고 지적하고 있다. 상류로 남기 위해서는 타인과의 커뮤니케이션은 필수라는 이야기다. 즉, 퍼블리즌은 더 많은 사람과의 커뮤니케이션을 유도해 경쟁에서 살아남기 위한 수단으로 자신에 대한 정보를 공개한다는 것이다. 이 같은 퍼블리즌은 직접 찍은 동영상을 인터넷에 공개하는 걸 즐기는 'REC족', 정보 수집과 공유에 열광하는 '인포러스트(Infolust)', 자신의 블로그에 중독된 '블로거' 등으로 분류할 수 있다. 특히 UCC가 새로운 시대 트렌드로 자리 잡으면서 이들 퍼블리즌은 마치 날개를 단 것처럼 콘텐츠 확산에 큰 힘을 보태고 있다. UCC는 퍼블리즌으로 인해 풍부한 콘텐츠를 제공받을 수 있어서 윈윈효과의 대상이 되고 있다.

일반적으로 퍼블리즌은 콘텐츠 생산활동을 처음에는 대가 없는 즐거운 놀이로서 시작한다. 하지만 언제까지나 대가 없이 콘텐츠 생산에 몰두할 수 있는 건 아니다. 놀이가 재미없으면 퍼블리즌은 콘텐츠 생산을 중단할 수 있다. 이는 다시 말해 콘텐츠를 더 이상 만들 수 없게 되거나 의미가 없다면 퍼블리즌의 지속은 장담할 수 없다는 의미이다.

한편 퍼블리즌 출현에 가장 큰 영향을 준 것은 디지털 기술의 발전이다. 디지털 카메라와 소형 캠코더 등을 이용하면 얼마든지 방송과 유사한 콘텐츠를 가공해 낼 수 있게 되었고, 인터넷을 통해 매체의 힘을 빌리지 않고도 자신이 만든 콘텐츠를 공개할 수 있게 되었기 때문이다. 퍼블리즌은 자신의 정보를 알리는 데 조금도 부끄러워하지 않는다. 일상을 사진으로 찍어 올리고, 프라이버시를 공개하는 데도 거리낌이 없다. 쉽게 동조하기 힘든 생각을 공개하기도 한다. 이들은 자신을 알려 더 많은 조회 수가 올라가는 데 희열을 느낀다. 개인의 프라이버시보다는 유명해지는 게 더 좋은 세대라고 할 수 있다. 하지만 이처럼 개인의 생각과 사생활을 대중에게 공개한다는 건 많은 위험을 동반할 수 있다. 예컨대 개인정보가 도용될 수 있고, 악의적인 스토킹 행위에 시달릴 수도 있으며, 자신이 의도하지 않은 악의적인 논쟁의 희생자가 될 수도 있다. 더욱이 퍼블리즌이 상존한 이와 같은 위험은 당사자뿐 아니라 가족이나 주변 사람들에게까지도 그 피해가 전가될 수 있다는 점에서 시사하는 바가 더욱 크다. 좀 더 심도 있게 생각해 보면 무분별한 퍼블리즌의 증가는 '빅 브라더'의 출현을 현실화시키는 추동력이 될 가능성이 높다. 다시 말해 국민 개개인의 일거수일투족을 퍼블리즌이라는 미명 아래 감시당할 수 있다는 의미이다. 왜냐하면 정도와 경우는 조금씩 다를지 모르지만 퍼블리즌은 연애, 대학입학, 폭음, 선행, 마약, 독특한 헤어스타일, 문신 등 일상생활에 있는 모든 내용이 소재로 활용되기 때문이다.

정부 차원의 규제와 감시로 이뤄지는 빅브라더를 넘어 개인과 기업 차원에서 유출되는 수 천 가지의 리틀 브라더는 우리 사회가 안고 있는 커다란 위험요소이다. 따라서 퍼블리즌의 무조건적인 노출과 공개는 적절한 통제가 수반되어야 하며, 사회구성원들의 안전을 고려한 수준에서 표현이 허락되어야 한다.

인터넷, 디지털미디어를 통해 자신의 의견을 자유롭게 개진하고 소비에 있어서도 정확하게 자신만을 위해 차별화된 것들을 소비할 수 있는 기회가 이미 이용자에게 주어져 있는 상황이다. 따라서 자유정보 공유의 중요성과 필요성을 인식하고 자유문화를 실천하는 것은 이용자의 몫이라고 하겠다. 이용자의 적극적인 정보생산 및 질적 성장과 이용자의 정보 선택권의 신장, 개인 중심적인 네트워크 형성과 집단지성의 발현이 그 키워드가 된다.

법과 시스템은 정보자유의 목적이 아니라 저작자 자신이 자신의 의사를 나타낼 수 있도록 좀 더 편리하고 확실한 수단으로서 정보자유의 확산을 지원하는 도구일 뿐이다. 그래서 '인간임을 기억하라'는 유명한 문구로 시작되는 네티켓 핵심 규칙은 여전히 유효하다.

3) 디지털 인프라 관련 다양한 보안위협 이슈

국내에서 3,000만 명 이상이 사용하고 있는 휴대폰의 이동통신망에서 아직까지는 바이러스가 출현하고 있지 않으나, 휴대폰상의 응용 프로그램 실행 환경이 표준화되어 가고 있고 무선 인터넷 망이 개방되어 감에 따라 휴대폰 바이러스 출현 가능성이 높아지고 있다. 그래서 휴대폰 바이러스가 잠재적인 위험으로 부상될 가능성이 점점 높아지고 있다.

국외에서는 주로 심비안 운영체제를 사용하는 스마트 폰에서 보안 취약점 및 이를 이용한 바이러스가 일부 보고되고 있으나, 국내 휴대폰 사용 환경은 국외와 다르고 무선 인터넷 서비스가 이동통신 사업자의 관리하에 있으므로 아직까지 바이러스가 보고되지는 않았다.

그러나 국내 무선 인터넷 망 개방 및 개방형 표준 플랫폼의 등장 등으로 인해 휴대폰 바이러스의 위험성은 증가하고 있다. 국내 무선 인터넷 망이 개방되어 감에 따라 휴대폰에서 접근할 수 있는 무선 인터넷 콘텐츠의 범위가 확대되어 가고 있기 때문이다. 현재 무선 인터넷 망을 이용하여 무선 인터넷 콘텐츠를 제공하려는 사업자는 이동통신 사업자의 망 연동장치(IWF, ISDN)에 접속할 수 있다. 개방형 표준 플랫폼이 휴대폰에 의무적으로 탑재됨에 따라 플랫폼상에서의 무선 인터넷 서비스 보안위협도 증가하고 있다. 이동통신 사업자는 '05년 4월부터 신규로 출시되는 휴대폰에 의무적으로 무선 인터넷 표준 플랫폼(WIPI)을 탑재해야 한다. 무선 인터넷 콘텐츠의 이용 경로가 다양해짐에 따라 휴대폰 바이러스 감염가능 경로도 증가하고 있다. 현재 무선 인터넷 서비스 이용자는 무선 인터넷 콘텐츠 제공자, 다른 휴대폰, PC 등으로부터 유선 다운로드, SMS, IrDA, 블루투스 등의 방법으로 콘텐츠를 이용할 수 있다.

〈그림 76〉 휴대폰으로의 6가지 바이러스 유입 경로

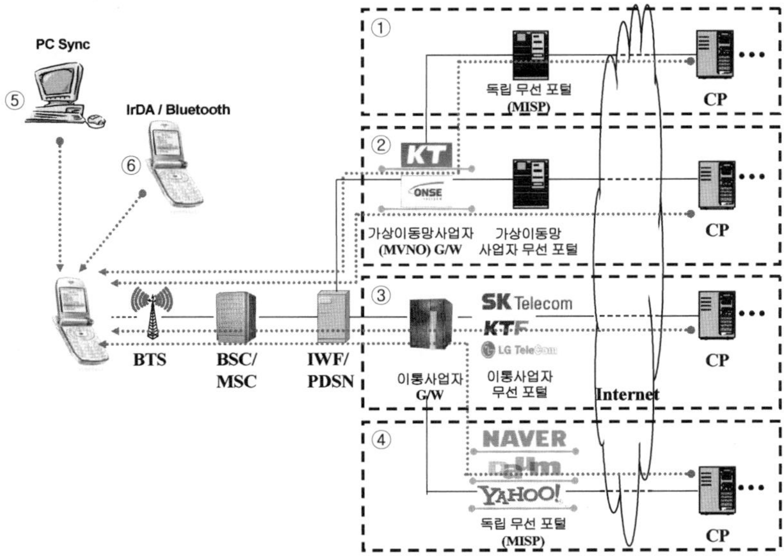

자료: 정통부(2006), u-정보사회문화 이슈 현황 자료.

또한, 인터넷 전화(VoIP)의 보안위협도 큰 문제로 제기될 것이다. 기존 전화망의 회선기반 방식과 다르게 인터넷 전화는 IP기반의 인터넷 기술을 기반으로 음성통화가 이루어짐에 따라 인터넷 망에서의 보안위협이 그래도 적용될 수 있다. 실제로 인터넷 망에서 송수신되는 음성 패킷을 불법으로 수집하여 통화내용의 재생이 가능하다. 또한 통화설정 정보의 수집을 통하여 통화를 방해하는 제2, 제3의 공격도 가능하며, 결국에는 인터넷 전화 서비스의 마비 또는 음성품질 저하를 유발하게 되는 것이다. 이를 방지하기 위해서는 정부 차원에서 인터넷 전화 및 서비스에 대한 최소한의 조치 및 관리사항에 대한 법·제도적 대책이 요구된다.

한편 최근 가장 빈번하게 일어나는 치명적인 사이버 위협은 바로 스팸메일을 통한 피싱(Phishing, Phreeking+Fish)이다. 피싱은 사회공학적인 방법으로 해당 정보를 보유하고 있는 사람을 속여 중요한 정보들을 획득하기 위한 공격행위를 의미한다. 피싱은 주로 금융권 회사임을 가장하여 불특정 다수에게 사용자가 유리한 조건을 담은 메일을 전송하여 개인정보를 요구하거나, 잘 알려진 금융 사이트로 오인하도록 만든 위조 사이트로 유인하여 개인의 신용정보 및 금융정보를 유출하고 금전적인 피해를 입히는 공격이다. 최근에는 피싱 공격으로 여겨지는 이메일의 수신이 증가함에 따라, 첨부를 클릭하여 악성 코드가 사용자 시스템에 설치되어 정보를 유출하거나, 메일을 확인함과 동시에 해당 유해 사이트로 이동하여 자신의 신용정보를 노출해서 금전적인 피해도 증가하고 있다. 현재 가장 널리 사용되는 피싱 공격은 일반적으로 사용자가 특정 웹 페이지로 이동하여 해당 웹 사이트의 접속을 위한 ID 및 비밀번호를 입력할 때 중요 정보를 획득하는 방식을 택하고 있다. 이러한 피싱은 단순한 기술적인 요소를 이용한 해킹이 아니라, 사회공학적인 공격방법을 활용하고 있다는 점에서 더 큰 위협이 되고 있다. 일반적으로 시스템 관리를 아무리 잘하더라도, 이러한 사회공학적인 방법을 통하면 해킹이 가능하기 때문에 이에 대한 대응책 개발이 매우 어렵기 때문이다. 피싱 위협을 대처하기 위해서는 피싱 경유지 사고 예방을 위한 홈페이지 보안 가이드 개발 등의 기술적인 조치와 금감원·경찰 등 국내 유관기관들의 공조체계가 필요할 것이다.

그러나 무엇보다 필요한 것은 바로 사용자들의 보안 인식 개선이다. 실례로, 마음만 먹으면 외부에서 다른 컴퓨터의 IP 주소를 찾아내고 해당 컴퓨터로 침입해 공유문서함의 문서를 지우거나 고칠 수가 있는 위험을 알고 있음에도 불구하고 보안 시스템을 사용하는 경우는 많지 않다. 또한 인터넷 검색에 대해 약간의 지식이 있는 사용자라면 손쉽게 인터넷 포털 사이트 검색을 통해 개인정보를 파악할 수 있는 상황이다. 물론 최첨단기술이 철저한 보안을 보장해 주기도 하지만, 무엇보다도 일상생활 속에서 보안에 대한 인식부분이 자리 잡아야만 안팎으로 철저한 보안 시스템을 구축할 수 있게 되는 것이다.

20. 디지털미디어의 미래

20.1 미디어 테크놀로지의 진화

미래 테크놀로지의 진화방향은 공급 차원에서 보면 복합화(complication), 수요 차원에서 보면 단순화(simplification) 경향을 지향한다고 하겠다.

〈그림 77〉 2020년 테크놀로지 트렌드 변화

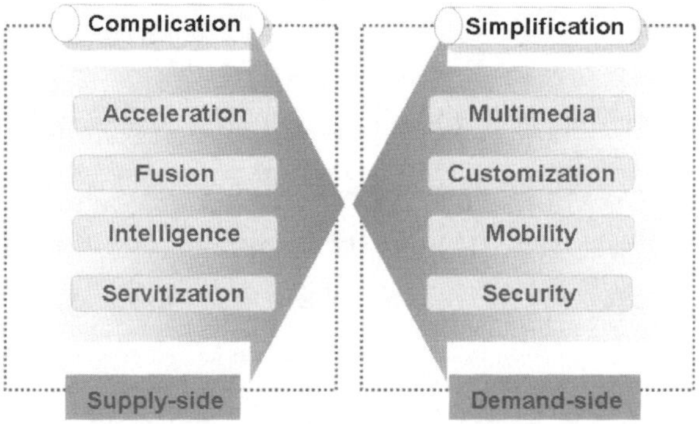

차세대 테크놀로지는 점차 모든 서비스가 융합되고, 모든 디바이스들이 통합되며, 보다 다양하고 개별화된 맞춤 서비스를 제공할 수 있도록 진화되고 있다. 사용자 관점에서 미래 핵심적인 기술 트렌드를 정리하면, ① 시공간을 초월한 상호 연결성 확보, ② 인간을 닮아 가는 사물/기기, ③ 질병으로부터의 해방, ④ 지구의 건강 관리/자원 개발, ⑤ 마이크로(micro)/모바일 세계의 구현, ⑥지능화되는 생활공간,

⑦ 세상 밖으로 나오는 비트 등으로 요약된다. 이에 따라 다음과 같은 추이로 발전할 것으로 예상된다(LG경제연구원, 2005).

첫째, 통신, 방송, 컴퓨터, 가전이 통합되는 디지털 융합 추세에 부응하여 IT 제품의 소형화, 저전력화, 저가격화를 실현하는 방향으로 IT SoC 기술 발전이 가속화될 전망이다. 둘째, BcN 구축을 기점으로 어느 곳에서나 고품질 멀티미디어 콘텐츠 및 3차원 실감 그래픽 게임 서비스가 가능해질 것이다. 셋째, 현재의 PC는 입고 다니거나 차고 다니는 Wearable PC로 발전하며 신체와의 접촉을 통한 오감형 휴먼 인터페이스가 가능해질 전망이다. 넷째, 인간과 공존하는 환경에서 네트워크에 연결되어 이동하면서 인간이 원하는 다양한 서비스를 제공하는 네트워크 기반의 지능형 서비스 로봇이 10년 내에 등장할 수 있을 것이다. 다섯째, 텔레매틱스 단말의 고급화로 차량 내 고품질 멀티미디어 서비스와 이동 사무실 서비스가 가능하며, 위치기반의 긴급구조와 실시간 상황이 반영되는 길 안내가 가능해질 것으로 전망되고 있다. 여섯째, 유비쿼터스 서비스 부분에서는 디지털 콘텐츠와 디지털 TV를 통한 텔레매틱스 기술이 구현될 것이다. 지상파, 케이블, 위성 DTV 방송 매체의 발전과 아울러 방송·통신 융합을 통한 양방향 맞춤형 방송으로 통합 발전할 것이며, 멀티 플랫폼 적응형 서비스, 멀티미디어 프레임워크와 실시간 광역교통정보, 이동 스트리밍형 멀티미디어 서비스가 구현될 예정이다.

이러한 발전을 통하여 2012년에는 플랫폼 적응형 서비스, 실사 그래픽 기반 실감게임, 실감방송, 고정밀 상황기반 교통정보, 실감형 콘텐츠를 통해 보다 유비쿼터스 이상을 구현하는 서비스를 제공하게 될 것이다. 결국 유비쿼터스 네트워크 사회에서 테크놀로지 패러다임은 다음과 같이 진화할 것으로 전망된다.

〈표 28〉 인간을 위한 테크놀로지 패러다임 변화

	현　재	미　래
소비자 욕구	효율성	안락함과 안전함
테크놀로지의 목적	데이터 처리	인간 보조
콘텐츠	문자, 음성, 영상	감성, 감각
인터페이스	유형	무형
네트워크	단층적 평면 네트워크	복층적 프랙탈 네트워크

자료: 사토루 이토(2006), p.115.

미래 유비쿼터스 환경은 기술적으로 유비쿼터스 네트워크 단계[38] (인간 대 인간간의 통신), 유비쿼터스 센서 단계[39] (사람 대 사물 간의 통신), 유비쿼터스 컴퓨팅 단계[40] (사물 대 사물)로 진화할 것으로 기대된다.

---

38) 유비쿼터스 네트워크는 광대역 통신망(BcN)을 의미하며, 이 망은 통신, 방송, 인터넷이 융합된 광대역 멀티미디어 서비스로 5-Any와 5-C가 안전하게 작동하도록 하는 차세대 기술하부구조이다. 광섬유가 그 기술의 핵심에 있다.

39) 센서네트워크는 USN(Ubiquitous Sensor Network)을 의미한다. 모든 사물에 전자 태그(RFID)를 부착하고, 이것을 이용하여 기본적인 사물의 인식정보와 온도, 습도, 오염정보 등 외부환경정보까지 실시간으로 분석하여 제공하는 네트워크를 말한다.

40) 컴퓨팅 단계는 IPv6(Internet Protocol version 6)을 말하며, 최신의 IP 주소체계를 만드는 기술이다. IP의 주소길이를 32비트에서 128비트로 늘리면서 그 만큼 많은 주소를 확보하여, 모든 사물에 주소를 부여할 수 있는 것이다.

<그림 78> 기술·서비스 진화에 따른 유비쿼터스 발전단계

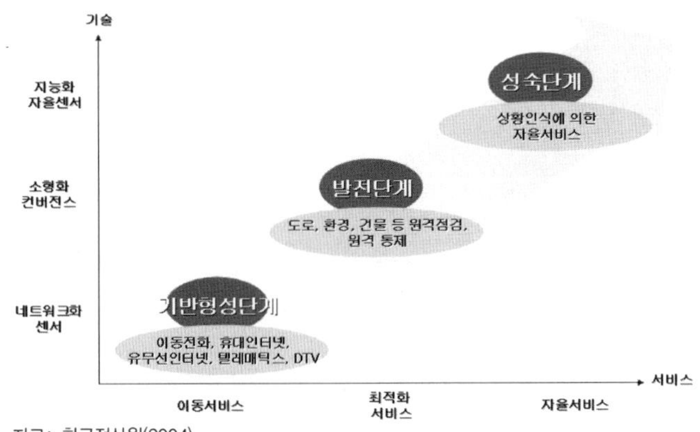

자료: 한국전산원(2004).

이러한 컨버전스, 유비쿼터스 환경에서 개인의 미래 생활상을 다음
과 같은 모습으로 그릴 수 있다.

<그림 79> 디지털 시대 개인의 미래

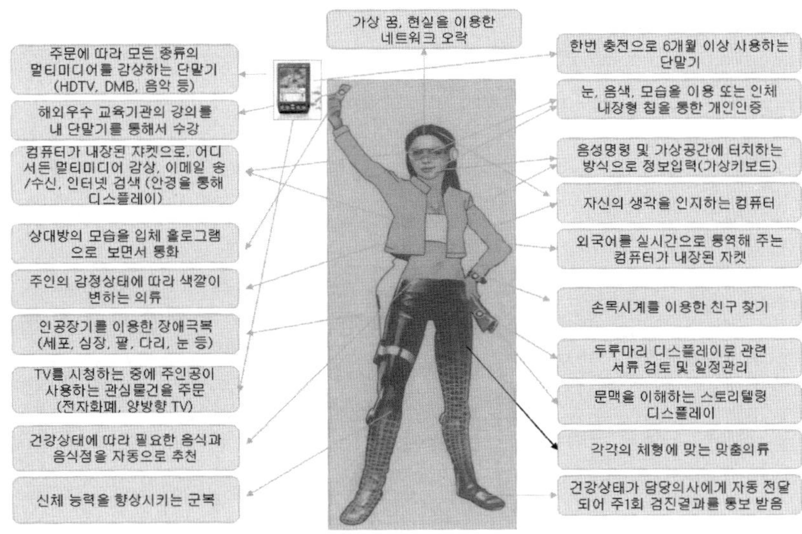

자료: 문화콘텐츠진흥원(2006), CTRM 실행계획.

20.2 미디어 2.0의 시대

IT 업계에서는 꾸준하게 '웹 2.0'과 관련한 논의가 활발하게 진행되고 있다. 새로운 시대에 살아남은 기업과 서비스들의 생존법을 설명한 '웹 2.0'은 처음에 단순한 마케팅 용어쯤으로 치부됐다. 그러다 점차 '커뮤니티 2.0', '모바일 2.0', '홈페이지 2.0', '시큐리티 2.0', '쇼핑 2.0', '검색 2.0' 등 다양한 '2.0' 아류들이 IT 관련 사업자들로부터 광범위하게 거론되면서 웹의 현재와 미래를 설명할 수 있는 광의의 개념으로 자리를 잡고 있다. 이러한 상황에서 최근에는 미디어의 미래를 논의한 '미디어 2.0'의 논의까지 제시되고 있는 상황이다.

그럼 미디어 2.0은 무엇인가? 쉽게 말하면 미디어가 웹과 차세대 인터넷에 어떻게 대응해야 하는지에 대한 고민이 미디어 2.0이라고 할 수 있다.

미디어 2.0은 웹 2.0과 UCC, 그리고 롱테일 법칙이 변화시킨 미디어 환경의 새로운 모습을 일컫는 신조어다. 기존 미디어라는 용어가 문자, 사진, 음악, 영상 등의 영역을 광범위하게 포괄했던 것과 마찬가지로, 미디어 2.0 역시 이들 영역에서 벌어지는 웹 2.0, UCC, 롱테일 법칙 현상을 의미한다. 즉, '웹 2.0+미디어=미디어 2.0'이라는 도식이 가능하다. 미디어 2.0의 개념은 2006년 초 미국의 IT 칼럼리스트 트로이 영(Troy Young)에 의해 주창됐으며, 우리나라에서도 공공연하게 사용되고 있다. 트로이 영은 기존 미디어 1.0을 '브랜드⇒ 콘텐츠⇒ 마켓플레이스⇒ 커뮤니티'의 비중으로 다룬 반면 미디어 2.0을 '플랫폼⇒ 커뮤니티⇒ 마켓플레이스⇒ 콘텐츠⇒ 브랜드'로 표현함으로써 매체의 권위에 관계없이 플랫폼과 이용자가 주축이 된 새로운 미디어 환경을 제시했다(필름 2.0, 2006. 11. 01)

미디어 2.0을 쉽게 이해하기 위해 유통과 소비방식의 변화에 따라 미디어 1.0과 비교해 정리하면 다음과 같다.

〈표 29〉 미디어 1.0과 미디어 2.0의 비교

	미디어 1.0	미디어 2.0
생산주체	생산자＋수용자	생산자←수용자
유통	일 방향 단일 유통	다채널 복수 유통
브랜드	권위형 브랜드	개인형 브랜드
정보 흐름	정보 집중	정보 분배, 공유
콘텐츠 성격	권위적, 범용적, 종합적, 객관적	즉흥적, 전문적, 단편적, 주관적
정보 노출	종합 편집, 편성	단품 개별 노출
광고	규격화, 정형화	롱테일 광고

한편 미디어 1.0 시대에는 콘텐츠 중심의 가치관이 지배하였다. 기업이나 상품의 브랜드가 핵심적인 역할을 수행했으며, 다음으로 콘텐츠도 중요한 영향력을 발휘하였다. 하지만 미디어 2.0 시대에는 플랫폼이 핵심적 역할을 수행하고 있다. 미디어 1.0 시대에 강력한 영향력을 미쳤던 브랜드는 그 영향력이 상실되고 있으며, 플랫폼이 가장 강력한 핵심적인 동인으로 작용하고 있다.

〈그림 80〉 콘텐츠 중심의 미디어 1.0과 플랫폼 중심의 미디어 2.0

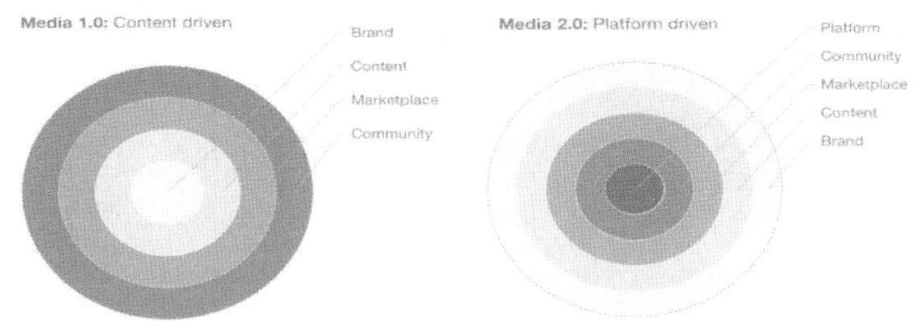

자료: http://www.uxmag.com/strategy/93/this-is-media-20

미디어 2.0은 웹 2.0과 UCC, 그리고 롱테일 법칙이 변화시킨 미디어 환경의 새로운 모습을 일컫는 신조어이다. 미디어 2.0을 알기 위해서는 무엇보다도 롱테일 법칙에 대한 논의가 필요하다.

롱테일 법칙은 전통 마케팅과 수익 모델의 패러다임을 바꾸었다. 롱테일(Long Tail) 법칙은 미국의 잡지 「와이어드(wired)」의 편집장인 크리스 앤더슨(Chris Anderson)이 인터넷 서점 아마존의 사례를 분석하여 만든 이론이다. 기존의 마케팅 법칙인 20 : 80의 법칙, 즉 매출의 80%는 상위 20%의 고객에서 나온다는 법칙이 인터넷 등 뉴미디어를 활용한 마케팅 환경에서는 통하지 않고, 기존에 외면당했던 80%의 고객층에서 훨씬 큰 매출이 나오고 있다는 것이 이 법칙의 주된 내용이다. 예컨대 인터넷 서점인 아마존에서 주된 매출은 구매력이 작았던 부분인 80%의 꼬리 부분에서 나오며 이것들의 총합은 20%의 고객에서 나오는 매출을 능가한다는 것이다.

블로그에도 이러한 롱테일 법칙이 적용된다. 대표적인 인터넷 포털인 네이버에는 블로그가 700만 개가 개설돼 있으며 우리나라 전체적으로는 2,000만 개 이상의 블로그 주소가 인터넷에 존재하고 있다. 인터넷 사용자의 63%가 블로그를 개설해 놓고 있다. 당연히 개설한 것과 운영하는 것과의 괴리는 크기 때문에 이런 절대적인 수치가 도움이 되지는 않겠지만 적어도 2,000만 개 이상의 잠재 콘텐츠 생산자가 대기 중이라고 해석할 수도 있는 부분이다.

이렇게 롱테일의 법칙이 성립 가능한 이유는 뉴미디어에서는 커뮤니케이션의 한계비용이 제로(0)에 가깝기 때문이다. 과거에는 구매력이 작은 고객들을 상대로 커뮤니케이션을 하기 위해서는 큰 비용을 감수해야 했지만 매출은 적었다. 결국 80%의 꼬리 부분에 대한 마케팅을 포기할 수밖에 없었다. 그러나 뉴미디어에서는 커뮤니케이션 비용이 0에 가까우므로 과거에는 불가능했던 긴 꼬리 부분에 대한 마케팅이 가능해진다는 이야기다.

인터넷이라는 거대한 미디어는 이를 활용하는 모든 커뮤니케이션 주체에게 열려 있다. 그리고 인터넷이라는 큰 열린 미디어 속에서 매스 미디어와 퍼스널 미디어도 역시 커뮤니티나 네트워크 등을 통해서 열린 구조를 가진 작은 열린 미디어로 존재한다. 미디어 2.0은 말 그대로 '1인 미디어' 시대를 열고 있다.

<그림 81> 1인 미디어 시대의 전경

1단계 : 장르별 독자 시장 형성	2단계 : Digitalization→ Convergence, Ubiquitous	3단계: Personalization 1인 미디어 시대 도래
•플랫폼별/유통 경로별 독자 장르 구성 •장르별 대규모 자본 유입 및 수직적 계열화를 통한 장르간 장벽 구축	•제작, 유통의 디지털화에 따른 장르융합 •플랫폼간 연동/통합으로 유통체계 재편 •아날로그 윈도우→디지털 윈도우	•콘텐츠생산/ 유통에 개인 참여 본격화 •개인에 의한 재가공 및 새로운 형식의 콘텐츠 확산, 개인간 교류/거래 확산

영상 / 음악 / 게임 / 교육 / UCC

영화 드라마 애니메이션 제작 / 음반 제작/유통 / 온라인게임 개발/서비스 / E-learning 콘텐츠 개발 / 커뮤니티

영상+음악→Visual Music (ex. 이효리의 애니모션)
게임+교육→게임러닝 (ex.토익넷)

디지털 가공 및 배급 시장 / 디지털 음원 배급시장 / 멀티플랫폼 Publishing / U-러닝 서비스 / 퍼스널 미디어

•UCC Library
•콘텐츠 라이센스

•Vertical 커뮤니티
•Communication Solution

Ubiquitous 포탈

개인 CP를 위한 콘텐츠 유통 (Google모델) / 개인 맞춤형 Care 서비스

커뮤니케이션 비용의 극적인 절감으로 인해 롱테일 부분의 마케팅이 가능해지는 것과 마찬가지로서, 다양한 커뮤니케이션을 수행할 때의 비용이 극적으로 절감되면서 소외되었던 수용자들이 전달자, 송신자로서 존재 가능해진다. 뉴스 소비자와 뉴스소스, 뉴스 생산자가 모두 한 공간에서 커뮤니케이션을 하면서 서로 간의 경계가 없어진다. UCC는 바로 이 상황에서 나오는 것이다.

결국 미디어는 채널이 아니라 광장이 되는 것이고 사회의 구성원은 미디어를 통해서(일 방향의) 일대다 커뮤니케이션을 하는 것이 아니라 미디어에 모여서 일대일, 일대다, 다대다 등 여러 형태로 양방향 커뮤니케이션을 하게 된다. 독자는 동시에 기자이며 기자는 동시에 독자이다. 즉, 이렇게 되면 기자나 전달자로서의 언론인이 아닌, 화자(話者) 내지 조력자로서의 언론인이 더 본질적인 형태로서 존재하게 된다.

결국 미디어 2.0 시대의 열린 미디어에서는 언론의 패러다임이 바뀐다. 개방과 공유의 시스템을 잘 간파한 사이트들이 살아남듯이 이러한 뉴미디어의 시스템을 잘 간파한 매체들이 살아남는다. 광장을 잘 만들고 매체 접근성을 높인 포털은 승승장구하고 그렇지 못한 포털들은 몰락한다. 언론사도 마찬가지다. 결국 수용자가 이용할 수 있는 공간을 마련해 주는 것이 해법이 될 것이다. 커뮤니케이션 공간과 커뮤니티 운영자에 대한 투자를 아끼면 안 될 것이다.

한편 미디어를 광장으로 만드는 방안 중의 하나가 시민기자 제도다. 콘텐츠의 질이 문제될 것 같지만 커뮤니케이션의 범위를 넓히고 극대화시키면 집단이성이 발휘되어 문제가 해결된다. 언론인의 주된 역할도 그에 따라 바뀌어야만 한다. 언론인은 전달자나 기록자가 아니라 대화자 내지는 조력자가 본질이라는 생각을 가져야 한다.

〈표 30〉 웹 2.0 시대 미디어 진화

구 분	매스 미디어	미디어 1.0	미디어 2.0
시기 구분	50~60s	90s~2005	2005 이후
미디어 형식	소수의 신문/방송/라디오/잡지 등 전통매체	인터넷 미디어 등장 인터넷 커뮤니케이션 툴 등장(카페, 메신저)	오픈 플랫폼으로서의 인터넷, 1인 미디어, UCC
의사소통방식	단방향적 정보전달	양방향적 소통 시작(동시에 댓글 등 콘텐츠 종속성)	양방향성 극대화 (집단지성 활성화)
이용자의 정보 소비행태	획일적 정보 소비/집중적 관심	관심과 기호에 따른 능동적이고 분산된 소비와 선택	콘텐츠 소비자에서 중개자(펌 문화), 생산자(블로거)의 모든 역할 수행
콘텐츠 유형	프로페셔널 콘텐츠(뉴스, 오락 등 모든 영역)	프로페셔널 콘텐츠의 정보화, 틈새 콘텐츠의 등장	UCC 본격화

자료: 정보사회진흥원(2006), p.32.

언론의 구조와 모양새뿐만 아니라 기업들의 모습도 동일한 선상에서 변화하고 있다. 공생과 제휴를 키워드로 만들고 있다. 실제로 포털과의 공생을 모색하거나(야후코리아의 YTN 뉴스, KBS Korea의 아마존 닷컴과 제휴로 다운로드 서비스 제공), 유비쿼터스 시대의 종합 콘텐츠 제공 업체를 표방(일반 방송사에서 BBC의 이미지 변신)하는 등의 미디어 기업들의 새로운 변화는 미디어 2.0 시대에 더욱 가속화할 것으로 전망된다.

미디어 2.0 시대에는 크로스 미디어 네트워크도 활발해질 것이다. TV나 신문, 인터넷 등 다양한 매체의 광고를 동시에 집행하는 크로스 미디어(Cross Media)의 개념이 확장되는 것이다. 콘텐츠가 네트워크 흐름을 따라 다양한 플랫폼에서 구현되는 것이다. 이 상황에서 콘텐츠는 장소, 네트워크, 단말에 상관없이 이용자에게 끊김 없이 제공된다.

미디어 2.0 환경에서의 커뮤니케이션은 '사람 대 사람(P to P)의 커
뮤니케이션'에서 '사람과 기계(P to M)', '기계 대 기계(M to M)', 그리
고 '사물과 사물(O to O)의 커뮤니케이션'으로 진화할 것이다. 예컨대,
P2M은 휴대폰과 자판기, M2M은 홈 네트워킹, T2T는 전자 태그 간
통신의 모습으로 실체화된다. 각종 센서 및 기존의 상품 바코드를 대신
하는 스마트 태그(RFID) 등이 제조물, 의자, 교량 등 모든 일상사물과
도시공간에 스며듦으로써 사물의 지능화(things that think), 공간지능
화(smart space)가 진전되는 것이다. 이는 철저하게 이용자, 즉 인간
중심의 커뮤니케이션을 실현하는 것이라고 하겠다.

<그림 83> 커뮤니케이션의 진화

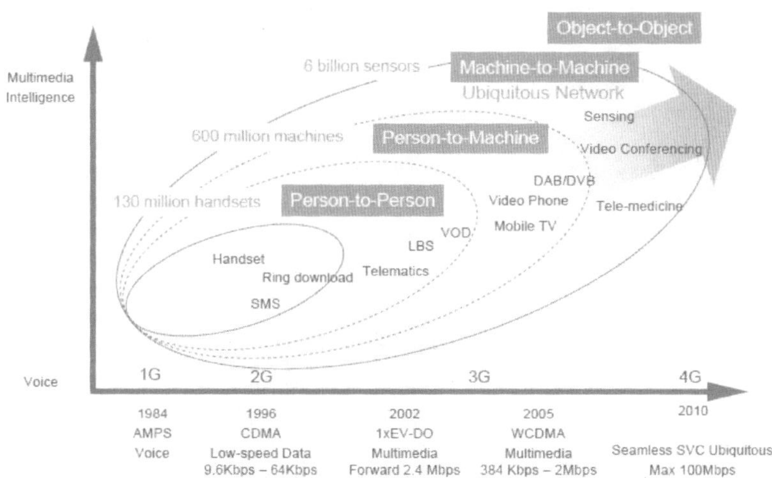

자료: 조위덕(2005).

21. 인간 중심의 미디어 사회와 디지털 라이프

21.1 미디어 진화와 인간

디지털 컨버전스 시대, 미디어는 널리 인간을 이롭게 할 것인가? 주지하다시피 미디어는 인간생활과 커뮤니케이션 양식에 다양한 변화를 가져온다. 미디어가 일상적인 커뮤니케이션 패러다임에 미치는 영향은 매우 크다.

'미디어는 메시지다(The Medium is the Message).' 미디어 학자 맥루한의 유명한 명제다. 사회는 커뮤니케이션의 내용보다는 새로운 커뮤니케이션 미디어가 지닌 속성에 의해 보다 크게 결정된다는 얘기다. 미디어 기술이 하는 일이란 다름 아닌 인간 정신과 의식, 무의식을 말 그대로 주무르는 일이다. 마사지(massage)하는 일이다. 언뜻 보면 이 마사지는 좋은 것일 수 있다. 피로한 영혼을 주물러 주는 선량한 서비스는 상상만 해도 기분 좋다.

그런데 오늘의 상황을 보면 마사지는 이상한 장소에서 불건전한 목적으로 전용된다. 「007」 영화가 버전을 높여 갈수록 미디어 테크놀로지가 세계를 장악하는 무기가 될 수 있음을 보여 준다. 칼이 의사에 손에 쥐어지느냐, 살인자의 손에 쥐어지느냐에 따라 그 쓰임새가 결정되듯, 테크놀로지의 동시적이고 이중적인 성격을 놓치지 말아야 한다. 급속히 발전하는 미디어 기술이라는 것이 국가의 전략, 자본의 욕망, 사회의 필요에 의해 개발된다는 사실을 부인하기 어려운 게 사실이다. 그렇더라도 여전히 부정하기 어려운 것은 그렇게 개발된 매체 기술이 사회와 인간에 미치는 위력과 효과다. 사회의 패러다임을 전환시키고 인간을 변화시키는 미디어 기술의 영향력이 더욱 강력해지고 있다.

따라서 미디어는 사회에 의해 탄생되면서 동시에 사회를 바꾸는 것으로 규정된다. 새로운 미디어는 새로운 '사회적 필요'에 의해 구상되나, 그와 함께 새로운 사회를 구성한다. 신문이 그렇고, 라디오가 그러하며, 영화도 똑같다. 이후에 등장한 텔레비전이나 최근의 인터넷이라는 것도 크게 다르지 않다. 분명 '사회적 요구'에 의해 태어났으면서, 동시에 새로운 사회를 욕망하는 미디어 기술로서 결정적인 위력을 행사한다. 새로운 인간 감각과 소통, (무)의식과 정체성을 매우 강력한 힘으로 생산하고 있음을 우리는 주변에서 쉽게 경험·관찰할 수 있다. 그래서 네티즌, 미니홈피, 싸이월드, 엄지족, 디카족, 블로그, DMB 등 미디어 혹은 테크놀로지가 진화하지 않았으면 등장하지 않았을 단어들이 우리 주위를 배회한다.

새로운 미디어가 인간에게 미치는 영향은 인간의 감성, 행동, 언어, 사고방식에 미치는 영향으로 구분해 볼 수 있다.

첫 번째로 새로운 커뮤니케이션 패러다임이 감성 차원에 영향을 미치고 있다. 이것은 과거에 하나의 제품이나 환경에 대하여 사용성(usability), 유용성(utility)을 기준으로 삼았지만, 이제는 네이스빗과 애버딘이 말하는 기술의 하이터치(High-Touch) 경향[41]과 같이 인간

---

41) 과거에는 하이테크(High-Tech.)는 매력 자체가 소비자들을 끌어당겨 수요를 창출했지만, 미래에는 그러한 하이테크 제품을 만든 회사의 브랜드 가치, 디자인, 사용자들 간의 공감대 형성, 감성적인 만족도 등이 제품 선택에 큰 영향을 미치게 될 것이다. 이처럼 다른 사람과 공유 가능한 즉, 유저들 간의 확산을 이룰 수 있는 공통된 목적과 의미를 발견하고 만들어

의 감성(sensibility)과 사용성을 동시에 만족시키는 방향으로 바뀜을 의미한다.

두 번째로, 인간의 행동 차원 즉 행동 양식에 미치는 영향은 임의성에 기반을 둔 넓은 행동 스펙트럼, 기호 자체의 독립성의 극대화, 전자적으로 구성된 사이버스페이스로 인간의 행동 확장, 가상공간에서 인간의 행동을 대신하게 될 전자대행자(electronic agent)의 증가 등이다. 임의성에 기반을 둔 넓은 행동 스펙트럼은 사고구조가 유연해지면서 행위과정을 인과적으로 사고했던 과거의 방식이 이완되어, 행위자들이 기존 가치를 전복하고 각종 위반행위를 할 확률이 높아진다. 이로써 각종 위반행위가 인권보호나 개성존중을 이유로 관용될 가능성이 커진다. 보드리야르는 정보기술이 완숙단계에 도달하는 시기 곧, 모든 사물의 의미가 디지털화되는 시점에 이르면 기호 자체의 독립성이 극대화되어, 기호의 전성시대가 열릴 것이라고 하였다. 이는 곧 현실보다 더 현실다운 가상인 하이퍼리얼리티(hyper-reality)와 모사(模寫)인 시뮬라크라(simulacra)로 나타난다.[42] 전자공간인 사이버

나가는 것이 바로 하이터치이다. 하이터치는 6가지의 감각(Senses)으로 나누어 볼 수 있는데 디자인(Design), 스토리(Story), 조화(Symphony), 감정이입(Empathy), 놀이(Play), 의미(Meaning)가 바로 그것이다. 이러한 6가지의 감각으로 이루어진 하이터치는 정보화 사회에서 축적된 하이테크와 만나서 목적 있고 의미 있는 지식으로 탈바꿈하게 된다.

42) 전자 미디어를 통하여 행하여지는 커뮤니케이션의 문맥 속에서 수많은 기호들이 비선형적으로 생산, 복제 그리고 유통되고 있는 것이다. 이러한 경향을 보드리야르는 시뮬레이션(simulation)이라는 개념으로 설명한다. '하이퍼'라는 접두어는 현실보다 더 현실적인 것, 즉 현실이(완벽을 지향하는) 모델에 따라 생산된다는 것을 의미한다. 미디어 자체의 메시지 생산은 광고의 경우에 전형적으로 행해지며 기호가 현실에서 독립하여 자율화한 현상을 보드리야르는 시뮬레이션이라 부른다. 그리고 그것에 의해 창출해 낸 것을 시뮬라크르(Simulacres)라고 한다. 시뮬라크르는 실제로는

스페이스의 등장으로 인간이 현실계를 넘어 가상공간으로도 활동영역
이 확장된다. 가상공간에서 체험하는 현실은 실제가 아닌 가상의 현
실인데, 인간이 현실에서 욕구하는 것을 확장시키는 효과가 있다. 사
이버스페이스는 사실성이 떨어지는 반면, 상상력을 자극하는 측면이
강하고, 현실의 공간을 보완하는 기능을 수행하는 장점을 지니고 있
기 때문이다. 전자대행자의 역할 증대는 컴퓨터 프로그램 또는 컴퓨
터 자체가 인간의 커뮤니케이션 과정에 끼어들어 전달의 기능을 대신
수행할 뿐 아니라, 수신·정보처리·저장 등의 기능을 기계의 소유자
를 대신하는 일이 늘어났다는 뜻이다. 전자우편에서 선택적 수용과
같은 메일 관리 기능, 전화 메모리 기능, 인터넷에서 포르노 사이트
자동검열 기능, 웹 페이지에서 맞춤 뉴스, 맞춤 잡지의 서비스 등이
이에 속한다.

세 번째로, 언어 차원에 미치는 영향으로 사이버스페이스상에서 사
회적 실재감을 높이기 위한 감성 아이콘인 이모티콘(emoticon)의 사
용이나, 의성어, 축약어(acronym) 등과 같이 기존의 언어체계를 변화
시킨다는 것이다. 또한 영어가 사이버스페이스에서 지배적인 언어가
되면서, 언어의 다양성이 파괴되는 현상도 지적할 수 있다.

마지막으로, 이러한 현상들의 영향으로 이용자의 사고방식에도 많은
변화가 생기고 있다. 뉴미디어의 비동시성 기능에서 오는 비동시적인
것과 동시적인 것의 혼재는 병리적 현상이 아닌 정상적 사회질서의
일부로 널리 용인되는 경향이 있다. 현실공간에서는 지리적인 차이 때
문에 불가능하던 동공간적 인식이 인터넷에서는 공간을 초월하여 동
시간적으로 공존하게 됨으로써 지리적으로 가까운 이웃보다 의식이
비슷한 지구 반대편의 이웃을 더 가까운 이웃으로 느끼게 할 수 있다.

존재하지 않는 대상을 존재하는 것처럼 만들어 놓은 인공물을 지칭한다.

나이, 인종, 성(gender), 국적에 관계없이 나의 이웃이라는 지구촌 의식을 갖게 만들 수 있는 것이다. 게다가 공간개념이 축소됨으로써 첨단정보통신기기를 이용한 원격거래, 원격회의, 원격근무, 원격시술 등이 빠른 속도로 실용화되고 있는데, 향후 종합정보망 체계가 구축되면(정보고속도로, B-ISDN 등) 지역개념의 변화는 물론, 공간구분 자체가 무의미해지는 반(反)공간적 사고가 늘어날 가능성이 있다.

이렇게 미디어 발전으로 인해 감성, 행동, 언어, 사고방식의 측면에서 많은 변화가 일어나고 있는 중인데, 이러한 현상들은 과거에는 상상도 할 수 없었던 것이다.

인간은 의사소통 영역에서 정보나 지식을 보다 신속하고 정확하게 처리하고 이를 커뮤니케이션 당사자에 보다 완벽하게 전달하는 것, 아주 멀리 있는 사람과도 마치 마주 대하고 있는 것처럼 완벽한 커뮤니케이션을 하는 것, 그리고 무엇보다도 이들 미디어 도구들을 마치 자신의 눈이나 귀나 입을 사용하는 것처럼 자연스럽고 불편 없이 이용하고자 하는 열망을 가지고 있다. 물론 미디어가 인간의 커뮤니케이션을 원활하게 해 주기 위해서는 다음과 같은 조건을 충족시켜 주어야 한다. 가능하면 정확하고 신속하게 정보를 전달할 수 있어야 하고, 멀리 떨어져 있어도 커뮤니케이션 당사자 간에 마주 보고 있는 것과 같이 현실감을 가질 수 있어야 한다. 동시에 커뮤니케이션 당사자 간에 원활한 대화와 의사교환을 할 수 있어야 하고, 미디어가 마치 이용자 자신의 눈, 귀, 입 그리고 손 같은 신체의 일부를 사용하는 것처럼 편안하고 자연스러워야 한다는 것이다. 그리고 무엇보다 인식적 토대를 달리하는 커뮤니케이션 주체 간에 서로 메시지를 교환함으로써 점차 인식의 틈을 좁혀 나가는 상호이해의 과정이어야 한다는 것이다. 그런데 과연 뉴미디어는 이런 조건을 얼마나 충족시켜 주고 있으며, 정보사회는 인간이 의사소통 영역에서 갖는 염원을 어느 정도나 충족시켜 줄 수 있는가?

먼저 정보의 홍수 속에 살면서도 참다운 지식이 부족하다는 문제를 지적할 수 있다. 정보통신 혁명으로 인해 우리가 사용하던 신호를 디지털화함으로써 적은 비용으로 대량의 정보를 신속하게 오차 없이 전달할 수 있게 되었다. 그러나 매체는 발달했어도 그 매체를 통해 전달된 신호를 다시 인간이 인식할 수 있는 언어 및 기호체계로 전환시키는 데는 한계가 있다. 정보기술이 커뮤니케이션 과정에서 다양한 형태로 신호를 받은 후 그 신호를 인식하고 이해하는 데 완벽성을 주지는 못한다는 것이다. 수신된 신호는 우선 개인의 인지적인 한계에 부딪히게 되고, 다시 언어의 사회성이 그 의미의 해석을 좌우하기 때문이다. 로저스(Rogers)는 인간은 지나치게 많은 자료나 정보에도 불안감을 느끼지만, 불충분하거나 부정확한 경우와 같이 정보의 질이 떨어질 때도 불안해하는 현상을 지적하였다. 그는 오늘날 사람들은 막대한 양의 정보에 짓눌려 있을 뿐 아니라, 그 정보를 이해하기 쉽고 유익한 것으로 바꾸지 못하여 좌절감을 느끼고 있다고 본다. 사실 최근 정보는 양적으로 늘어나 인간 개인의 한정된 정보판단 능력을 초과하였다. 거대기업이나 정부기구와 같이 막강한 잠재력을 보유하고 있는 현대조직들조차도 정보에 대한 판단이 몇몇 소수의 의사결정자나 정보판단자에 의해 이루어질 수밖에 없다는 사실을 인정하는 형편이다.

두 번째로, 정보의 선택 가능성을 높일 수는 있지만 정보를 선택하는 인간들의 동기를 심화시키지 못하는 문제가 있다. 정보의 소비자인 대중들이 정보사회에서 보다 다양한 정보 중 하나를 선택할 수 있게 되리라는 것은 분명하다. 그러나 이들이 매체를 선택하고 다양한 매체에서 프로그램을 선택하는 기준은 기존의 대중매체에서와 마찬가지로 대부분 오락적인 재미나 흥미에 의하여 결정될 가능성이 높기 때문이다. 따라서 어떤 정보가 개인이나 사회를 위해서 유용한지 아닌지를 알기 위해서는 빠르고 정확한 신호의 전달이 필요한 것이 아니라 '정보에 대한 가치판단이 필요'하다. 정보의 전달만 있고 정보에 대한 이해와 해석이 없다면 소통장애가 발생하게 마련인 까닭이다. 그런데 아쉽게도 정보사회가 제공하는 정보기술이나 기구는 이러한 가치판단에 큰 도움을 주지 못한다.

세 번째로, 정보전달 중심의 커뮤니케이션은 면대면(face-to-face) 커뮤니케이션에서와 같이 서로의 얼굴 표정, 눈의 접촉, 미세한 신체 언어 등과 같은 비언어적 단서들을 사용해서 소통하기가 어렵다는 문제가 있다. CMC(컴퓨터 매개 커뮤니케이션)와 같은 방식으로도 감정 전달이 가능하다고는 하나 인간적인 체취가 느껴지는 커뮤니케이션 수준에 이를 정도는 아닌 까닭이다. 커뮤니케이션 기술이 커뮤니케이션의 질까지 보장해 줄 수 없는 것이다.

네 번째로, 정보의 양이 폭발적으로 늘어나고 정보를 선택할 수 있는 권한이 늘어나면서 기존 산업사회에서 이미 한 차례 분화된 공동체가 더 세분화되어 사회구성원들이 공유할 수 있는 커뮤니케이션의 주제가 더욱 좁아지는 문제이다. 다매체 다채널을 특성으로 하는 새로운 매체 환경에서 과거의 대중매체 환경보다는 매체나 채널의 다양화에 따른 수용자의 세분화를 통하여 매체 및 채널의 특성이나 그 내용에 따른 취향집단(taste group)의 형성이 가능한 것처럼 긍정적인 측면이 있다는 사실이다. 그러나 이와 같은 분중화(分衆化)는 결과적으로 사회적인 총체적 유대를 약화시킴으로써 사회 분절화를 촉진시킬 수 있다. 과거의 대중이 취향과 관심의 분포에 따라 끼리끼리 모이는 '분중적', '소중적(少衆的)' 수용자로 변해 갈 수 있다는 것이다.

이것은 정보사회에서 공공영역이나 공동체와 같은 공적 영역이 점차 축소 또는 소멸될 것이라는 우려와 맞닿아 있다. 수용자의 분중화가 결과적으로 사회적 공동대의(大義)를 위한 사회구성원의 통합적인 공동대응을 취약하게 만들 가능성이 크다는 것이다.

다섯 번째로, 컴퓨터와 주변 기기들이 창조하는 가상현실은 자연에서 진화해 온 인류가 태생적으로 안고 있는 능력과 우리의 생존기반이 되고 있는 자연환경, 그리고 오랜 역사를 통해 일구어 온 사회라는 환경에 대한 충분한 고려 없이 개발·발전되고 있다는 문제이다. 이 역시 인간적인 의사소통에 장애가 될 가능성이 크다. 그리고 가상공간은 어디까지나 현실공간(real space)이 아니기 때문에 궁극에는 소통에 지장을 초래할 우려가 있다. 가상전쟁(war-game)과 같은 시뮬레이션이 생활에 사실성을 높여 상업, 교육, 군사적으로 응용되는 것은 사실이나, 사이버 섹스와 같이 기계와 인간의 불완전한 커뮤니케이션일 뿐이라는 점에서는 한계가 있다.

마지막으로, 불건전한 정보의 범람과 홍수 속에서, 자아와 인성의 실체(integrity)를 지키기가 점점 더 어려워지는 문제이다. 자아와 인성의 실체, 익명성과 인간 신뢰성의 문제, 인간의 컴퓨터화, 컴퓨터 문맹 등과 같은 문제들이 인간자아의 정체성을 위협하고 있으며, 첨단기술사회의 생명과 인간의 의미, 그리고 이와 관련된 윤리문제를 일으킨다.

21.2 미디어와 인간의 공진화

새로운 테크놀로지가 미디어 양식을 변화시키고, 인간 커뮤니케이션의 차원을 넘어 문화 전반을 변모시킨다는 논리는 미디어 학자들의 공통된 주장이다. 디지털 시대에 접어들어 이러한 주장이 더욱 설득력을 얻고 있다. 특히 인터넷이나 모바일 커뮤니케이션의 확산은 개인의 행동과 사회관계를 전혀 다른 새로운 차원으로 전환시키고 있다. 정보사회에서 디지털미디어의 문화적 파급력은 상상을 초월할 정도로 커서 개인은 미디어에 의존하지 않고 생활할 수 없을 정도이다.

이러한 배경에서 오늘날의 사회를 명명하는 다양한 개념 중 하나로 디지털미디어 사회(Digital Media Society)를 거론할 수 있다. 이는 정보기술을 내장하고 있는 미디어가 우리 일상생활에 스며들어 있는 상황을 설명, 생활의 모든 영역이 미디어 기기로 구성된다는 것은 단순히 양적인 문제가 아니라 모든 영역에서 미디어 기기가 환경화되고 그것들의 상호작용 속에서 살아간다는 질적인 문제를 포함한다. 미디어가 삶을 구성하는 것이다.

미디어 사회론을 구성하는 기본 명제는 다음과 같다.

첫째, 정보기술과 사회의 관계를 대립적인 성격으로 파악하는 것이 아니라 상호작용적인 것으로 받아들인다. 정보기술은 사회 속에서 작동하는 것이며, 사회는 정보기술에 의해 존립한다.

둘째, 정보기술과 미디어라는 개념을 구별하여 별개의 개념형으로 보고, 그들 사이의 역학관계를 정의한다. 미디어는 사회적인 산물, 정보기술은 그러한 것에 결실을 맺게 하는 핵심이기는 하지만, 하나의 구성요소에 지나지 않는다. 기술을 포함한 여러 가지 요소가 복합되어 사회적으로 의미가 부여되며, 문화적 상황에 적합한 형태로 사람들에 의해 채용되고 기능한 결과가 바로 미디어인 것이다.[43] 결국 미디어는 정보기술을 내포하면서도 정치적, 경제적, 문화적인 여러 가지

---

43) 예컨대, 나치즘하에서는 정치적인 이유로 라디오가 선택되었고 전시에는 군사적인 목적으로, 오늘날에는 상업적인 목적에서 실용화된 것으로 이해된다.

사회적 요인의 개입으로 사회적인 양태를 정돈해 가는 것이다.

셋째, 미디어는 다원적인 실체성을 띠고 사회에 존재한다는 인식이다. 미디어의 이미지는 의미를 공유하는 사회집단마다 각각 다르게 받아들여진다.

한편 디지털 흐름 속에서 미디어와 인간(사회)의 관계를 설명하는 방식 중의 하나로 소시오 미디어(Socio Media)론을 고려할 수 있다. 소시오 미디어론은 도쿄대학 대학원 정보학과 교수인 미즈코시 신(Shin)에 의해 주창된 것으로, 미디어사적 시점을 기축으로 하여 정보기술과 미디어를 인간과 사회의 측면에서 고찰한다. 이 관점은 정보기술이 인간이나 사회에 어떤 영향을 미쳤는가 하는 관점으로 보는 기술 중심적인 미디어론과는 달리, 인간이나 사회가 정보기술을 문화적으로 어떻게 수용하고 활용해 가는가, 미디어 문화가 어떠한 정치성, 역사성을 띠고 존립하고 있는가, 나아가 인간이나 사회가 정보기술이나 미디어를 어떻게 디자인해 가는가 등의 형태로 인간이나 사회의 측면에서 미디어를 고찰한다(송해룡, 2003).44)

소시오 미디어론에서 주장하는 세 가지 기본 맥락은 다음과 같다(Shin, 1999, 백성수 외 역, 2000).

첫째, 정보기술과 사회의 관계를 대립적인 성격으로 파악하는 것이 아니라 상호작용적인 것으로 받아들인다.

둘째, 정보기술과 미디어라는 개념을 구별하여 별개의 개념형으로 보고, 그들 사이의 역학관계를 정의한다. 미디어는 사회적인 산물이다.

---

44) 소시오 미디어론은 20세기에 대두된 미디어론, 혹은 미디어론과 관련된 지적 계보에서 그 연원을 찾을 수 있다. 최초의 주창자는 영국의 윌리엄스(Williams)와 그 영향을 받은 미국의 캐리(Carey)라 할 수 있다. 그리고 이를 하나의 대안적 프로젝트로 정리해 낸 일본의 신(Shin)이 최근의 연구자라 하겠다.

정보기술은 그러한 것에 결실을 맺게 하는 핵심이기는 하지만, 하나의 구성요소에 지나지 않는다. 기술을 포함한 여러 가지 요소가 복합되어 사회적으로 의미가 부여되며, 문화적 상황에 적합한 형태로 사람들에 의해 채용되고 가능한 결과가 바로 미디어인 것이다.

셋째, 미디어는 다원적인 실체성을 띠고 사회에 존재한다는 인식이다. 미디어의 이미지는 의미를 공유하는 사회집단마다 각각 다르게 받아들여진다.

이러한 소시오 미디어 차원에서 정보기술, 미디어, 사회의 제 관계를 도식화하면 다음과 같다.

<그림 84> 정보기술, 미디어, 사회의 관계 조감도: 소시오 - 미디오론적 설명

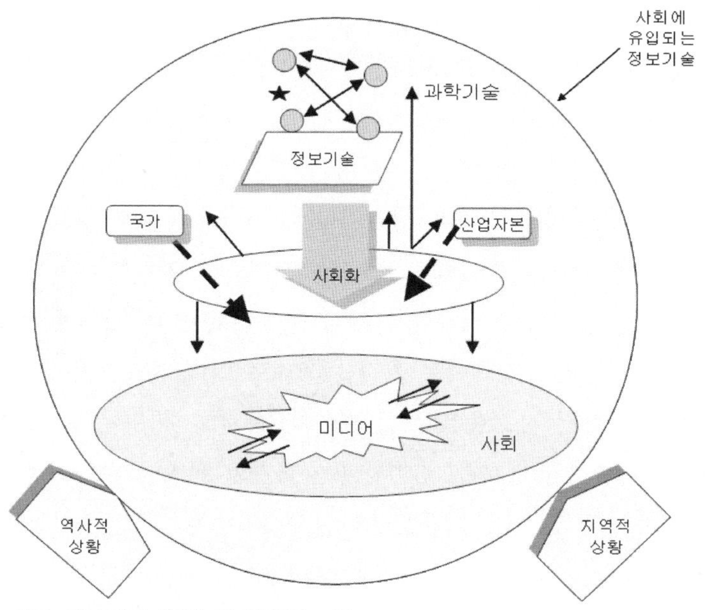

자료: Shin(1999), 백성수 외 역(2000), p.32.

소시오 미디어적 관점에서 미디어의 역사적·사회적 위상은 다음과 같이 정리된다.

첫째, 새로운 정보기술이 기술자 집단 내에 등장해도 그것이 미디어로서 사회적으로 정착하기 위해서는 상당한 긴 세월을 필요로 한다. 예컨대, 15세기에 구텐베르크가 활판인쇄술을 실용화한 것은 유럽사회에 커다란 영향을 주었지만, 이는 단시일 내에 일어난 것이 아니다. 인쇄라는 정보기술이 서서히 사회화하여 신문이나 서적 등의 물질적·사회적인 형태를 가진 미디어로서 사회에 본격적으로 정착해 가기 위해서는 18세기까지 기다려야 했던 것이다. 또한 영화와 마찬가지로 1895년에 실용화된 무선기술은 세계대전을 거치면서 체계적으로 연구개발이 이루어지고 이것이 대중소비사회 속에 보급되면서 여러 가지 우발적인 요인이 첨가되어 라디오 방송이라는 미디어 형태를 취하게 된 것이다. 텔레비전 기술도 라디오와 같은 길을 걸어왔다. TV가 대중소비사회를 이끌어 가기까지는 1세기에 가까운 세월이 걸렸다.[45]

둘째, 새로운 미디어는 이전의 미디어의 모방에서 출발하나 점차 사회적으로 독자적인 모습을 만들어 간다. 어느 시대에 있어서도 새로운 미디어의 '새로움'이라는 특성을 순수하게 지각하지는 못한다. 단지 새로운 미디어에 지금까지 경험해 온 미디어의 양태를 비교해 보고 서로 겹치는 부분에서는 그것을 토대로 이미지를 형성하고 겹치지 않는 부분에서 새로움을 느낄 뿐이다. 예컨대, 영화는 연극으로부터 공간장치로서의 영화관, 연기자나 제작자와 관중이라는 인적 관계성, 이야기의 구조 등을 계승했다. 라디오 방송은 전화, 전화는 전신의 사업형태를 계승하여 산업적으로 성공했다. TV는 '그림이 나오는

---

45) 미국 상무부의 정보기술경제보고서(1998)에 따르면, 특정 미디어가 대중화되는 데 소요된 기간은 라디오는 38년, TV는 13년, PC는 16년, 인터넷은 4년으로 추정된다.

라디오'라는 비유에 의해 시장에 도입된 것이다.

셋째, 이러한 오래된 미디어의 비유를 바탕으로 사회적 인지(認知)를 얻은 새로운 미디어는 그 양식을 서서히 독자적인 형태로 변화시켜 간다. 예컨대, 전화와 같은 것으로 수용된 라디오 방송은 이윽고 영화 같은 오락의 영향을 받게 되었으며, 결과적으로는 라디오 방송만의 독특한 영역을 형성하게 되었다.

넷째, 미디어와 사회의 상호작용 과정의 초기단계에서는 사회의 중심영역에서부터 여러 가지 형태의 반발, 비판, 반동이 일어난다. 미디어의 존재양식은 그것을 매개로 하여 성립하는 여러 가지 문화를 규정한다. 따라서 그 미디어가 모습을 변화시키거나 새로운 미디어와 경합하는 형태로 등장하여 기존의 미디어가 만들어 낸 기존의 미디어 문화에 존망의 위기를 불러오는 경우가 종종 있어 왔다. 예컨대, 라디오의 등장이 1920년대의 음악문화에 복제된 음악의 가치에 대한 논쟁을 불러일으켰다는 사실이다. 이는 온라인 음악의 저작권이라는 오늘날의 상황에서도 재연되고 있다.

다섯째, 새로운 미디어가 등장할 때에는 여러 가지 풍부한 상상력이 다양한 사회영역으로부터 제시되어 무한한 가능성을 지닌 미디어가 모습을 드러내려 하지만, 어떤 한 가지 모습이 국가적 · 산업적으로 확립되면 여러 기능적인 양태가 잊혀져 간다. 예컨대, 1차 대전을 전후하여 1920년대 초반 사이에 세계 각국의 아마추어 무선가들은 무선을 세계적으로 널리 이용되는 양방향 미디어로서 활용하려 했지만, 라디오 방송이 매스 미디어로 확립되자 설 자리를 찾을 수 없게 되었다.

21.3 미디어 인간의 미래를 위해

인간의 사회적 삶과 문화가 더욱 기술 의존적이 될 것이라는 점에는 이의가 없으며, 이제 문화는 인간과 미디어 사이에 이루어지는 상호작용의 결과물이라는 정의도 가능하다. 이 평형추의 한쪽을 기술매체가 차지하고 있다면 그 균형점을 찾는 것은 결국 인간이라고 할 수 있다. 인류사회 진화의 지향점과 기술 발전의 방향성 사이에 절충점과 연결고리를 찾는 작업은 영원히 인류의 과제로 존재할 것이기 때문이다.

인류는 사회·문화적인 진화를 계속해 나갈 것이고 그것은 우리가 어떻게 현명하게 그 진화의 흐름을 이론적이며 동시에 실천적으로 잘 제어해 나가느냐에 달려 있다. 컴퓨터가 매우 강력한 재혼합 도구이긴 하지만, 거기에서 나오는 것은 궁극적으로 그 컴퓨터를 다루는 창조적인 개인, 바로 우리 자신에게 달려 있기 때문이다.

일찍이 움베르토 에코(Umberto Eco)는 디지털 사회의 시민계급이 3가지로 분화될 것임을 주장했다. 그에 따르면, TV만 보고 조립된 영상만 받아들이려 하는 프로렉스(Prolex), 소극적이고 수동적인 방법으로 컴퓨터를 사용하는 쁘띠 부르주아지(Petite Bourgeoisie), 기술에 친숙한 노멘클라투라(nomenklatura) 계급이 존재한다는 것이다.

디지털 사회에서 정보접근에 유리한 전문직종인들은 상위계층으로 부상하고 정보화에서 소외되는 사람들은 하위계층으로 전락하게 된다. 상위계층을 디제라티(digerati: digital과 지식계급 literati의 합성어) 또는 가상계급(virtual class)이라 부르고, 이들의 사고와 이념을 캘리포니아 이데올로기(california ideology)라 칭하기도 한다. 이들 디지털에 익숙한 계급은 디지털 사회의 부를 독점하게 되고 이들의 사회적 영향력이 급증하게 됨에 따라 점차 새로운 지배계급으로 변모한다. 디제라티는 디지털 시대의 파워엘리트로 존재하는데, 미국 최고 부유층 1% 중 35세 이하 청년 디제라티가 5%를 차지한다.

문제는 정보격차에서 소외받는 층, 이른바 정보빈자들과 관련된다. 정보시스템을 능숙하게 사용하지 못하는 정보빈자들은 '20 대 80의 사회'에서 배척되는 80%로 티티테인먼트(tittytainment)로 삶을 영위한다. 티티테인먼트는 '엄마 젖'이란 뜻의 titty와 오락이란 뜻의 entertainment의 합성어로 세상에 좌절한 사람들은 약간의 오락물과 먹을거리에 만족하며 아무 저항 없이 얌전하게 조용히 살아야 한다는 것을 의미한다.

그렇다면, 이러한 상황에 어떻게 대처할 것인가. 디지털 격차를 극복하기 위해서는 디지털 통합(digital integration)을 이룩해야 한다. 그 전제는 나눔의 철학이다. 선진국들의 보편적 서비스(universal service) 개념은 공공재로서 정보와 지식을 염두에 두고 있다. 이는 승자독점경제(winner-takes-all economy)에서 초래될 수 있는 어느 특정 계층이나 집단의 정보·지식 독점을 방지하는 수단으로 작용한다.

따라서 사회적 포용정책이 요구되는데, 디지털 경제가 정보화 소외계층의 사회적 배제(social exclusion)를 증가시킨다는 인식에서 이들을 동참하게 하는 사회적 포용(social inclusion) 정책을 실시해야 한다. 정보화로부터 소외되는 계층과 지역을 타깃으로 산업화 과정에서 벌어진 격차가 디지털 사회에서 되풀이되지 않게 하는 데 역점을 두어야 한다. 경제적, 신체적으로 소외된 계층과 정보화로 인한 경제적 부를 나누어 가진다는 점에서 사회적 평등 실현에 근접한다.

컨버전스 시대에는 예술적이고 감성적 아름다움을 창조하고 트렌드를 감지하며 스토리를 만들어 낼 수 있는 하이컨셉의 능력이 요구된다. 하이컨셉을 구현하기 위해서는 다음과 같은 여섯 가지 요소에 주목해야 한다.

첫째, 디자인이다. 기능만으로는 안 된다. 시각적으로 아름답거나 좋은 감정을 선사해 가치를 제공해야 한다. 좋은 디자인이란, 사람들의 욕구에 기술과 인지과학, 그리고 미를 결합하는 것이다.

둘째, 스토리이다. 단순한 주장만으로는 안 된다. 설득과 커뮤니케이션이 필요하다. 인간은 선천적으로 논리를 이해하는 데 이상적이지 않다. 인간은 선천적으로 스토리를 이해하도록 창조되었다.

셋째, 조화이다. 집중만으로는 안 된다. 통합, 이질적인 조각들을 서로 결합하는 능력이 요구된다. '수레바퀴를 발명한 사람은 멍청이다. 바퀴를 네 짝으로 만든 사람, 그 사람이 바로 천재다.'라는 명제를 알아야 한다.

넷째, 공감이다. 논리만으로는 안 된다. 유대 강화, 배려하는 정신이 필요하다. 공감은 타인을 격려하고, 그들의 삶에 활력을 불어넣어 주기 위해 타인과 관련을 맺고 연대하는 능력이다.

다섯째, 놀이이다. 진지한 것만으로는 안 된다. 마음의 여유, 웃음, 유머를 선사해야 한다. 21세기에 놀이는 지난 300년에 걸친 산업사회에서 일이 우리의 사고, 행동, 그리고 가치창조에서 차지했던 것과 같은 비중을 갖고 있다.

여섯째, 의미이다. 물질의 축적만으로는 안 된다. 목적의식, 초월적 가치, 정신적 만족 등을 제공해야 한다. 인간은 선천적으로 쾌락보다는 의미를 추구한다. 그 쾌락에 의미가 깊이 개입되어 있지 않는 한 그러하다.

미래 하이컨셉 시대를 살아가기 위해 우리가 준비해야 하는 것은 다음과 같은 능력들이다. 그것은 바로 기술을 아름답게 하는 디자인 능력, 설득 커뮤니케이션을 담은 스토리 구성 능력, 이질적인 조각들을 서로 결합하는 조화력, 남을 배려하고 관계 맺는 공감력, 즐길 줄 아는 여유, 의미와 만족을 추구하는 정신 등이다. 앞으로 펼쳐질 미래 컨버전스 시대에 무엇보다도 중요한 화두는 바로 우리들이 단순한 사용자나 소비자가 아니라는 점이다. 이는 웹 2.0 시대가 가지는 속성과도 일치한다. 이제 우리는 생산자이자 평가자이다. 그래서 기득권자들 중심의 기존질서 대신 새로운 질서를 갖춘 세계가 만들어지고 있다. 구경만 하던 사람들이 이제는 직접 참여해 무엇인가를 만들어 내고 이를 다른 사람들과 함께 공유하면서 나타타는 현상이다. 집단 지성이 그랬고, 작금의 UCC 열풍이 그러하다.

이제 네티즌, 이용자는 유비티즌(Ubitizen)으로 진화한다. 유비티즌은 네티즌이 갖는 '정보인'의 개념을 '정보생활인'의 새로운 개념으로 업그레이드한 것이다. 유비티즌은 현실적인 일상공간 속에서 자신의 욕구에 맞는 생활환경과 사물들의 자율적 지능화를 통해 삶의 양식을 혁신시키고자 하는 사람이다. 미디어, 인터넷을 능동적으로 창의적으로 지능적으로 활용하는 속성을 갖는다. 단순한 단순이용자(User)가 아니라 창조자(Creator)가 되어야 할 것이다. 프로슈머(Prosumer)를 넘어서 능동성이 더욱 강조된 크리슈머(Cresumer) 즉, 창조계급(Creative Class)[46]이 되어야 한다.

우리는 디지털 제국의 시민이 되고 있다. 하루 종일 핸드폰 없이는 살지 못한다. '용건만 간단히'라는 금언은 찾는 이 없이 거리의 흉물로 전락한 공중전화에만 유용할 뿐이다. 우리는 이미 침묵에 허전함을 느

---

46) 카네기 멜론 대학의 석학 리처드 플로리다(Richard Florida) 교수가 언급한 세계 어디에 있든 네트워크를 통해 창의력을 발휘, 새로운 부가가치를 창출하는 집단을 일컬어 명명했다.

끈다. 핸드폰이 없으면 현대판 로빈슨 크루소를 체험하는 듯하다.

요즘은 강아지가 애완동물의 개념에서 가족의 개념으로 확장되고 있으며, 실제 애견인구도 폭발적으로 증가하고 있다. 그에 따라 아무 때나 짖어대는 소리에 조용한 생활을 방해받는 사람들의 불평이 적지 않다. 주위의 동의를 구해야만 개를 기를 수 있게 해야 한다는 아이디어가 정책적으로 고려되고 있는 상황이다. 스스로 상황을 타개하고자 하는 사람들은 개목의 진동을 감지하여 미세한 전기자극을 주어 짖음을 방지하는 기계를 구매하고 있다. 한마디로 인간의 이기적 목적에 영합하는 디지털 기술의 가학성이다. 이 얼마나 잔인한 발상인가. 주인이 반가워, 배가 고파 짖고자 할 때 어김없이 전기자극이 가해질 것이다. 디지털은 편리함을 가져다준다. 그러나 어떻게 쓰느냐에 따라 이처럼 잔인한 기술이 되기도 한다.

디지털은 어떻게 쓰느냐에 따라 '디지털'이 되기도 하고, '돼지털'이 되기도 한다. 디지털이면 인간에게 유용한 생활도구인데, 돼지털이 되면 아무 소용없는 것으로 전락하거나 애물단지일 뿐이다. 돼지고기는 음식이 되지만 털은 버리는 것과 같다. 그런데 돼지털도 붓털로 사용된다는 사실을 간과해서는 안 될 것이다. 즉 어떻게 사용하느냐이다. 아날로그를 무시한 디지털이어서는 곤란하다.

비틀즈는 LP에서 전설로 부활한다. 아날로그적인 감수성은 여전히 중요한 의미로 남아 있는 것이다. 역시 답은 인간이 주인공인 디지털 세상이다. 디지털에서 아날로그를 지워 버려서는 안 될 것이다. 디지털에 저장된 아날로그적 향수를 다운로드해 보는 여유가 소중해지는 요즘이다.

지금의 세대는 가장 겉늙은 세대이다. 우리는 다양한 미디어를 통해 전 세계의 모든 축적된 과거를 경험하고, 단말기의 시뮬레이션 게임을 통해 모든 가능한 미래를 경험하고 있다. 모든 새로운 것은 보는 즉시 낡은 것으로 화한다. 진짜와 가짜의 구별도 중요치 않다. 그런데 미래가 진부해진 만큼 노스탤지어의 감흥도 커진다. 겉늙었기에 향수 어린 시선으로 되돌아본다. 고갈된 미래가 우리로 하여금 자꾸만 지나가 버린, 먼 곳의 풍경을 뒤돌아보게 한다.

그래서 이제는 돌이킬 수 없는, 그러나 돌이키고 싶은 바로 추억을 중시한다. 우리는 '추억 거지'가 된다.

나는 추억 거지
나는 추억 부랑자
내 앞의 줄이 끝이 없구나
추억 되지 않으려 필사적인 최신 유행들,
쉼 없는 첨단이며 전위여

진이정 시인이 「추억 거지」에서 과거를 추억하듯, 첨단 미디어를 자유자재로 활용하고 있지만, 우리는 아날로그 콘텐츠를 소비하고 원초적인 커뮤니케이션을 갈망한다. 편지를 대신하는 문자 메시지가 여전히 유효하고, TV는 장소를 바꾸었을 뿐이다. 테크놀로지 발달이 미디어를 발전시키지만, 우리는 원초적인 커뮤니케이션을 희구한다. 메시지가 필요 없는 커뮤니케이션, 굳이 표현하지 않아도 되는, 그러면서 모든 것을 말하는 그런 커뮤니케이션 말이다.

꿈이 있어, 희망이 있어 세상은 살 만하다고 한다. 그런 꿈을 가능하게 해 주는 것 중 하나가 바로 미디어이다. 오늘도 우리는 드라마, 영화에 몰입한다. 여전히 미디어는 우리에게 꿈을 주는, 매직인 것이다.

참고문헌

강홍렬 외(2006). 「메가트렌드 코리아」, 한길사.

강현두 외(1997). 「세계방송의 역사」, 나남출판.

권상희(2005). 디지털미디어와 문화담론, 유재천 외, 「컨버전스와 미디어 세계」, 커뮤니케이션북스.

권수갑(2006). IPTV개념 및 해외동향, 전자부품연구원 전자정보센터.

권수갑(2006). WiBro 최근 동향, 전자부품연구원 전자정보센터.

권호영(2004). 「IPTV의 동향과 전략」, 한국방송영상진흥원.

김국진(2002). 디지털 방송 산업, 강상현 외, 「디지털 방송론」, 한울아카데미.

김기중(2006). 정부역할의 기능별 재편을 통한 디지털 콘텐츠 보호와 유통 활성화, 「방송통신 융합과 디지털 콘텐츠의 효율적 유통 및 보호」, 방송통신 융합과 디지털 콘텐츠 연속세미나3.

김도연(2005). IPTV도입의 영향요인과 정책쟁점, 「방송연구」 2005년 여름호.

김동율(2006). 홈 네트워크 기반의 유비쿼터스 TV 서비스 사례 및 전략, www.ubicod.com.

김명남·장시형/진대제 감수(2007). 「기술이 인간을 초월하는 순간 특이점이 온다」, 김영사.

김문형·남제호·홍진우(2006). UCC의 동향 및 전망, 정보통신연구진흥원, 「주간기술동향」 통권 1262호.

김영석(2002). 「디지털미디어와 사회」, 나남.

김용섭(2006). 「대한민국 디지털 트렌드」, 한국경제신문.

김원(2006). 디지털 라디오의 현황과 디지털 서비스 구축의 필요성, 「디지털 라디오의 미래」, 한국방송학회.

김원제(2005). 유비쿼터스 미디어 환경의 규제정책 패러다임에 관한 연구, 「방송학보」 19권 2호, 461~500.

김원제(2006). 「호모미디어쿠스」, 커뮤니케이션북스.

김익현(2006). 「웹 2.0 시대의 온라인 미디어」, KT문화재단.

김재곤(2005). 「피부로 느끼는 통방융합」, ETRI CEO Information 제23호.

김재곤 외(2004). 맞춤형 방송 기술과 표준화 동향, 「전자통신동향분석」 제19권 제4호.

김준호 외(2005). 「2004년도 해외 디지털 콘텐츠 산업조사연구: 총괄편」, 한국소프트웨어진흥원.

김중웅 옮김(2006). 「부의 미래」, 청림출판.

김지수(2004). 1인 미디어, 블로그의 확산과 이슈, 정보통신정책연구원, 「정보통신정책」 제16권 22호 통권 360호.

노무라총합연구소, u-네트워크연구회 역(2002). 「유비쿼터스 네트워크와 시장창조」, 전자신문사.

디지털융합연구원(2005). 「디지털 컨버전스 전략」, 교보문고.

릴리 청(2006). 복잡성과 유용성의 함수, 「Being Digital」, 서울디지털포럼, 미래의 창.

문화관광부 보도자료(2007. 1. 15). 〈"저작물이용실태 및 저작권 인식"〉 조사결과.

미디어미래연구소(2006). IPTV, 「미래미디어」 통권 5호, 10~14.

박형출(2006). 와이브로 서비스 추진 및 향후 시장 전망, TTA Journal special report.

사토루 이토(2006). 유비쿼터스 네트워킹 사회, 「Being Digital」, 서울 디지털포럼, 미래의 창.

삼성경제연구소(2000. 4). 디지털 사회의 키워드, 디지털충격과 한국 경제의 선택 세미나.

삼성경제연구소(2007). 웹 2.0이 주도하는 사회와 기업의 변화, 「CEO Information」 제588호.

삼성경제연구소(2005. 9). 기술과 감성의 융합시대, 「CEO Information」 제417호.

삼성경제연구소(2005. 3). 2000~2004년 히트상품 분석을 통한 중기 소비시장 전망, Issue Paper.

삼성경제연구소(2005. 3). 소프트강국으로 가는 길, Issue Paper.

삼성경제연구소(2004. 7). 애니메이션의 비즈니스 사례와 성공전략, Issue Paper.

삼성경제연구소(2003. 12). 유비쿼터스 컴퓨팅: 비즈니스 모델과 전망, Issue Paper.

삼성SDS(2005). 통방융합 환경에서의 IT서비스 시장 기회 및 전략

송해룡(2001). 「위험커뮤니케이션」, 커뮤니케이션북스.

송해룡(2003). 「디지털미디어 서비스 그리고 콘텐츠」, 도서출판 다락방.

송해룡·김원제(2003). 정보 미디어·서비스의 여가적 수용에 관한 시론적 연구, 「방송연구」, 방송위원회, 여름호 통권 제56호, 167~196.

송해룡·김원제·노준석(2006). 방통융합 미디어의 콘텐츠 시장 발전 방향 연구: 융합 서비스 활성화를 위한 사업자(PO&CP) 전략을 중심으로, KT 후원 한국방송학회 연구보고서.

송해룡·김원제·조항민(2006). 「대한민국은 지금 체험지향사회」, 커

뮤니케이션북스.

심상민(2005). 「블루콘텐츠 비즈니스」, 커뮤니케이션북스.

안두현·엄미정·이광호·김석관·배용호·정교민·박정규(2002). 〈"주요 신기술의 혁신추이 및 경쟁력 분석: BT, NT, ET를 중심으로"〉, 과학기술정책연구원, 2002.

안종배(2006). 방송통신 융합시대 콘텐츠 산업 육성방안. 방통융합시대 문화 콘텐츠와 미디어 산업의 제2의 도약 세미나 발제문, 문화관광부.

이상우·초성운 외(2002). 「통신·방송융합에 따른 법·제도 개선 및 산업정책 연구」, 정보통신정책연구원 연구보고, 02~38.

엘지경제연구원(2006). 컨버전스 어떻게 전개될 것인가, 「주간경제」 896호(8. 9).

엘지경제연구원(2006). 2006년 주목할 감성 마케팅 키워드, 「주간경제」867호(1. 18).

엘지경제연구원(2006). 엔터테인먼트에서 엿보는 소비심리, 「주간경제」872호(2. 22).

엘지경제연구원(2005). 디지털디바이스의 컨버전스 트렌드, 제7회 전자산업동향예보제 세미나 발제문.

엘지경제연구원(2005). 산업 컨버전스 시대가 열린다, 「주간경제」834호(6. 1).

유재천 외(2004). 「디지털 컨버전스」, 커뮤니케이션북스.

유재천 외(2005). 「컨버전스와 미디어 세계」, 커뮤니케이션북스.

이군현 옮김(1991). 「현대문명의 위기와 기술철학(대우학술총서, 번역 33)」, 민음사.

이상홍(2006). Ubiquitous Life를 위한 디지털 컨버전스, KT·정보통신경영전략공동연구소.

이은미 외(2003). 「디지털 수용자」, 커뮤니케이션북스.

이장규·홍성욱(2006). 「공학기술과 사회」, 지호.

이재동·김원제 외(2006). 「감성형 문화 콘텐츠기술 연구」, 한국문화
콘텐츠진흥원.

이재동·박제호·김원제(2006). 「CT-BT-NT-IT 융합기술 종합발전
계획」, 한국문화콘텐츠진흥원.

이재동·김원제(2005). 「CT 비전 및 중장기 전략수립 보고서」, 문콘
진 05~10, 한국문화콘텐츠진흥원.

이재현(2004). 「멀티미디어와 디지털 세계: 뉴미디어란 무엇인가?」,
커뮤니케이션북스.

임혁백(2005). IT와 공공거버넌스의 새로운 패러다임, 정보통신정책연
구원.

전석호·김원제(2003). 유비쿼터스 환경에서의 방송개념 및 비즈니스
전략 연구: 방송 서비스 및 콘텐츠 전략을 중심으로, 「방송문
화연구」, KBS, 2003년 제15권 2호.

전석호·김원제(2005). 「유비쿼터스 사회와 방송」, 커뮤니케이션북스.

전파방송기획단(2006). 「전파의 개념과 응용」 참고자료.

정보통신부/ETRI(2006. 9). 미래국가발전 수립을 위한 IT기반 미래기
술 발전 전망, 미래전략위원회 중간보고.

정보통신부(2006). RFID/USN 산업동향 및 전망.

정보통신부(2006. 1). IT부품·소재산업 경쟁력 강화대책(안).

정보통신부(2005). IT기반 융합기술 발전전략.

정보통신정책연구원(2006. 12). 중장기 통신정책방향 마련을 위한 공
청회 자료.

정보통신정책연구원(2005). 디지털 컨버전스 시대의 기업전략, KISDI 20주년 기념세미나.

정제호(2006). UCC시대의 저작권. 「SW Insight 정책리포트」 9월호, 한국소프트웨어진흥원.

제일기획(2005. 4), 포스트 디지털 시대에 새롭게 부상할 세대.

조위덕(2005). 유비쿼터스 기술 발전과 미래 휴먼라이프 변혁, NCA 정책포럼자료집.

차원용(2006). 「미래기술경영 대예측: 매트릭스 비즈니스」, 굿모닝미디어.

하원규(2003). 유비쿼터스 IT혁명으로 세계 정보화 선도하자, 한국 S/W산업협회 창립 15주년 기념세미나 발표자료.

한국문화콘텐츠진흥원(2006). 「소비자 욕구분석을 통한 뉴미디어 콘텐츠 전략연구」.

한국문화콘텐츠진흥원(2005). 「컨버전스 & 유비쿼터스 시대 문화 콘텐츠의 진화와 발전방향」.

한국문화콘텐츠진흥원(2004). 「엔터테인먼트 컴퓨팅」.

한국방송학회(2006). 「디지털 방송 미디어론」, 커뮤니케이션북스.

한국전산원(2006). 컨버전스에 따른 미래 패러다임 변화와 정책과제, IT신기술이슈.

한국전산원(2005). 「디지털 컨버전스로 나타나는 유비쿼터스 사회」, 유비쿼터스 사회연구 시리즈 제3호.

한국정보사회진흥원(2006). 「인터넷 규제 합리화를 위한 정책 개선방안 및 민관협력모델 연구」 NIA PER-06021(한국인터넷 기업협회 수행).

한국홈 네트워크산업협회(2006). 〈"IPTV소개 및 추진전략"〉

황승음·황성기·김지연·최승훈(2004). 「인터넷 자율규제」, 서울: 커뮤니케이션북스.

황준석(2006. 10). 통방융합에서의 DC패러다임의 변화, 디지털 컨버전스 확산에 따른 DC산업 활성화 방향 세미나 자료집.

Ahlqvist, T.(2005). From Information Society to Biosociety? On Societal Waves, Developing Key Technologies, and New Professions, *Technological Forecasting and Social Change*, 72(5), June, pp.501-519.

Allen Consulting Group(2003). Digital Content: plus Connectivity: Driving Value, Jobs and Competitiveness in Business, Government and the Community Throughout NSW(Report for the New South Wales Government).

Benkler, Y.(2000). From consumers to users: Shifting the deeper structures of regulation towards sustainable commons and user access, *Federal Communication Law Journal*, Volume 52, 561-579.(http://www.law.indiana.edu/fclj/pubs/v52/no3/benkler1.pdf)

Calic, Janko, Neill Campbell, Majid Mirmehdi, Barry Thomas, Ron Laborde, Sarah Porter and Nishan Canagarajah(2004). ICBR-Multimedia management system for Intelligent Content Based Retrieval. In: International Conference on Image and Video Retrieval CIVR 2004, pages 601-609, Springer LNCS 3115, July 2004. (http://www.cs.bris.ac.uk/Publications/pub_info.jsp?id=2000116)

Chin, Paul(2006). The Value of User-Generated Content.
http://www.intranetjournal.com/articles/200603/ij_03_27_06
a.html.

Datamonitor(2004), IPTV: broadcasting over broadband: the
emergence of a fourth platform for digital TV?, Datamonitor.

David R. Croteau, William Hoynes(2001), The Business of Media:
Corporate Media and the Public Interest, Pine Forge Press,
김영기·김규원·한선 역(2003), 「미디어 비즈니스」, 한울아카
데미.

DCMS&DTI(2000). A New Future for communications.
http://www.communicationsact.gov.uk/

Dominick, J. R., Sherman, B. L. & Messere, F.(2000), *Broadcasting,
Cable, The Internet and Beyond: An Introduction to Modern
Electronic Media.* Boston, MA: McGraw-Hill.

EC(1997). Green Paper on the Convergence of the Telecommunica-
tions, Media and Information Technology Sectors and the
Implications for Regulation.
(http://europa.eu.int/ISPO/convergencegp/97623en.pdf)

EC(1999). Toward a new framework for regulation Electronic
Communications Infrastructure and associated services. The
1999 Communications Review.
(http://europa.eu.int/scadplus/leg/en/lvb/l24216.htm)

European Union(2002). Directive 2002/21/EC of the European
Parliament and the Council of 7 March 2002 on a common
regulatory framework for electronic communications networks

and services(Framework Directive). *Official Journal of the European Communities*, L 108/33.

Florida, Richard(2002). *The Rise of the Creative Class: And How It's Transforming Work, Leisure Community and Everyday*, Basic Books.

Forrester(2005). The Seeds of the Next Big Thing: Sketching The Fourth Wave of Growth For the Technology Economy.

Friedewald, Michael and Olivier Da Costa(2003). Science and Technology Roadmapping: Ambient Intelligence in Everyday Life(AmI@Life), JRC/IPTS-ESTO Study.

(http://www.cybertherapy.info/pages/AmIReportFinal.pdf)

Gillmor, D.(2004). *We the media: Grassroot journalism by the people*. New York: O'Reilly Media.

Green, Lelia(2002). *Communication, technology and society*, Sage Publications.

Harold L. Vognel(2001). *Entertainment Industry Economics*, Cambridge University Press, 현대원 역(2003). 「엔터터인먼트 사업의 경제학」, 커뮤니케이션북스.

Horx, M.(2003). *Future Fitness*, Eichborn AG, 이온화 역(2004). 「미래, 진화의 코드를 읽어라」, 넥서스북스.

McQuail, D.(1997). *Audience Analysis*, Sage, 박창희 역(1999) 「수용자 분석」, 커뮤니케이션북스.

OECD(2005). Roundtable on Communications Convergence, London, 2-3 June 2005.(http://www.oecd.org/document/53)

OECD(2005). OECD Guiding Principles for Regulatory Quality and

Performance.(http://www.oecd.org/dataoecd/24/6/34976533.pdf)

OECD(2005). Working Party on the Information Economy Digital Broadband Content: Music.

(http://www.oecd.org/dataoecd/13/2/34995041.pdf)

OCED(2004). WPIE Digital Content Workshop: The Case of Music. (http://www.oecd.org/dataoecd/18/16/34078979.pdf)

Pink, D.(2005). *Whole New Mind*, Riverhead books.

Rheingold, H.(2003). *Smart Mobs: The Next Social Revolution*, Basic Books.

Roger F. Fidler(1997). *Mediamorphosis: Understanding New Media*, 이민규 역(1999). 「미디어모포시스」, 커뮤니케이션북스.

Schmitt, B.(1999). *Experiential Marketing*, 박성연 외 역(2005). 「체험 마케팅」, 세종서적.

Schdmidt, Albrecht(2005). Interactive Context-Aware Systems: Interacting with Ambient Intelligence, Ambient Intelligence, G. Riva, F. Vatalaro, F. Davide, M. Alcaiz(Eds.) IOS Press, 2005, http://www.ambientintelligence.org.

Shin, M.(水越伸, 1999). 「디지털미디어 100년 후를 상상한다」, Tokyo: Iwanami Shoten Pub, 백성수 외 역(2000), 서울: 한국학술정보(주).

Steven Holtzman(1998). *Digital Mosaics: The Aesthetics of Cyberspace*, Touchstone, 이재현 역(2002). 「디지털 모자이크」, 커뮤니케이션북스.

Steven, S.(2002). *Telecommunications Convergence*(2nd). McGraw-Hill.

Weiser, M.(1993). "Hot Topics: Ubiquitous Computing", IEEE Computer,

October 1993.

(http://www.ubiq.com/hypertext/weiser/UbiCompHotTopics.html)

Weiser, M & Brown, J. S.(1996). The Coming Age of Calm Technology.(http://www.ubiq.com/hypertext/weiser/acmfutur e2endnote.htm)

Weiser, M., Gold, R., and J. S. Brown(Number 4, 1999). The origins of ubiquitous computing research at PARC in the late 1980s, IBM Systems Journal, *Pervasive Computing*, Volume 38.

• 저자 •

송해룡   **•약 력•**

송해룡은 성균관대학교 신문방송학과에서 석사학위를 받고, 독일 뮌스터대학교에서 언론학 박사학위를 받았다. 원광대학교 교수, KAIST 대우교수를 거쳐 현재 성균관대학교 신문방송학과 교수로 재직 중이다.
현재 KBS 시청자위원을 맡고 있다.

•주요논저•

저서로는 『대한민국은 지금 체험지향사회』(2006, 공저), 『휴대전화 전자파의 위험』(2006, 공저), 『위험보도』(2006, 공역), 『위험보도와 매스 커뮤니케이션』(2005, 공저), 『위험커뮤니케이션과 위험수용』(2005, 공편), 『미디어스포츠』(2004, 역), 『디지털미디어 서비스 그리고 콘텐츠』(2003), 『위험보도론』(2003, 역), 『스포츠 미디어를 만나다』(2003), 『위험커뮤니케이션』(2001), 『디지털 커뮤니케이션과 스포츠콘텐츠』(2001) 등이 있다.

김원제   **•약 력•**

중앙대학교 대학원에서 언론학 석사학위를 받았으며, 성균관대학교 대학원에서 언론학 박사학위를 받았다. 현재 (주)유플러스연구소 대표연구원(연구소장), 한국문화 콘텐츠기술학회 이사, 사이버문화 콘텐츠아카데미 책임교수를 맡고 있으며, 성균관대 등에 출강하고 있다.
(주)유플러스연구소(www.upluslab.com)는 커뮤니케이션, 미디어·콘텐츠, IT·유비쿼터스, 비즈니스 분야를 중심으로 연구조사 및 컨설팅을 제공하는 전문연구소다.

•주요논저•

저서로는 『대한민국은 지금 체험지향사회』(2006, 공저), 『스포츠코리아』(2006), 『호모미디어쿠스』(2006), 『위험보도』(2006, 공역), 『문화콘텐츠 블루오션』(2005, 공저), 『미디어스포츠 사회학』(2005), 『위험커뮤니케이션과 위험수용』(2005, 공편), 『유비쿼터스 사회와 방송』(2005, 공저) 등이 있다.
과학기술부장관상(2004), 문화관광부장관상(2005) 등을 수상했으며, 월간 「프린팅코리아」에 디지털 문화칼럼을 연재하고 있다.

본 도서는 한국학술정보(주)와 저작자 간에 전송권 및 출판권 계약이 체결된 도서로서, 당사
와의 계약에 의해 이 도서를 구매한 도서관은 대학(동일 캠퍼스) 내에서 정당한 이용권자(재
적학생 및 교직원)에게 전송할 수 있는 권리를 보유하게 됩니다. 그러나 다른 지역으로의 전
송과 정당한 이용권자 이외의 이용은 금지되어 있습니다.

디지털미디어 길라잡이

• 초판 인쇄	2007년 3월 20일
• 초판 발행	2007년 3월 20일
• 지 은 이	송해룡 · 김원제
• 펴 낸 이	채종준
• 펴 낸 곳	한국학술정보㈜
	경기도 파주시 교하읍 문발리 526-2
	파주출판문화정보산업단지
	전화 031) 908-3181(대표) · 팩스 031) 908-3189
	홈페이지 http://www.kstudy.com
	e-mail(출판사업부) publish@kstudy.com
• 등 록	제일산-115호(2000. 6. 19)
• 가 격	24,000원

ISBN 978-89-534-6471-1 93300 (Paper Book)
　　　978-89-534-6472-8 98300 (e-Book)